海洋信息理论与技术系列图书

水下多源融合定位与导航技术

Underwater Multi-Source Fusion Positioning and Navigation Technology

主　编　赵万龙
副主编　刘功亮　张　敏
主　审　刘爱军

哈尔滨工业大学出版社
HARBIN INSTITUTE OF TECHNOLOGY PRESS

内 容 简 介

本书详细地介绍了水下多源融合定位的基本原理、基础理论和相关技术。首先概述了水下定位技术和多源融合定位技术；然后介绍了水声技术基本原理，包括长基线、短基线、超短基线在内的多种水声定位技术，水下重力/磁力匹配定位技术，以及水下惯性导航技术；最后结合单一水下定位技术的特点，分析了水下多源融合定位技术的理论基础和典型算法。

本书是水下多源融合定位技术的专业教材，可作为海洋信息工程专业的教学用书，也可作为水声工程、信息与通信、自动化技术、海洋工程等专业的教学用书，同时还可以作为从事相关专业技术研究人员的参考书。

图书在版编目(CIP)数据

水下多源融合定位与导航技术/赵万龙主编. —哈尔滨:哈尔滨工业大学出版社,2022.12

(海洋信息理论与技术系列图书)

ISBN 978-7-5767-0471-6

Ⅰ.①水… Ⅱ.①赵… Ⅲ.①水下-水声定位②水下-水声导航 Ⅳ.①U675.6②U675.7

中国版本图书馆 CIP 数据核字(2022)第 254525 号

策划编辑　许雅莹
责任编辑　王会丽
封面设计　刘长友
出版发行　哈尔滨工业大学出版社
社　　址　哈尔滨市南岗区复华四道街10号　邮编150006
传　　真　0451—86414749
网　　址　http://hitpress.hit.edu.cn
印　　刷　哈尔滨市工大节能印刷厂
开　　本　787 mm×1 092 mm　1/16　印张18　字数427千字
版　　次　2022年12月第1版　2022年12月第1次印刷
书　　号　ISBN 978-7-5767-0471-6
定　　价　48.00元

(如因印装质量问题影响阅读,我社负责调换)

前　言

位置服务、移动通信和互联网并称为21世纪信息产业中非常有前景的三大支柱产业，受到了越来越广泛的关注。全球卫星导航系统作为最具竞争力的定位与导航技术，全天时、全天候为全球用户提供高效可靠的定位导航服务。伴随着人类对海洋深处的不断探索，水下定位与导航技术的重要性日益凸显，它是海洋科学、海洋勘探等研究工作的重要支撑与保障。然而无线电波在水下的快速衰减，导致全球卫星导航系统在水下尤其在深海环境无法工作，因此对于能作用于水下的多种定位技术的研究成了近年来定位与导航方向重要的研究课题。

本书首先从可用于水下的不同定位技术入手，先后介绍了水下声学定位技术、水下重力/磁力匹配定位技术、水下惯性导航技术等多种定位技术。并对每一种水下定位技术的基本原理、典型算法、误差分析、应用实例等方面进行了详细的分析和阐述。基于以上内容，进一步阐述了水下多源融合定位理论与方法。相对于单一的融合定位源，多源融合定位系统不仅可以大幅度提高定位精度，同时还能增强定位系统的可靠性及鲁棒性。

本书共分6章，由赵万龙任主编，刘功亮、张敏任副主编，刘爱军任主审。赵万龙负责全书的整体架构设计和第2、3、6章的编写及全书的公式、图、表等校准工作；刘功亮负责第1、4章的编写；张敏负责第5章的编写。在本书编写过程中，研究生张国耀、曹启航、郑宏魁、刘芮彤、齐帅杰等同学协助完成了大量前期工作，在此一并表示感谢！

限于编者水平所限，书中难免存在疏漏和不足之处，望广大读者不吝斧正！

编　者
2022年10月

目 录

第1章 绪论 ·· 1
   1.1 定位与导航概述 ··· 1
   1.2 水下定位技术简述 ·· 3
   1.3 多源融合定位技术简述 ··· 16
   1.4 章节安排 ·· 22
   本章参考文献 ··· 22

第2章 水声技术基本原理 ·· 24
   2.1 概述 ·· 24
   2.2 海洋中的声学原理 ·· 24
   2.3 海水中的声速特性和修正方法 ·· 44
   2.4 水声定位基本原理及误差分析 ·· 53
   2.5 本章小结 ·· 60
   本章参考文献 ··· 60

第3章 水下声学定位技术 ·· 63
   3.1 长基线水声定位系统 ·· 63
   3.2 短基线水声定位系统 ·· 85
   3.3 超短基线水声定位系统 ··· 98
   3.4 组合定位 ·· 119
   3.5 本章小结 ·· 130
   本章参考文献 ··· 131

第4章 水下重力/磁力匹配定位技术 ·· 133
   4.1 概述 ·· 133
   4.2 重力/磁力匹配定位技术发展历程及技术优势 ·· 135
   4.3 水下重力/磁力匹配定位基本原理 ··· 145
   4.4 TERCOM算法及其改进 ··· 164
   4.5 水下重力/磁力匹配定位误差分析 ··· 174
   4.6 本章小结 ·· 180
   本章参考文献 ··· 180

第5章 水下惯性导航技术 ·· 183
   5.1 概述 ·· 183

5.2 惯性导航基本原理 ……………………………………………………… 185
  5.3 平台式惯导系统 ………………………………………………………… 195
  5.4 捷联式惯导系统 ………………………………………………………… 203
  5.5 基于惯导的水下组合导航系统 ………………………………………… 209
  5.6 本章小结 ………………………………………………………………… 224
  本章参考文献 ………………………………………………………………… 225

第 6 章 水下多源融合定位理论与方法 ……………………………………… 227
  6.1 概述 ……………………………………………………………………… 227
  6.2 多传感器数据融合技术 ………………………………………………… 227
  6.3 水下多源融合定位算法 ………………………………………………… 254
  6.4 本章小结 ………………………………………………………………… 278
  本章参考文献 ………………………………………………………………… 279

第1章 绪 论

1.1 定位与导航概述

随着科技水平的不断提高,基于位置定位的各种需求和应用服务越来越多,而定位与导航技术所提供的定位信息精度较高、可定位的范围较广,可以广泛地应用于各种场景。如全球定位系统(Global Positioning System,GPS)是一种以人造地球卫星为基础的定位技术,它通过 GPS 卫星信号接收机,实时捕获和测量来自至少 4 颗在轨卫星的广播信号,通过信号到达接收机的延迟时间来测算终端设备的位置,这种定位方式覆盖范围遍及全球,可实现高精度、全天候的实时连续定位。我国北斗卫星导航定位系统自建设部署、提供服务以来,为全球用户提供了全天候、全天时和高精度的定位、导航及授时服务。其已在能源、通信、交通运输、救灾减灾、气象测报、农林及公共安全等领域有了广泛的应用,并在国家重大基础设施建设中发挥了巨大的作用,取得了显著的经济效益和社会效益。具体包括:在陆地上的应用,如车辆自主导航、车辆跟踪监控、车辆智能信息系统、车联网应用、铁路运营监控等;在航海上的应用,如远洋运输、内河航运、船舶停泊与入坞等;在航空上的应用,如航路导航、机场场面监控等;在农业上的应用,如农业机械无人驾驶、农田起垄播种、无人机植保等;在林业上的应用,如林区面积测算、木材量估算等;在渔业上的应用,如渔船出海导航、海洋灾害预警等;在水利上的应用,如山洪灾害治理、重大水利工程安全监测等。还有一种导航技术是激光导航,它通过测量从发出到接收的时间差测算距离,激光具有良好的单色性、高亮度和良好的方向性,可以从环境中得到精确的距离及强度信息,因此被广泛应用于高精度地图构建及基于地图的匹配定位,可有效增强卫星定位在弱全球卫星导航系统区域的鲁棒性,也可应用于无人驾驶、物流仓储、生产制造的各个领域,有很大的发展前景。在室内环境中无法使用卫星定位,此时可采用各种定位技术确定物体所在的位置,常见的室内定位技术包括 Wi-Fi 定位、蓝牙定位、红外定位、超带宽定位、Zigbee 定位、射频识别定位、超声波定位等。人类在海洋研究与探索等活动时需要应用海洋无人小型平台及自主水下航行器等。海洋任务的发展与优化需要精确的导航定位技术,实时精确的海洋定位对于执行水下一系列任务、维护领海安全、发展海洋经济等都十分重要,水下导航定位技术主要包括惯性导航、声学定位、地磁导航等。

GPS 定位是全球范围内应用广泛的技术,我国的北斗系统也在向更加智能、广泛的方向发展。GPS 系统导航时首先要确定目标位置,使用信息接收器接收 GPS 卫星发来的信息,并使用固定角度测量来获取相关数据,通过运算确定目标位置的数据信息。GPS 导航系统可获取用户位置的经度纬度信息。信息传输时,设备将获取的信息上传至导航卫星,导航卫星会利用卫星将信息传递至控制中心。控制中心在获取信息后,会利用信息融合技术将其进行整合、分析,并将处理结果上传至数据库,以便储存和保护数据。北斗系统正在提供高精度、高可靠性及更加多样的北斗时空服务，为北斗系统在各个领域的产业化应用提供更为精准可靠的保障。

激光导航具有较高的可靠性、精准性和灵活性，在各个产业领域都有广泛应用。激光雷达可以通过探测外部周围环境，从而进行导航定位。运用激光导航进行自动引导服务时，需要首先构建地图，再结合定位传感器定位来提高导航的质量。若要进一步提高定位导航时的精度和可靠性，可以添加其他导航方式进行组合辅助导航，也可用添加外部环境轮廓的方式来提高精度和可靠性。得益于愈加复合多样化的导航方式、更加方便的导航信息的获取使用，未来的激光导航具有更大的市场需求和更为广阔的应用场景。

在室内定位方面，Wi-Fi定位和蓝牙技术应用较多。Wi-Fi定位系统主要分为三个模块，用户的终端网卡可以主动扫描或被动监听各个Wi-Fi信道，获得其上的信号，从中提取出各种关键信息，如传输时间、到达角度和信号强度等，将这些信息传递给定位模块，其可用各种算法根据以上信息进行定位解算，然后在显示模块上显示出计算得到的坐标位置。随着蓝牙技术标准规范的不断更新、迭代和推广，蓝牙生态的应用也逐渐丰富起来。相比其他室内定位技术，蓝牙到达角（Angle Of Arrival，AOA）定位技术兼具高精度、低成本、低功耗、高并发、高兼容性等特性优势，是一种性能较好的室内定位技术。此外，基于多传感器融合的定位方法也较为常见，如IMU（惯导）/GPS融合定位方法，IMU可以辅助GPS导航以增强其鲁棒性，同时也能改善GPS因建筑物遮挡、路径干扰及信号不稳定导致的问题。另外，无线网络定位技术可以辅助室内定位技术，解决室内和楼宇林立的复杂城市环境中GPS无线电信号很难穿透建筑物这一问题。

各种定位技术已经发展得较为成熟，并得到了广泛的应用。但对于水下的环境，以上各种技术的应用会受到一定程度的限制。下面介绍一些常用的水下定位技术。

水下定位技术多种多样，主要包括水下声学定位、地磁匹配定位、惯性导航、水下视觉、水下SLAM（同时定位与构建）、航迹推算等。水下声学定位是一种用水声设备确定水下载体或设备的方位与距离的技术。由应答器基阵接收声脉冲信号，根据其到达的时间或相位来计算其位置信息。根据基线长度的不同，水下声学定位可分为长基线（Long Base Line，LBL）水声定位、短基线（Short Base Line，SBL）水声定位与超短基线（Ultra Short Base Line，USBL）水声定位三种方式。借助定位系统解算出定位信息，同时可结合多普勒测速仪、磁罗盘、倾角仪等设备配合以提高精度。地磁、重力、地形等地球固有物理属性的匹配导航技术，具有自主无源、隐蔽性强、无时间累积误差等特点，因此得到了较大的关注与发展。地磁导航作为一种自主导航技术，具有隐蔽性好和精度高的特点。地磁场是地球固有的矢量场，根据地磁场球谐函数模型，地球上每一点的磁场矢量和其所处的经纬度与离地心的高度是一一对应的。因此，只要能够测定水下设备所在位置的地磁场特征信息，就可确定出其位置。惯性导航技术具有自主稳定、隐蔽性高的特点，常见的捷联式惯性导航系统（Strapdown Inertial Navigation System，SINS）将陀螺仪和加速度计等惯性元件直接安置于运载体上。在运载体的实际航行过程中，惯性元器件测量得到运载体相对于惯性坐标系的角速度，再通过矩阵变换，得出载体坐标系至导航坐标系的坐标变换矩阵，即姿态矩阵。之后运用姿态矩阵将加速度计测得的加速度信息进行矩阵运算，并融入导航坐标系中进行导航计算，以得到载体的姿态与速度。

以上各种水下定位技术,有不同的特点,在不同的需求和场景中可以使用合适的定位技术以获得精准的定位效果。同时,在实际应用中,单一的定位源可能无法满足要求的定位精度,因此可以使用多种传感器融合定位,以综合不同技术的优势,组合辅助校正,实现更高的定位精度。

1.2　水下定位技术简述

水下声学定位在水下定位导航中的应用十分广泛,通过测量声波的传播时间,结合坐标变换来测算距离,确定具体位置。地磁匹配导航是一种隐蔽性很强的无源导航技术,先测量地磁数据与基准图进行对照,然后通过相应的匹配算法对位置轨迹等进行校正,实现精准导航。惯性导航自主性强,通过惯性测量装置可以解算得到载体的姿态位置速度等信息。其他定位导航技术,如视觉定位、SLAM、航迹推算等也可实现水下的定位导航功能。本节首先介绍水下常用设备,再对水下声学定位、重力/磁力匹配导航、惯性导航及其他定位方法(如视觉定位、SLAM、航迹推算)进行阐述。

1.2.1　水下常用设备

随着导航技术的发展,水下定位设备种类越来越丰富,性能也越来越好,在水下定位导航的过程中,需要测量多种信息,通过对数据的综合处理,得到更加精确、可靠性更高的定位结果。下面介绍几种水下定位导航中常用的设备。

(1)换能器(transducer)。

换能器的作用是把电信号与声信号互相转换,是水下声学定位系统中发射与接收声信号的设备,其在水下的地位可以类比地面接收机的天线,根据能量转换方向的不同,可分为发射换能器和接收换能器。其中一部分换能器具有发射声信号和接收声信号两种功能,而另一部分换能器只有其中一种功能。在水声定位应用中,通常需要将多个换能器排列成阵列使用。

(2)询问器或问答机(interrogator)。

询问器或问答机是安装在船上的发射器和接收器,其以一个频率发出询问信号,并以另一个频率接收回答信号。接收频率可以有多个,对应于多个应答器,常常只相隔 0.5 kHz。其发射换能器往往是半球形或无指向性的,接收换能器(水听器)也是如此。

(3)应答器(transponder)。

应答器是置于海底或装在载体上的发射/接收器,其接收问答机的一个询问信号(或指令),发回另一个与接收频率不同的回答信号。其收发换能器的指向性一般也是半球形或无指向性的。在未收到信号时,其处在安静状态,不发回答信号。通常每一个应答器回答一种频率,以便区分。

(4)声信标(beacon)。

声信标是置于海底或装在水下载体(潜器)上的发射器,其以特定频率周期地发出声脉冲。声信标分同步和非同步两种,同步信标的时钟与接收装置的时钟同步,从而使在接收装置这一端已知信号发射的时刻;非同步信标的时钟与接收装置的时钟不同步,接收端不知道信号发射的时刻。

(5) 响应器(responder)。

响应器是置于海底或装在水下载体(潜器)上的发射器,其由外部硬件(如控制线)的控制信号触发,发出询问信号,由问答机或其他水听器接收其信号,常用于噪声较强的场合。

(6) 自主水下航行器(Autonomous Underwater Vehicle, AUV)。

AUV自带能源自主航行,可执行大范围探测任务,但作业时间、数据实时性、作业能力有限。

(7) 深度计(depth gauge)。

深度计通过压力传感器测量水压换算得到深度,能在水下潜器的最大深度范围内稳定运行。目前深度计的研究比较成熟,一般具有较高的测深精度,外壳具备密封性和抗腐蚀性等特点,能在水下长时间工作。

(8) 重力仪(gravimeter)。

重力仪是测量重力加速度的仪器,一般分为绝对重力仪和相对重力仪。绝对重力仪用于绝对重力测量,直接测量重力加速度值;相对重力仪测量重力加速度的相对值(重力异常),主要用于重力勘探。重力仪通常指相对重力仪,其基本原理是弹性体在重力作用下发生形变,弹性体的弹性力与重力平衡时,弹性体处于某一平衡位置。当重力变化时弹性体的平衡位置则改变,观测两次平衡位置的改变量,即可测定两点的重力差。

(9) 磁力仪(magnetometer)。

磁力仪是测量磁场强度和方向的仪器的统称。测量地磁场强度的磁力仪可分为绝对磁力仪和相对磁力仪两类,其主要用途是进行磁异常数据采集及测定岩石磁参数。常用的有磁偏角仪(测量地磁偏角)、石英丝水平强度磁力仪(测量地磁水平强度)、质子旋进磁力仪(测量地磁总强度)等。

(10) 陀螺仪(gyroscope)。

陀螺仪是测量或维护方位和角速度的设备,是一个旋转的轮子或圆盘,其中旋转轴可以不受影响地设定在任何方向。当旋转发生时,根据角动量守恒定律,该轴的方向不受支架倾斜或旋转的影响。

(11) 加速度计(accelerometer)。

加速度计是测量运载体线加速度的仪表,由检测质量、支承、电位器、弹簧、阻尼器和壳体组成。检测质量受支承的约束只能沿敏感轴移动,当仪表壳体随着运载体沿敏感轴方向做加速运动时,根据牛顿定律,具有一定惯性的检测质量力图保持其原来的运动状态不变,其与壳体之间将产生相对运动,使弹簧变形,于是检测质量在弹簧力的作用下随之加速运动。当弹簧力与检测质量加速运动时产生的惯性力相平衡时,检测质量与壳体之间便不再有相对运动,这时弹簧的形变反映被测加速度的大小。

1.2.2 水下声学定位

水下声学定位(简称水声定位)系统是当前水声导航定位的主要方向之一,需要预先在海底(或海面)潜器载体上布设多个换能器基元,作为接收器或应答器,基元之间的连线称为基线。图 1.1 所示为典型的水声定位系统结构,其由水上收发装置、水声换能器组和应答器构成,通过测量往返时间及接收相位差,结合坐标系、矩阵变换等进行定位信息解算。

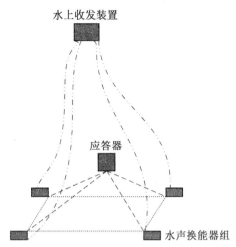

图 1.1 典型的水声定位系统结构

根据水声定位系统定位基线的长度,传统上可将其分为三种类型,分别是长基线水声定位系统、短基线水声定位系统、超短基线水声定位系统,见表 1.1。

表 1.1 水声定位系统类型

水声定位系统类型	基线长度/m
长基线水声定位系统	100~6 000
短基线水声定位系统	10~50
超短基线水声定位系统	<1

下面将对三种类型的水声定位系统进行介绍。

1. 长基线水声定位系统

长基线水声定位系统包含两部分:一部分是安装在船只上的收发器或一个水下航行器;另一部分是一系列已知位置的固定在海底上的应答器,至少三个。应答器之间的距离构成基线,长度在上百米到几千米之间,因为比超短基线、短基线长,故称为长基线水声定位系统。长基线水声定位系统是通过测量收发器和应答器之间的距离,采用测量中的前方或后方交会对目标进行定位,是基于距离测量的。从原理上讲,系统导航定位只需要两个海底应答器,但是会产生目标的偏离模糊问题。另外,不能测量目标的水深,所以至少需要三个海底应答器才能得到目标的三维坐标。在实际应用中,常常使用四个以上海底应答器去接收信号,以产生多余观测,提高定位精度。

长基线水声定位系统的基阵布放可分为水面浮标类型和海底应答器类型两种。水面浮标类型长基线水声定位系统的浮标会按照一定几何形状摆放,对应的 GPS 浮标基阵会通过 GPS 测算自身位置,其相较于海底应答器类型的优点是回收、使用、维护方便。而在进行大规模海底作业时通常使用海底应答器类型的布放方式,其可在大型海域内对水下或水面的载体进行精确导航定位,在水下施工、海底电缆铺设、海洋石油勘探、水下载体定位等海洋开发方面应用较为广泛。它通常由海底应答器基阵、待定位载体上的应答机、待定位载体上的数据处理及控制系统、深度传感器等组成。系统通过测量信号的传播时间来得到收发装置之间的距离,之后构建非线性方程组来求解目标的位置信息。其得到的是目标相对于基阵的相对坐标,再结合海底应答器基阵的绝对地理位置,可以得到目标在大地坐标系中的精准位置。

长基线水声定位系统具有较高的定位精度,且增加了多余观测值,在大面积的区域调查中,可以得到非常高的相对定位精度,同时其换能器非常小,易于安装。长基线水声定位系统的缺点是系统复杂,操作烦琐,声基阵数量较大,费用昂贵,布设和回收声基阵需要花费较长时间,而且还需要对声基阵进行测量校准。

2. 短基线水声定位系统

短基线水声定位系统定位基线布放在潜器底部,三个以上的基点构成基线阵,通过测时、测相来完成潜器的导航定位。短基线水声定位系统构成简单,也需要大量的校准工作,精度介于 USBL 和 LBL 之间,适合在母船附近的潜器的导航定位。短基线水声定位系统一般由三个以上换能器组成,换能器的阵形为三角形或四边形,组成声基阵。换能器之间的距离一般超过 10 m,共同组成声基阵坐标系,基线坐标系与船坐标系的关系可以由测算方法得到,基阵坐标系与船坐标系的相互关系由常规测量方法确定。短基线水声定位系统工作时,由一个换能器发射,所有换能器接收,得到斜距值,结合坐标系变换及传感器提供的船的位置、姿态等信息,计算得到目标的绝对位置。

短基线水声定位系统一般有两种布阵形式:第一种基阵布放形式是将水听器基阵布设于母船底部,应答器安装在待定位物体上;第二种基阵布放形式是将水听器安置于水面浮标上,通过多个浮标基元与水下物体进行水声通信估算出其坐标位置。

短基线水声定位系统的优点是集成系统价格较低,操作简便容易,有固定的空间多余测量值,换能器的体积较小,布设方便。短基线水声定位系统的缺点是深水测量若要达到高精度,基线长度一般需要大于 40 m,且系统安装时,换能器需在船坞进行严格校准。

3. 超短基线水声定位系统

超短基线水声定位系统的基阵尺寸特别小,能够被安装在体积较小的载体上,发射换能器和几个水听器组合成一个整体,称为声头,其尺寸为几厘米至几十厘米。定位时声头一般被安装在噪声干扰较小的位置,如船体底部、小型水面母船的一侧等。由于系统基阵尺寸很小,因而不能使用相对到达时间测量或常规脉冲包络检波方法,需要使用相位差或相位比较法,通过对相位差的测量,得到信标(或应答器)在基阵坐标系中的位置,从而进行定位解算。

常见的超短基线水声定位解算方式有非同步信标方式和应答器方式。其中非同步信标方式需要已知基阵与信标间的深度信息及信号的入射角信息,而应答器方式需要已知发射声源与基阵间的距离和信号的入射角。可见,信号的入射角信息是超短基线水声定位的关键。超短基线水声定位系统如图 1.2 所示,系统由水听器、应答器等构成,以 O 为坐标原点建立基阵坐标系,S 为水中的应答器(安装于待定位物体上),由信号在水中的往返时间来得到距离,再结合入射角、水听器接收信号的相位差等解算出位置信息。

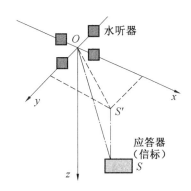

图 1.2 超短基线水声定位系统

超短基线水声定位系统的优点是集成系统价格较低,操作简便容易,只需一个换能器,安装方便,测距精度很高。超短基线水声定位系统的缺点是系统安装后需要高度准确的校准,而这往往难以达到,而且测量目标的绝对位置精度很依赖于外围设备,如电罗经、姿态传感器和深度传感器等的精度。

1.2.3 重力/磁力匹配导航

重力/磁力信息具有无源、稳定、与地理位置相对应等特点,是备受关注的一种新技术途径,可用于惯性导航系统(Inertial Navigation System,INS)的校正。近年来,微电子技术、新材料、新工艺和计算机技术等迅猛发展,使得地磁测量技术发生了根本的变化,而磁力导航技术也得到了迅速的发展。卫星测高技术的发展,使人们可以在较短时间获取高精度、高分辨率的全球海洋重力数据,基于重力数据的无源性、稳定性、良好的空间分布等诸多优点,重力导航技术也发展起来,其与磁力导航的技术类似,可与惯导结合进行匹配校正。下面先介绍重力/磁力匹配导航总体方法与流程,再介绍其中匹配滤波的步骤及典型算法。

1. 重力/磁力匹配导航总体方法

重力场匹配导航首先在于适配区的选择,然后通常依据重力场统计特征参数、综合特征参数等构建适配算法。导航精度依赖于惯性导航系统精度、重力数据采集系统测量精度、背景图定位精度和匹配算法等要素。磁力匹配导航是指把预先设计好的某些区域的磁力特征匹配量存储在计算机中,构成基准图,当载体经过该区域时,载体自身携带的磁力仪就会测量出一系列的磁场参数,这些实时测得的特征参数构成了测量实时图,最后把实时图与基准图进行相关分析计算,得出载体的实时位置。从原理上可以看出,若想实现精确实时匹配导航,磁力数据库构建、磁力场数据的实时获取、磁力匹配导航算法是匹配导航需要研究和解决的三项关键技术问题。

重力/磁力滤波导航通常直接将重力/磁力测量值与预先制定的基准图进行比较,然后选择与测量值相同的位置点的经纬度作为地理位置的观测值。重力/磁力匹配算法的相关度指标,包括航向、航速、距离及场强度相似性。基准图上每一点都会对应一个重力/磁力强度值,而每个时刻会有对应的航速、航向、流速、流向观测值,可以获得由以上变量获得的相关性度量,依据相关性度量准则,可采用粒子群算法、地形轮廓匹配

(Terrain Contour Matching,TERCOM)算法等进行位置匹配。

2. 重力/磁力匹配算法构成

将航行器在航行过程中得到的测量序列和导航计算机中储存的基准图进行匹配,是实现重力/磁力导航定位的最基本方法,也是核心技术之一。具体来说,重力/磁力匹配算法主要包括匹配特征量、相似性判断、匹配空间和搜索策略四个部分。

(1)匹配特征量。

匹配利用的是沿着航行器航行轨迹的重力/磁力序列及其相关统计特性,特征空间范围较小。有基于数据的匹配和基于特征的匹配,基于数据的匹配是直接利用相应数据进行相关性分析;基于特征的匹配需要事先在测量序列中提取内在的特征(如梯度等信息),然后再进行相关性分析。选择的特征量会影响匹配的性能,明显而丰富的重力/磁力特征有利于进行有效的匹配。

(2)相似性判断。

匹配算法是在相关性准则下进行的,当匹配结果的相似性达到一定程度时即可认为匹配结束。

(3)匹配空间。

从匹配算法本身来讲,匹配问题的本质是求解最优估计参数的问题。匹配中,搜索匹配空间即在重力/磁力图内所有的待匹配航迹中寻找"最相似"的航迹。理想情况下,搜索空间越大,匹配的准确性越高,但搜索空间的大小也决定了实际应用的实时性。因此,划定合适的搜索范围,兼顾算法的准确性和实时性是工程设计时要考虑的重点。

(4)搜索策略。

搜索策略影响着匹配过程中的时间和空间复杂度,决定着匹配结果的精度,是匹配算法的关键组成部分。航行器在高速航行时,对算法的实时性要求较高。因此,实际应用中有必要利用最优化的算法来提高匹配的实时性,使算法兼顾广泛的全局搜索能力和准确而快速的局部收敛能力。

3. 重力/磁力匹配算法原理

重力/磁力匹配算法由测量到的重力数据或地磁数据做线匹配来获取航行器的位置信息,匹配的基本方法是在航行器运动过程中测量各点的重力或地磁数据,由惯导系统给这些点的位置提供参考轨迹。综合重力/磁力数据与惯导系统输出参考位置,在匹配区域内找到一条最相关的轨迹,并把此轨迹作为匹配结果。下面介绍几种常用的匹配算法,它们以地磁数据、重力数据或地形数据作为参考数据。

(1)地磁等值线匹配算法。

地磁等值线匹配(Magnetic Contour Matching,MAGCOM)算法与地形轮廓匹配算法的基本原理相似。该算法用装载在航行器上的地磁传感器采集得到地磁场测量序列,由惯导系统输出得到轨迹的区域地磁基准图,获取其地磁基准序列,选取合适的相关性准则对来源不同的两组信息进行相似度计算,得到并输出最佳匹配位置。其原理简单、适用性强,对初始误差要求较低,但是模型简单、机动性差,对惯导系统的速度和航向信息无法校正,其实时性和精确度没有那么高,但是较为简单易实现。地磁等值线匹配算法原理如图 1.3 所示。

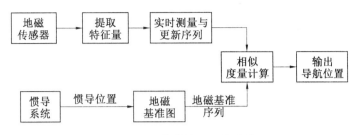

图 1.3 地磁等值线匹配算法原理

首先惯导系统输出载体位置的估计信息,虽然存在一定的误差,但是载体的实际位置应处在惯导系统指示位置的误差邻域内。航行器行驶一段时间后,会产生一段路径轨迹和对应的地磁场信息序列,惯导系统在短时内输出的航向速度等信息较为准确,可将其绘制的航线路径在误差范围内平移,得到一系列的可能路径。从计算机预先存储的地磁场位置图获得所有路径的地磁场信息序列,将其与测得的地磁场信息序列匹配比对,能使相关函数取得极值的路径即可认为是载体经过的实际路径。

MAGCOM 算法中具体的搜索过程如下。

①磁力仪测量航行器航行轨迹上的多个地磁数据,惯导系统输出对应于传感器采样点的位置数据作为参考轨迹,轨迹上需选取合适的采样点个数。

②由惯导系统的误差范围和参考轨迹的长度确定匹配序列的大小,从地磁数据基准图中获取该序列大小相应的地磁数据。其中,误差范围由惯导系统的漂移和工作时长来确定。

③在②中确定的序列中平行移动参考轨迹,同时计算当前的地磁数据与测量的地磁数据之间的相关程度,如此往复。匹配过程中,移动的次数及距离受到匹配序列的大小和匹配结果的精度制约。移动的次数越多,搜寻整个序列所需要的时间越长,所达到的精度越高,但是相应的计算量也越大。

④从③中得到的轨迹中寻找一条相关程度与相似性要求最一致的轨迹,即为匹配结果。

(2)桑迪亚惯性地形辅助导航系统算法。

桑迪亚惯性地形辅助导航系统(Sandia Inertial Terrain Aided Navigation,SITAN)是桑迪亚实验室在 20 世纪 70 年代开发出来的地形辅助导航系统,该系统利用卡尔曼滤波(Kalman Filter,KF)的方法连续地对捷联式惯性导航系统进行辅助导航定位。在每个定位时刻,系统通过 SINS 输出的位置,可以从地形基准图中获取该处的高程信息,计算其与惯导系统输出的航行深度的差值。将相对高度的估计值,与实测的航行器相对水平面的距离作为卡尔曼滤波器的输入参数,即卡尔曼滤波的测量值,通过惯导系统的误差状态方程,可以求得航行器误差状态的最优估计值,去修正惯导系统的速度、位置等信息。通过不断的修正,可以降低惯导系统的累积误差,提高系统的导航定位精度。其机动性和实时性好,在低信噪比的情况下精度高,缺点是不能进行较大区域的匹配。SITAN 算法原理如图 1.4 所示

地形随机线性化和卡尔曼滤波是 SITAN 算法的关键步骤。地磁场等值线信息与地形等高线信息十分相似,所以可以使用地磁场线性化与扩展卡尔曼滤波的方法,以实现地

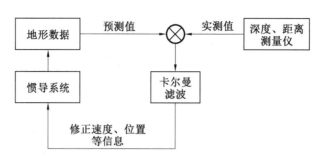

图 1.4 SITAN 算法原理图

磁辅助惯性导航系统的递归与校正。地磁场值与空间位置有对应关系,同一经纬度下,不同的高度和深度会对应不同的地磁场值,所以需要预先对导航区域的空间地磁场建立数据库模型,需细化到不同高度对应的地磁场情况。由惯导系统结合数据库得到的地磁场值与测量得到的地磁场值对比并计算差值,作为卡尔曼滤波器的输出,将滤波得到的结果对惯导系统输出进行校正。

(3) 迭代最近等值线算法。

迭代最近等值线(Iterated Closest Contour Point,ICCP)算法流程图如图 1.5 所示。设某一航行器的实际航迹序列为 $X_i(i=1,2,\cdots,N)$,其中 N 是采样点个数,航行器上的磁力仪可以测得地磁序列信息。由于惯导系统有累积误差,所以其输出的指示航迹序列会逐渐偏离真实轨迹。在不考虑传感器的测量误差和环境噪声等前提下,真实航迹序列必定位于根据实时测量地磁序列生成的地磁等值线上。一般来说,由主惯导系统测量得到的位置信息在一定的误差容限内是可靠的。因此,主惯导系统的指示航迹序列可以被当作待匹配航迹序列。地磁场等值线根据测量地磁序列在数字地磁数据库中生成,并在其上提取最近点序列作为匹配目标,寻找刚性变换并不断迭代,从而最小化所设定的目标函数。通过变换后的序列更新待匹配序列,接着在地磁场等值线上再次搜寻更新后的待匹配序列所对应的最近点序列,求取新的刚性变换以最小化目标函数。持续迭代上述过程,直到输出的匹配序列满足要求为止。

1.2.4 惯性导航

惯性导航系统(简称惯导系统)的基本原理是牛顿提出的相对惯性空间的力学定律。系统搭载惯性传感器、陀螺仪、加速度计等器件,可以提供运载体的角速度、加速度等信息,对于给定已知的初始条件,通过积分运算可以得到运载体速度、位置等信息,惯性导航系统具有高度的自主性,不依赖于外部信息,也不向外部辐射能量,是一种自主式导航系统。

惯性导航系统分为平台式惯性导航系统(简称平台式惯导系统)和捷联式惯性导航系统(简称捷联式惯导系统)两大类。

平台式惯性导航系统将惯性传感器安装在稳定平台上,稳定平台由陀螺仪控制,能模拟导航坐标系,计算比较简单,且能隔离载体的角运动,系统精度高。用陀螺仪和加速度计等惯性元件,模拟得到一个导航坐标系,为加速度计提供一个标准的坐标模板,也保持了三轴加速度计始终沿着既定方向进行测量,同时也使惯性测量元件和运载体的相对运

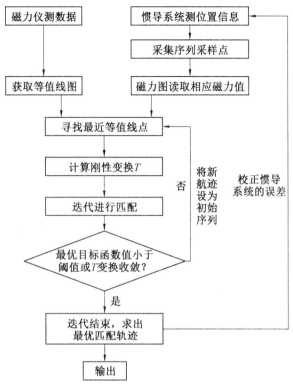

图 1.5 ICCP算法流程图

动保持稳定。平台式惯性导航系统中,加速度计的输出为运载体相对导航坐标系的加速度,因此导航计算机根据加速度计的输出及初始条件,就可以直接得到运载体的位置、速度等导航参数。

捷联式惯性导航系统没有稳定平台,加速度计和陀螺仪与载体直接固定。测量沿载体坐标系的角速度和加速度方向。陀螺仪测量载体角运动,计算载体姿态角,从而确定加速度计敏感轴指向。陀螺仪输出用来解算运载体相对导航坐标系的姿态矩阵,与平台式惯性导航系统相比,加速度计输出需经过姿态变换至导航坐标系内,才能进一步通过导航计算机求解载体的即时速度、位置等导航参数,这相当于建立起了"数学平台"。其具有自主性强、不易受干扰的优点。捷联式惯性导航系统不存在陀螺仪稳定平台,以数学平台取代物理平台来对导航系统进行解算,相对于平台式惯性导航系统,有架构简单、体积小、维护方便等优点。缺点是惯性元件直接装在载体上,环境恶劣,对元件要求较高,坐标变换计算量大。

下面将对捷联式惯性导航系统进行分析研究,介绍常用的坐标系,给出捷联式惯性导航的原理。

1. 常用坐标系

描述物体的运动需要参照物,导航系统中对载体的姿态、速度和位置的描述通常以坐标系为参照物,坐标系是惯性导航系统的解算基础,惯性导航系统有多种不同的坐标系定义,通过计算得到的运载体的位置、速度和姿态等信息在对应的坐标系中表示才有意义,可根据不同的导航需求选择不同的坐标系。下面介绍捷联式惯导系统中的常用坐标系及其之间的坐标变换。

(1) 惯性坐标系($O-x_i y_i z_i$)。

惯性坐标系根据坐标原点位置选取的不同分为太阳中心惯性坐标系(简记为 s)和地心惯性坐标系(简记为 i)。采用地心惯性坐标系：原点为地球质心，S_i 轴与地球自转轴一致，x_i、y_i 轴在赤道平面内，构成右手直角坐标系，其中 x_i 轴指向春分点。

(2) 地球坐标系($O-x_e y_e z_e$)。

原点为地球质心，z_e 轴与地球自转轴方向一致，x_e、y_e 轴在赤道平面内，x_e 轴与本初子午面和赤道平面的交线重合，y_e 轴与 x_e、z_e 轴构成右手直角坐标系。地球坐标系与地球固连，其相对于惯性坐标系的运动就是地球的自转角速度。

(3) 地理坐标系($O-x_g y_g z_g$)。

地理坐标系是载体水平和方位的基准，它的原点位于载体重心，z_g 轴为沿地心与坐标系原点的连线并指向地心，垂直于当地水平面，x_g、y_g 轴在当地水平面内，分别指北和指东，三轴构成右手直角坐标系。地理坐标系相对地球坐标系的方位关系就是载体的地理位置，包括经度 λ、纬度 L 和深度 d。

(4) 载体坐标系($O-x_b y_b z_b$)。

载体坐标系与载体固连，原点为载体重心，x_b 轴沿载体纵轴向前，y_b 轴沿载体横轴向右，z_b 轴沿载体竖轴向下，构成右手直角坐标系。载体坐标系相对地理坐标系的方位关系就是载体的姿态，包括航向角 ψ、俯仰角 θ 和横滚角 γ。

(5) 导航坐标系($O-x_n y_n z_n$)。

导航坐标系是在导航时根据导航系统的需要而选取的作为导航基准的坐标系。可选取导航坐标系与地理坐标系重合。在不同惯性导航的实际应用中，坐标系中坐标轴及其正向有不同的取法，但这并不影响导航基本原理的阐述和导航参数计算结果的正确性。

2. 坐标变换

坐标变换如图 1.6 所示，坐标系 1 绕 Oz_1 轴旋转一定角度后得到坐标系 2，空间矢量 r 在坐标系 1 和坐标系 2 上都会有投影，可用相应三维坐标表示，两组坐标值可由坐标变换矩阵相互转换，仅绕一根轴的旋转为基本旋转，两坐标系间任何复杂的角位置关系都可以看作有限次基本旋转的复合，变换矩阵等于基本旋转确定的变换矩阵的连乘，连乘顺序依基本旋转的先后次序由右向左排列，由此可以推出任意两种坐标系之间的变换关系。变换矩阵与旋转次序有关，即对应于不同的旋转次序，最终得到的载体坐标系的空间位置是不同的。在捷联式惯导系统中，由载体坐标系到导航坐标系的坐标变换矩阵，就是通过陀螺仪输出得到的姿态矩阵。

3. 姿态更新算法

由载体坐标系到导航坐标系的坐标变换矩阵又称为载体的姿态矩阵。捷联式惯导系统的姿态更新就是利用陀螺仪测量的载体角速度实时计算姿态矩阵。姿态实时计算是捷联式惯导的关键技术，也是优化捷联式惯导系统算法精度的重要一环。载体的姿态和航向是载体坐标系和导航坐标系之间的方位关系，由于载体坐标系和导航坐标系均为直角坐标系，各轴之间始终保持直角，因此计算两坐标系之间的方位关系，实质上就是处理力

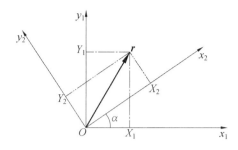

图 1.6 坐标变换

学中的刚体定点转动问题。在刚体定点转动理论中,描述动坐标系相对参考坐标系(即捷联式惯导系统中的导航坐标系)方位变化关系的方法有方向余弦法、欧拉角法和四元数法。此外还可以用等效旋转矢量法来描述刚体的定点转动。

(1)方向余弦法。

方向余弦法用矢量的方向余弦矩阵来表示姿态矩阵的方法。用方向余弦矩阵来实现从导航坐标系的三维单位矢量到载体坐标系的三维单位矢量的转换。方向余弦矩阵是一个 3×3 阶的矩阵,矩阵中的元素表示载体坐标系相对于导航坐标系的方向余弦。

(2)欧拉角法。

欧拉角常用于描述载体的姿态,通常是载体坐标系相对于导航坐标系的姿态。一个坐标系到另一个坐标系的变换,可以通过绕不同坐标轴的三次连续转动来实现。在载体姿态发生变化时,分别以三个坐标轴作为旋转轴旋转,其角度分别称为偏航角、俯仰角、滚动角,可用欧拉角描述姿态变换。

(3)四元数法。

四元数法可用于求解坐标系变换关系和姿态矩阵问题,在捷联式惯导技术中得到了广泛应用,四元数法也是一种姿态更新算法。由四元数可以得到坐标变换矩阵,进而可以进行捷联式惯导系统的导航计算。

4. 捷联式惯性导航

捷联式惯导系统以数学平台代替了平台式惯导系统的稳定平台,因此有较多的计算量。数学平台的应用依赖于导航计算机,因此应根据实际要求来选择导航计算机。为了达到导航系统性能要求,需要正确处理惯性测量装置提供的数据,实时更新导航算法所需的导航参数,数据计算过程中,需充分考虑数据率和处理速度等。数据率和处理速度取决于 AUV 航行时角运动和线运动的频率,也与惯性传感器的输出频率有关。选择合适的数学函数的各项等级,既能满足计算精度要求又不造成导航计算机过多的负担。一般情况下,载体中固连着一组陀螺仪和一组加速度计,均以三轴正交的方式安装。载体相对惯性空间的角运动信息在载体坐标系的投影由陀螺仪测出,导航计算机利用陀螺仪的输出信号和当前时刻载体的速度、位置信息,根据微分方程进行姿态四元数或姿态矩阵的解算,获得载体的姿态信息。加速度计测量载体相对惯性空间的线运动信息在载体坐标系的投影,导航计算机利用载体姿态信息,将加速度计的输出信息转换到导航坐标系中,扣除有害加速度后,通过数值积分的方法确定载体在导航坐标系中的信息。捷联式惯性导航系统原理如图 1.7 所示。

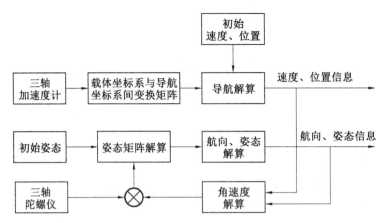

图 1.7 捷联式惯性导航系统原理

捷联式惯性导航系统中不存在物理平台,其通过固连在载体上的陀螺仪和加速度计感知载体的运动信息,通过导航计算机对惯性单元的输出信号进行解算,从而获得载体在导航坐标系中的姿态、速度及位置信息。

1.2.5 其他定位方法

上面介绍了几种典型的定位与导航技术,以下再对视觉定位、SLAM、航迹推算等其他定位算法进行简要介绍。

1. 视觉定位

典型的机器视觉系统硬件一般由镜头、视觉传感器相机、光源、滤光片、图像采集卡、图像处理模块、计算机、执行器(如机械手、电机)等组成,可通过直接估计校正系统状态,也可通过特征匹配减小系统误差。在基于视觉的导航系统中,相机充当着视觉传感器的角色,根据相机数目的不同,可以分为单目视觉系统、双目视觉系统、多目视觉系统等几种。

(1)单目视觉系统,即只用一个相机进行视觉信息的采集。其优点是图像处理器只需要处理一副图像,但是深度信息不容易得到,空间的一些特征反映到单幅图像上会失真,如弧线以一定角度投影到单幅图像上就成了直线等。为获得深度信息,单目视觉系统往往利用事先已经在图像处理器中定义好的物体的模型进行估计,或者通过多角度拍摄物体以获得物体的多幅照片进行处理,最后计算得到深度信息。

(2)双目视觉系统,即像人眼一样用两台相机来获取外界的图像信息进行处理,也称立体视觉系统,其能通过对比两幅图像之间的视差来获得物体的深度信息,相比于单目视觉系统,其对于三维空间的描述更加方便。双目立体视觉对深度的获取建立在视差的计算上,而视差信息的获得其根本在于两幅图像之间特征点的匹配,一般有以下两种。

①基于区域的匹配方法,如图像序列中对应像素差的绝对值(Sum of Absolute Differences,SAD)、图像序列中对应像素差的平方和(Sum of Squared Differences,SSD)、图像的相关性(Normalized Cross Correlation,NCC)等。

②基于特征的匹配方法,如基于角点、轮廓、颜色等特征的匹配等。

(3)多目视觉系统与单目视觉系统和双目视觉系统相比,应用更多个相机对视觉系进行配置,其采集的视觉信息较多,因此处理流程也更为复杂。

视觉定位常常与其他技术结合以增强定位性能,如常用的视觉定位算法与惯性导航系统相结合,将惯性传感器的数据引入视觉位姿估计,以提高视觉定位的精确度。将惯性传感器测量出的角速度对时间进行积分,得到机器人的方向。然后从相机采集的图像中提取图像特征,结合角速度计算出机器人的平移量,获得机器人的位置。

2. SLAM

SLAM 技术融合移动机器人上的多种传感器,测量数据来为机器人提供位姿估计。AUV 在环境中运动时,由对环境的观测来确定自身的运动轨迹,同时构建出环境的地图。

SLAM 通常包括特征提取、数据关联、状态估计、状态更新及特征更新等,与视觉定位相结合。目前视觉 SLAM 方法主要包括特征点法和直接法两大类。其中,特征点法以 ORB-SLAM 为代表,该方法以关键点检测(Oriented fast and Rotated Brief,ORB)作为整个视觉 SLAM 中的核心特征。

(1)特征点法是对图片提取某种类型的特征点后再计算描述子,根据所得描述子进行特征匹配,再通过最小化重投影误差的方法进行位姿优化。特征匹配的精度会影响到最终定位的精度。

(2)直接法不需要提取特征点和计算描述子,但是依赖像素梯度和灰度不变假设。

大多数视觉 SLAM 系统的工作方式是通过连续的相机帧,跟踪设置关键点,以三角算法定位其 3D 位置,同时使用此信息来逼近推测相机自己的姿态,绘制与自身位置相关的环境地图,从而实现定位与导航功能。通过跟踪摄像头视频帧中足够数量的关键点,可以快速了解传感器的方向和周围物理环境的结构。即时 SLAM 系统需要实时操作,因此位置数据和映射数据需要较快的处理速度。

例如,典型的 ORB-SLAM 算法采用跟踪、局部建图和回环检测三线程完成定位与构图过程。首先由跟踪模块负责提取每一帧的 ORB 特征,通过恒速模型、关键帧模型、重定位估计相机初始位姿,利用共视关系跟踪局部地图来优化相机位姿,判断当前帧是否作为关键帧插入地图中。局部建图模块主要是对跟踪过程中产生的关键帧进行操作,包括将该关键帧插入地图中,添加新的地图点,剔除冗余的关键帧、地图点,而后优化相机位姿和地图点。回环检测模块针对关键帧进行操作,主要是通过词袋模型判断当前关键帧是否产生回环。如果产生可能的回环则进行回环一致性检测,通过一致性检测之后认为运动已经产生回环,则对其进行变换以实现回环校正,并进行全局优化。

3. 航迹推算

航迹推算是在不依赖导航物标的情况下,根据罗经和计程仪产生的各种要素求取航迹和航位的方法。航迹推算从航行器行驶时开始运行,推算时要实时更新起始运算位置。用电子设备记录推算航迹,可以不间断地显示出瞬时的推算船位。用惯性导航仪求得的推算航迹已接近实际航迹。在海洋作业中,不计风和流的航迹推算所得到的船位被称为积算船位,对风和流的影响加以修正后所得到的船位称为估算船位。航迹推算包括求航迹和船位、求驾驶航向两类作业。

水下无人航行器在水面可以使用高精度卫星导航系统确定坐标,但是由于电磁波在水中衰减很大,不可能在水中使用。通常航迹推算系统,包括测量与水下无人航行器本体固连的坐标系两个轴方向上线速度的多普勒计程仪,测量横倾角、纵倾角和航向角的水下无人航行器姿态传感器,测量在绝对坐标系中坐标的深度传感器。对绝对坐标系内的速度分量进行积分,确定水下无人航行器的当前位置,上述传感器得到的数据误差会导致推算系统得到的位置有偏差,这些误差会在航迹推算系统中累积。

1.3 多源融合定位技术简述

在水下作业中,常常需要更加精准、可靠性更高的导航系统,多源融合定位系统可以解决单一的导航技术故障时可靠性下降的问题,并且在多传感器数据融合过程中可以对导航数据进行更进一步的优化处理,从而提高导航性能。下面对数据融合基本原理、多源融合定位架构、多源融合定位系统典例、水下多源融合定位算法进行阐述。

1.3.1 数据融合基本原理

不同的传感器可以测量到不同种类的信息,将这些信息数据进行进一步处理以实现信息精准化是数据融合的关键。数据融合可以充分地利用各种导航探测设备的信息,对其进行时间和空间上的优化。数据融合按照融合结构的不同可以分为三类,分别是集中式数据融合结构、分布式数据融合结构与混合式数据融合结构。

集中式数据融合结构会在融合中心统一对传感器输出的数据进行综合的对齐、互联滤波与勘正等。这种结构能够对传感器信息进行充分利用,但是需要很高的处理带宽,而且系统的抗干扰能力较差,容错率低。分布式数据融合结构在每个传感器处都有融合节点,每个节点都有处理信息的能力,融合中心再对各个节点的信息进行整合处理,形成全面的数据计算。这种结构可靠性高,但通信损失也较高。混合式数据融合结构可在结构中自由地使用以上两种融合结构,传送处理各传感器的信息,进行不同层次的混合融合,其有集中式数据融合结构与分布式数据融合结构的优势,但由于结构的复杂会加大通信和计算的代价。

1.3.2 多源融合定位架构

水下多源融合定位架构如图1.8所示,首先从不同的融合源,如多普勒测速仪(Doppler Velocity Log,DVL)、罗经、压力计、相机、磁传感器、激光雷达等处收集数据信息,继而对信息进行数据预处理。针对融合源的不同特点,定位的数据信息在融合中心用不同的传感器定位算法进行数据融合,得到更精准的多源融合定位结果,而后评估系统效能,将输出的结果反馈到数据融合中心,自适应地进行融合算法中的数据更新,提高系统的整体定位性能。

1.3.3 多源融合定位系统典例

多源融合定位系统可以采用的融合源众多,融合处理技术也比较丰富,下面对典型的以惯性导航为主体的组合导航系统进行介绍。

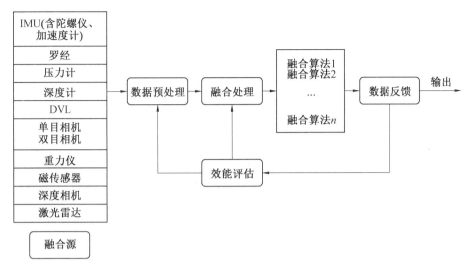

图 1.8 水下多源融合定位架构

以惯性导航系统为主体的组合导航研究分为几个方面,分别是惯性/卫星组合导航系统、图像/惯性组合导航系统、地磁辅助惯性组合导航系统、视觉/惯性组合导航系统、景象匹配惯性导航系统、重力匹配导航系统等。随着多传感器融合理论的发展,组合导航系统从 INS/多普勒、INS/天文等,发展到 INS/地形匹配、INS/GPS、INS/图像匹配,及多种传感器组合的 INS/GPS/地形轮廓/景象匹配等。

目前的研究中,有在无 GPS 等卫星导航系统辅助下,由捷联式惯导系统和单目视觉系统组合的导航方法,其为未知复杂环境中的移动机器人提供实时精确的信息。对于惯性导航单独使用精度不足的问题,可采用视觉导航来辅助校正,将惯导信息和视觉信息有机融合,以实现更加优化的定位效果。也有 SINS/DVL 组合导航系统,根据多普勒效应,多普勒测速仪通过测量发射波和反射波之间的频率变化来获得航行器的运行速度,其工作模式主要分为底跟踪模式和水跟踪模式。一般情况下默认使用性能更好的底跟踪模式,其可获得航行器相对于海底的速度。当航行器高度超过底跟踪模式的工作范围时,多普勒测速仪切换至水跟踪模式,其可得到航行器相对于某一水层的速度,且要结合这一水层的流速。因此底跟踪模式比水跟踪模式精度更高。也有利用捷联式惯性导航系统和超短基线水声定位系统进行组合导航定位的。组合方式分为松组合和紧组合,松组合方式以超短基线水声定位系统直接输出的位置与惯性导航进行匹配,该组合方式简单易行,定位精度主要取决于 USBL 的定位精度;紧组合方式以超短基线水声定位系统解算位置的观测量,即斜距和方位角与惯性导航进行匹配,这种组合方式采用 USBL 基本观测信息进行融合,如果设备可提供各基元间的斜距信息,也可以将其作为观测量。

图 1.9 所示为 SINS/DVL/LBL 组合导航原理,在水下航行器的检测设备中,由 SINS 输出载体速度、位置、姿态等信息;由 DVL 输出的载体速度与 SINS 输出的载体速度进行运算得到速度误差观测值;由 LBL 输出的载体位置与 SINS 输出的载体位置进行运算得到位置误差观测值。对各误差观测值进行卡尔曼滤波得到其最优估计,校正参考信息得到导航参数输出。

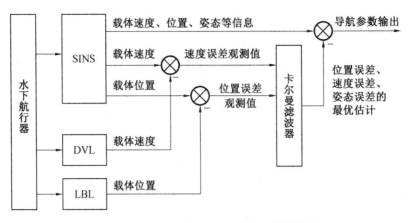

图 1.9 SINS/DVL/LBL 组合导航原理

1.3.4 水下多源融合定位算法

水下多源融合定位算法利用多传感器输入的关于对象与环境的信息,在结构中不同的融合级上选用合适的融合算法,对输入数据信息进行处理,实现信息融合。

现有的多传感器融合算法大致分为两类,分别是随机类和人工智能类。随机类算法包括加权平均法、贝叶斯估计法、卡尔曼滤波法、证据推理等;人工智能类算法包括模糊逻辑推理法、神经网络法等。加权平均法将各个传感器提供的数据信息进行加权平均,得到融合结果,该方法较为简单直接。贝叶斯估计法采用使各个传感器的联合后验概率分布的似然函数最小的策略,来计算融合结果。卡尔曼滤波法用状态和观测模型得到一定条件下的信息融合与数据的估计更新,但是该方法的实时性不是很好,而且若有故障污染未被及时检出,会导致整个系统的可靠性降低。证据理论是对信息源的概率设限,以信任函数作为度量,较为复杂,从观测结果的目标合成,到推断扩展成目标报告,再对在时间上相互独立的连续报告进行组合更新,它需要分级的推理运算。模糊逻辑推理法将多个传感器的信息熵表示出来,用特定的方法对数据处理组合中的熵进行模型构建、分析计算,进而得到融合结果。神经网络法依据数据样本的类似程度进行分类,设置合适的网络权值分布,通过神经网络的信号处理及推理来完成融合,得到更精确的估计。

水下的各种传感设备得到的数据需要合适的融合算法进行数据处理,以得到更加精准可靠的信息,下面介绍几种经典的水下融合定位算法。

1. 基于因子图的水下多源融合定位算法

因子图在数据融合领域应用广泛,具有融合性能高、计算复杂度低的特点。在基于因子图的融合算法中,可以根据不同的定位源因子的性能与特点,来动态地调整各个变量的权重,这种基于因子图的动态加权定位方法可以提高效率,降低定位误差。因子图的融合源可以是压力传感器、多普勒测速仪、声呐、惯性测量单元等数据源。由于因子图中函数节点与变量节点之间信息具有互相转换的关系,因此在水下多源融合定位中,按照因子图软消息传递规则,可以根据不同融合源的特点赋予其相对应的权值比重,从而获得更高精度的融合定位结果。

因子图是一种概率图模型,可以表示随机变量的联合概率分布的全局分解,单个传感器信息可以加入对应时刻的因子节点,即可实现传感器即插即用。因子图具有全局的计算特性,既可以查看历史时刻的节点数据,又可以融入滞后的测量信息。

因子图框架还需要将各个传感器观测信息建模为因子节点。AUV 多源信息融合定位中,因子图算法能够将各信息源不同时刻的测量信息整合起来,能够便捷地融合滞后信息。利用因子图算法处理滞后信息时,首先判断接收传感器信息是否有效,去除无效的数据。对于到达的有效信息,在因子图框架中添加对应因子节点与变量节点进行解算。若到达的数据存在时延,则将其加入历史时刻因子图中,作为插入的变量节点,加入因子节点重新解算。

图 1.10 所示为基于因子图的水下多源融合定位系统。图中,$x_i(i=1,2,3,4)$ 为相邻的导航状态;$\alpha_j(j=1,2)$ 为偏差变量;f^{bias} 为偏差因子节点;$\phi_j(j=1,2)$ 为不同的融合定位源;用 IMU 变量节点 f^{IMU} 来连接导航状态的变量节点 x_i 与偏差因子节点 α_j,以 IMU 的量测信息综合当前时刻的估计信息去进行下一时刻的状态预测,同时以下一时刻的真实状态与预测状态之间的差值作为代价函数来校正系统。根据因子图的灵活性,还可以按需将 IMU 因子节点的引入频率和偏差因子节点的引入频率设置成不同的值,如 IMU 因子节点的引入频率是偏差因子节点引入频率的两倍。同时得益于因子图的即插即用性,在整个融合过程中,可以随时添加和删除融合源,如将 DVL、罗经、深度计、相机等融合源加入系统中。

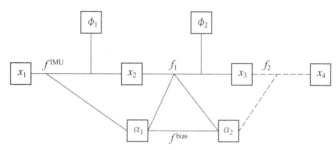

图 1.10 基于因子图的水下多源融合定位系统

2. 基于滤波的水下多源融合定位算法

将不同传感器的信息融合在一起的多源融合技术可以提高水下定位导航的精度。高斯(Gauss)提出最小二乘法,在此基础上又提出加权最小二乘法、递推最小二乘法,这些方法没有使用状态矢量的统计特性,因此不是最优的。之后有学者从概率密度的角度出发,提出极大后验估计、极大似然估计、贝叶斯估计,用于故障检测和识别,但这些方法运算难度较大。维纳(Wiener)提出适用于频域内一维平稳随机过程的维纳滤波。卡尔曼(Kalman)提出的卡尔曼滤波(KF),现在得到了广泛的发展和使用。卡尔曼滤波是一种采用线性系统的状态方程和观测方程对数据进行处理,以得到最优状态矢量的算法。卡尔曼滤波采用观测空间与状态空间不断迭代的方式实现系统优化,状态空间可基于前一时刻的状态信息输出当前时刻的状态估计量;观测空间获取观测量并用其对状态空间估计值进行更新。在基于卡尔曼滤波的水下多源融合定位系统中,将一种融合定位信息源视作状态空间信息,其他信息源视作观测空间信息,从而实现多融合源的融合定位。

卡尔曼滤波是应用在线性条件下的,不能满足非线性系统的精度要求。扩展卡尔曼滤波(Extended Kalman Filter,EKF)更适用于非线性系统,EKF算法是先将非线性函数泰勒(Taylor)展开,保留一阶项,得到近似线性系统,然后通过KF来完成状态与方差估计,EKF更适用于水下多源融合定位系统。首先选取一种可进行状态更新的融合源(如IMU)作为初始融合源,构建状态空间方程;然后将其他融合源(如DVL、陀螺仪、深度计、重力仪、磁传感器、相机、激光雷达等)视作观测空间,构建观测方程。更新状态矢量估计值及状态矢量误差协方差估计值,联合卡尔曼增益等进行迭代校正,实现基于EKF的多源融合定位。

无迹卡尔曼滤波(Untraced Kalman Filter,UKF)由Julier等人提出,其舍弃了将非线性系统近似为线性系统的思想,使用无损变换(Unscented Transfor,UT),选取一组采样点来近似表示非线性函数,不必进行线性化和省略高阶项,因此UKF在非线性强的条件下有更好的表现。Simon Haykin和Arasaratnam等人提出了容积卡尔曼滤波(Cubature Kalman Filter,CKF),其使用一组基于三阶球面径向容积准则的点,来逼近具有附加高斯噪声的非线性系统的状态均值和协方差。在实际情况下,当噪声不能满足高斯分布且系统为非线性时,粒子滤波(Particle Filter,PF)具有广泛的适用性,其主要思想是基于蒙特卡洛(Monte Corlo)方法,寻找一组粒子对概率密度函数进行近似,原本滤波的积分运算被粒子样本的均值所代替。PF的适用范围更广,精度也更高,但运算量也相对较大。

以上对基于滤波的水下多源融合定位系统进行了介绍,下面介绍一种典型的水下多源融合定位系统,即联邦卡尔曼滤波(Federated Kalman Filter,FKF)。基于卡尔曼滤波算法的联邦卡尔曼滤波可以将来自多个传感器的信息进行最优组合,为水下航行器提供精确导航定位。滤波考虑的是从量测信号中过滤噪声还原系统真实状态。滤波理论是采用某种统计最优的方法,对系统的状态进行估计的理论。联邦卡尔曼滤波在两个或多个导航系统输出的基础上,利用KF估计系统的各种误差,再用误差状态的估计值去校正系统,以提高系统性能。

卡尔曼滤波(KF)用于处理多源信息融合问题时,一般采取两种途径:一种是集中式卡尔曼滤波,另一种是分散化卡尔曼滤波。集中式卡尔曼滤波利用一个滤波器集中处理所有子导航系统的信息。从理论上来看,集中式卡尔曼滤波能得到状态变量的最优估计,但是稳定性不足:一是由于滤波系统状态维数增高,因此计算量增大,严重影响了滤波的动态性能和实时性;二是系统的故障率随子系统的增加而上升,只要其中的一个子系统出现故障,就会使得整个系统被污染,容错性能差。

综上可知,集中式卡尔曼滤波限制了多传感器导航系统的潜力,难以实现高可靠性导航。分散化卡尔曼滤波技术可以克服以上局限性,而基于分散化卡尔曼滤波的联邦卡尔曼滤波算法具有设计灵活、计算简单、容错性能佳等优点,被广泛地应用于多传感器数据融合系统。

图1.11所示为联邦卡尔曼滤波信息融合模块结构,其以惯性导航系统为公共参考系统,选取位置传感器、速度传感器、航向传感器,分别与SINS通过子滤波器,利用信息分配原则来消除不同子滤波器之间的相关性。其优点是计算量小,通过对子系统设置一个阈值,能及时检测到某一传感器的失效数据。SNIS为公共参考系统,可以通过运算得到

各个子滤波器的状态方程和量测方程,DVS 为多普勒速度声呐,TCM2 为倾角补偿罗盘模块。为了便于在计算机上实现联邦卡尔曼滤波,将以上建立的滤波器的连续形式的系统状态方程和量测方程离散化为差分方程。联邦卡尔曼滤波步骤如下。

(1)时间更新。各子滤波器根据各自的状态方程进行时间更新。

(2)量测更新。当有量测值输入时,各子滤波器根据量测值进行修正,即进行量测更新。

(3)主滤波器信息分配。初始时分配一次信息,由于捷联式惯导系统是参与了三个子滤波器的滤波,因此捷联状态为公共状态,其信息按照信息守恒原理在各子滤波器间进行分配。

(4)全局融合算法。在各子滤波器计算出各自的局部估计之后,由主滤波器把各子滤波器的公共状态进行全局融合,得到全局估计信息。

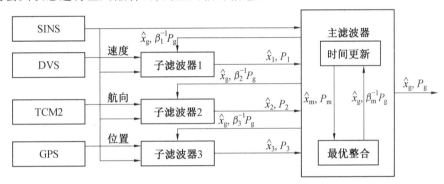

图 1.11　联邦卡尔曼滤波信息融合模块结构

参考主系统的输出信息:一方面直接作为主滤波的输入,另一方面作为各个子滤波器的量测信息。各子系统的输出信息只给相应的局部子滤波器。各子滤波器的局部估计及相应的估计误差方差阵进入主滤波器后,和主滤波器的估计融合得到全局估计值。此外,全局估计的协方差阵会反馈到各子滤波器中,重置各子滤波器的估计值。若有几个局部估计及相应的估计误差协方差阵,而且各局部估计不相关,则可以得到全局最优估计。但通常条件较难满足,即各局部估计是相关的。经典联邦卡尔曼滤波算法利用方差上界技术,对滤波过程进行适当改造,使得局部估计实际上不相关。

3. 其他水下多源融合定位算法

以上介绍了基于因子图和基于滤波的水下多源融合定位算法,还有一些近年来常用的其他水下多源融合定位算法,以下面两种为例进行简要介绍。

(1)基于分层优化的水下多源融合定位算法。

基于分层优化的水下多源融合定位算法是指可在双层级联架构中采用不同的滤波融合算法,如在下层结构中,利用卡尔曼滤波获取经过初步校正的定位信息;在上层结构中,利用下层传递的信息与其他探测设备获得的信息用粒子滤波的算法进行融合定位。也有基于粒子群优化(Particle Swarm Optimization,PSO)与极限学习机(Extreme Learning Machine,ELM)神经网络的双层融合算法,引入静态反馈对惯导进行校正,可以降低定位误差。这种基于分层优化的多源融合定位算法,可利用惯导定位结果约束地磁匹配范围,可以解决误匹配问题,而且可将集成学习引入神经网络,同时利用PSO减少算法耗时,还可采用PF将上述融合结果与水下声学定位结果进一步融合来降低定位误差。由此可见,分层优化的水下多源融合定位类型丰富,且可以大大提高系统的定位性能。

(2) 基于深度学习的水下多源融合定位算法。

对于不同定位源可能存在的协同定位能力不足的问题,可以采用基于深度学习的数据级多源融合定位方法以增强协同能力,该方法从多源定位数据出发,获取二阶特征矩阵作为网络输入,其可增加空间关联性,再通过多层卷积神经网络模型实现多源融合定位,

增强网络一体化,完成数据特征自主提取和融合预测,提高多源融合定位的精度。该算法可对两种及以上不同定位体制的多源定位数据进行融合增强,且具备实时融合定位能力。深度学习是一种新兴的机器学习理论,其可以提取数据之间的非线性关联特征,并根据深层特征对未知数据进行预测。

对于水下多个无源定位系统的数据融合定位问题,可基于卷积神经网络构建一个多源融合定位模型,模型可采用基于五层卷积神经网络模型的融合定位增强算法,以多源数据特征矩阵作为网络输入,网络前三层进行数据特征提取,后两层完成目标信息融合和位置估计。其可增加多源信息的利用水平,提高目标的定位精度。

而基于深度学习的多源融合定位增强算法,包括模型训练学习阶段和实时融合预测阶段,训练学习阶段采用网格化的仿真生成数据对模型进行训练,然后可通过少量高质量的实测多源数据进行模型调优,再对数据进行融合实现预测及估计校正。

1.4 章节安排

目前,水下AUV定位技术多种多样,定位系统采用的模型和算法也更加丰富,且精确度高,同时各种定位系统相互组合、多源融合算法也能更好地扬长避短,综合各种定位方法的优势,也能实现更加精准的水下定位。

本书会对水下声学定位与多源融合技术进行介绍,第2~6章将分别介绍水声技术基本原理、水下声学定位技术、水下重力/磁力匹配定位技术、水下惯性导航技术、水下多源融合定位理论与方法。

本章参考文献

[1] 杜文翔. 北斗导航及GPS技术在航海定位中的应用[J]. 中国水运,2021(11): 105-107.

[2] 徐京邦,刘洋,李计星,等. AGV激光导航定位技术综述与发展趋势[J]. 物流技术与应用,2020,25(6):124-125.

[3] 王延辉. 多源信息融合的室内定位算法研究[D]. 大连:大连理工大学,2021.

[4] 马星. 基于WLAN室内建模的导航定位算法研究[D]. 桂林:桂林电子科技大学,2021.

[5] 彭业顺,李嘉玲,徐振飞,等. 蓝牙室内定位技术综述及展望[J]. 日用电器,2021 (12):58-64.

[6] 姚姗. 基于GPS/IMU数据融合的车辆位姿控制方法研究[D]. 秦皇岛:燕山大学,2019.

[7] 宁津生,吴永亭,孙大军. 长基线声学定位系统发展现状及其应用[J]. 海洋测绘,2014,34(1):72-75.

[8] 黄鼎盛. 基于GPS浮标的水下AUV短基线定位技术研究[D]. 邯郸:河北工程大学,2020.

[9] SUN D,GU J,ZHANG J C,et al. Design of high accuracy ultra short baseline underwater acoustic position system[C]. Xiamen:2017 IEEE International Conference on Signal Processing,Communications and Computing(ICSPCC),2017:1-4.

[10] 孙爱斌. 重力匹配辅助惯性导航系统算法研究[D]. 西安:长安大学,2021.

[11] 陈冲. 地磁辅助惯性导航系统研究[D]. 哈尔滨:哈尔滨工业大学,2014.

[12] CHEN Z,HUNG J C. Navigation schemes for underwater robots using strapdown inertial navigation system[C]. Kobe:Proceedings IECON '91:1991 International Conference on Industrial Electronics, Control and Instrumentation, 1991: 1075-1078.

[13] 鲍雨. 基于单信标和惯性视觉的水下自主航行器组合定位研究[D]. 北京:北京邮电大学,2021.

[14] XIE P. Modified keyframe selection algorithm and map visualization based on ORB-SLAM2[C]. Wuhan:2020 4th International Conference on Robotics and Automation Sciences(ICRAS),2020:142-147.

[15] 吴宏悦,尹洪亮,杨洺,等. 一种小型水下无人航行器航迹推算方法[J]. 舰船科学技术,2021,43(S1):27-31.

[16] YANG Q,SUN J. An underwater autonomous robot based on multi-sensor data fusion[C]. Dalian:2006 6th World Congress on Intelligent Control and Automation,2006:9139-9143.

[17] 张涛,陈立平,石宏飞,等. 基于SINS/DVL与LBL交互辅助的AUV水下定位系统[J]. 中国惯性技术学报,2015,23(6):769-774.

[18] 司书斌. 基于因子图的水下全源导航算法研究[D]. 哈尔滨:哈尔滨工程大学,2019.

[19] 戴雨露. 基于卡尔曼滤波的多传感融合定位研究[D]. 长春:吉林大学,2021.

[20] 麦珍珍. 基于联邦滤波的多传感器组合导航算法研究[D]. 济南:山东大学,2020.

[21] 刘傲,修春娣. 基于分层优化的多源融合定位方法[J]. 北京航空航天大学学报,2021(03):1-12.

[22] 丛迅超. 基于深度学习的数据级多源融合定位增强算法[J]. 电子质量,2020(4):13-16.

第 2 章 水声技术基本原理

2.1 概 述

水声技术是利用声波对水中的目标进行探测、定位、跟踪、识别及水下通信、导航等的方法与技术。

1912 年"泰坦尼克号"的沉没促进了现代水声技术的发展。第一次世界大战期间,回声定位声呐(Sound Navigation And Ranging,SONAR)出现了。第二次世界大战期间,水声技术得到了很大发展,声呐设备得到了改进,出现了声制导鱼雷和音响水雷。20 世纪 50 年代以后,随着潜艇活动能力的加强和核潜艇的出现,水声物理研究和信息论的进步,以及无线电电子学、计算机科学、传感器技术和信号处理技术的发展,水声技术得到了极大的推动。水声技术广泛应用于海洋开发、海上石油开发、近岸工程、海洋渔业、海洋学和海洋物理学等领域,已成为重要的技术产业部门。

2.2 海洋中的声学原理

水声学的研究对象包含三个方面,分别是海水介质声学特性、声波在海水介质中的传播特性和水声目标声学特性。海水介质声学特性主要研究海水介质及其边界(海底、海面)的声学特性,如海水介质中的声传播速度、海水中的声吸收、海洋环境噪声和海洋混响,以及海底、海面上声波的反射和散射特性等;声波在海水介质中的传播特性主要讨论声波在海水介质中传播的机理、现象和规律,以及它对水声设备工作的影响等内容;水声目标声学特性主要研究目标的声反(散)射特性和辐射特性等内容。

2.2.1 声呐

人类社会的发展历史表明,任何一门科学的诞生和发展都基于社会的需要和经济、技术的发展程度,水声学也不例外,因此要引起人们对水声学的重视,促进水声学的发展。声呐利用声波在水下的传播特性,通过电声转换和信息处理,完成水下探测和通信任务,是一种在水声学中应用最广泛、最重要的装置。声呐不仅用于对水下目标进行探测、分类、定位和跟踪;还可以进行水下通信和导航。此外,声呐技术还广泛用于鱼群探测、海洋石油勘探、船舶导航、水下作业、水文测量和海底地质地貌的勘测等。

1. 声呐及其工作方式

声呐全称声音导航与测距,是一种利用声波在水下的传播特性,通过电声转换和信息处理,完成水下探测和通信任务的电子设备。按声呐的工作方式来区分,它通常分为主动工作系统和被动工作系统,习惯上称为主动声呐和被动声呐。图 2.1 所示为主动声呐的信息流程示意图。

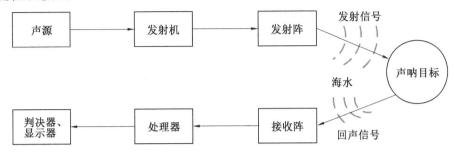

图 2.1 主动声呐的信息流程示意图

主动声呐的工作流程如下。

(1) 声源向海水中发射带有特定信息的发射信号。

(2) 当发射信号在海水中传播遇到潜艇、水雷、鱼雷(它们通常被称为声呐目标)等障碍物时,由于声波在障碍物上的反射和散射,因此会产生回声信号。

(3) 回声信号遵循传播规律在海水中传播,其中在某一特定方向上的回声信号传播到接收阵处,并由它将回声信号转换为相应的电信号。

(4) 此电信号经处理器处理后传送到判决器,它依据预先确定的原则做出有无目标的判决,并在做出确认有目标的判决后,指示出目标的距离、方位、运动参数及某些物理属性,最后显示器显示判决结果。

图 2.2 所示为被动声呐的信息流程示意图,被动声呐没有专门的声信号发射系统,也称为噪声声呐站。图 2.2 中的声源部分是指被探测目标,如鱼雷、潜艇等运动目标在航行中所辐射的噪声,被动声呐就是通过接收目标的辐射噪声,来实现水下目标探测、确定目标状态和性质等目的。由此可以看出,主、被动声呐在信息流程上的差异。被动声呐的接收阵、处理器等部分就本质而言和主动声呐基本相同,这里不再详述。

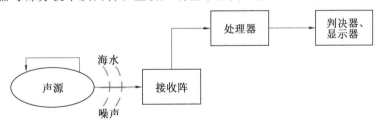

图 2.2 被动声呐的信息流程示意图

由上述可知,虽然主、被动声呐的工作方式有所不同,但它们工作时的信息流程却是基本相同的,都由三个基本环节组成,即声信号发射和接收处理系统、声信号传播的海水信道与被探测目标。显而易见,这些基本环节的状态、特性,将直接影响声呐信息的传送、处理和判决,即影响声呐设备的工作质量。进一步分析表明,上述三个基本环节中的每一个,又都包含了若干个影响声呐设备工作的因素,这些因素在实际应用中被量化处理,称为声呐参数。下面,首先给出各个声呐参数的定义,并简要说明其物理意义,然后将它们组合成声呐方程。

2. 声呐参数

(1)水声换能器及其指向性指数。

水声换能器是指能在水中将电能和声能进行互相转换的设备,它分为发射换能器(发射器)和接收换能器(水听器)。发射换能器是将电能转换为声能的设备;接收换能器是将声能转换为电能的设备。因为单个换能器的性能往往不能满足声呐工作的需要,所以在实际工作中,人们将多个(少则数个,多则上千个)换能器按设计好的几何图形组合在一起,构成一个换能器空间阵,也称换能器基阵,简称(声)基阵。这种换能器基阵的技术性能远优于单个换能器的技术性能,所以在实际应用中,声波的发射和接收一般都是由换能器基阵来完成。为了方便,后叙中将换能器或换能器基阵,统称为换能器。

① 换能器的指向性函数 $b(\theta,\phi)$。声呐在实际应用中要具有换能器的各种技术性能,其中之一就是指向性特性。对于主动声呐,为了尽可能远地探测到目标,要求发射器辐射的声能集中在一个很狭小的空间范围内,在其他方向仅有很少的声能量,从而形成辐射声能空间分布的不均匀。对于水听器,则要求在同一声波作用下,某方向上有很高的输出开路电压,而在其他方向上的输出开路电压则要小很多,从而形成接收性能在整个空间中的不均匀性。这种换能器性能在空间分布上的不均匀性,称为换能器的指向性,用指向性函数 $b(\theta,\phi)$ 表示。

设在以发射器声中心为球心、半径为 r(满足远场条件)的球面上测量该换能器的辐射声压,如在 (θ_0,ϕ_0) 方向上测得最大值声压为 $p(\theta_0,\phi_0)$,在 (θ,ϕ) 方向上测得声压为 $p(\theta,\phi)$,则指向性函数定义为

$$b(\theta,\phi) = \left| \frac{p(\theta,\phi)}{p(\theta_0,\phi_0)} \right| \tag{2.1}$$

式中,θ 是测量点到球心的连线与 z 轴的夹角;ϕ 是测量点到球心的连线在 xOy 平面上的投影与 y 轴的夹角;θ_0 是最大值测量点到球心的连线与 z 轴的夹角;ϕ_0 是最大值测量点到球心的连线在 xOy 平面上的投影与 y 轴的夹角。

(θ_0,ϕ_0) 方向称为换能器的声轴方向。函数 $b(\theta,\phi)$ 表示该换能器辐射声场在空间中的指向性特性。指向性函数 $b(\theta,\phi)$ 定义了一个三维空间的曲面,称为指向性图案。图2.3所示为圆平面阵的三维指向性图案。水听器也有指向性,根据声场互易原理可知,在同一换能器工作于同一频率的情况下,其接收指向特性等同于发射指向特性。

② 换能器的指向性指数 DI。设以指向性发射器声中心为球心、r(满足远场条件)为半径做一个球,在球面上测量发射器辐射声场的声强,测得 (θ_0,ϕ_0) 方向上的声强最强,设为 $I_{\max}$,与其对应的声压 $p(\theta_0,\phi_0)$ 也为最大,则指向性指数 DI 定义为

$$\mathrm{DI} = 10\lg(I_{\max}/\bar{I}) \tag{2.2}$$

式中,$\bar{I}$ 是整个球面上声强的平均值。

利用声强与声压之间的关系,式(2.2)可以写成

$$\mathrm{DI} = 10\lg(p^2(\theta_0,\phi_0)/\bar{p^2}) \tag{2.3}$$

式中,$\bar{p^2}$ 是声压的平方在整个球面上的平均值,可以写成

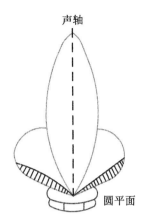

图 2.3 圆平面阵的三维指向性图案

$$\overline{p^2} = \iint_S p^2(\theta,\phi)\mathrm{d}S/(4\pi r^2) = \iint_S p^2(\theta_0,\phi_0)b^2(\theta,\phi)\mathrm{d}S/(4\pi r^2) \tag{2.4}$$

于是有

$$\mathrm{DI} = 10\lg\left(4\pi r^2 / \iint_S b^2(\theta,\phi)\mathrm{d}S\right) \tag{2.5}$$

若换能器指向性具有轴(设为 z 轴)对称性,如图 2.3 所示,则 DI 简化为

$$\mathrm{DI} = 10\lg\left(2 / \int_{-\frac{\pi}{2}}^{\frac{\pi}{2}} b^2(\theta)\mathrm{d}\theta\right) \tag{2.6}$$

若求得换能器的指向性函数 $b(\theta,\phi)$,就可以利用式(2.5)计算得到它的发射指向性指数。

由以上分析可以看出,发射器指向性指数的物理意义是:测得指向性发射器辐射声场远场声轴上的声强级 $10\lg I_{\max}$,同功率下的无指向发射器同点上的声强级 $10\lg \overline{I}$,二者之差就是 DI,则

$$\mathrm{DI} = 10\lg I_{\max} - 10\lg \overline{I} \tag{2.7}$$

(2) 声呐的声源级。

① 主动声呐的声源级 SL。主动声呐的声源级用来描述其发射声信号的强弱,定义为

$$\mathrm{SL} = 10\lg \frac{I}{I_0}\bigg|_{r=1} \tag{2.8}$$

式中,I 是发射器(发射换能器或发射换能器阵)声轴方向上,离声源声中心单位距离(通常为 1 m)处的声强;I_0 是参考声强。

水声中,将均方根声压为 1 μPa 的平面波的声强取作参考声强 I_0,$I_0 \approx 6.67 \times 10^{-19}\,\mathrm{W/m^2}$。以下参考声强均指此值。

发射器的声源级与发射器辐射声功率的大小相关,它们之间有着简单的函数关系。设在无吸收的介质中有一个辐射声功率为 $P_\mathrm{a}(\mathrm{W})$ 的点声源,根据声学基础知识可知,距此声源声中心单位距离处的声强为

$$I_{r=1} = P_\mathrm{a}/(4\pi) \quad (\mathrm{W/m^2}) \tag{2.9}$$

将式(2.9)代入式(2.8),并注意到 $I_0 \approx 6.67 \times 10^{-19}\,\mathrm{W/m^2}$,则可得到

$$\mathrm{SL}=10\lg P_\mathrm{a}+170.77 \tag{2.10}$$

式(2.10)给出了无指向性声源辐射声功率与声源级 SL 之间的关系。

对于一个发射声功率为 P_a、指向性指数为 $\mathrm{DI_T}$ 的指向性发射器,根据指向性指数的定义及式(2.10),其声源级可表示为

$$\mathrm{SL}=10\lg P_\mathrm{a}+170.77+\mathrm{DI_T} \tag{2.11}$$

由式(2.11)可知,只要知道发射器的辐射声功率和发射指向性指数,就能方便地得到该发射器的声源级。

现在,船用声呐的辐射声功率范围为几百瓦到几十千瓦,发射指向性指数为 10~30 dB,相应的声源级范围为 210~240 dB。

为了增大主动声呐的作用距离,有效途径之一是提高声源级,让声源级大到噪声背景下的作用距离不小于混响限制距离。但是,增大主动声呐的辐射声功率,不仅有原理上的困难,还要受到空化效应和互作用效应的限制。

② 被动声呐的声源级 $\mathrm{SL_1}$。由前述可知,被动声呐本身不发射声信号,是由接收被测目标的辐射噪声来探测该目标的,所以目标的辐射噪声就是被动声呐的声源。在实际应用中,声源级也用来描述目标辐射噪声的强弱,它被定义为水听器声轴方向上,离目标声中心单位距离处的目标辐射噪声强度 I_N 和参考声强 I_0 之比(单位为分贝),即

$$\mathrm{SL_1}=10\lg \frac{I_\mathrm{N}}{I_0} \tag{2.12}$$

虽然 $\mathrm{SL_1}$ 也称为声源级,但它只适用于被动声呐。关于声源级 $\mathrm{SL_1}$ 需要注意以下两点。

a. 目标辐射噪声强度的测量应在目标的远场进行,并修正至目标声中心 1 m 处。

b. 式(2.12)中的 I_N 指的是接收设备工作带宽 Δf 内的噪声强度。如带宽 Δf 内的噪声强度是均匀的,则定义量 $\mathrm{SL_2}$ 为

$$\mathrm{SL_2}=10\lg \frac{I_\mathrm{N}}{I_0 \Delta f} \tag{2.13}$$

$\mathrm{SL_2}$ 称为辐射噪声谱级,也是一个被广为采用的物理量。

(3) 传播损失 TL。

海水介质是一种不均匀的非理想介质,声波在传播过程中,由于介质本身的吸收、声传播过程中波阵面的扩展及海水中各种不均匀性的散射等原因,传播方向上的声强将会逐渐减弱。传播损失 TL 定量地描述了声波传播一定距离后声强的衰减变化,被定义为

$$\mathrm{TL}=10\lg \frac{I_1}{I_r} \tag{2.14}$$

式中,I_1 是离声源声中心单位距离(1 m)处的声强;I_r 是距声源 r 处的声强。

此处可以发现,式(2.14)定义的传播损失 TL 值总为正值。

(4) 目标强度 TS。

主动声呐利用目标的回波信号来探测该目标。研究表明,目标回波的特性不仅和声波本身的特性(如频率、波形等因素)有关,还与目标自身的特性(如几何形状、组成材料等)有关,这就造成在同样的入射波"照射"下,不同目标的回波也是不一样的。这就反映了目标声反射特性的差异。在水声学中,目标强度 TS 用来定量描述目标声反射能力的

强弱,被定义为

$$TS = 10\lg \frac{I_r}{I_i}\bigg|_{r=1} \tag{2.15}$$

式中,I_i 是目标处入射平面波的强度;$I_r|_{r=1}$ 是在入射声波相反方向上、离目标等效声中心 1 m 处的回声强度。

目标强度是空间方位的函数,在空间的不同方位,目标的回声强度是不一样的,因而目标强度也是不一样的。本书如无特别说明,回波所指为入射方向相反方向上的回声,称为目标反向回波。

目标强度除和声波入射方向有关之外,还和目标几何形状、组成材料等有关,在后面会详细介绍。

这里需要特别说明,实际应用中往往遇到 TS>0 的情况,这并不表示回声强度大于入射声强度,其原因仅是参考距离选用 1 m 所致。

(5) 海洋环境噪声级 NL。

海洋环境噪声由各种各样的声波构成,这些声波是海水介质中大量的、各种各样的噪声源发出的。对于声呐设备的工作,这种环境噪声无疑是一种干扰。环境噪声级 NL 就是用来度量环境噪声强弱的一个量,被定义为

$$NL = 10\lg \frac{I_N}{I_0} \tag{2.16}$$

式中,I_0 是参考声强;I_N 是测量带宽内的噪声强度。

如测量带宽为 1 Hz,则这样的 NL 称为环境噪声谱级,是实际应用中的一个常用量。

海洋环境噪声是一个随机量,为了实际应用方便,通常将其假定为平稳的、各向同性的,并具有高斯型分布的函数。这只是一种近似处理,实际的海洋环境噪声并不严格满足以上假定,后面会有详细介绍。

(6) 等效平面波混响级 RL。

对于主动声呐,除了环境噪声是背景干扰外,混响也是一种背景干扰。引入参数等效平面波混响级 RL 来定量描述混响干扰的强弱。设有强度为 I 的平面波,轴向入射到水听器上,水听器输出某一电压值;如果将此水听器移置于混响场中,使它的声轴指向目标,在混响声的作用下,水听器也输出一个电压。如果这两种情况下水听器的输出恰好相等,那么,就用该平面波的声强级来度量混响场的强弱,并定义等效平面波混响级 RL 为

$$RL = 10\lg \frac{I}{I_0} \tag{2.17}$$

式中,I 是平面波强度;I_0 是参考声强。

研究指出,混响也是一个随机量,但不同于环境噪声,不能近似为平稳的、各向同性的,本章后面会给出详细介绍。

(7) 检测阈 DT。

声呐设备的水听器工作在噪声环境中,既接收声呐信号也接收背景噪声,相应地,其输出也由这两部分组成。实践表明,这两部分的比值对设备的工作有重大影响,即如果接收带宽内的信号功率与工作带宽内(或带宽内)的噪声功率的比值较高,则设备就能正常工作,它做出的"判决"的可信度就高;反之,上述的比值比较低时,设备就不能正常工作,

它做出的"判决"的可信度就低。通常将工作带宽内接收信号功率与工作带宽(或 1 Hz 带宽内)的噪声功率的比值(单位为分贝)称为接收信号信噪比,定义为

$$\mathrm{SNR} = 10\lg \frac{信号功率}{噪声功率} \tag{2.18}$$

在水声技术中,通常将设备刚好能完成预定职能所需的处理器输入端的信噪比称为检测阈,定义为

$$\mathrm{DT} = 10\lg \frac{刚好完成预定职能时的信号功率}{水听器输出端上的噪声功率} \tag{2.19}$$

即信号声级高出噪声声级多少分贝。

由检测阈定义可知,对于完成同样职能的声呐,检测阈值较低的设备,其处理能力较强,性能也较好。

3. 声呐方程

声呐方程是从声呐信息流程出发,按照一定的原则将声呐参数组合在一起,将介质、目标和设备的作用综合在一起的关系式,它综合考虑了水中声传播特性、目标的声学特性、声信号发射及接收处理性能在声呐设备的设计与应用中的作用和互相影响。

由于声呐总是工作在存在背景干扰的环境中,考虑到检测阈的定义,组成声呐方程的基本原则为

$$信号级 - 背景干扰级 \geqslant 检测阈 \tag{2.20}$$

等号成立时设备刚好能完成预定的职能。

(1)主动声呐方程。

根据主动声呐信息流程及式(2.20),可以方便地写出主动声呐方程。设收发合置的主动声呐辐射声源级为 SL,接收阵的接收指向性指数为 DI,由声源到目标的传播损失为 TL,目标强度为 TS,时空处理器的检测阈为 DT,背景干扰为环境噪声,在设备的工作带宽内,其声级为 NL。由图 2.4 可知,由于声传播损失,声源级 SL 的声信号到达目标时,其声级降为 SL−TL。因目标强度是 TS,在返回方向上,离目标等效声中心单位距离处的声级为 SL−TL+TS,此回声到达接收阵时的声级是 SL−2TL+TS,它通常被称为回声信号级。另外,背景噪声级 NL 也作用于水听器,但它受到接收阵接收指向性指数的抑制,起干扰作用的噪声级仅是 NL−DL,于是得到接收信号的信噪比(单位为分贝)表达式为

$$\mathrm{SL} - 2\mathrm{TL} + \mathrm{TS} - (\mathrm{NL} - \mathrm{DI}) \tag{2.21}$$

根据式(2.20)所示的原则,就可得到表达式:

$$\mathrm{SL} - 2\mathrm{TL} + \mathrm{TS} - (\mathrm{NL} - \mathrm{DI}) = \mathrm{DT} \tag{2.22}$$

水声中,将式(2.22)称为主动声呐方程。为了正确应用式(2.22),需注意以下两点:

①式(2.22)适用于收发合置型声呐。对于收、发换能器分开的声呐,声信号往返的传播损失一般是不相同的,因此不能简单地用 2TL 来表示往返传播损失。

②式(2.22)仅适用于背景干扰为各向同性的环境噪声情况。但对于主动声呐,混响也是它的背景干扰,而混响是非各向同性的,因而当混响成为主要背景干扰时,就应使用等效平面波混响级 RL 替代各向同性背景干扰(NL−DI),则式(2.22)变为

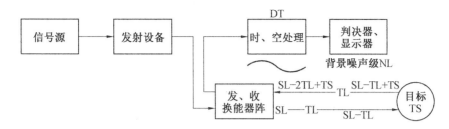

图 2.4 主动声呐信号级的变化示意图

$$SL-2TL+TS-RL=DT \qquad (2.23)$$

(2)被动声呐方程。

被动声呐的信息流程比主动声呐略为简单,主要表现在以下几点。

①噪声源发出的噪声不需要往返双程传播,而直接由噪声源传播至水听器。

②噪声源发出的噪声不经目标反射,因此目标强度级 TS 不再出现。

③被动声呐的背景干扰一般总为环境噪声,不存在混响干扰。

考虑到以上的差异,由被动声呐工作时的信息流程,可以得到被动声呐方程为

$$SL-TL-(NL-DI)=DT \qquad (2.24)$$

式中,SL 是噪声源辐射噪声的声源级;其余各参数的定义同主动声呐方程。

2.2.2 海洋的声学特性

目前人们所知的所有能量形式中,能在海水中远距离传播的只有声波一种。实验表明,几千克三硝基甲苯(2,4,6-Trinitrotoluene,TNT)炸药的爆炸声,能在海洋中 5 000 km 的距离外接收到。甚至,在澳大利亚附近的一次深水电火花爆炸,竟被百慕大近海的水听器监听到,其声音几乎绕过了半个地球。但是也有相反的情况,在某些条件下,声呐发射信号却不能被几百米距离外的水听器接收到,这就说明了海洋环境对声信号的传播起着决定性作用。本章将讨论海洋的声学特性、不均匀性和多变性,以及它们对海洋中声传播的影响,为深刻理解海洋中声传播现象、规律、机理提供理论依据。

海水中最重要的声学参数是声传播速度,它是影响声波在海水中传播的最基本的物理量。由声学基础知识可知,在流体介质中,声波是弹性纵波,流体中的声传播速度可表示为

$$c=1/\sqrt{\rho\beta} \qquad (2.25)$$

式中,ρ 为流体密度;β 为绝热压缩系数。

研究发现,海水中 ρ 和 β 都是温度 T、盐度 S 和深度 D 的函数,因而海水中声速也是温度、盐度和深度的函数。在水下定位中,声速的测量对于定位精度有着至关重要的影响,2.3 节将详细介绍声速的影响因素和修正方法。

1. 海水中的声吸收

海水是不均匀介质,声波在海水中传播时,随着传播距离的增加,声强将越来越弱。多种原因造成了声波在传播过程中强度逐渐衰减。

(1)声波在海水中的传播损失。

引起声强在介质中产生传播衰减的原因,可以归纳为下列三个方面。

①扩展损失。扩展损失指声波在传播过程中波阵面的不断扩展,引起声强的衰减,又称为几何衰减。

②吸收损失。吸收损失通常指在不均匀介质中,由介质黏滞、热传导及相关盐类的弛豫过程引起的声强衰减,又称为物理衰减。

③散射。在海洋介质中,存在的大量泥沙、气泡、浮游生物等不均匀体,以及介质本身的不均匀性,会引起声波散射从而导致声强衰减。引起声波衰减的另一个因素是海水界面对声波的散射。由于散射损失相比于前两项是个较小的量,其作用常忽略不计,因此只将前两项之和作为总的传播衰减损失。

水声学中,度量声波传播衰减的物理量是传播损失 TL,它定义为

$$TL = 10\lg \frac{I_1}{I_r} \tag{2.26}$$

式中,I_1、I_r 分别是离声源等效声中心 1 m 和 r 处的声强。

根据以上叙述可知,传播损失 TL 应由扩展损失和吸收损失两部分组成,即

$$\text{传播损失 TL} = \text{扩展损失 TL}_1 + \text{吸收损失 TL}_2 \tag{2.27}$$

(2)声传播的扩展损失。

①平面波的扩展损失。在理想介质中,沿 x 方向传播的简谐平面波声压可写成

$$p = p_0 \exp[j(wt - kx)] \tag{2.28}$$

式中,p_0 为平面波声压幅值,它不随距离 x 而变。

平面波声强与 p_0^2 成正比,且不随 x 变化,所以,$I_1 = I_x$。这里,I_1 是离声源等效声中心 1 m 处的声强,I_x 是离声源等效声中心 x 处的声强。根据传播损失的定义,TL_1 可表示为

$$TL_1 = 10\lg \frac{I_1}{I_x} = 0 \tag{2.29}$$

这是由于平面波波阵面不随距离的增加而扩展,因此不存在波阵面扩展所引起的传播损失 TL_1。

②球面波的扩展损失。对于沿矢径 r 方向传播的简谐均匀球面波,其声压可表示为

$$p = \frac{p_0}{r} \exp[j(wt - kx)] \tag{2.30}$$

式中,$\dfrac{p_0}{r}$ 为球面波声压幅值。

显然,该幅值随距离 r 反比减小,因此声强 I_r 与 r^2 成反比,由此得球面波的扩展损失为

$$TL_1 = 10\lg \frac{I_1}{I_x} = 20\lg r \tag{2.31}$$

③柱面波的扩展损失。柱面波的声强与传播距离成反比,其传播扩展损失可表示为

$$TL_1 = 10\lg \frac{I_1}{I_x} = 10\lg r \tag{2.32}$$

式中,r 为声波在柱的径向传播距离。

④典型的声传播扩展损失。为方便计,习惯上把扩展引起的传播损失 TL_1 写成

$$TL_1 = n10\lg r \tag{2.33}$$

式中，r 是传播距离；n 是常数。

在不同的传播条件下，TL_1 取不同的值。通常：

a. $n=0$，适用平面波传播，无扩展损失，$TL_1=0$。

b. $n=1$，适用柱面波传播，波阵面按圆柱侧面规律扩大，$TL_1=10\lg r$，如全反射海底和全反射海面组成的理想浅海波导中的声传播。

c. $n=1.5$，计入海底声吸收情况下的浅海声传播，在这种情况下，$TL_1=15\lg r$，这是计入界面声吸收所引入的对柱面传播扩展损失 $TL_1=10\lg r$ 的修正。

d. $n=2$，适用球面波传播，波阵面按球面扩展，$TL_1=20\lg r$。

e. $n=3$，适用于声波通过浅海负跃层后的声传播损失，$TL_1=30\lg r$。

f. $n=4$，计入平整海面的声反射干涉效应后，在远场区内的声传播损失，$TL_1=40\lg r$，它是计入多途干涉后，对球面传播损失的修正，此规律也适用偶极子声源辐射声场远场的声强衰减。

(3) 声传播的吸收损失和吸收系数。

① 声传播的吸收损失。在介质中，由海水吸收和不均匀性散射引起的声传播损失经常同时存在，实地进行传播损失测量时，很难把它们区分开来，因此将二者综合起来进行讨论，统称吸收。假设平面波（扩展损失等于零，声强衰减仅由海水吸收引起）传播距离微元 dx 后，由吸收引起的声强降低为 dI，它的值应与声强 I 和 dx 成正比，所以应有

$$dI = -2\beta I dx \tag{2.34}$$

式中，β 是比例常数，并规定 $\beta>0$。

式(2.34)中负号表示声强随距离增加而下降（$dI<0$），对式(2.34)积分得到

$$I_x = I_1 \exp(-2\beta x) \tag{2.35}$$

式中，I_1 是离声源等效声中心 1 m 处的声强。

从式(2.35)可以看出，当计入介质吸收后，声强按指数规律衰减。对式(2.35)取自然对数得

$$\beta = \frac{1}{2x} \ln \frac{I_1}{I_x} \tag{2.36}$$

由于 $I \propto p^2$，因此 β 也可以写成

$$\beta = \frac{1}{x} \ln \frac{p_1}{p_x} \tag{2.37}$$

式中，p_1 是离声源中心 1 m 处的声压幅值；$\ln \frac{p_1}{p_x}$ 是声压幅值比的自然对数，为量纲为一的量，称为奈培（Neper）；β 是单位距离上传播衰减的奈培数（Np/m），其中 1 Np = 8.685 9 dB。

实用上，习惯于使用以 10 为底的常用对数，根据声传播损失定义，由式(2.35)可得

$$TL_2 = 10\lg \frac{I_1}{I_x} = 20\beta x \lg e \tag{2.38}$$

式中，TL_2 是由介质吸收引起的传播损失。

定义吸收系数 α 为

$$\alpha = 20\beta \lg e = 8.68\beta \tag{2.39}$$

于是就有

$$TL_2 = x\alpha \tag{2.40}$$

可见，由海水吸收引起的传播损失等于吸收系数乘传播距离。

若把 x 写作 r，并结合式 $TL_1 = n10\lg r$，得总传播损失 TL，它等于扩展损失加吸收损失，即

$$TL = n10\lg r + r\alpha \tag{2.41}$$

式中，吸收系数 α 可由经验公式计算得到，也可通过有关曲线、数值表得到。

式(2.41)是计算传播损失的常用公式，在工程和理论上具有十分重要的应用。

② 纯水和海水的超吸收。实验测量发现，纯水中的吸收测量值远大于理论预报的经典吸收值。经典吸收值只考虑了均匀介质中的切变黏滞吸收和热传导声吸收，即 $\alpha_a = \alpha_n + \alpha_k$，这里，$\alpha_n$ 是介质切变黏滞引起的声吸收系数；α_k 为介质热传导声吸收系数。测量值和理论值的差值称为超吸收。

Hall 提出了结构弛豫理论，成功地解释了水介质的超吸收原因。纯水的超吸收随温度的变化如图 2.5 所示，计算结果与实际测量结果吻合较好。

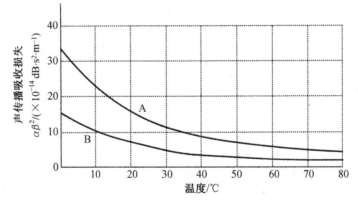

图 2.5 纯水的超吸收随温度的变化

在图 2.5 中，A 是 Hall 计算曲线，B 是切变黏滞吸收计算曲线（即经典吸收），图中曲线 A 和 B 的垂直坐标（纵坐标）之差，代表了纯水的超吸收。由测量结果可知，在 100 kHz 以下频段，海水吸收系数明显高于淡水，进一步的研究表明，这是因海水中含有溶解度较小的二价盐 $MgSO_4$ 所致，它的化学离解－化合反应的弛豫过程引起了这种超吸收。$MgSO_4$ 在海水中有一定的离解度，部分 $MgSO_4$ 会发生离解－化合反应 $MgSO_4 \longleftrightarrow Mg^{2+} + SO_4^{2-}$，即 $MgSO_4$ 离解成 Mg^{2+} 和 SO_4^{2-}，呈离子状态，而同时有一些 Mg^{2+} 和 SO_4^{2-} 化合成 $MgSO_4$。在声波作用下，原有的化学反应平衡态被破坏，达到新的动态平衡，这是一种化学的弛豫过程，会导致声能的损失，这种效应称为弛豫吸收。

③ 吸收系数经验公式。淡水和海水声吸收系数 α(dB/m) 随频率 f(kHz) 变化的测量值示如图 2.6 所示。

在图 2.6 中，所测环境参数为：温度 5 ℃、盐度 35×10^{-3}、压力 1 atm（1 atm = 1.01325×10^5 Pa）。图 2.6 中两条曲线垂直坐标之差为海水相对于淡水的声吸收之差。

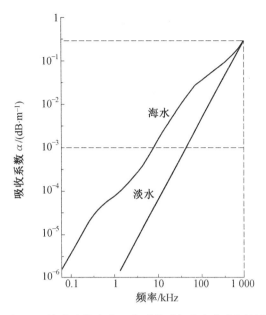

图 2.6 淡水和海水的吸收系数随频率变化的测量值

从图中可以看出,在低频条件下,二者之差是很大的,随着频率的增加,差值逐渐变小,当频率接近 1 000 kHz 时,两条曲线合成一条,吸收系数 α 取相同值。

Schulkin 和 Marsh 根据频率为 2~25 kHz、距离为 22 km 以内的 30 000 次测量结果,总结出下述半经验公式:

$$\alpha = A\frac{Sf_r f^2}{f_r^2 + f^2} + B\frac{f^2}{f_r} \quad (\text{dB/km}) \tag{2.42}$$

式中,$A = 2.03 \times 10^{-2}$;$B = 2.94 \times 10^{-2}$;S 为盐度(10^{-3});f 为声波频率(kHz);f_r 为弛豫频率(kHz),它等于弛豫时间的倒数,且与温度有关,其关系为

$$f_r = 21.9 \times 10^{6 - \frac{1520}{T+273}} \tag{2.43}$$

式中,T 为热力学温度(℃)。

式(2.43)表明,$MgSO_4$ 弛豫频率 f_r 随温度的升高而升高。当温度从 5 ℃ 变化到 30 ℃ 时,f_r 从 73 kHz 变化到 206 kHz。

从半经验公式(2.42)可以看出,在低频($f \ll f_r$)和高频($f \gg f_r$)时,α 近似与 f^2 成正比。

另外,海水中含有溶解度很高的 NaCl,它的存在反而使海水的超吸收下降。这是因 NaCl 溶质对水的分子结构变化产生影响所致。在高频下,NaCl 浓度越高,超吸收越小。

④ 低频段的吸收系数。从图 2.6 中可以看出,在 5 kHz 频率以下,声吸收有明显增加,它的值比式(2.42)给出的结果更大,而且频率越低,二者相差也越大。这说明在低频下还存在其他弛豫现象,其弛豫频率为 1 kHz。实验表明,这是由海水中含有包括硼酸在内的物质的化学弛豫所引起的。Thorp 给出了低频段吸收系数 α 的经验公式:

$$\alpha = \frac{0.109 f^2}{1 + f^2} + \frac{43.7 f^2}{4\,100 + f^2} \quad (\text{dB/km}) \tag{2.44}$$

式中，f 的单位是 kHz。

式(2.44)适用的温度是 4 ℃ 左右。若计入纯水的黏滞吸收，则在低频条件下，吸收系数变为

$$\alpha = \frac{0.109f^2}{1+f^2} + \frac{43.7f^2}{4\,100+f^2} + 3.01 \times 10^{-4} f^2 \quad (\text{dB/km}) \tag{2.45}$$

⑤吸收系数 α 随压力的变化。实验发现，吸收系数 α 的数值还随压力而变，压力增加，α 变小，其关系为

$$\alpha_H = \alpha_0 (1 - 6.67 \times 10^{-5} H) \tag{2.46}$$

式中，H 是海深(m)；α_H 是深度 H 处的吸收系数。

由式(2.46)可见，深度每增加 1 000 m，吸收系数减小 6.67%。

以上给出了吸收系数与声波频率及深度的变化关系，使用时可根据这些参数，选用合适的经验公式，以获得合理的吸收系数值。

2. 水下噪声

海洋是一个丰富多彩的世界，在这个世界中，有着各种美好的声音，同时也必然存在着噪声。水下噪声是存在于水声信道中的、对声呐工作产生干扰的声音，它对声呐系统性能的发挥不利。

本章讨论的水下噪声，包括海洋环境噪声、目标(舰船、潜艇、鱼雷)辐射噪声和目标(舰船、潜艇、鱼雷)自噪声。这三种噪声对声呐系统都有影响，具体如下。

①海洋环境噪声和目标自噪声是声呐系统的主要干扰背景，它干扰系统的正常工作，限制装备性能的发挥。

②目标辐射噪声，一方面暴露目标自身，对自身的安全形成威胁，危害巨大；另一方面，其又是自噪声，对目标上声呐的工作是一种背景干扰。

因此可以看出，水下噪声对舰船安全和声呐的工作，都是十分有害的。目前无论在理论上还是实际应用上，水中噪声特性研究，特别是目标辐射噪声特性研究，与声呐信号特性研究有着同等重要的意义，减振降噪已成为水声科技的重要研究领域。

(1)噪声物理量的描述。

信号通常用一个确定的时间函数来描述，而噪声和一般的信号不同，它不能用一个确定的时间函数来描述，只能通过长时间的观测来得到它统计意义上的变化规律。作为随机过程的噪声，噪声声压值或置于噪声场中的水听器输出端的噪声电压随时间的变化是无规则的，都是随机量；在统计学中，用随机函数来描述这种随机过程。

在概率论中，随机变量用统计方法来描述，其特性由概率密度、均值、方差等统计量表示，称为随机过程的数字特征。下面以随机量噪声声压 p 为例，给出这些统计量的定义及其特性。设随机量 p 是某一特定时刻 t_1 的噪声声压，$P(p_1 < p < p_1 + \Delta p_1)$ 是随机量 p 取值落在 p_1 和 $p_1 + \Delta p_1$ 之间的概率，则概率密度函数定义为

$$\Phi(p_1, t) = \lim_{\Delta p_1 \to 0} \frac{P(p_1 < p < p_1 + \Delta p_1)}{\Delta p_1} \tag{2.47}$$

Φ 称为概率密度，它是全部 $p(t_1)$ 可能的取值中，落在 p_1 和 $p_1 + \Delta p_1$ 之间的总次数与 Δp_1 的比率在 $\Delta p_1 \to 0°$ 时的极限。

此外,把 Φ 的积分

$$P(p_1 < p < p_1 + \Delta p_1, t_1) = \int_{p_1}^{p_1 + \Delta p_1} \Phi(p, t) \mathrm{d}p \tag{2.48}$$

称为概率分布函数或概率分布。

如果一个随机过程经过时间平移后,其统计特性保持不变,则称这种随机过程为平稳随机过程。例如,t 时刻的概率密度函数 $\Phi(p_1, t)$ 和 $\tau + t$ 时刻的概率密度函数 $\Phi(p_1, t+\tau)$ 相等,即

$$\Phi(p_1, t) = \Phi(p_1, t + \tau) \tag{2.49}$$

由此可以得到结论,平稳随机过程的概率密度函数与时间是无关的,即

$$\Phi(p_1, t) = \Phi(p_1) \tag{2.50}$$

在水声学中,为了方便处理,考虑到噪声在短时间内往往是平稳的,通常把水中噪声近似视为平稳随机过程。

如果噪声声压的概率密度函数可以表示为

$$\Phi(p) = \frac{1}{\sigma\sqrt{2\pi}} \mathrm{e}^{-\frac{(p-a)^2}{2\sigma^2}} \tag{2.51}$$

则称此分布为高斯分布,相应的噪声称为高斯噪声。式(2.51)中,a 和 σ 分别是随机量 p 的数学期望和方差,它们定义为

$$a = \langle p \rangle = \int_{-\infty}^{\infty} \Phi(p) \mathrm{d}p \tag{2.52}$$

$$\sigma^2 = \langle (p-a)^2 \rangle = \int_{-\infty}^{\infty} \Phi(p)(p-a)^2 \mathrm{d}p \tag{2.53}$$

在水下噪声的研究中,为处理方便,经常将某些干扰噪声假定为高斯噪声。

在噪声的研究中,表征噪声统计特性的统计量除了概率密度函数、数学期望和方差等,噪声的相关函数或功率谱也十分重要。由随机过程理论可知,噪声自相关函数和功率谱密度函数互为傅里叶变换。

设 $p(t)$ 是随机量,它的自相关函数被定义为

$$R(\tau) = \lim_{T \to \infty} \frac{1}{2T} \int_{-T}^{T} p(t) p(t-\tau) \mathrm{d}p \tag{2.54}$$

则功率谱密度函数为

$$S(\omega) = \int_{-\infty}^{\infty} R(\tau) \mathrm{e}^{-\mathrm{j}\omega\tau} \mathrm{d}\tau \tag{2.55}$$

如果某种噪声的功率谱在频域上是均匀的,则称这种噪声为白噪声。

噪声声压是随机量,不能用确定的数学函数描述,但噪声声压有效值 p_e 有明确定义,它和确定信号的有效值概念一样,也是从强度出发来定义的,它等于介质特性阻抗为单位值时平均声强 $\bar{I}$ 的平方根。假设噪声的平均值(数学期望)a 等于零,介质阻抗为单位值,则它的方差便给出平均声强为

$$\bar{I} = \sigma^2 = \int_{-\infty}^{\infty} p^2 \Phi(p) \mathrm{d}p \tag{2.56}$$

或用时间平均来表示为

$$\bar{I} = \sigma^2 = \lim_{T \to \infty} \frac{1}{T} \int_{-T/2}^{T/2} p^2(t) \mathrm{d}t \tag{2.57}$$

由此得到噪声声压有效值为

$$p_\mathrm{e} = \sqrt{\bar{I}} = \sqrt{\lim_{T \to \infty} \frac{1}{T} \int_{-T/2}^{T/2} p^2(t) \mathrm{d}t} \tag{2.58}$$

用式(2.58)计算 p 时,测量时间 T 应取得足够长。

满足傅里叶变换条件的确知信号(确定性信号,即可用确定时间函数表示的信号)都可以通过傅里叶变换从时域函数变换到频域上,从而得到频谱密度函数。时域函数反映信号随时间的变化特性,频域函数反映信号的频率特性,二者从不同的角度反映信号特性。因此,傅里叶变换在确知信号的分析处理中是一种常用的重要方法。但对于噪声随机信号来说,如噪声声压,它是一个随机量,与时间量之间不存在确定的关系,因此噪声声压幅值的频谱分析是没有意义的。但是随机过程的功率谱函数是一个确定的统计量,它反映了该过程各频率分量的平均强度,本节所指的噪声频谱分析,就是这种意义上的噪声强度的频率特性。

根据信号频谱曲线的形状,可将它分为线谱和连续谱两类。从数学上看,一个信号若能用傅里叶级数来表示,该信号的频谱就是线谱。在物理上,如果信号通过图 2.7 所示的频谱测量系统,其结果如图 2.8 所示,得到离散频率上的若干谱线,那么,就说该信号是线谱信号。图 2.8 中,$f_1, f_2, \cdots$ 为频率,$I_1, I_2, \cdots$ 和 $p_1, p_2, \cdots$ 为对应频率上的平均声强和声压有效值。水声中经常遇到的周期信号或转周期信号就是线谱信号。

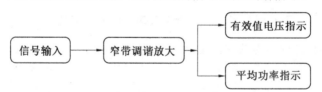

图 2.7 频谱测量系统

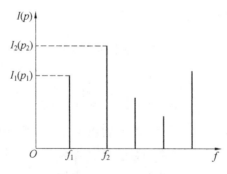

图 2.8 离散频谱图

在实际应用中还能遇到另一类信号,它们的频谱分析使用傅里叶变换来表示的,其频谱曲线如图 2.9 所示,该频谱曲线是频率的连续函数,则称其为连续谱信号。

信号的连续谱线具有如下特性。

设在中心频率为 $f_1, f_2, \cdots, f_n$ 处取窄带 $\Delta f_1, \Delta f_2, \cdots, \Delta f_n$,相应地测出各频带内的

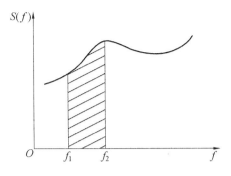

图 2.9 连续频谱图

平均声强 $\Delta I_1, \Delta I_2, \cdots, \Delta I_n$,令

$$Z_1 = \frac{\Delta I_1}{\Delta f_1}, \quad Z_2 = \frac{\Delta I_2}{\Delta f_2}, \quad \cdots, \quad Z_n = \frac{\Delta I_n}{\Delta f_n} \tag{2.59}$$

式中,$Z_1, Z_2, \cdots, Z_n$ 就是声强的平均频谱密度。

通常将 $\Delta f \to 0$ 时的极限称为声强的频谱密度函数 $S(f)$,则

$$S(f) = \lim_{\Delta f_n \to 0} \frac{\Delta I_n}{\Delta f_n} = \frac{\mathrm{d}I}{\mathrm{d}f} \tag{2.60}$$

由 $S(f)$ 可画出 $S(f)-f$ 曲线,因为存在式(2.60)所示的极限,所以该曲线一定是连续的。实际工作中遇到的瞬态非周期信号的频谱就是这种连续谱。

由式(2.60)可以得到

$$I = \int_{f_1}^{f_2} S(f) \mathrm{d}f \tag{2.61}$$

式中,f_1、f_2 是任取的两个频率;I 为带宽 $\Delta f = f_2 - f_1$ 内的总声强。

由式(2.61)可知,如果 $f_2 \to f_1$,则 $I \to 0$,由此可知,在连续谱中,某一确定频率分量上的声强贡献是无限小的,但因连续谱的频率分量有无限多个,总的累加起来,就得到一个有限的声强值。

前面章节定义海洋环境噪声级 $\mathrm{NL} = 10\lg \frac{I_\mathrm{N}}{I_0}$,这里的 I_N 是水听器工作带宽内的噪声总声强,如果在水听器工作带宽内,噪声谱级 $S(f)$ 和水听器响应都是均匀的,则由式(2.61)可得

$$I_\mathrm{N} = S\Delta f \tag{2.62}$$

式中,Δf 是水听器工作带宽。

将式(2.62)代入 NL 的定义式,就得到

$$\mathrm{NL} = 10\lg \Delta f + 10\lg \frac{S}{I_0} \tag{2.63}$$

以上简单讨论了连续谱和线谱的特性,对于水下噪声,由于其是多种噪声源的综合效应,每种噪声源的频率特性不尽相同,因此实际的水下噪声可能是线谱,也可能是连续谱,最可能是这两种谱的叠加。

在实际应用中,为处理方便,通常将海洋环境噪声看作是各向同性的。但实际上,由于噪声源在海水介质中具有某种空间分布,且各种噪声源辐射的噪声本身具有指向性,因

此水下噪声是具有空间指向性的。例如,远处航行船只的辐射噪声,来自远处航行船只,因此具有水平指向性,而作为海洋环境噪声组成部分的风浪噪声,是海面辐射噪声,来自于海面,具有垂直指向性。

(2)海洋环境噪声。

海洋环境噪声也称自然噪声,是水声信道中的一种干扰背景。在声呐方程中,海洋环境噪声是作为干扰出现的,对声呐的工作是一种干扰,其量级用环境噪声级 NL 表示。

目前,海底水听器已被广泛采用,人们在 1 Hz～100 kHz 的频段内对深海噪声进行了测量研究,显著扩展了对深海噪声源及其特性的认识。实验结果表明:

①在如此宽的频率范围内,噪声源是多种多样的,环境噪声是这些噪声源的综合效应。

②环境噪声在不同的频率部分有不同的特性,说明各种噪声源的发声机理并不相同。

③环境噪声与环境条件,如风速等自然条件密切相关,自然条件的变化,引起各部分谱线的形状也相应发生变化。

由此说明,海洋环境噪声,是多种噪声源共同作用的结果,对应谱线的不同部分,是这些噪声源中的某个或某几个起着主要作用,其余噪声源的作用则是次要的。海洋环境噪声来源总结如下。

①潮汐和波浪的海水静压力效应。海洋潮汐会引起海水静压力变化。需要注意的是,潮汐产生的压力变化的量级是十分巨大的,可以算得 0.3 m 水头的等效压力可达 3×10^3 Pa。但是由于其频率远低于水声设备的工作频率,不会对声呐的工作形成干扰。

海面波浪也是一种低频干扰,它也是在海洋内部引起海水静压力变化的原因。实验结果表明,海面波浪引起的海水静压力变化,其幅度随深度的增加和表面波浪的减小而迅速降低。所以在深水区域,这种干扰的影响并不严重,但在浅海区域,深度还不足以完全消除传到海底水听器上的波浪的压力效应,这时海面波浪就有可能成为压敏水听器的一种低频噪声源。

②地震扰动。地球的地壳运动也可能是海洋中低频噪声的重要原因。其中有一种微震几乎是连续的,它具有 1/7 Hz 的准周期性,可引起地球表层 10^{-4} cm 量级的垂直振幅。将这种扰动假设为正弦形扰动,则它在海中产生的压力 p 为

$$p = 2\pi f \rho c a \tag{2.64}$$

式中,f 是频率;ρ 是海水密度;c 是海水中声速;a 是振幅。

若取 $f=1/7$ Hz,$a=10^{-4}$ cm,则算得 $p=1\times10^6$ μPa,此结果与在低于 1 Hz 频率上测得的自然噪声的声压级大致相等。由此可以推断,微震扰动或者地壳通常的运动,是非常低频率的海洋噪声主要来源,当然,单次大地震和远处火山爆发等间歇地震源,无疑也是深海低频噪声来源。

③海洋湍流。海洋中或大或小的无规则随机水流形成的湍流,能够以多种方式产生噪声,它们也是海洋环境噪声的组成部分,海洋湍流产生噪声的机理如下。

a.湍流会使水听器、电缆等颤动或作响,从而产生噪声,但这是一种自噪声,不是自然噪声的一部分。

b.运动引起的压力变化会向外辐射,在湍流以外的海水中产生噪声。实验结果表

明,这种噪声被证明为四极子源,随距离迅速衰减,波及范围非常有限。所以这种辐射噪声对环境噪声的贡献是不重要的。

c. 满流区内部压力变化的声效应。如压敏水听器位于湍流区内,它就可接收到湍流引起的、变化着的动态压力。Wenz 研究了这种压力的特性,指出可以根据湍流尺寸来估算压力的大小。设海流的湍流分量为 u,则由它产生的动压力为 ρu^2,ρ 是流体密度。设海流为 0.5 m/s,湍流分量为海流的 5%,则 $u=0.025$ m/s,相应的湍流动压力等于 6.25×10^5 μPa。

④波浪非线性作用引起的低频噪声。前面已经说明,海面波浪运动产生的压力会随深度的增加迅速变小,直至消失。但是理论证明,两个反方向传播的行波波浪相遇时,它们有可能相互作用形成驻波,由此而产生的压力,在所有深度上都是一样的,并不随深度的增加而变小,其频率是形成它的海面波浪频率的两倍,这个过程已做过多次验证。Marsh 发现,由该理论得到的噪声级与浅海、深海观测到的数据符合很好。根据这一事实,Kuo 比较成功地预估了噪声场指向性的理论,可以推测,这种波浪非线性作用很可能是海面波浪产生低频噪声的机理之一。

⑤远处航船噪声。在几十赫兹到几百赫兹范围内,远处航行中的船只是主要噪声源。大量测量结果表明:

a. 在上述频率范围内,自然噪声与风和天气无关,且到达深海水听器的噪声来自水平方向。

b. 在 50～500 Hz 范围内,实验结果表明,船只密集海区的自然噪声量级高于船只稀少海区的测量值。

c. 在 50～500 Hz 频段,观测到的自然噪声谱有一段突起,或者一段高的平坦部分,与船舶的辐射噪声谱的极大值相当符合。

以上结果可以表明,频率在 50～500 Hz 十倍频率范围内,远处航行中的船只是主要的噪声源,这些船只离水听器可能有数十千米,甚至上百千米。

⑥风成噪声(海面波浪噪声)。海面粗糙度是更高频段自然噪声的噪声源。研究结果表明,在 500～25 000 Hz 频率范围内,自然噪声级与海况有直接关系,而且噪声级与测量水听器所在地的风速直接相关。已有资料指出,噪声与风速的相关性比与海况的相关性更好。

虽然粗糙海面作为一种噪声源是事实,但其机理迄今仍不明了。例如,在有碎裂的白浪与浪花的海况下,必然会产生水下噪声,然而,当海况从 0 级变到 2 级时,并不存在白浪和浪花,而自然噪声级却迅速增加。这就说明,除白浪和浪花之外,还存在另一些目前尚不清楚的噪声过程。

⑦热噪声。1952 年,Mellen 从理论上指出,海洋分子的热噪声限制了水听器的高频灵敏度。可以认为,在海洋这样的大体积中,自由度数目与缩小模型中自由度数目一样,且每个自由度平均能量都为 kT(k 为玻尔兹曼常量,T 为热力学温度),Mellen 由此推算了水中分子热噪声的等效平面波压力,它在指向性指数为 DI、效率为 E(用分贝表示)的水听器上产生的等效热噪声谱级为

$$NL=-15+20\lg f-DI-10\lg E \tag{2.65}$$

式中，f 是频率，以 kHz 计，此噪声以 6 dB/倍频程的斜率随频率增加。

3. 海洋中的混响

前面在建立声呐方程时已经表明，主动声呐除受到海洋环境噪声等背景噪声的干扰之外，还受到混响信号的干扰，而且在很多情况下，它是主要的背景干扰，限制了声呐设备的作用距离。所以，研究海洋混响很有意义。

混响是一种特殊形式的干扰，它是伴随着声呐发射信号而产生的，因此它和发射信号本身的特性和传播通道的特性有着密切的关系。目前对于混响的研究已经较为明了，混响是存在于海洋中的大量无规散射体对入射声信号产生的散射波，在接收点叠加而形成的，因此它是一个随机过程。对混响的研究，主要集中在以下两个方面。

①在早先的工作中，主要从能量观点出发，寻求混响平均强度所遵循的规律，如主动声呐方程中的等效平面波混响级，这方面的工作已取得很多成果，理论研究结果和海上实验数据已相当完备。

②混响的统计特性研究。混响是个随机过程，它的概率分布、时空相关特性、空间指向特性、频谱特性等统计性质，受到声呐设计师的极大关注。目前，深入研究混响的统计特性，得到混响的统计规律和有实用价值的数据越来越受到重视。

(1) 基本概念和分类。

海洋中存在着数量庞大的散射体，如不平整的海面和海底、大大小小的海洋生物、泥沙粒子、气泡、水中温度局部不均匀性所造成的冷热水团等。所有这些散射体，构成了实际海洋中的不均匀性，形成了介质物理特性的不连续性。由此，当声波投射到这种不均匀性介质上时，就会产生散射过程。在这种情况下，原来的传播方向只有一部分入射声能，而另一部分声能则向四周散射，形成散射声场。海洋中有大量的不均匀性，它们的散射波在接收点上的总和构成该点上的混响。混响信号紧跟在发射信号之后，听起来像一阵长的、随时间衰减的、颤动着的声响。如果不存在混响，水听器除接收到爆炸声直达信号和它在海底－海面的反射声信号之外，其余就只能是环境干扰，但研究结果表明，在直达信号与海底－海面反射信号之间也存在信号，其声级明显高于环境噪声级，这些就是海水混响信号。

海水中的散射体是各式各样的，其分布各异，有的分布在海水中，有的分布在海底或海面上，它们对声信号的散射也各不相同。因此由它们所产生的混响场的特性也是不一样的。根据混响形成原因的不同，习惯上将混响分成如下三类。

①散射体存在于海水内部或海水本身就是散射体，如海水中的泥沙粒子、海洋生物、海水本身的不均匀性（温度不均匀水团、湍流等）、大的鱼群等，它们引起的混响称为体积混响。

②海面的不平整性和波浪产生的海面气泡层对声波的散射所形成的混响称为海面混响。

③海底的不平整性、海底表面的粗糙度及其附近的散射体形成的混响称为海底混响。对于后两种混响，因其散射体分布都是二维的，所以又统称为界面混响。

(2) 混响研究的基本假定。

混响受到多种因素的影响，因此是一个很复杂的过程。人们对其进行理论上的研究时,需要把某些次要因素忽略,突出主要的因素,从而简化混响研究的复杂性。在海洋混响的理论研究中,通常做如下假定。

①声线(声音传播曲线)直线传播,不发生弯曲。传播损失以球面衰减计,必要时可计及海水吸收,其他原因引起的衰减则都不计入。

②任一瞬间位于海洋某一面积上或体积内的散射体分布总是随机均匀的,并保持动态平衡,同时每个散射体对混响有相同的贡献。

③散射体的数量极多,以致在任一体元内或任一面元上都有大量的散射体。

④只考虑散射体的一次散射,不考虑散射体间的多次散射。

⑤入射脉冲时间足够短,以致可以忽略面元或体元尺度范围内的传播效应。

上述假设,只是忽略了一些次要因素,所得到的结果仍具有普遍的指导意义。

(3)散射强度。

散射强度是表征散射体(面)声散射能力的一个基本物理量,它定义为在参考距离1 m处,单位面积或单位体积所散射声波强度与入射平面波强度的比,并将其用分贝数表示,即

$$S_{S,V} = 10\lg \frac{I_{scat}}{I_{inc}} \tag{2.66}$$

式中,$S_{S,V}$是体积散射体或界面散射面的散射强度;I_{inc}是入射平面波声强;I_{scat}是单位体积或单位面积所散射声波强度,它是在远场测量后再归算到单位距离处的。

由此可见,散射强度和目标强度是两个类似的概念。在理论研究和实际应用中,散射强度是一个不可或缺的量,计算各类混响的等效平面波混响级或进行混响预报时,也必须用到它。

(4)等效平面波混响级。

海水中的混响是伴随发射声信号而产生的,由于发射声信号本身的特性和海水中散射体的分布特征,混响声场不是各向同性的,因此各向同性背景下定义的参数 DI 在这里不再适用。根据混响场的这种特性,在混响为主要背景干扰的情况下,应用等效平面波混响级 RL 替代主动声呐方程中的 NL-DI 项,RL 表示混响干扰的强弱。等效平面波混响级 RL 定义如下:设有水听器接收来自声轴方向的入射平面波,该平面波的强度为 I,水听器输出端的开路电压为 V。如将此水听器放置在混响声场中,声轴对着目标,若在混响场中该水听器输出端的电压也为 V,则此混响场的等效平面波混响级 RL 定义为

$$RL = 10\lg \frac{I}{I_0} \tag{2.67}$$

式中,I_0是参考声强。

由式(2.67)可见,等效平面波混响级 RL 度量了在混响是主要的背景干扰情况下混响干扰的大小。应该注意,混响是随时间而衰减的,它对接收信号干扰的大小,则应取声呐信号到达时刻的等效平面波混响级来估计。

2.3 海水中的声速特性和修正方法

2.3.1 海水中声速的变化

1. 海水中声速的水平分层性质

温度值 T 在同一深度上几乎不变,基本保持为常数。在不同深度上,温度值 T 则随深度而变。此外,盐度 S、静压力 p 也具有水平分层性和随深度而变的特性。由此可见,影响声速变化的三个要素 T、S 和 p 都随深度而变,且都有水平分层特性。因此可以想到,受三个要素的影响,海水中的声速也将具有水平分层和随深度而变的特性。所以,可把海水中的声速随空间位置的变化写成单一变量 z 的函数:

$$c(x,y,z)=c(z) \tag{2.68}$$

式中,z 为垂直坐标;x、y 为水平坐标。

通常来说,要得到函数 $c(z)$ 的解析表达式是很困难的,实际应用上,通常会把实测声速值进行水平分层,从而得到海水中的声速-深度关系。

2. 声速梯度的理论表示

声速梯度表示了声速随深度变化的快慢,理论上,将声速 c 对深度 z 求导,就得到声速梯度 $g_c(s^{-1})$:

$$g_c = \frac{\mathrm{d}c}{\mathrm{d}z} \tag{2.69}$$

由于 $c=c(T,S,p)$,则 g_c 可表示为

$$g_c = a_T g_T + a_S g_S + a_p g_p \tag{2.70}$$

式中,$g_T=\mathrm{d}T/\mathrm{d}z$、$g_S=\mathrm{d}S/\mathrm{d}z$、$g_p=\mathrm{d}p/\mathrm{d}z$ 分别为温度梯度、盐度梯度和压力梯度;$a_T=\partial c/\partial T$、$a_S=\partial c/\partial S$、$a_p=\partial c/\partial p$ 分别为声速对温度、盐度和压力的变化率。

如果将经验公式 $c=1\,449.22+\Delta c_T+\Delta c_S+\Delta c_p+\Delta c_{STp}$ 代入式(2.70)中,则分别求得

$$a_T \approx 4.623-0.109T \quad (\mathrm{m/s \cdot ℃}) \tag{2.71}$$

$$a_S \approx 1.391 \quad (\mathrm{m/s \cdot 10^{-3}}) \tag{2.72}$$

$$a_p \approx 0.160 \quad [\mathrm{m/(s \cdot atm)}] \tag{2.73}$$

根据式(2.70),声速梯度等于

$$g_c = (4.623-0.109T)g_T + 1.391g_S + 0.016g_p \tag{2.74}$$

根据大量声速测量值,人们总结得到了声速随盐度、深度和温度的变化规律。

有研究表明,在大洋中,盐度每变化 0.1‰,声速变化为 $(1.40\pm0.1)\mathrm{m/s}$;深度每变化 10 m,声速变化为 $0.165 \sim 0.185\ \mathrm{m/s}$,由此可知,当深度变化达上千米时,由此引起的声速变化将是十分可观的;温度对声速的影响是最大的,在 $1 \sim 10\ ℃$、$10 \sim 20\ ℃$、$20 \sim 30\ ℃$ 范围内,温度每变化 $1\ ℃$,相应的声速变化分别为 $3.635 \sim 4.446\ \mathrm{m/s}$、$2.734 \sim 3.635\ \mathrm{m/s}$、$2.059 \sim 2.734\ \mathrm{m/s}$。

3. 工程上的声速梯度

由于影响声速的三个因素 T、S、p 都随深度而变,因此可将声速视为深度的一个变量

函数。但是，理论上不易写出声速随深度变化的解析表达式，难以由式(2.68)得到声速梯度值。工程上，常利用水平分层模型来得到声速梯度值。

设已测得声速随深度的变化曲线，如图 2.10 所示，应用声速的水平分层特性，沿深度 z 方向将声速分成很多水平层，使每层中声速随深度近似为线性变化。这样，就用一条折线来逼近实测声速随深度的变化曲线。图 2.10 中，深度 z_i、z_{i-1} 处的声速分别为 c_i、c_{i-1}，定义第 i 层的声速梯度 g_i 和相对声速梯度 a_i 如下。

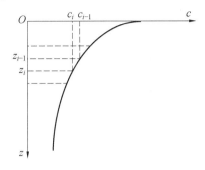

图 2.10 声速随深度的变化曲线

声速梯度为

$$g_i = \frac{c_i - c_{i-1}}{z_i - z_{i-1}}, \quad i = 1, 2, \cdots, n \quad (2.75)$$

相对声速梯度为

$$a_i = \frac{c_i - c_{i-1}}{c_i(z_i - z_{i-1})}, \quad i = 1, 2, \cdots, n \quad (2.76)$$

式(2.75)和式(2.76)定义的声速梯度 g_i 和相对声速梯度 a_i 可正可负。前者称为正梯度分布，表示声速随深度增加；后者称为负梯度分布，表示声速随深度减小。声速梯度给出了声速随深度变化的快慢和方向，可以从声速梯度看出声传播条件的优劣。所以，声速梯度在水声理论研究和水声工程中是十分重要的物理量。

2.3.2 海水中声速和温度的基本结构

1. 典型深海温度和声速剖面

图 2.11 所示为深海声速随深度变化的示意图，也称为声速剖面图，它与温度垂直分布的"三层结构"相一致，分为表面层、跃变层（季节跃变层和主跃变层）和深海等温层三层。

①表面层。表面层在海洋表面，因受到阳光照射，水温较高，但它同时又受到风浪的搅拌作用，形成海洋表面层，层内声速梯度可正可负。

②跃变层。表面层之下是声速变化的过渡区域，称为跃变层。跃变层又分为季节跃变层和主跃变层，层中温度随深度而下降，声速相应变小，声速梯度是负值。

③深海等温层。跃变层之下是深海等温层，那里水温较低，但很稳定，终年不变，也不随深度而变化。深海等温层中，声速随海洋深度增加而增加，呈现海洋内部的声速正梯度分布。因为深海等温层的这些特性，形成了图 2.11 所示的深海典型声速剖面图。研究结果表明，除高纬度、赤道等特殊区域外，深海声速"三层结构"是符合海洋实际情况的，是稳定的深海典型声速结构。

2. 海水温度的季节变化

温度的季节变化和日变化主要发生在表面层。夏季海洋表面受日照加热而水温升高，形成表面温度负梯度层。在秋季和初冬季节，海上刮风较多，由于风浪的搅拌作用，会形成表面等温层。在冬季，可以形成很厚的表面混合层。但是季节变化对海洋深处的温

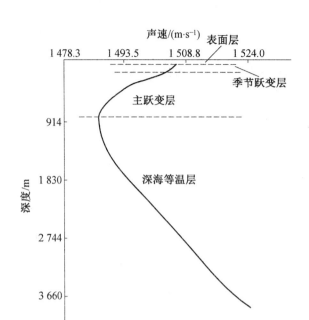

图 2.11 声速剖面图

度影响不大。

3. 浅海温度剖面

浅海温度分布受到更多因素的影响,变化比较复杂,但仍表现出明显的季节特征。浅海温度剖面的基本规律是,冬季大多属于等温层的温度剖面,夏季则为负跃层温度剖面。

2.3.3　海水温度和声速的起伏变化

以上叙述中,假定了温度 T 和声速 c 是只随深度 z 而变化的确定性函数,但这并不符合实际情况,仅是海洋中声速变化的近似描述。实际上,海水温度不仅呈垂直分层变化,而且随时间和空间也起伏变化。等温层(指温度均匀,不随深度变化的水层)仅是宏观而言的,如果用一只时间常数很小的灵敏温度计在固定点上测量水温,可以发现该点上的温度随时间起伏变化;同样,相邻的不同测量点上的温度也是随时间起伏变化的。

海水温度起伏导致声速的起伏,靠近海水表面的温度起伏与测量时刻及测量深度有关,温度起伏在下午和靠近海面为最大。引起海水温度起伏的原因多种多样,包括湍流、海面波浪、涡旋和海中内波等。通常,把温度"微结构"看成是由具有一定温度、一定尺寸的水团在海水中随机分布所形成。当海水存在内波运动时,往往可以观察到周期为几分钟到几小时、幅度为几摄氏度的温度起伏记录。由内波运动引起的温度起伏其周期和幅度要比由湍流引起的大得多。

2.3.4　常见海水声速分布概要

海水温度的起伏幅度一般是很微小的,仅为几千分之一摄氏度到几十分之一摄氏度,对声速的影响通常可忽略不计。在实际应用上,通常从宏观角度(不计声速起伏)来讨论海洋中声速 $c(z)$ 的垂直分布。图 2.12 所示为海水中常见的声速垂直分布曲线。

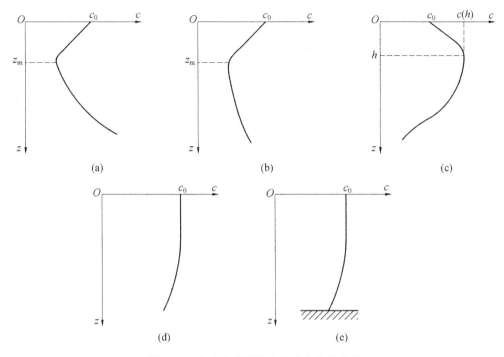

图 2.12　海水中常见的声速垂直分布曲线

(1) 深海声道声速分布。

图 2.12(a)、(b)所示为典型的深海声道声速分布,图 2.12(a)的表面声速 c_0 小于海底处的声速 c_h,而图 2.12(b)的表面声速 c_0 则大于海底处的声速 c_h。由图可知,在某一深度 z_m 处,声速为最小值,此深度称为声道轴,这是深海声道所特有的。声道轴深度随纬度而变,在两极为最浅(就在海表面附近),在赤道则深于 1 000 m。

(2) 表面声道声速分布。

图 2.12(c)所示为表面声道声速分布。在秋冬季节,早晨往往水面温度较低,由于风浪搅拌,海洋表面温度均匀分布,称为等温层(也称混合层),层中的声速随深度而增加,形成正声速梯度的声速垂直分布。在某一海深 h 处出现声速的极大值 $c(h)$,海深 h 以下为负梯度声速分布,海深 h 以上的海水层称为表面声道(也称混合层声道)。

(3) 反声道声速分布。

反声道声速分布中的声速随深度单调下降,如图 2.12(d)所示,这是由于海水温度随深度不断下降,相应地,声速也随深度不断变小。

(4) 浅海常见的声速分布。

如图 2.12(e)所示,情况与图 2.12(d)相似,形成原因也是海水中温度是负梯度,声速相应也是负梯度。图 2.12(e)特指浅海中的负梯度分布。

水声学中,人们经常把海水中声速表示成确定性的声速垂直分布 $c=c(z)$ 与随机不均匀声速起伏 Δc 的线性组合,即 $c=c(z)+\Delta c$。

2.3.5 声速的修正方法

1. 声速经验公式

测量数据表明,海水中的声传播速度近似等于 1 500 m/s。

海水中的声速,随温度、盐度和深度而变,表现为声速 $c(\text{m/s})$ 随温度 $T(\text{℃})$、盐度 S (10^{-3})、深度 $D(\text{m})$ 的增加而增加,其中温度的影响最显著。温度增加,压缩系数 β 减小,但密度 ρ 变化不明显,因而声速随温度而增加。盐度增加,β 减小,ρ 增加,但 β 减小比较明显,因而声速也随盐度的增加而增加。深度的增加也使 β 减小,声速也随深度 D 的增加而增加。

海水中的声速对温度、盐度和深度的依赖关系,难以用解析式表示,通常用经验公式来表示它们之间的关系。经验公式是大量海上声速测量数据的实验总结。

实用上,需要用 CTD 元件对海水的温度、盐度、压力进行测量,将测量的数值代入现有的声速经验模型计算得到。声速经验模型主要有以下几种。

(1) Dell Grosso 公式。

表达式为

$$c = c' + c_p \tag{2.77}$$

式中

$$c' = 1\,448.6 + 4.618T - 5.23 \times 10^{-2} T^2 + 2.3 \times 10^{-4} T^3 + \\ 1.25(S-35) - 0.11(S-35)T + 2.7 \times 10^{-8}(S-35)T^4 - \\ 2 \times 10^{-7}(S-34)^4(1 + 0.577T - 7.2 \times T^2) \tag{2.78}$$

$$c_p = 0.160\,518D + 1.027\,9 \times 10^{-7} D^2 + 3.451 \times 10^{-12} D^3 - 3.503 \times 10^{-16} D^4 \tag{2.79}$$

式(2.77)计算简洁方便,但应用范围小。

(2) W. D. Wilson 精确公式。

表达式为

$$c = 1\,449.22 + \Delta c_T + \Delta c_S + \Delta c_p + \Delta c_{STp} \tag{2.80}$$

式中

$$\Delta c_T = 4.623\,3T - 5.458\,5 \times 10^{-2} T^2 + 2.822 \times 10^{-4} T^3 + 5.07 \times 10^{-7} T^4 \tag{2.81}$$

$$\Delta c_S = 1.391(S-35) - 7.8 \times 10^{-2}(S-35)^2 \tag{2.82}$$

$$\Delta c_p = 0.160\,272p + 1.026\,8 \times 10^{-5} p^2 + 3.521\,6 \times 10^{-9} p^3 - 3.360\,3 \times 10^{-12} p^4 \tag{2.83}$$

式中

$$p = 1.11 + 0.102\,663D + 2.691 \times 10^{-7} D^2 - 4.11 \times 10^{-12} D^3$$

$$\Delta c_{STp} = (S-35)(-1.197 \times 10^{-2} T + 2.61 \times 10^{-5} D - \\ 1.96 \times 10^{-9} D^2 - 2.09 \times 10^{-7} DT) + \\ (-2.796 \times 10^{-5} T + 1.330\,2 \times 10^{-6} T^2 - 6.644 \times 10^{-9} T^3)D + \\ (-2.391 \times 10^{-9} T + 9.286 \times 10^{-12} T^2)D^2 - 1.747 \times 10^{-10} D^3 T \tag{2.84}$$

式(2.80)比较适合的温度范围为 $-4\,\text{℃} \leqslant T \leqslant 30\,\text{℃}$,比较适合的盐度范围为 0 ppt $\leqslant$

$S \leqslant 37$ ppt(1 ppt=0.1‰),比较适合的压力范围为 1 kg/cm² $\leqslant p \leqslant$ 1 000 kg/cm²。

(3)W. D. Wilson 简化公式。

表达式为

$$c=1\ 449.2+4.6T-0.055T^2+2.9\times10^{-4}T^3+(1.34-0.01T)(S-35)+0.016D \tag{2.85}$$

式(2.85)是在 W. D. Wilson 精确公式基础上提出的。

(4)Leroy 公式。

表达式为

$$c=1\ 492.9+3(T-10)-0.006(T-10)^2-0.04(T-18)^2+ \\ 1.2(S-35)-0.01(S-35)(T-18)+D/61 \tag{2.86}$$

式(2.86)适用的温度范围为 $-2\ ℃ \leqslant T \leqslant 34\ ℃$,盐度范围为 20 ppt $\leqslant S \leqslant$ 42 ppt,深度范围为 0 m $\leqslant D \leqslant$ 8 000 m。

(5)Medwin 经验公式。

表达式为

$$c=1\ 449.2+4.6T-0.055T^2+2.9\times10^{-4}T^3+(1.34-0.017T)(S-35)+0.016D \tag{2.87}$$

式(2.87)适用的温度范围为 $0\ ℃ \leqslant T \leqslant 35\ ℃$,盐度范围为 0 ppt $\leqslant S \leqslant$ 45 ppt,深度范围为 0 m $\leqslant D \leqslant$ 1 000 m。

(6)Mackenzie 公式。

表达式为

$$c=1\ 448.96+4.591T-5.304\times10^{-2}T^2+2.374\times10^{-14}T^3+1.340\times(S-35)+ \\ 1.630\times10^{-2}D+1.675\times10^{-7}D^2-1.025\times10^{-2}T(S-35)-7.139\times10^{-13}TD^3 \tag{2.88}$$

式(2.88)适用的温度范围为 $-2\ ℃ \leqslant T \leqslant 30\ ℃$,盐度范围为 25 ppt $\leqslant S \leqslant$ 40 ppt,深度范围为 0 m $\leqslant D \leqslant$ 8 000 m。

(7)EM 分层简化声速公式。

表层声速模型为

$$c(T,0,S)=1\ 449.05+(4.57-(5.21\times10^{-2}-2.3\times10^{-4}T)T)T+ \\ (1.333-(1.26\times10^{-2}-9\times10^{-5}T)T)(S-35) \tag{2.89}$$

淡水中深度达到 200 m、海水中深度达到 1 000 m 时的声速模型为

$$c(T,D,S)=c(T,0,S)+16.5D \tag{2.90}$$

淡水中深度达到 2 000 m、海水中深度达到 11 000 m 时的声速模型为

$$c(T,D,S)=c(T,0,S)+(16.3+(0.22-3\times10^{-3}D\sqrt{T+2})D)D \tag{2.91}$$

深度大于 5 000 m 时,声速模型应考虑纬度改正,即

$$c(T,D,S)=c(T,0,S)+(16.3+(0.22-3\times10^{-3}D\sqrt{T+2})D)D' \tag{2.92}$$

$$D'=(1-2.6\times10^{-3}\cos 2L)D \tag{2.93}$$

式中,L 为纬度;D 为深度,单位为 km。

上述各公式有不同的产生年代和不同的适用范围,在相同的条件下要对各式进行比较、验证和分析,才能得到最优的声速计算公式。

海水中声速 c 的变化,相对其本身一般很小,但由此可引起海水声传播特性发生较大的改变,导致海水中的声能分布、声传播距离、传播时间等发生明显变化。因此,精确的声速值,在理论研究和工程中都具有十分重要的意义。

海水中的声速值,可由经验公式得到,也可由海上现场直接测量得到。声速剖面仪直接测量一般应用的是环鸣法测量声速,即测量声波在已知的固定距离内往返多次所需的时间,即用接收到的声信号去触发发射电路,再发射下一个脉冲信号,这样不断地循环下去,这种方法就是环鸣法。声速测量仪已经十分成熟,目前市场上相关产品的测量精度可达 0.1 m/s。

由于声线在海水中的传播是弯曲的,声速并非常值,因此需要进行声速修正。下面介绍几种声速改正的方法。

2. 加权平均声速法

在实际测量定位中,常采用加权平均声速法定位。获得并使用的声速剖面数据是从换能器位置向下到海底应答器位置的声速数据。声速剖面数据是沿垂直方向分层的,需要用离散的各层声速数据计算一个加权平均声速值。并且整个水域用一个声速值,具体计算步骤如下。

(1) 根据测量作业区中不同深度位置的声速值,拟合出声速分布曲线。

(2) 将声速曲线沿深度分为 N 层,使每层中声速随深度呈近似线性变化。

(3) 由式(2.94)计算平均声速值 $\bar{c}_W$,则

$$\bar{c}_W = \frac{1}{H} \sum_{i=0}^{N-1} \frac{(c_i + c_{i+1})(z_{i+1} - z_i)}{2} \tag{2.94}$$

式中,H 为水深;c_i、c_{i+1} 分别为水下第 i、$i+1$ 层的声速值;z_i、z_{i+1} 分别为第 i、$i+1$ 层深度。

加权平均声速法模型简单,计算方便,定位效率高,但仍存在较大的剩余误差。

3. 泰勒级数展开法

泰勒级数展开法是将声速在近似声速(如加权平均声速)处展开成泰勒级数的形式,系数是俯仰角的函数。二阶泰勒级数展开法计算公式为

$$\bar{c}_T = \bar{c}_W (1 - a_2 J_2) \tag{2.95}$$

式中,$\bar{c}_W$ 为加权平均声速;a_2、J_2 为展开项,其表达式为

$$\begin{cases} a_2 = 1 - \frac{1}{2} \cot^2 \beta \\ J_2 = \frac{1}{H} \int_{z_0}^{z_N} \frac{c(z) - \bar{c}_W}{\bar{c}_W} \mathrm{d}z \end{cases} \tag{2.96}$$

式中,β 为俯仰角;H 为水深。

泰勒级数展开法在声波入射角较小的情况下定位精度较高,但当入射角较大时,定位精度会变差。

4. 等效声速剖面法

Geng 等人认为,具有相同传播时间 t、表层声速 c_0,以及相同声速剖面面积的声速剖面簇,声波在海底投射点的位置相同,并且总能找到一个简单的声速剖面来代替实际的声速剖面。基于此提出了一种根据积分面积进行声速改正的方法,即等效声速剖面法。具体计算步骤如下。

(1) 根据水下测距数据和平均声速求得海底应答器的大概坐标设定为 $X_0(x_0, y_0, z_0)$。

(2) 用实测声速剖面数据计算剖面梯度 g_i 和表层声速 c_0,并计算整个水层的等效梯度 g。

(3) 由表层声速和等效梯度迭代求出声线的初始入射角 θ_0,再由分层等梯度下的声线跟踪公式求水平位移 x 及传播时间。

(4) 将计算的传播时间 t' 与实测的传播时间 t 进行比较,若差值达到误差要求,则设定值即为声源坐标 (x_0, y_0, z_0)。

(5) 计算修正后声源坐标 $X' = X_0 + \Delta X$,然后将 X' 作为坐标初值。

(6) 将修正后的坐标作为初始坐标对 (2)~(5) 进行迭代计算,直到应答器位置改正数小于限差,则最后设定的坐标值即为所求应答器的坐标。

5. 声线跟踪法

由前述可知,海水是不均匀介质,声波在水中的传播不是一条直线,如果采用固定的声速进行计算会带来很大的误差,所以研究高精度的声线跟踪方法是有必要的。

声线跟踪通常采用逐层追加的方法,即将声速剖面内相邻两个声速采样点划分为一个层,层内声速变化可假设为常值或常梯度。前者计算过程简单,后者计算精度较高。下面对分层常声速声线跟踪方法和分层等梯度声线跟踪方法进行介绍,并介绍一种新的声线跟踪方法,即组合声速改正法。

(1) 分层常声速声线跟踪方法。

假设波束经历 N 层水柱,声波在层内以常速传播,图 2.13 所示为分层常声速声线跟踪示意图。

波束在层 i 内的水平位移 y_i 和在该层的传播时间 t_i 为

$$y_i = \Delta z_i \tan \theta_i = \frac{\sin \theta_i \Delta z_i}{\cos \theta_i} = \frac{p c_i \Delta z_i}{(1-(p c_i)^2)^{1/2}} \quad (2.97)$$

$$t_i = \frac{y_i / \sin \theta_i}{c_i} = \frac{\Delta z_i}{c_i (1-(p c_i)^2)^{1/2}} \quad (2.98)$$

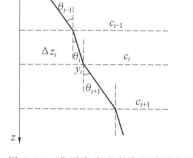

图 2.13 分层常声速声线跟踪示意图

此方法计算方法和思想相对简单,逐层追加获得波束脚印点的位置。

(2) 分层等梯度声线跟踪方法。

分层等梯度声线跟踪方法假设声波经历的水柱分为 N 个等梯度层,即声波在每层的传播速度是等梯度的。在水深为 z_i 的 i 层,分别用 c_i 和 θ_i 表示声波的传播速度和入射角

度(图2.14)。第 i 层内的声速梯度 g_i 可表示为

$$g_i = (c_{i+1} - c_i)/\Delta z_i \tag{2.99}$$

式中,Δz_i 为第 i 层的水层厚度;c_{i+1} 为第 $i+1$ 层声速。

由于声波的传播满足 Snell 法则,在声速常梯度变化的情况下,波束在第 i 层内的实际传播轨迹为一连续的对应一定曲率半径 R_i 的弧段,R_i 的表达式为

$$R_i = \frac{-1}{pg_i} \tag{2.100}$$

层 i 内声线的水平位移为

$$y_i = R_i(\cos\theta_{i+1} - \cos\theta_i) = \frac{\cos\theta_i - \cos\theta_{i+1}}{pg_i} \tag{2.101}$$

式中,θ_i 为第 i 层声线的入射角;θ_{i+1} 为第 $i+1$ 层声线的入射角。

波束在该层经历的弧段长度为

$$S_i = R_i(\theta_i - \theta_{i+1}) \tag{2.102}$$

则经历该段的时间为

$$t_i = \frac{\arcsin p(c_i + g_i\Delta z_i) - \arcsin pc_i}{pg_i^2\Delta z_i}\ln\left(1 + \frac{g_i\Delta z_i}{c_i}\right) \tag{2.103}$$

此种方法跟踪的声线路径与真实声线吻合,计算精度相对较高,但当数据层数较多时,迭代耗时,运算量大。

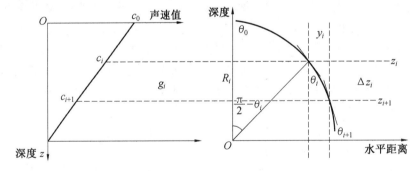

图 2.14 分层等梯度声线跟踪示意图

(3)组合声速改正法。

组合声速改正法是用泰勒级数展开法代替加权平均声速法解算出应答器近似坐标,然后用声线修正法原理进行解算。声线修正法以 $\sum v_i^2 = \min$ 为计算修正量的准则,两次解算结果差别在限差内为解算结束条件。具体计算过程如下。

①首先将获得的换能器位置、声速及声波传播时间数据,代入下式:

$$\sqrt{(x-x_i)^2+(y-y_i)^2+(z-z_i)^2} - \sqrt{(x-x_0)^2+(y-y_0)^2+(z-z_0)^2} = ct_{i0}$$

式中,c 为声速;$i=1,2,3$;(x_i,y_i,z_i) 为第 i 个换能器的坐标;t_{i0} 为第 i 个换能器到第 0 位换能器的时差。

由此组成方程组,求得应答器坐标初值。

②根据换能器位置和应答器坐标初始值,利用泰勒级数展开法重新计算不同传播路径的平均声速,再次求解应答器位置坐标。

③由换能器位置和新的应答器位置迭代求解声线的初始出射角 θ_0 及传播时间 t'_i。

④用最小二乘准则 $\sum v_i^2 = \min$ 求解修正量 $\Delta X(\Delta x, \Delta y, \Delta z)$。

⑤由④解出的 $(\Delta x, \Delta y, \Delta z)$ 作为修正量，对初始设定声源坐标进行修正。

⑥将 $X'(x', y', z')$ 作为坐标初值，重复步骤③～⑤，直到达到给定的误差要求，则最后设定的坐标值即为所求应答器的坐标。

2.4 水声定位基本原理及误差分析

发展海洋科学与技术的第一步是研究海洋观测技术，海洋观测技术需要布放各种海上和水下观测设备，它们的定位方法是研究的热点。全球定位系统（GPS）是利用电磁波实现对陆地设备的定位，但是海水可以很好地吸收电磁波，使得 GPS 无法直接应用于水下。研究表明，声波在水下穿透能力强，是水声定位信号的良好载体。随着人类对海洋的探索和开发变得日益频繁，水下声学定位技术在海底光缆线路铺设、大范围海洋空间及环境数据获取和海洋资源勘探与开发等领域中的需求呈多样化发展。传统的水下声学定位系统发展到现在已经非常成熟，每个系统有自己的应用场景和优缺点。后来，通过系统之间的组合来弥补各自的缺点。但是今天人们对定位设备在实际应用中的性能、精度、成本、安全提出了更高的要求。

水声定位自 20 世纪 50 年代末正式登上历史舞台，已经经历了多年的发展，至今产生出多种基于声学方式的定位原理与定位系统。尤其进入 21 世纪以来，随着对水声物理、水声信号处理技术研究的突破创新，水声定位系统的各种相关技术愈发成熟。

2.4.1 水声定位基本原理

水声定位系统采用以声波为通信媒介，以基线测量为基础的定位方法，实现对局部区域的水下目标精确定位导航。水声定位系统根据基线长度的分类见表 2.1。表中这三种水声定位系统将在第 3 章进行详细介绍。

表 2.1 水声定位系统根据基线长度的分类

类型	基线长度/m	观测值类型
长基线（LBL）	100～6 000	测距定位方式
短基线（SBL）	10～50	测距定位方式
超短基线（USBL）	<1	测距和测向定位方式

1. 水声定位的基本方式

水声定位系统的定位方式主要包括测距定位和测向定位。

（1）测距定位原理。

安装于船底或者自主水下航行器（AUV）上的换能器 M 向水下发射询问声信号，海底应答器 P 接收到询问声信号后，立即发出应答信号，通过声波的传播时间和声波在水下的传播速度可计算出换能器与应答器之间的几何距离，测距定位原理如图 2.15 所示。

假定声波在这个过程中的传播速度 c 不变的,换能器发射和接收到声信号的时间差为 t,则换能器与应答器之间的几何距离 R 为

$$R=\frac{1}{2}ct \tag{2.104}$$

应答器在布放到水下后,其深度 H 是已知的,可计算出换能器与应答器之间的水平距离 D,即

$$D=\sqrt{R^2-H^2} \tag{2.105}$$

如果水下有两个应答器,可得到换能器到两个应答器的水平距离,利用圆-圆交汇计算出换能器的位置,即船艇或 AUV 的位置。若水下有三个及以上应答器,可利用最小二乘法解算出船艇或 AUV 的位置。反之,当船艇者 AUV 上的换能器位置已知时,利用至少三个换能器的位置反解获得海底应答器的位置。

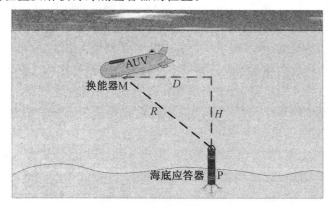

图 2.15 测距定位原理

(2)测向定位原理

测向定位原理如图 2.16 所示,除了需要在船底安装换能器 M 外,水听器 a 和 b 对称安装在船体两侧,P 为海底应答器。设 PM 连线与水听器 a 和 b 连线的夹角为 θ,水听器 a 和 b 之间的距离为 d,则 aM=bM=$d/2$。换能器 M 向水下发射询问声信号,海底应答器 P 接收到该声信号后立即发出应答信号。由于水听器 a 和 b 之间的距离 d 远小于 M 与 P 之间的距离,可近似认为发射与接收的声信号方向相互平行。但 a、b 及 M 距 P 的距离不相等,所以它们接收到应答信号的时间也不相同。以 M 为中心,a 接收到的应答信号相位比 M 超前,而 b 接收到的应答信号相位比 M 滞后。根据时延分别计算相位 φ_a 和 φ_b,公式如下:

$$\begin{cases} \varphi_a=\omega\Delta t=-\dfrac{\pi d}{\lambda}\cos\theta \\ \varphi_b=\omega\Delta t'=\dfrac{\pi d}{\lambda}\cos\theta \end{cases} \tag{2.106}$$

式中,Δt 为水听器 a 相位超前的时延;$\Delta t'$ 为水听器 b 相位滞后的时延;λ 为声波波长。

进而求出两者的相位差 $\Delta\varphi=\dfrac{2\pi d\cos\theta}{\lambda}$。当应答器 P 在船艏方向时,即 $\theta=90°$,两个水听器的相位差为 $0°$。因此,船艇在航行过程中,只要确保水听器 a 和 b 接收到的应答信

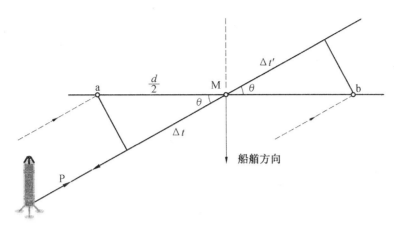

图 2.16 测向定位原理

号相位差为 0，就可以航行至海底应答器 P 的正上方。

2. 几何定位原理

(1) 圆交汇模型算法。

AUV 在预定的测量点处通过测距仪测量水下待测信标和 AUV 之间的距离，并通过相应设备获取对应的 AUV 位置信息，然后通过列出 AUV 位置信息与待测水下信标位置坐标关系的方程可解出待测水下信标的坐标位置。水下定位通常是三维空间内的球面交汇模型，但由于深度计的成熟运用，通常认为深度已知，所以常常简化为圆交汇模型，其示意图如图 2.17 所示。

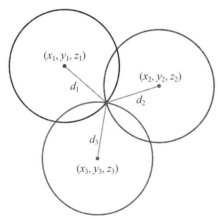

图 2.17 圆交汇模型示意图

若有三个圆方程，即可确定平面上一个唯一点，因此只需要三个校准点就能求解信标的位置，方程为

$$\begin{cases} (x_1-x)^2+(y_1-y)^2+(z_1-z)^2=d_1^2 \\ (x_2-x)^2+(y_2-y)^2+(z_2-z)^2=d_2^2 \\ (x_3-x)^2+(y_3-y)^2+(z_3-z)^2=d_3^2 \end{cases} \quad (2.107)$$

式中，(x,y,z) 为待测信标的位置；(x_i,y_i,z_i) 为测量点的坐标；d_i 为各个测量点到 AUV 的距离，其中 $i=1,2,3$。

将式(2.107)中第一个公式与后面两个公式相减得

$$\begin{cases} 2(x_2-x_1)x+2(y_2-y_1)y=x_2^2+y_2^2+z_2^2-(x_1^2+y_1^2+z_1^2)+d_1^2-d_2^2+2(z_1-z_2)z \\ 2(x_3-x_1)x+2(y_3-y_1)y=x_3^2+y_3^2+z_3^2-(x_1^2+y_1^2+z_1^2)+d_1^2-d_3^2+2(z_1-z_3)z \end{cases}$$
(2.108)

将式(2.108)写成矩阵形式,有

$$\boldsymbol{AX}=\boldsymbol{B} \qquad (2.109)$$

式中

$$\boldsymbol{X}=\begin{bmatrix} x & y \end{bmatrix}^{\mathrm{T}} \qquad (2.110)$$

$$\boldsymbol{A}=2\begin{bmatrix} x_2-x_1 \\ x_3-x_1 \end{bmatrix} \qquad (2.111)$$

$$\boldsymbol{B}=\begin{bmatrix} l_2^2-d_2^2-(l_1^2-d_1^2)+2(z_1-z_2)z \\ l_3^2-d_3^2-(l_1^2-d_1^2)+2(z_1-z_3)z \end{bmatrix} \qquad (2.112)$$

当矩阵 $\boldsymbol{A}$ 可逆时,该方程存在唯一的解,即

$$\boldsymbol{X}=\boldsymbol{A}^{-1}\boldsymbol{B} \qquad (2.113)$$

(2)到达时间差(Time Difference of Arrival,TDOA)定位算法。

TDOA 定位是一种利用时间差进行定位的方法。通过测量信号到达信标的时间,可以确定信号源的距离。利用信号源到各个信标的距离(以信标为中心,距离为半径作圆),就能确定信号的位置。但是绝对时间一般比较难测量,通过比较信号到达各个信标的绝对时间差,就能做出以信标为焦点,距离差为长轴的双曲线,双曲线的交点就是信号的位置。由于本书的水下定位算法不采用此定位算法,具体定位求解过程在此不做介绍。

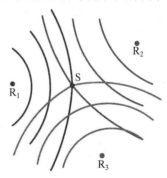

图 2.18 TDOA 定位示意图

(3)到达角(Angle of Arrival,AOA)定位算法。

AOA 定位方法,主要是测量信号 AUV 和信标之间的到达角度,以信标为起点形成的射线必经过 AUV,两条射线的交点即为 AUV 的位置。该方法只需两个信标就可以确定 AUV 的估计位置,其定位示意图如图 2.19 所示。

首先,信标根据 AUV 发送的信号来确定入射角度。两个信标的入射角分别为 α_1、α_2,以各信标为起点,入射角方向构造直线的交点,即为 AUV 的位置。假设 AUV 位置坐标为 (x,y),N 个信标的位置坐标为 (x_i,y_i),根据其几何意义,则它们之间满足

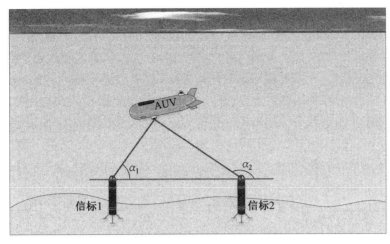

图 2.19 AOA 定位示意图

$$\tan \alpha_i = \frac{y - y_i}{x - x_i} \tag{2.114}$$

整理得

$$\begin{bmatrix} -\tan \alpha_1 & 1 \\ -\tan \alpha_2 & 1 \end{bmatrix} \begin{bmatrix} x \\ y \end{bmatrix} = \begin{bmatrix} y_1 - x_1 \tan \alpha_1 \\ y_2 - x_2 \tan \alpha_2 \end{bmatrix} \tag{2.115}$$

写成矩阵形式为

$$\boldsymbol{AX} = \boldsymbol{B} \tag{2.116}$$

式中

$$\boldsymbol{A} = \begin{bmatrix} -\tan \alpha_1 & 1 \\ -\tan \alpha_2 & 1 \end{bmatrix} \tag{2.117}$$

$$\boldsymbol{X} = \begin{bmatrix} x & y \end{bmatrix}^\mathrm{T} \tag{2.118}$$

$$\boldsymbol{B} = \begin{bmatrix} y_1 - x_1 \tan \alpha_1 \\ y_2 - x_2 \tan \alpha_2 \end{bmatrix} \tag{2.119}$$

当矩阵 $\boldsymbol{A}$ 可逆时，该方程存在唯一的解，即

$$\boldsymbol{X} = \boldsymbol{A}^{-1} \boldsymbol{B} \tag{2.120}$$

2.4.2 水下定位误差

由于海洋环境的复杂性，以及水下测量过程的不可重复性，水声定位系统工作时受多种误差的影响。误差主要包括换能器位置误差、声速误差、声线弯曲误差、船体姿态测量不准误差、声波传播时间测量误差、声速剖面代表性误差、应答器时间延迟误差，以及一些海洋环境噪声误差等。

1. 换能器位置不准误差

在海洋定位中，无论是走航模式，还是浮标模式，都需要已知浮标和测量船的坐标，从而根据船或浮标与应答器的相对位置信息，求得换能器的坐标。船和浮标的坐标一般通过全球卫星导航系统（GNSS）给定，并通过一些坐标改化，再传递给海底应答器，即 GNSS

的测量误差也会传递给海底应答器。故应答器的位置精度和 GNSS 的测量精度有着密切的联系。GNSS 定位精度受很多因素的影响,如卫星钟的钟差、电离层折射误差、对流层折射误差、多路径误差、卫星星历误差、相对论效应、接收机钟差等。为了减少上述误差的影响,提高定位精度,人们对 GNSS 定位系统展开了广泛的研究,也提出了很多种定位模式,如载波相位差分、伪距绝对定位、位置差分、伪距差分等,其中载波相位差分定位有较高的定位精度,可达厘米级,所以在该模式下,换能器位置误差可以忽略不计。因 GNSS 测量中心和换能器中心不在同一位置,还需进行坐标改正,包括天顶坐标系改正、天顶坐标到地固坐标的改正。

2. 船体姿态测量误差

在实际测量中,由于船体是在海面上处于漂浮的状态,船体的姿态会实时受到海浪和洋流的影响。船体姿态的变化会引起换能器面发生变化,导致声波测量状态被破坏。为了测量出海底目标点的精确位置,需要分析船体姿态对测量的影响,从而改善测量成果的质量。影响船体姿态的因素主要有四个方面,分别是航偏角因素、横摇因素、纵摇因素和涌浪因素。航偏角的大小与水深、船速和海流流速有关系。海流流速增大,航偏角增大;船速越高的情况下,船体越容易产生偏航;当水深越浅,水流流速越大时,船体产生的航偏角越大。船体的横摇与航偏角有密切的关系,当航偏角产生突变时,对横摇幅度产生较大的影响,但有时间上的延迟。此外,使之变化最为剧烈的是船速改变的瞬间对横摇产生的影响。横摇还与测区水深和测区河床的形状有关,深水区处的横摇表现不明显,深浅水交界区,变化较大。纵摇与船速的状态有很大关系,变速时纵摇的变化最大,稳定后又迅速减小;测船匀速行驶时,纵摇的变化幅度相对稳定。船体纵摇同航偏角也有一定的关系,当航偏角突变时,纵摇变化幅度较大。总体来说,纵摇表现不如横摇显著。涌浪的总体表现为船头的涌浪较尾部大;因受多种因素的影响,船体两侧的涌浪呈现无规律的变化。涌浪与船速的变化有很大的关系,船体加速时,船头会上扬,船尾会下沉,在到达一定极限后,船头会快速下降;船体减速时,船头吃水减小,尾部会上扬,随后即下沉;当船体速度变化不大时,船首尾涌浪变化不大。此外,在实际测量操作中,需要将 GPS 天线的相位中心位置实时转换为传感器的相位中心位置,因此也需要测量船体的姿态。

3. 声波传播时间测量误差

由前述可知,水下定位中由水下声波传播时间乘声速得到距离信息,声音在水中的传播速度为 $1\,500$ m/s,可以看出测时误差对位置计算显得非常重要,即使很小的时间误差,在乘声速后,也会产生一定的测距误差,故一般要求时间测量误差应该在微秒量级。

4. 声速误差

由前述可知,声音在海洋中的传播速度主要受海水温度、盐度和深度的影响。其中海水温度变化对声速的影响最为明显。实验数据表明,海水温度变化 $1\,℃$,声速变化为原来的 0.35%。海水的温度一般随着深度的增加而降低,海水表面的温度还与太阳的照射有关,故同一区域,不同季节,甚至一天中的不同时刻,其声速也是不一样的。海水中盐度一般呈不均匀分布,由于海洋洋流和大气降水,同一地区的盐度也是随着时间变化的,因此在实际定位中,声速的时效性就显得尤其重要。

5. 声线弯曲误差

由前述可知,由于海水不是均匀分布的介质,因此声速分布也是不均匀的。当声波不是垂直入射时,其在海水中的传播路线也不再是一条直线,会产生一定的弯曲,形成一条连续折线或曲线。当水深较大时,声速变化较大,声线弯曲程度也较大。声线弯曲示意图如图 2.20 所示,如果不考虑声线弯曲,只使用平均声速计算距离,得到应答器的位置投影在 B 点。而实际情况下,目标位置的投影应该是 A 点,AB 即为声线弯曲在水平方向上产生的误差,此项误差和曲线的曲率有直接的联系,曲率半径越小,误差越大。这项误差一般很难用数据处理的方法予以消除,大都使用射线声学理论进行声线修正。

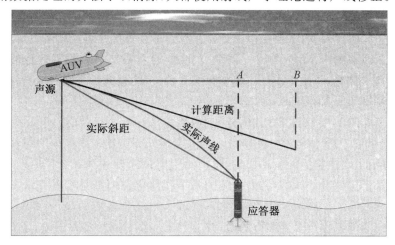

图 2.20 声线弯曲示意图

6. 声速剖面代表性误差

声速一般通过直接法(仪器测定)和间接法(声速经验模型)来确定。直接法在实际应用中被广泛采用,但由于声速剖面仪价格昂贵,实际应用时,不可能将声速剖面仪布设在整个测区范围内,只能选定一些点,进行测量,因此出现了以"点"代"面"的情况。为了削弱此项误差影响可以使用间接法获得声速,也可以构建测量海区的声速场模型。

7. 应答器时延误差

应答器在接收到信号之后,需要一定的反应时间,再发出返回信号,这就增加了声波的传播时间,把由此产生的误差称为时间延迟误差。一般厂家都会给出自己产品的延迟误差参数,使用者只需在计算时,减去该项误差即可。

8. 其他误差

除了以上误差,还有声信号多路径误差、船体的动态吃水误差、海洋内波误差、涌浪误差和海洋地形结构产生的误差。又由于海洋是不平静的,存在着各种各样的噪声,包括海洋动力噪声(如风吹在海面上引起的噪声,流过海底的海流、碎浪及降雨引起的声响)和生物噪声,它们对声波的通信、传播也会产生一定的影响。

声速误差、声线弯曲误差、声速剖面代表性误差已经在前面详细介绍。其余的误差中部分误差将在第 3 章水声定位分类之中详细分析。

2.5 本章小结

本章为了引入参数定义和性能介绍,首先介绍了水声学中不可或缺的设备——声呐,介绍了声呐按工作方式的分类,即主动声呐和被动声呐,接着介绍了这两种声呐的区别和各自的工作原理。然后介绍了声呐的几个重要参数,这些参数都与后面介绍的海洋声学特性密切相关,把这些参数有机地组合在一起就形成了声呐方程。

本章还介绍了海洋中几个重要的声学特性,包括声速、声吸收、水下噪声和海洋混响,介绍了它们的概念和影响因素,还有其对声呐的影响。其中声速的影响最大,本章着重介绍了影响声速的各种因素,根据这些因素介绍了声速在海洋中的结构和一些性质,分析了声速的变化原因和规律。由于声速是时刻变化的,在实际应用中把声速近似为一个固定值会引起较大的误差,因此介绍了声速修正的几种方法,这几种方法各有特点,在实用中,要根据实际环境和要求的精度等来选用。

最后本章介绍了水下定位方式的分类,包括长基线水声定位、短基线水声定位、超短基线水声定位,它们分别有各自的特点和定位解算方式(第3章将分别对其进行详细介绍)。接着介绍了水声定位的基本原理,包括测距定位原理和测向定位原理,它们通常是组成水下声学定位的基本结构,其后介绍的几个几何定位模型是水下声学常用的基本模型。由前面介绍的海洋声学特性可知,水下环境是很复杂多变的,在如此复杂的环境里,水下声学定位的误差也是多种多样的,不仅有水下环境引起的各种误差,还有水下声学定位时的设备、通信等引起的误差,定位解算过程中也会产生相应的误差,这将会在第3章详细介绍。

如今,人们对海洋越来越了解,但是对于海洋的各种特性还需要进一步研究。对于水下声学定位方向水准、声波传播速度慢造成的通信不及时,以及声速造成的测距误差等问题依旧需要进一步改善。目前,人们已经提出多种定位方式去提高水下声学定位的性能,本书将在后面进行详细介绍。

本章参考文献

[1] 刘伯胜,黄益旺,陈文剑,等. 水声学原理[M]. 北京:科学出版社. 2019.

[2] 王琪智. 声呐技术原理与前景展望[J]. 数字通信世界,2017(2):141,146.

[3] 何祚镛,赵玉芳. 声学理论基础[M]. 北京:国防工业出版社,1981.

[4] SCHUKIN M, MARCH H W. Sound absorption in sea water[J]. Journal of the Acoustical Society of America,1962,34:864-865.

[5] THORP W H. Analytic description of the low frequency attenuation coefficient[J]. Journal of the Acoustical Society of America,1967,42:270.

[6] 王超,韩梅,周艳霞. 南海海洋环境噪声场特性分析[C]//2014年中国声学学会全国声学学术会议论文集. 中国声学学会:《声学技术》编辑部,2014:77-80.

[7] WENZ G M. Acoustic ambient noise in the ocean: Spectra and sources[J]. Journal

of the Acoustical Society of America,1962,(34):1936-1956.

[8] MARSH H W. Origin of the Knudsen spectra[J]. Journal of the Acoustical Society of America,1963 (35):409-410.

[9] KUO E. Deep sea noise duo to surface motion[J]. Journal of the Acoustical Society of America,1968 (43):1017-1024.

[10] DAHL P,MILLER J,CATO D,et al. Underwater ambient noise[J]. Acoustics Today,2007,3(1):23-33.

[11] MELLEN R H. Thermal-noise limit in the detection of underwater acoustic signals [J]. Journal of the Acoustical Society of America,1952 (24):478-480.

[12] 李玉强,徐燕,周胜增. 海洋混响特性分析与建模仿真研究[J]. 舰船电子工程,2018,38(11):86-88,182.

[13] URICK R J. Principles of underwater sound[M]. 3rd ed. Westport:Peninsula Publishing,2013.

[14] 马大. 声学手册[M]. 北京:科学出版社,1983.

[15] CLAY C S,MEDWIN H. Acoustical oceanography principles and applications [M]. New York:Wiley,1977.

[16] 汪德昭,尚尔昌. 水声学[M]. 北京:科学出版社,1981.

[17] 马特维柯,塔拉休克. 水声设备作用距离(中译本)[M]. 水声设备作用距离翻译组,译. 北京:国防工业出版社,1981.

[18] 孙革. 多波束测深系统声速校正方法研究及其应用[D]. 青岛:中国海洋大学,2007.

[19] 李圣雪. 水下声学定位中声速改正方法研究[D]. 青岛:中国石油大学(华东),2015.

[20] 管铮. 在我国使用声速改正公式的精度分析[J]. 海洋测绘,1990(3):32-37.

[21] 朱祥娥. 深海三维定位仿真研究[D]. 北京:中国测绘科学研究院,2008.

[22] 周丰年,赵建虎,周才扬. 多波束测深系统最优声速公式的确定[J]. 台湾海峡,2001,20(4):411-419.

[23] 易昌华,任文静,王钗. 二次水声定位系统误差分析[J]. 石油地球物理勘探,2009,44(2):136-139.

[24] 梁民赞. 水声高精度定位的后置处理技术[D]. 哈尔滨:哈尔滨工程大学,2008.

[25] 孙万卿. 浅海水声定位技术及应用研究[D]. 青岛:中国海洋大学,2007.

[26] GENG X. Precise acoustic bathymetry. Master's thesis, department of electrical and computer engineering [D]. Victoria:University of Victoria,1997.

[27] 赵建虎,刘经南. 多波束测深及图像数据处理[M]. 武汉:武汉大学出版社,2008.

[28] 赵建虎. 现代海洋测绘(上册)[M]. 武汉:武汉大学出版社,2007.

[29] 闫凤池,王振杰,赵爽,等. 顾及双程声径的常梯度声线跟踪水下定位算法[J]. 测绘学报,2022,51(1):31-40.

[30] 陆秀平,边少锋,黄谟涛,等. 常梯度声线跟踪中平均声速的改进算法[J]. 武汉大

学学报(信息科学版),2012,37(5):590-593.

[31] 孙大军,郑翠娥,张居成,等.水声定位导航技术的发展与展望[J].中国科学院院刊,2019,34(3):331-338.

[32] 王俊.水下AUV集群协同导航定位算法研究[D].长春:吉林大学,2021.

[33] 刘宁.水下声速改正算法与精密定位方法研究[D].西安:长安大学,2020.

第 3 章 水下声学定位技术

第 2 章对水下声学定位技术的基本原理和分类进行了初步介绍,水下声学定位系统根据基线长度被分为三类,即长基线水声定位系统、短基线水声定位系统和超短基线水声定位系统。本章将对这三种定位系统的组成、定位解算方式和误差分析等依次展开介绍。

3.1 长基线水声定位系统

长基线水声定位系统的组成如图 3.1 所示,被定位目标上装载问答机,以及海底应答器组成的基阵,基线长度通常为几千米。海底应答器阵用来测出目标的位置坐标,该坐标是海底应答器阵的相对位置坐标。因此,需要在已知海底应答器阵的绝对地理位置时,再进行相应的坐标变换,才能得到目标在大地坐标系的绝对位置。

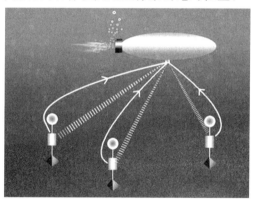

图 3.1 长基线水声定位系统的组成

长基线水声定位系统的定位过程中,被测水下目标上的问答机向各海底应答器发出询问信号,各海底应答器接收此询问信号后发出应答信号,问答机根据接收到的应答信号,通过信号传播时延差,算出与各个海底应答器相应的斜距,列出解算方程,经过解算则可以确定被测目标的三维位置坐标。长基线水声定位系统解算方法有利用距离信息的球面交汇模型和利用距离差信息的双曲面(双曲线)交汇模型等多种解算模型。在实际应用中,球面交汇模型运用较多,双曲面(双曲线)交汇模型运用较少。

长基线水声定位系统在一定海域范围内对水下或水面的载体都可以进行精确导航定位。因此,它在海洋开发方面有着广泛的应用,如水下施工、海底电缆铺设、海上石油勘探和水下载体定位等。为了实现水下航行器的高精度绝对定位,长基线水声定位系统还可以与 GPS 合作进行定位。水面无线电浮标也可作为长基线水声定位系统的基元,在这种情况下被定位的目标上装有同步或非同步声信标,各基元接收的声信号需要先调制为无线电信号,然后再发到母船上进行处理,由此完成水下目标的定位。由于无线电浮标在海面上的位置并不固定,因此必须利用 GPS 接收机实时地测定自身位置,与定位信号一起发至母船。

由于利用无线电浮标和利用海底应答器阵的长基线水声定位系统的原理基本相同,因此本节主要对利用海底应答器阵的长基线水声定位系统进行研究。长基线水声定位系统有 3 种应用模式,即舰船导航模式、有缆潜器(Tethered Submersible,TTS)导航模式及无缆潜器(Free Swimming Submersible,FSS)导航模式。定位解算时,获取水声传播距离的方式会随着定位模式的不同而变化。

长基线水声定位系统定位算法有双曲线算法、双曲面算法和球面交汇算法,由于在实际应用中很少用双曲线和双曲面算法,因此本章主要介绍球面交汇算法。若应答器和问答机的深度已知,则在位置计算时,可以简化为在 xOy 平面内的二维计算;若问答机的深度未知(如在潜艇上的情况),则需对三维坐标进行计算。长基线水声定位系统在进行定位时,可以用两个、3 个和 4 个应答器进行导航。

3.1.1 两个应答器导航

已知应答器的位置并利用两个应答器进行导航定位时,被测目标上的问答机分别与两个海底应答器进行连续问答,在任一测量点上测出问答机到各个应答器的距离,然后用球面交汇解算方法确定未知测量点 P 的位置。而此时的球面交汇解算并不是唯一解,要先知道 P 和两个应答器的深度,而且需知道它位于基线的哪一侧,才能在三维坐标中得到 P 的精确位置。图 3.2 所示为两个应答器导航定位。

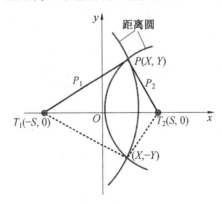

图 3.2 两个应答器导航定位

如图 3.2 所示,把两个应答器之间的连线设为 x 轴,把两个应答器的连线的中垂线设为 y 轴,设应答器之间的距离为 $2S$,则应答器 1 和应答器 2 的位置分别为 $(-S,0)$ 和 $(S,0)$,为了解出 P 的坐标可列出下面的方程:

$$P_1^2 = (X+S)^2 + Y^2 \tag{3.1}$$
$$P_2^2 = (X-S)^2 + Y^2 \tag{3.2}$$

式中,P_1、P_2 分别为未知测量点 P 与应答器 1 和应答器 2 的水平距离(不考虑深度)。

式(3.1)与式(3.2)相减,得到 P 点的 X 坐标为

$$X = \frac{P_1^2 - P_2^2}{4S} \tag{3.3}$$

将式(3.3)代入式(3.1)和式(3.2)得到

$$\begin{cases} Y_1 = \pm\sqrt{P_1^2 - (X+S)^2} \\ Y_2 = \pm\sqrt{P_2^2 - (X-S)^2} \end{cases} \tag{3.4}$$

在实际应用中,往往问答机与应答器在不同深度上,则在 xOy 平面上的投影 P_i 为

$$\begin{cases} P_1 = \sqrt{R_1^2 - (Z_1 - Z)^2} \\ P_2 = \sqrt{R_2^2 - (Z_2 - Z)^2} \end{cases} \tag{3.5}$$

式中,R_i 为 P 与应答器在三维坐标系内的斜距;$Z_i(i=1,2)$ 为应答器的深度;Z 为问答机的深度。

由于方程中等式数量较少,不能解出唯一解,则出现了如式(3.4)所示的双解,此时点 P 可能位于基线的两侧(在 x 轴上面或下面)。

如图 3.3 所示,如果两个应答器的坐标不是位于 x 轴上也不对称于 y 轴,则需对 $P(X,Y)$ 进行坐标转换,此时可由两个斜距在 xOy 平面上的投影直接解 P 的坐标(X,Y)。

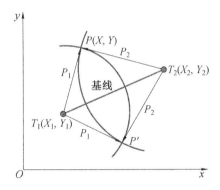

图 3.3 两个应答器导航定位(应答器一般坐标)

设应答器的坐标为(X_1,Y_1,Z_1)、(X_2,Y_2,Z_2),问答机到两个应答器的斜距分别为 R_1、R_2。根据式(3.5),在水平面内有

$$(X-X_1)^2 + (Y-Y_1)^2 = P_1^2 \tag{3.6}$$

$$(X-X_2)^2 + (Y-Y_2)^2 = P_2^2 \tag{3.7}$$

式(3.6)减式(3.7)得到 X 的解为

$$X = \frac{(X_2^2 - X_1^2) + (Y_2^2 - Y_1^2) - (P_2^2 - P_1^2) - 2Y(Y_2 - Y_1)}{2(X_2 - X_1)} \tag{3.8}$$

记

$$Q = (X_2^2 - X_1^2) + (Y_2^2 - Y_1^2) - (P_2^2 - P_1^2) \tag{3.9}$$

有

$$X = \frac{Q - 2Y(Y_2 - Y_1)}{2(X_2 - X_1)} \tag{3.10}$$

将式(3.10)代入式(3.6)和式(3.7)中的任一式,经化简后得到

$$aY^2 + bY + c = 0 \tag{3.11}$$

其解为

$$Y = \frac{-b \pm \sqrt{b^2 - 4ac}}{2a} \quad (3.12)$$

式中

$$\begin{cases} a = 4(Y_2 - Y_1)^2 + 4(X_2 - X_1)^2 \\ b = 8(X_2 - X_1)(Y_2 - Y_1)X_1 - 8(X_2 - X_1)Y_1 - 4Q(Y_2 - Y_1) \\ c = 4(X_2 - X_1)^2(X_1^2 + Y_1^2 - P_1^2) - 4X_1(X_2 - X_1)Q + Q^2 \end{cases} \quad (3.13)$$

式(3.13)用编程计算得出方程式的解就会很简单。在式(3.12)中平方根取正号或取负号都会有一个解，则这里会有双解。所以用两个应答器导航时，需要先进行初始位置的校准，然后不断地更新位置信息，就可以排除一个解，则在一般情况下可以确定待测目标的位置。

3.1.2　3个应答器导航

上述两个应答器导航的方法都有两个解，分别位于基线的两侧。所以要得到水下定位的唯一解，就需要有第3个距离和应答器。已知应答器和问答机的深度（或已知问答机与应答器的深度之差）是最简单的情况。图3.4所示为3个应答器导航定位。

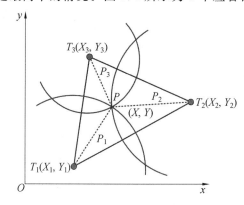

图3.4　3个应答器导航定位

如图3.4所示，定位方程写为 xOy 平面内投影的形式，有

$$(X - X_1)^2 + (Y - Y_1)^2 = P_1^2 = R_1^2 - (Z - Z_1)^2 \quad (3.14)$$

$$(X - X_2)^2 + (Y - Y_2)^2 = P_2^2 = R_2^2 - (Z - Z_2)^2 \quad (3.15)$$

$$(X - X_3)^2 + (Y - Y_3)^2 = P_3^2 = R_3^2 - (Z - Z_3)^2 \quad (3.16)$$

这些方程两两相减，消去二次项，得到一组线性方程：

$$(X_2 - X_1)X + (Y_2 - Y_1)Y = (P_2^2 - P_1^2)/2 \quad (3.17)$$

$$(X_3 - X_2)X + (Y_3 - Y_2)Y = (P_3^2 - P_2^2)/2 \quad (3.18)$$

$$(X_1 - X_3)X + (Y_1 - Y_3)Y = (P_1^2 - P_3^2)/2 \quad (3.19)$$

解此方程组中的任意两个，可得到 X、Y 的唯一解。

上面所述情况中，已知问答机的深度和3个应答器的深度时，得到的是二维解。当不知道问答机的深度（如问答机在潜器上），而知道应答器深度时，不可能从3个问答机到应答器的距离得到唯一解。此时有两个解,分别位于这 3 个应答器构成平面的上方和下方。要想得到唯一解,则需要用 4 个应答器。

3.1.3　4 个应答器导航

需要用 4 个应答器的有以下两种情况:一是要求解出潜器的深度,二是不要解出深度但需要用最小二乘法求最佳解。

设要解的载体位置为 (X,Y,Z),定位方程为

$$(X-X_1)^2+(Y-Y_1)^2+(Z-Z_1)^2=R_1^2 \tag{3.20}$$

$$(X-X_2)^2+(Y-Y_2)^2+(Z-Z_2)^2=R_2^2 \tag{3.21}$$

$$(X-X_3)^2+(Y-Y_3)^2+(Z-Z_3)^2=R_3^2 \tag{3.22}$$

$$(X-X_4)^2+(Y-Y_4)^2+(Z-Z_4)^2=R_4^2 \tag{3.23}$$

两两相减,消去二次项 X^2、Y^2、Z^2 得到

$$\begin{aligned}&-2(X_1-X_2)X-2(Y_1-Y_2)Y-2(Z_1-Z_2)Z\\&=(R_1^2-R_2^2)-(X_1^2-X_2^2)-(Y_1^2.Y_2^2)-(Z_1^2-Z_2^2)\end{aligned} \tag{3.24}$$

$$\begin{aligned}&-2(X_2-X_3)X-2(Y_2-Y_3)Y-2(Z_2-Z_3)Z\\&=(R_2^2-R_3^2)-(X_2^2-X_3^2)-(Y_2^2.Y_3^2)-(Z_2^2-Z_3^2)\end{aligned} \tag{3.25}$$

$$\begin{aligned}&-2(X_1-X_3)X-2(Y_1-Y_3)Y-2(Z_1-Z_3)Z\\&=(R_1^2-R_3^2)-(X_1^2-X_3^2)-(Y_1^2-Y_3^2)-(Z_1^2-Z_3^2)\end{aligned} \tag{3.26}$$

$$\begin{aligned}&-2(X_1-X_4)X-2(Y_1-Y_4)Y-2(Z_1-Z_4)Z\\&=(R_1^2-R_4^2)-(X_1^2-X_4^2)-(Y_1^2-Y_4^2)-(Z_1^2-Z_4^2)\end{aligned} \tag{3.27}$$

记

$$\begin{cases}A_1=-2(X_1-X_2)\\B_1=-2(Y_1-Y_2)\\C_1=-2(Z_1-Z_2)\\D_1=(R_1^2-R_2^2)-(X_1^2-X_2^2)-(Y_1^2-Y_2^2)-(Z_1^2-Z_2^2)\end{cases} \tag{3.28}$$

式(3.24)～(3.27)简化为

$$A_1X+B_1Y+C_1Z=D_1 \tag{3.29}$$

$$A_2X+B_2Y+C_2Z=D_2 \tag{3.30}$$

$$A_3X+B_3Y+C_3Z=D_3 \tag{3.31}$$

$$A_4X+B_4Y+C_4Z=D_4 \tag{3.32}$$

写为矩阵形式,有

$$\boldsymbol{Ax}=\boldsymbol{B} \tag{3.33}$$

式中

$$\boldsymbol{A}=\begin{bmatrix}A_1&B_1&C_1\\A_2&B_2&C_2\\A_3&B_3&C_3\\A_4&B_4&C_4\end{bmatrix},\quad \boldsymbol{B}=\begin{bmatrix}D_1\\D_2\\D_3\\D_4\end{bmatrix},\quad \boldsymbol{x}=\begin{bmatrix}X\\Y\\Z\end{bmatrix} \tag{3.34}$$

利用最小二乘法解式(3.33)的方程,可得到最佳解为
$$x=(A^TA)^{-1}(A^TB) \qquad (3.35)$$

3.1.4 长基线水声定位系统应用模式

1. 舰船导航模式

舰船导航模式如图3.5所示,先由安装在船上的问答机(询问/接收机)以信号频率F_3对应答器进行询问,在各应答器接收到问答机发出的询问信号后,以其自己的频率发射应答信号,这些频率虽不一定相同,但统一记为F_4。之后经过计算能得到船与海底应答器阵之间的距离,统一用R_1表示。距离已知,则可以通过定位方程解算出船在海底应答器阵中的相对位置坐标。

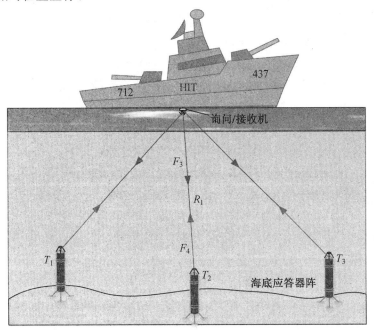

图3.5 舰船导航模式

如果有缆潜器(TTS)为定位对象,则也可由舰船导航模式获得其位置。图3.6所示为有TTS的舰船导航模式,此时TTS可以接收这些相同的应答器信号(即频率)F_4,与水面船一样。在这种情况下,水面船与TTS潜器会同时记录问答机询问的时刻,然后分别记录接收到应答器回答信号的时刻。由此,可计算出TTS与各应答器的距离,统一记为R_2,则可以解出TTS相对于应答器阵的位置。船上问答机的位置求解与前面的舰船导航模式一致,此处不做详细介绍。

在实际应用中,设询问的时刻为0,船上问答机接收应答信号时刻为t_1,TTS接收应答器应答信号时刻为t_2。应答器回答信号从应答器到TTS的单程传播时间(忽略延迟)为

$$T_2=t_2-\frac{t_1}{2} \qquad (3.36)$$

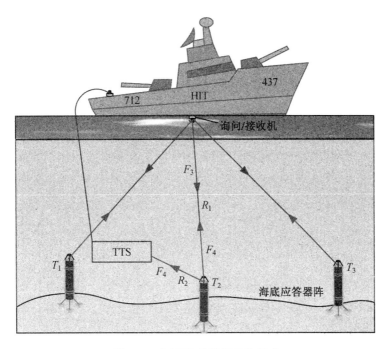

图 3.6 有 TTS 的舰船导航模式

单程传播时间 T_2 乘声速(不考虑声线弯曲)可得到 TTS 与应答器间的斜距为

$$R_2 = c \cdot T_2 \tag{3.37}$$

同理,船上问答机与应答器的距离可由双程传播时间 t_1 求得。

为了研究更加方便,只画出一个应答器,用图 3.7 和图 3.8 代替长基线水声定位系统舰船导航模式的两种情况。图中用 F_3 表示船上问答机询问信号(通常只有一个频率),用 F_4 表示应答器回答信号(实际上有几个应答器就有几个回答频率)。方便起见,后面介绍的其他模式中也都用这种简化图表示。

2. 有缆潜器(TTS)导航模式

如图 3.9 所示,TTS 导航模式与有 TTS 的舰船导航模式不同,在这种模式下 TTS 上装有问答机,而母船上只有接收机。

此时,TTS 以频率 F_3 的信号向应答器进行询问,船上接收机和 TTS 同时记录询问时刻,记为 0 时刻。各应答器收到询问信号后以频率 F_4 发出回答信号,船上接收机接收应答器回答信号时刻为 t_1,TTS 接收应答器回答信号时刻为 t_2。

因此,船上接收机与应答器间的单程传播时间 T_1 为

$$T_1 = t_1 - \frac{1}{2} t_2 \tag{3.38}$$

则船上接收机与应答器间的斜距为

$$R_1 = c T_1 \tag{3.39}$$

而 TTS 与应答器间的斜距直接由它们之间的双程传播时间 t_2 得到。

(1)长基线无缆潜器(FSS)定位模式(图 3.10)。

在无缆潜器定位模式下,对应答器的询问方式有由船上问答机询问和由 FSS 询问

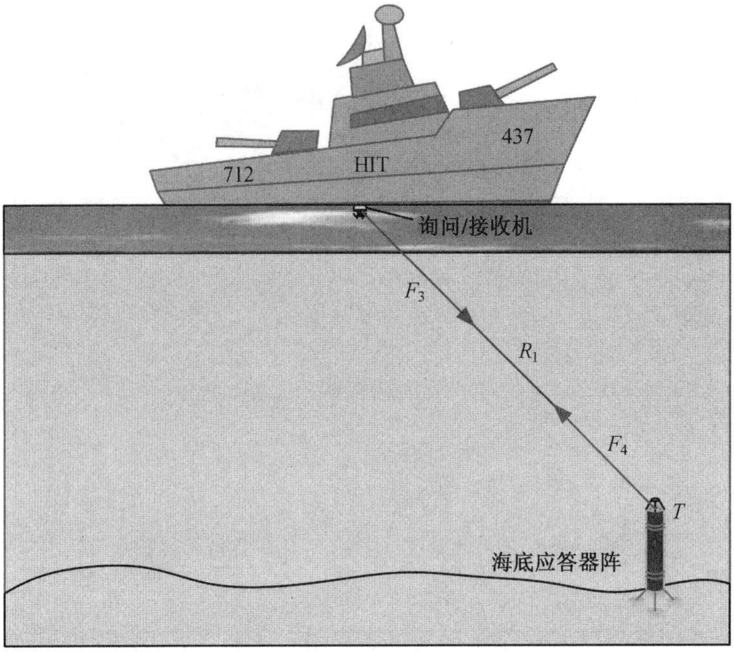

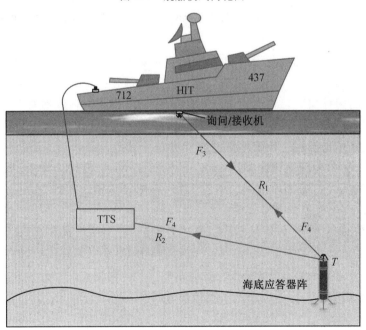

图 3.7　舰船模式简化图

图 3.8　有 TTS 的舰船模式简化图

两种。

(2) 母船询问的 FSS 定位导航。

在无缆潜器定位模式中,母船上装载了具有两种询问频率的问答机,一种用于询问 FSS,另一种用于询问海底应答器阵。FSS 上装有应答器,可在接收到询问信号后先后发

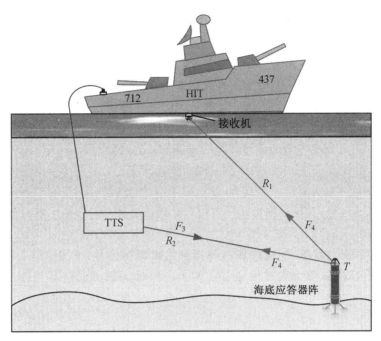

图 3.9 TTS 导航模式

出两种频率的回答信号。若交替使用两次母船问答机的询问频率,可解算 FSS 和母船自身的位置。

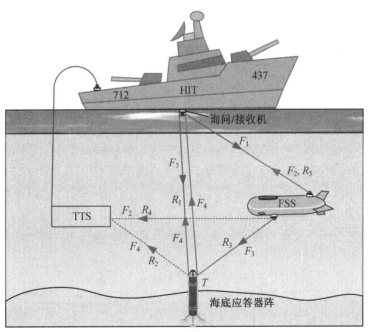

图 3.10 长基线无缆潜器定位模式

如图 3.10 所示,交替方式使用步骤具体如下。

① 母船问答机发出频率为 F_1 的询问信号给 FSS,FSS 以频率 F_2 回答,母船接收此回

答信号,并记录接收时刻。FSS 在向母船发出频率为 F_2 的回答信号之后,延迟一个时间向海底应答器阵发出频率为 F_3 的信号,海底应答器阵以频率 F_4 发出回答信号,此时只有母船接收海底应答器阵回答信号。在进行这些操作后,可以发现,通过第一步可得到母船与 FSS 之间的距离 R_5,以及母船问答机到 FSS、FSS 到海底应答器阵、海底应答器阵再到母船问答机的距离之和 $R_5+R_3+R_1$(通过时间之和得到)。

设母船询问时刻为 0,母船接收 FSS 回答信号时刻为 t_1,FSS 发出回答信号后延迟的固定时间为 Δt_3,母船接收海底应答器阵的回答信号的时刻为 t_2,则有

$$t_2 = T_5 + \Delta t_3 + T_3 + T_1 \tag{3.40}$$

式中,T_5、T_3、T_1 分别为对应于距离 R_5、R_3、R_1 的单程传播时间,且有 $T_5 = t_1/2$。

由式(3.40)可知,只要得知母船问答机与海底应答器阵的往返应答时间,便可得到各单程传播距离。

②母船问答机以频率 F_3 向海底应答器阵发出询问信号,海底应答器阵再次以频率 F_4 回答,母船接收,从而得到往返应答时间 t_3。则母船到海底应答器阵的单程传播时间为

$$T_1 = \frac{1}{2} t_3 \tag{3.41}$$

显然,在经过上述所有过程后可得到 R_5、R_3、R_1,从而由母船可同时计算出母船和 FSS 相对于海底应答器阵的位置。若母船上还挂有 TTS,则利用上述两步亦可同时得到 TSS 在海底应答器阵中的位置,对此情况不做详细介绍。

(3)同步钟 FSS 定位导航。

在同步钟 FSS 定位导航方式下,母船上装有问答机,FSS 上只有发射器。FSS 上时钟为主钟,母船问答机与 FSS 的时钟同步,母船问答机与 FSS 交替询问海底应答器阵。

无缆潜器同步钟定位导航方式如图 3.11 所示,交替步骤具体如下。

①FSS 先向母船发出频率为 F_2 的信号,延迟一个时间后向海底应答器阵发出频率为 F_3 的信号,海底应答器阵收到信号后以频率 F_4 回答,母船接收。显然,母船在这一步中先后接收到了两个频率不同的信号。由此可得到母船问答机与 FSS 的距离 R_5,以及 FSS 到海底应答器阵、海底应答器阵到母船问答机的距离之和 R_5+R_1。

由于母船问答机与 FSS 的发射器时钟同步,设 FSS 发射第一个信号的时刻为 0,母船接收到 FSS 发出的频率为 F_2 的信号时刻为 t_1,则 R_5 的单程传播时间为 $T_5 = t_1$。设 FSS 发射两个信号之间的时间间隔为 Δt_3,海底应答器阵收到并以频率 F_4 转发,母船接收该转发信号的时刻为 t_2,则有

$$t_2 = \Delta t_3 + T_3 + T_1 \tag{3.42}$$

式中,T_3、T_1 为对应 R_3、R_1 的单程传播时间。

从式(3.42)可以看出,只要得到 T_1 即可。

②与母船询问的 FSS 定位导航中描述的一样,母船问答机向海底应答器阵发出频率为 F_3 的询问信号,海底应答器阵再以频率 F_4 的信号回答,母船接收,从而得到往返应答时间 t_3,进而得到与式(3.41)相同的母船到海底应答器阵的单程传播时间 T_1。

由此,通过 FSS 与母船的交替发射可得到 R_5、R_3、R_1,从而由母船计算机可同时计算

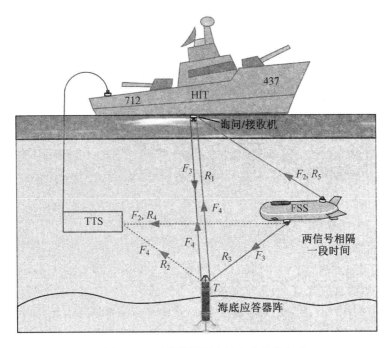

图 3.11 无缆潜器同步钟定位导航方式

出母船和 FSS 相对于海底应答器阵的位置。同样,若母船上还挂有 TTS,则利用上述两步亦可同时得到 TSS 在海底应答器阵中的位置。

上述对各种工作模式进行了介绍,可以得知利用海底应答器阵的长基线水声定位系统进行定位解算时,测出定位对象与海底应答器阵的距离是最重要的任务。在需要同时定出母船、TTS、FSS 及潜器位置或需要定出其中两个的位置时,询问和应答往往要求以交替方式进行。在这种情况下,定位求解所需的每一个单程传播距离不能仅通过一次问答得到,必须采用某种交替的工作模式。这些交替方式的最终目的是获得定位目标与每个海底应答器之间的单程传播距离。

3.1.5 基阵的校准

由上面的定位算法可知,在定位解算时获得的大多是相对位置,因此为了确保母船和潜器的定位导航作业能在各种模式下进行,必须对海底应答器阵进行位置校准。在长基线水声定位系统中海底应答器可以是两个或 3 个甚至多个,由水面船或潜器将这些海底应答器布放在海底,然后利用无线电定位或卫星导航设备定出它们的地理位置。海底应答器间距及其深度测量误差是影响导航精度的最重要因素。因此,在进行导航定位任务前海底应答器阵的坐标必须已知。

1. 两个应答器的情况

在进行定位导航时利用两个应答器,则需要对两个应答器的位置进行校准(图 3.12)。在应答器布放时利用无线电定位或 GPS 记下投放点的位置是一个简单的方法。此外,可以利用船上问答机与应答器连续进行应答,测量问答机与两应答器的距离。当两距离之和达到最小时,此最小值即为两应答器间的距离。在水的深度较小的情况下,由于基线长度总是远大于水深,因此可以忽略应答器本身的深度,那么这个距离便可认为是两应答器的水平距离。

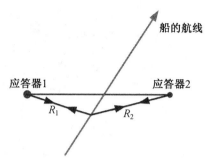

图 3.12 两个应答器的位置校准

2. 3 个应答器的情况

在 3 个应答器的情况下,根据球面交汇原理,以 3 个应答器与被测目标的相对距离为半径的球面交汇,将会有双解,因此需要知道应答器的深度。设 3 个应答器间的水平距离为 H_1、H_2、H_3,其中两个应答器的连线为 x 轴,选择 1 号应答器的坐标为 $(0,0)$,来定出 2 号应答器的坐标 $(x_2,0)$ 和 3 号应答器的坐标 (x_3,y_3)。在定位时,只要得到被定位载体的换能器与各应答器的斜距 R_1、R_2 和 R_3,便可确定载体坐标 (X,Y)。

但是,风、流会产生影响,在将应答器投放入水时测得的应答器地理坐标位置与其在海底的真实位置之间存在误差。这种误差一般为 ±10 m～±50 m,这对于高精度导航的情况,是不够精确的。所以,在确定海底应答器精确的位置时,需要对 3 个应答器进行测量。一般是用装有问答机的载体,在应答器阵附近来回航行,连续进行应答,在至少 6 个点上得到精确的测量值(图 3.13)。可以直接在基元上方取 3 个点,用来确定基元的深度;在穿越两两基元连线附近取 3 个点,用来估计基线的间距。图 3.13 中 A、B、C 分别为穿越基线 H_1、H_2、H_3 的航迹,D、E、F 分别为在基元 1、2、3 上方的航迹。观察这些数据,并剔除距离野点,构成一组二次联立方程,解出应答器的坐标 (x_i,y_i,z_i)。

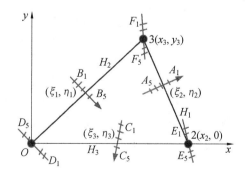

图 3.13 3 个应答器位置校准

如图 3.13 所示,3 个应答器的坐标为 (x_i,y_i,z_i),$i=1,2,3$。假定问答机换能器的深度为 0,当应答时间之和最小时各测量点的坐标为 $(\xi_j,\eta_j,0)$,$j=1,2,3$。有下列定位测量方程:

$$(\xi_j-x_i)^2+(\eta_j-y_i)^2+z_i^2=R_{ji}^2, \quad i=1,2,3; j=1,2,3 \tag{3.43}$$

式中，R^{ji} 为第 j 个测量与第 i 个应答器间的斜距，根据应答时间求得。

应答器深度也已通过测量得到。式(3.43)共有 9 个方程。每一测量点有两个未知数，共 6 个未知数。因为已选取坐标轴使 $x_1 = y_1 = y_2 = 0$，故需要求解的应答器坐标只有 x_2, x_3, y_3 共 3 个未知数。则利用 9 个方程解 9 个未知数，方程可解。由此可知，为了得到应答器的位置坐标，需要一并求解测量点和应答器位置坐标。

在选择应答器的间距时，常常考虑用最少的应答器数量(最少 3 个)实现最大可能的覆盖范围。若导航区域较大，则必须布放额外的应答器进行测量。计算和经验表明，利用最少的应答器得到最大覆盖范围的阵形是等边三角形。若想较快地测定应答器的位置，可以利用水面无线电定位系统对载体进行导航。

上述校准，是以两个应答器的连线作为 x 轴，且以其中一个应答器作为坐标原点，因而得到的应答器位置是相对的。如果需要应答器的地理坐标，则只需定出一根基线两端的两个应答器的地理位置，所有其他应答器的地理位置都可从基线的相对位置求得。

在为潜器或水面船跟踪定位布放海底应答器阵时，应答器最好处在最佳位置被询问。为使定位精度有好的置信度，需要有一定冗余。例如可用 4 个被询问的应答器来定位，当然实际上只需 3 个便可计算载体三维位置。采用迭代最小二乘法可以利用这额外的距离(或应答时间)信息来改进系统的精度。

3. 用于四边形应答器阵的两种校准方法

(1)条件方程法。

6 个连线有冗余的四边形如图 3.14 所示，4 个应答器构成的四边形共有 6 根连线，即 4 条边和 2 个对角线。对这些连线长度进行测量。由于四边形只要 5 个边长值便可唯一确定，因此第 6 个量是冗余的。可用最小二乘法来调整相应的边长。用经过调整后的四边形来确定应答器阵的位置坐标。

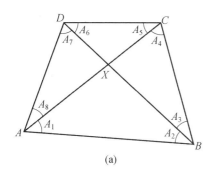 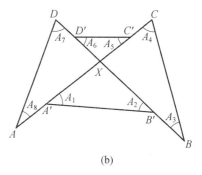

图 3.14　6 个连线有冗余的四边形

图 3.14(a)是只需 5 个边长构成的四边形，有一个冗余边长；图 3.14(b)是只测角度可能构成的四边形。假定已知应答器的深度和各连线斜距，那么可知各连线的水平距离。计算出最佳拟合四边形可以利用简单的三角公式计算各三角形的角度。要计算的角度 $A_1 \sim A_8$ 如图 3.14(a)所示，根据边长计算它们的值(如用余弦定理)，应满足下列关系：

$$\sum_{i=1}^{8} A_i = 360° \tag{3.44}$$

$$A_1 + A_2 - A_5 - A_6 = 0 \tag{3.45}$$

$$A_3+A_4-A_7-A_8=0 \tag{3.46}$$

但是，调整角度本身还不够，因为也可能得到图 3.14(b)的结果。因此尚需要更多的方程，使角度和边长兼容。设对角线交点为 X，则有

$$\begin{cases} BX=AX \cdot \dfrac{\sin A_1}{\sin A_2} & (若\ AA'=BB'=0) \\ CX=BX \cdot \dfrac{\sin A_3}{\sin A_4} \\ DX=CX \cdot \dfrac{\sin A_5}{\sin A_6} & (若\ DD'=0, CC'=0) \\ AX=DX \cdot \dfrac{\sin A_7}{\sin A_8}=\dfrac{AX \cdot \sin A_1 \cdot \sin A_3 \cdot \sin A_5 \cdot \sin A_7}{\sin A_2 \cdot \sin A_4 \cdot \sin A_6 \cdot \sin A_8} \end{cases} \tag{3.47}$$

因此，得到

$$\frac{\sin A_1 \cdot \sin A_3 \cdot \sin A_5 \cdot \sin A_7}{\sin A_2 \cdot \sin A_4 \cdot \sin A_6 \cdot \sin A_8}=1 \tag{3.48a}$$

式(3.48a)是为得到完整解的必要附加信息。用对数表示，有

$$\log(\sin A_1)+\log(\sin A_3)+\log(\sin A_5)+\log(\sin A_7)- \\ (\log(\sin A_2)+\log(\sin A_4)\log(\sin A_6)+\log(\sin A_8))=0 \tag{3.48b}$$

四边形角度调整步骤如下。

① 由式(3.44)调整 8 个角度之和为 0。

② 由式(3.45)和式(3.46)对"角度对"进行调整。

③ 由式(3.48a)调整角度，使奇数角度正弦的对数和等于偶数角度正弦对数和。

(2) 坐标变动法。

坐标变动法校准是任意固定 3 点，由测量数据通过最小二乘法来调整第 4 点。它可用于基阵中的任意点，这是该法的优点。然而对每一点都需假设一坐标作为初值，这种假设的位置近似精度越低，计算的时间越长，这是该法的缺点。

在坐标变动法中，假设各应答器的深度已知，只需要求出它们的 X、Y 坐标。如图 3.14(a)所示的四边形，点 $4(D)$ 的位置可由已知点 1、2 和 3(A，B 和 C)与点 D 的水平距离 O_1、O_2 和 O_3 来确定。这里 O_1、O_2 和 O_3 是在已知各应答器深度时，得到的各斜距在 xOy 平面上的投影。

坐标变动法基阵校准示意图如图 3.15 所示，若假设的 D 点坐标(即初值)为(X_0，Y_0)，该未知点的正确坐标为(X_4，Y_4)，则有

$$X_4=X_0+\mathrm{d}X \tag{3.49}$$

$$Y_4=Y_0+\mathrm{d}Y \tag{3.50}$$

式中，$\mathrm{d}X$、$\mathrm{d}Y$ 为假设坐标的修正量，它们由坐标变动法来求得。

使用微分符号，记 $\mathrm{d}C_1$ 为从假设的坐标 4 到正确坐标的距离变化量，可推导出用 $\mathrm{d}X$ 和 $\mathrm{d}Y$ 表示的 $\mathrm{d}C_1$ 的表达式。

实际上，由

$$C_1^2=(X_1-X_0)^2+(Y_1-Y_0)^2 \tag{3.51}$$

微分后得到

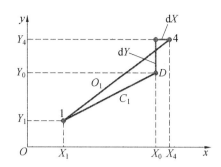

图 3.15 坐标变动法基阵校准示意图

$$\mathrm{d}C_1 = \frac{X_0 - X_1}{C_1}\mathrm{d}X + \frac{Y_0 - Y_1}{C_1}\mathrm{d}Y \tag{3.52}$$

记 $K_1 = \dfrac{X_0 - X_1}{C_1}, L_1 = \dfrac{Y_0 - Y_1}{C_1}$,式(3.52)变为

$$\mathrm{d}C_1 = K_1\mathrm{d}X + L_1\mathrm{d}Y \tag{3.53}$$

此即用 $\mathrm{d}X$ 和 $\mathrm{d}Y$ 表示的 $\mathrm{d}C_1$。设观察测量的水平距离变化量(或残差)为 V_1,从点 1 到点 4 的真实距离可写为

$$C_1 + \mathrm{d}C_1 = O_1 + V_1 \tag{3.54}$$

整理得

$$\mathrm{d}C_1 = (O_1 - C_1) + V_1 \tag{3.55}$$

于是,结合式(3.53)和式(3.55),得到坐标变动的观察方程为

$$K_1\mathrm{d}X + L_1\mathrm{d}Y = (O_1 - C_1) + V_1 \tag{3.56}$$

对未知点 4 到点 1、2、3 的每一测量距离均可写出类似式(3.56)的方程,因而得到一组联立方程

$$\begin{cases} K_1\mathrm{d}X + L_1\mathrm{d}Y = (O_1 - C_1) + V_1 \\ K_2\mathrm{d}X + L_2\mathrm{d}Y = (O_2 - C_2) + V_2 \\ K_3\mathrm{d}X + L_3\mathrm{d}Y = (O_3 - C_3) + V_3 \end{cases} \tag{3.57}$$

转换成矩阵为

$$\boldsymbol{A} = \begin{bmatrix} K_1 \\ K_2 \\ K_2 \end{bmatrix}, \quad \boldsymbol{x} = \begin{bmatrix} \mathrm{d}X \\ \mathrm{d}Y \end{bmatrix}, \quad \boldsymbol{b} = \begin{bmatrix} O_1 - C_1 \\ O_2 - C_2 \\ O_3 - C_3 \end{bmatrix}, \quad \boldsymbol{v} = \begin{bmatrix} V_1 \\ V_2 \\ V_3 \end{bmatrix} \tag{3.58}$$

式(3.57)的观察方程写为

$$\boldsymbol{Ax} = \boldsymbol{b} + \boldsymbol{v} \tag{3.59}$$

由于不能确定残差 $\boldsymbol{v}$ 和参数 $\boldsymbol{x}$ 的真值,故需利用加权最小二乘法求解。记加权误差函数为

$$E(\boldsymbol{x}) = \boldsymbol{v}^\mathrm{T}\boldsymbol{W}\boldsymbol{v} = (\boldsymbol{Ax} - \boldsymbol{b})^\mathrm{T}\boldsymbol{W}(\boldsymbol{Ax} - \boldsymbol{b}) \tag{3.60}$$

使误差函数最小的必要条件为

$$\frac{\partial E(\boldsymbol{x})}{\partial \boldsymbol{x}} = 2\boldsymbol{A}^\mathrm{T}\boldsymbol{W}\boldsymbol{A}\boldsymbol{x} - 2\boldsymbol{A}^\mathrm{T}\boldsymbol{W}\boldsymbol{b} = 0 \tag{3.61}$$

$$\boldsymbol{v} = \boldsymbol{Ax} - \boldsymbol{b} \tag{3.62}$$

式中，**W**是加权矩阵，它等于观察误差（或噪声）的协方差矩阵 **Cov** 的逆。

若各观察值不相关，则 **W** 成为一对角矩阵，即

$$\mathbf{Cov} = \begin{bmatrix} \sigma_1^2 & & \\ & \sigma_2^2 & \\ & & \sigma_3^2 \end{bmatrix}, \quad \mathbf{W} = \begin{bmatrix} 1/\sigma_1^2 & & \\ & 1/\sigma_2^2 & \\ & & 1/\sigma_3^2 \end{bmatrix} \quad (3.63)$$

式中，σ_i^2 是到各点的观察距离的方差（标准差的平方）。

根据实践中的经验，阵形与估计的精度有关，过短的基线长度和四边形很小的锐角等会降低估计的精度，所以布放海底应答器阵时应尽可能避免。

3.1.6 长基线水声定位系统应用实例

本节介绍一个深水长基线应答器水声导航实际系统，主要介绍系统的基本组成、定位解算方法、应答器阵的校准及工程应用中的某些实际问题。这种系统在测量水面船精确位置时已经用到。

1. 应用中的系统组成

前面已经介绍，长基线水声定位系统主要由问答机和海底应答器阵组成，此处的海底应答器阵由 3～5 个应答器按照一定的阵型排列组成。另外，实用中还要有计算机和显示器。

此系统中的信号频率设置为：问答机发射的询问信号频率为 15 kHz，海底应答器回答信号的频率为 8.5～12 kHz，频率间隔为 500 Hz。因此可用频率有 8 个，则接收机的设计应有 8 个通道，可接收最多 8 个海底应答器的回答信号。

海底应答器由五部分组成，即接收水听器、发射换能器（也可收发共用一个换能器）、浮球、水密电子罐及沉块（图 3.16）。

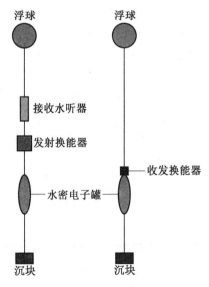

图 3.16 海底应答器组成示意图

在系统使用前，应将应答器置于预先设定的位置，在每只应答器布放入水时记下入水

点位置,这就是精确测阵时的初值。随后利用水面船在阵中往返直线航行,并用问答机连续与应答器进行应答,进行阵形测量。阵形测量往往是一个耗时较大的过程。阵形测量完毕后,将阵元的坐标作为原始数据存入问答机的计算机。则此时前期准备已经完成,之后便可开始进行导航,解算船位。

使用应答器时需要尽可能处于较小的耗电状态,这样才能使应答器入水坐底后有较长的工作寿命。因此应答器在未接收到问答机的开机信号时一般都处于值班(或休眠)状态。只有收到问答机发出的开机信号才进入工作状态,进行应答。但是依旧有一定的工作时长限制,因此可以布放多个应答器,若某个能量耗尽或出现损坏等情况时可以作为备份使用。使用时,问答机可以根据需要选择应答器,并发射不同的编码信号指令使其开机。

2. 定位解算方程

应答器定位示意图如图 3.17 所示,设布防于海底的应答器三维坐标为 (x_i, y_i, z_i), $i=1,2,\cdots,N$。系统问答机的收发换能器不共用,其间距为 l,收发换能器连线与 x 轴的夹角为 θ。问答机开始发射询问信号时刻,发射换能器的位置为 (ξ, η)。

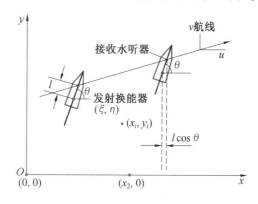

图 3.17 应答器定位示意图

第 2 章已介绍,在深海的工作情况下,由于声速沿深度方向不是常数,因而传播声线有弯曲,水平距离与传播距离的关系不能用 $R=cT$ 在水平面上的简单投影表示。此处该系统采用了水平距离与传播时间为二次函数的近似关系来描述。因此,询问信号向下传播的方程为

$$(\xi+k\Delta T\cdot u-x_i)^2+(\eta+k\Delta T\cdot v-y_i)^2=A_i+B_it_{ik}+C_it_{ik}^2 \tag{3.64}$$

式中,k 为询问次数;ΔT 为两次询问的时间间隔;u、v 为母船的两个速度分量;t_{ik} 为第 k 次发射信号到 i 号应答器的单程传播时间;A_i、B_i、C_i 为第 i 个基元的声速系数,与阵元的深度 z_i 及海中声速分布有关,需用声速-深度测量仪测量声速分布,经计算后确定。

设从发出询问信号到收到应答信号的往返时间(忽略系统延迟)为 τ_{ik},则信号回程方程为

$$\begin{aligned}&[\xi+(k\Delta T+\tau_{ik})u+l\cos\theta-x_i]^2+[\eta+(k\Delta T+\tau_{ik})v+l\sin\theta-y_i]^2\\&=A_i+B_i(\tau_{ik}-t_{ik})+C_i(\tau_{ik}-t_{ik})^2\end{aligned} \tag{3.65}$$

则从方程式(3.65)中可以看出,待求的未知量为 ξ、η、u、v。求出这些量后便可知第 k 次

询问时刻发射换能器的位置坐标。

若可用的应答器数足够多,原则上一次应答便可建立足够数量的矛盾方程组,运用最小二乘法解各未知数。根据前面介绍的定位算法可知,可用应答器数至少为 4 个。

但是在实际运用中,由于海上情况比较复杂,往往一次应答时有可能收不到足够多的应答信号,从而建立不起足够的方程。更为严重的是在需要求得的未知量中 ξ、η 与 u、v 的量级相差可达 3 个数量级及以上,因此想要统一精确求解十分困难。而如果布设多个应答器来建立方程,则会因应答器的布设困难,而导致成本很高。

由于上述原因,实际使用中采用多次询问—应答的方法,可建立足够数量的方程。

设应答器数为 N,询问次数为 M。每次询问可得 N 个方程,总方程数为 $N \times M$。已知,此处未知数个数为 4,因此方程可解的条件为 $N \times M \geqslant 4$。

由 3.1.1 节可知,为建立海底应答器阵相对坐标系,较为不利的情况是只有两个应答器可使用,即 $N=2$,则询问次数 $M \geqslant 2$。

在实际应用中,往往使 $M=4$。

由式(3.64)和式(3.65)消去中间量 t_{ik} 后,实际上具有下列形式:

$$\tau_{ij} - f(\boldsymbol{\xi}, \boldsymbol{u}) = 0 \tag{3.66}$$

式中,$\boldsymbol{\xi} = \begin{bmatrix} \xi & \eta \end{bmatrix}^\mathrm{T}$,$\boldsymbol{u} = \begin{bmatrix} u & v \end{bmatrix}^\mathrm{T}$。

对任意 i、k 可建立一方程,由于未知数只有 4 个,可以采用 Newton−Raphson 非线性最优化方法求解。但是在实际应用中 ξ、η 与 u、v 有几个数量级的差别,因而需对此法加以改进。改进的基础是 u、v 的值通常只有每秒几米,对 ξ、η 的解的影响甚小。在迭代求解 ξ、η 时,可先将 u、v 视为已知量,如按母船估计的航行速度值取值,从而加快了运算速度。因此定义目标函数为

$$F(\boldsymbol{\xi}) = \sum_{i,k} \frac{[\tau_{ik} - f(\boldsymbol{\xi})]^2}{\tau_{ik}^2} \tag{3.67}$$

式(3.67)中每项皆除以 τ_{ik}^2 是为了使各方程获得相同的权值。由第 n 次迭代到第 $n+1$ 次迭代的公式为

$$\boldsymbol{\xi}(n+1) = \boldsymbol{\xi}(n) + \Delta \boldsymbol{\xi}(n) \tag{3.68}$$

式中

$$\Delta \boldsymbol{\xi}(n) = s \cdot \boldsymbol{g}[\boldsymbol{\xi}(n)] \tag{3.69}$$

式中,s 为最佳步长,其值为

$$s = \frac{\boldsymbol{g}^\mathrm{T} \boldsymbol{g}}{\boldsymbol{g}^\mathrm{T} \boldsymbol{G} \boldsymbol{g}} \tag{3.70}$$

式中,$\boldsymbol{g}$ 为 $F(\boldsymbol{\xi})$ 的对 $\boldsymbol{\xi}$ 求导的一阶导数矢量,$\boldsymbol{G}$ 为它的二阶导数矩阵。

具体求解过程是,利用前两次询问所得数据,迭代运算求得一组解 ξ_1、η_1,再利用后两次询问所得数据求解第二组解 ξ_2、η_2。这两组解对应的时间间隔已知为 $2\Delta T$,因此可据此求得修正的 u、v 数值为

$$\begin{cases} u = \dfrac{\xi_2 - \xi_1}{2\Delta T} \\ v = \dfrac{\eta_2 - \eta_1}{2\Delta T} \end{cases} \tag{3.71}$$

然后,再将此修正后的 $u、v$ 作为已知量,重新迭代求解 $\xi_1、\eta_1$ 和 $\xi_2、\eta_2$,直至得到满意的结果为止。

在基线长度为几千米时,经实践证明,这种方法对 $\xi、\eta$ 初值的要求不高,初值与真值相差几百米仍能很快收敛;因此初值可由简化的定位方程获得。利用形如式(3.35)的定位方程,粗略地将往返应答时间视为单程传播时间的 2 倍,建立一组方程。经线性化后,解出 $\xi、\eta$ 作为迭代初值 $\xi_0、\eta_0$。

3. 海底应答器阵相对位置的测定

(1)阵形测量的基本数学模型。

在进行定位解算时,将海底应答器阵位置数据作为已知量,其精度对定位解算的精度有直接影响。如前所述,可在基元连线交叉线附近取几点与应答器进行应答,找出应答时间之和的最小值,便可得到基线长度。事实上,海上作业时存在诸多不便,所以载体在各直线段(它们与基元连线交叉)上航行时利用问答机与海底应答器阵连续进行应答是可行的办法。

设应答器水平位置坐标为 (x_i, y_i),$i=1,2,\cdots,N$,母船匀速直线航行。第 k 次询问时有下列关系:

$$(x_i - \xi_k)^2 + (y_i - \eta_k)^2 = A_i + B_i t_{ik} + C_i t_{ik}^2 \tag{3.72}$$

$$\begin{aligned}(x_i - \xi_k - u_j \tau_{ik} - l\cos\theta_j)^2 + (y_i - \eta_k - v_j \tau_{ik} - l\sin\theta_j)^2 \\ = A_i + B_i(\tau_{ik} - t_{ik}) + C_i(\tau_{ik} - t_{ik})^2\end{aligned} \tag{3.73}$$

式中,$\xi_k、\eta_k$ 为母船发射换能器在第 k 次询问发射时的水平位置坐标;l 为接收换能器与发射换能器的距离;θ_j 为母船首尾线与 x 轴的夹角,下标 j 为船航行测阵时直线航线的段数;t_{ik} 为母船第 k 次发射时,发射点到应答器 (x_i, y_i) 的单程声传播时间;τ_{ik} 为自母船发射点 (ξ_k, η_k) 发射信号,经应答器应答,信号回到母船接收点的往返传播时间;$A_i、B_i、C_i$ 为第 i 个基元的声速系数,与声速分布、基元所在位置的深度有关,在保证一定精度且 z_i 偏离初值 z_{0i} 不大(几十米)时,近似有

$$\begin{cases} A_i = A_{0i} + \alpha_i(z_i - z_{0i}) + a_i(z_i - z_{0i})^2 \\ B_i = B_{0i} + \beta_i(z_i - z_{0i}) + b_i(z_i - z_{0i})^2 \\ C_i = C_{0i} + \gamma_i(z_i - z_{0i}) + c_i(z_i - z_{0i})^2 \end{cases} \tag{3.74}$$

由式(3.72)可解,因此根号前应取正号,有

$$t_{ik} = \frac{-B_i + \sqrt{B_i^2 - 4C_i(X_{ik}^2 + Y_{ik}^2 - A_i)}}{2C_i} \tag{3.75}$$

简单起见,记

$$X_{ik} = x_i - \xi_k \tag{3.76}$$

$$Y_{ik} = y_i - \eta_k \tag{3.77}$$

$$p_{ijk} = 2u_j t_{ik} + l\cos\theta_j \tag{3.78}$$

$$q_{ijk} = 2v_j t_{ik} + l\sin\theta_j \tag{3.79}$$

$$P_{ik} = [B_i^2 + 4C_i(X_{ik}^2 + Y_{ik}^2 - A_i)]^{1/2} \tag{3.80}$$

由以上公式可知,未知数有 $\xi_k、\eta_k、x_i、y_i、z_i、u_j、v_j$。用式(3.74)减式(3.73),经过运算,并略去高阶小量得到

$$\tau_{ik} = 2t_{ik} - \frac{2p_{ijk}X_{ik} + 2q_{ijk}Y_{ik}}{P_{ik}} \tag{3.81}$$

由式(3.75)可知,有

$$t_{ik} = \frac{P_{ik} - B_i}{2C_i} \tag{3.82}$$

将式(3.82)代入式(3.81)之后得到

$$\tau_{ik} + \frac{B_i - P_{ik}}{C_i} + 2t_{ik} - \frac{2p_{ijk}X_{ik} + 2q_{ijk}Y_{ik}}{P_{ik}} = 0 \tag{3.83}$$

式(3.83)即为测阵的基本公式,它具有 $\tau - f(\xi, X) = 0$ 的形式。原则上,每进行一次应答,对各应答器均可列出一个方程。

(2) 载体通过应答器连线。

由于每进行一次应答,对各应答器均可建立一个方程,方程式与未知数太多,且要形成完备的矛盾方程组,要求在同一次询问时,接收到 5 个以上的应答信号,不利于使用。由于 u_j、v_j、$l\cos\theta_j$、$l\sin\theta_j$ 的量级较小,可用其估计值作为已知量代入计算。而且,在实际应用中是载体经过相邻两应答器连线的附近,与这两应答器(记为 i、i')应答时间之和达到最小时,u_j、v_j 的误差对测量结果影响较小。因此,可选取载体正好穿过各相邻基元连线时与各应答器的应答时间代入方程进行计算。

浅水情况下,比较容易判定应答时间之和最小时载体的位置,但是在深水情况下,问答机与海底应答器阵连续进行应答时,则不容易判定应答时间之和最小时载体的位置。对载体通过应答器连线的条件进行分析很有必要,这样可以得到这些位置,以及在这些位置上与各应答器的应答时间。

设 $\xi_{k(0)}$、$\eta_{k(0)}$ 为第 j 个直线段问答机起始发射点的坐标,则式(3.76)与式(3.77)可改写为

$$X_{ik} = x_i - \xi_{k(0)} - m\Delta T \cdot u_j \tag{3.84}$$

$$Y_{ik} = y_i - \eta_{k(0)} - m\Delta T \cdot v_j \tag{3.85}$$

式中,m 为从 $\xi_{k(0)}$、$\eta_{k(0)}$ 开始计的应答次数。

对于 i、i' 号应答器,第 k 次应答时间之和为

$$\tau_{ii'k} = \tau_{ik} + \tau_{i'k} \tag{3.86}$$

将式(3.84)与式(3.85)代入式(3.86),并令 $\frac{\partial \tau_{ii'k}}{\partial m} = 0$。经计算,并按前面所介绍的规则,按照量级大小做适当近似后得到

$$\left(\frac{X_{ik} + X_{i'k}}{P_{ik} + P_{i'k}}\right)\Delta T \cdot u_j + \left(\frac{Y_{ik} + Y_{i'k}}{P_{ik} + P_{i'k}}\right)\Delta T \cdot v_j \cong 0 \tag{3.87}$$

注意到式(3.80)中通常有 $B_i \ll C_i$,$A_i \ll C_i$,因而可近似为

$$P_{ik} \cong [4C_i(X_{ik}^2 + Y_{ik}^2)]^{1/2} \cong 2\sqrt{C_i}R_{ik} \tag{3.88}$$

式中,R_{ik} 为第 k 次应答时,载体发射点与 i 号应答器的水平距离。

将式(3.88)代入式(3.64),得到

$$\left(\frac{X_{ik} + X_{i'k}}{P_{ik} + P_{i'k}}\right)\frac{u_j}{v_j} + \left(\frac{Y_{ik} + Y_{i'k}}{P_{ik} + P_{i'k}}\right) = 0 \tag{3.89}$$

这就是问答机与两应答器应答时间之和最小的条件。式(3.89)用于解方程式(3.88)时求迭代初值。

(3) 阵形测量解算方法。

式(3.83)是一组关于 ξ_k、η_k 和 x_i、y_i、z_i 的非线性方程。定义目标函数：

$$U = \sum_{i,k} g_{ik}^2 = \sum \left[\tau_{ik} - f(\xi_k, \eta_k, x_i, y_i, z_i)\right]^2 \qquad (3.90)$$

式中，U 的极小点是方程组的解。可利用非线性最优化的改进牛顿法求解。

要想解方程，需要先分析一下方程可解的条件。设有 l 个海底应答器，且取第一个坐标为 $(0,0,z_i)$，第二个坐标为 $(x_2,0,z_2)$，因此有未知数 $3(l-1)$ 个。由前面的分析可知，在测阵时需要载体通过两两应答器连线，在每一连线上取一测量点坐标参与运算。如测得 n 个相邻连线，这些连线均为多边形的边，而不取对角线，即有 n 个测量点，而每次都有 ξ_k、$\eta_k(k=1,2,\cdots,n)$，因此未知数就增加了 $2n$ 个。则总未知数个数为 $3(l-1)+2n$。在各个测量点上平均收到应答器信号的个数为 m，有些应答器信号可能由于各种原因未收到，则 m 可能小于应答器数目。则可建立 $n \times m$ 个形如式(3.83)的方程。方程可解的条件是方程数大于未知数个数，即

$$3(l-1)+2n < m \cdot n \qquad (3.91)$$

当平均应答器信号数 $m=3$ 时，有

$$n > 3(l-1) \qquad (3.92)$$

布放 $l=3$ 个应答器时，由式(3.92)可知，需要穿过相邻连线的航行路线段数为 $n>6$。因此，每次询问都应收到所有应答器的信号，且此三角形基阵的每个边都应被穿过两次。若布放 $l=4$ 个应答器，根据式(3.92)，有 $n>9$。由此分析，则可在测阵前规划航线的直线段的数目。

要考虑的是，利用非线性最优化方法有利有弊，一方面可得到较高的测阵精度（小于 3 m），但另一方面初值的选取对迭代收敛速度影响较大。为了得到更精确的测量点位置和应答器基元位置初值，首先是要修正基线长度。注意到两应答器应答时间之和最小所对应的水平距离之和 $R_i+R_{i'}$ 并不是真正的基线水平长度，需进行修正（图 3.18）。

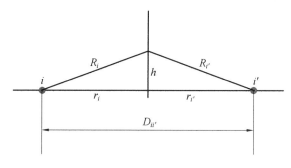

图 3.18 最小应答距离之和的修正

如图 3.18 所示，基线水平长度为 $D_{ii'}$。由几何关系，容易证明修正后的基线长度为

$$D_{ii'} = \frac{R_i+R_{i'}}{1+K} \qquad (3.93)$$

式中，K 为修正系数，其值为

$$K = \frac{(R_i^2 z_i^2 + R_{i'}^2 z_{i'}^2)^2}{12(R_i + R_{i'})^2 (R_i R_{i'})^3} \tag{3.94}$$

式中，z_i、$z_{i'}$ 为对应的应答器深度。

式(3.94)中已经利用了 $R_i \approx r_i$ 和 $R_i \gg h$ 有了基线长度，可根据应答时间列方程解出基元的位置初值及测量点的位置初值。

4. 深水长基线水声定位系统的声速补偿

在深水情况下，声线由问答机到应答器的传播声线不是直线，因为声速沿深度方向不是一个常数。在导航定位时一般只需要把载体的水平位置定出。一种工程上可行的方法是利用水平传播距离与传播时间的关系来进行声速补偿。用二次曲线来描述问问点到应答器的水平距离与传播时间的关系，则有

$$R^2 = A + B \cdot T + C \cdot T^2 \tag{3.95}$$

在实际应用中，声速参数 A、B、C 需要依靠大量的海上实测声速数据来确定。根据本书第 2 章介绍可知，在已知的一定深度范围内，利用声速—深度测量仪测出声速的垂直剖面。然后给定不同的初始入射角，分不同的距离段计算传播时间，最后得到水平距离和传播时间。设在某距离段得到一组水平距离 R_i 和传播时间 $T_i (i=1,2,\cdots,n)$。建立方程：

$$R_i^2 = A + B \cdot T_i + C \cdot T_i^2 \tag{3.96}$$

利用最小二乘法确定 A、B、C 的步骤如下。

做目标函数：

$$f(A,B,C) = \sum_{i=1}^n \frac{1}{R_i^2} (R_i^2 - A - BT_i - CT_i^2)^2 \tag{3.97}$$

令 $f(A,B,C)$ 对 A、B 和 C 的偏导数为零，得到

$$\begin{cases} \dfrac{\partial f(A,B,C)}{\partial A} = -2 \sum_{i=1}^n \left[\dfrac{1}{R_i^2}(R_i^2 - A - BT_i - CT_i^2) \right] = 0 \\ \dfrac{\partial f(A,B,C)}{\partial B} = -2 \sum_{i=1}^n \left[\dfrac{T_i}{R_i^2}(R_i^2 - A - BT_i - CT_i^2) \right] = 0 \\ \dfrac{\partial f(A,B,C)}{\partial C} = -2 \sum_{i=1}^n \left[\dfrac{T_i^2}{R_i^2}(R_i^2 - A - BT_i - CT_i^2) \right] = 0 \end{cases} \tag{3.98}$$

由此得到求解 A、B、C 的线性方程组为

$$\begin{cases} A \sum_{i=1}^n \dfrac{1}{R_i^2} + B \sum_i^n \dfrac{T_i}{R_i^2} + C \sum_{i=1}^n \dfrac{T_i^2}{R_i^2} = n \\ A \sum_{i=1}^n \dfrac{T_i}{R_i^2} + B \sum_i^n \dfrac{T_i^2}{R_i^2} + C \sum_{i=1}^n \dfrac{T_i^3}{R_i^2} = \sum_{i=1}^n T_i \\ A \sum_{i=1}^n \dfrac{T_i^2}{R_i^2} + B \sum_i^n \dfrac{T_i^3}{R_i^2} + C \sum_{i=1}^n \dfrac{T_i^4}{R_i^2} = \sum_{i=1}^n T_i^2 \end{cases} \tag{3.99}$$

解此方程可得到 A、B、C 值。

在使用时必须分段，因为不可能对所有水平距离均采用同一组 A、B、C 值。进行分组时，可使用不同的 T 值范围，预先算好各组 A、B、C。在使用时，直接按 T 值范围取用不同组的声速系数值。

5. 数据的预处理

问答机接收的信号中难免存在假信号或漏信号,因为母船航行噪声、风浪、船的摇摆及设备门限的不一致等多种因素会对其产生影响。无论是定位解算还是阵形测量,主要都是利用应答时间信息,在将这些时间信息输入计算机之前,必须对其进行分析整理,剔除假信号,补上漏信号,以获得比较完整可信的数据串。

可以看到,仅用一次应答得到的一组数据不可能有效地判别正误。因此,此系统先采样了一定数量的数据,然后再进行分析,这样则能够更加有效地进行判别。

当被测载体的航速不高时,对任一应答器,相邻两次应答时间的二次差一般不超过几毫秒,即有

$$|(\tau_k - \tau_{k-1}) - (\tau_{k+1} - \tau_k)| \leqslant t_{门限} \quad (3.100)$$

式中,τ_k 为第 k 次应答得到的应答时间;$t_{门限}$ 是所取的判别门限,在 2~4 ms 之间。

将 τ_k 依次输入式(3.100)进行检查,若符合规律直接保留,若不符合规律,用内插或外推法加以改正。

τ_k 的另一个判定公式为

$$\tau_k > 2H/\bar{c}$$

式中,H 为海深;$\bar{c}$ 为平均声速。

可以想象,问答机与任一应答器的应答往返时间应大于海底回波到达时间。

上述是在定位解算时必须采用的数据整理判据。在阵形测量时,除采样这些判据外,还要考虑更为复杂的情况。

在阵形测量中,测量点只取航行过程中航线穿过相邻应答器连线时应答时间之和最小的点。在实际应用中,在应答过程中必须连续进行判别、选取,剔除那些属于"非相邻"连线或不够理想的值;有些情况虽然也可以使问答机与两应答器应答时间之和最小,但不可用于测阵解算,也必须加以剔除。如航线穿过两相邻应答器连线的延长线、航线穿过相邻连线时航线与连线夹角过小、航线并未穿过两应答器连线,以及航线穿过其他非相邻应答器连线等情况。

设在测阵过程中已经判别并获得第 i 和 i' 号应答器应答时间之和 $\tau_{ii'} = \tau_i + \tau_{i'}$,根据应答器投放时的初始估计位置和深度,按平均声速和几何关系容易得到一系列判据,此处不再详述。

3.2 短基线水声定位系统

短基线(SBL)水声定位系统最大的特点是基阵尺寸小,是由 3 个以上的基元组成,它的基线长度范围是几米到几十米,一般在船底工作或布置在船舷上,计算是利用声信号在基元与目标之间的传播时间差来进行,得到测量目标的方位和距离信息,进而推出目标坐标。短基线水声定位系统比长基线水声定位系统组成简单,更加容易移动和操作,其不足之处是跟踪范围较小,但可通过增加基阵数目的方式来扩大跟踪范围。短基线水声定位系统与超短基线水声定位系统相比优点是有较高的定位精度,且不需要安装误差校准。所以,它适用于在母船附近的水下航行器导航定位,用于精确操作。

另外,短基线水声定位系统的定位精度随着水深度和工作距离的变化而变化,水越深,工作距离越长,则定位精度越低。水听器需要安装在载体的不同位置,有些水听器有时会因为处在噪声较大的位置而影响定位效果。一般来讲,短基线水声定位系统的定位精度高于超短基线水声定位系统的定位精度,低于长基线水声定位系统的定位精度。

如图3.19所示,短基线水声定位系统要求在被定位的船或潜器上至少有3个水听器。它们接收来自信标(或应答器)发出的信号,进而测出各水听器与信标(或应答器)的距离,最终获得信标(或应答器)相对于基阵的三维位置坐标。若应答器置于海底,其地理坐标经过校准,那么水下载体便可利用它对自身进行局部区域导航。

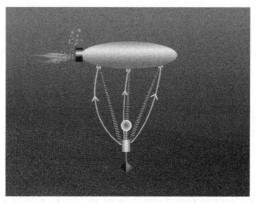

图3.19 短基线水声定位系统示意图

1963年,在寻找失事潜艇的系统中最早用到短基线水声定位系统。当时,在一个下海搜索的潜器上安装了应答器。为了了解前期位置并对其进行引导,母船可以利用它上面的短基线水声定位系统测量潜器与母船的相对位置。短基线水声定位系统随着海洋开发事业的发展得到了越来越多的应用。例如,在石油钻井所在的位置安装信标(或应答器),钻井船便可在钻井附近的局部区域测出钻井相对于船上基阵的位置。

3.2.1 短基线水声定位系统定位算法

短基线水声定位系统原理图如图3.20所示,设应答器的坐标为$T(x,y,z)$,有4个水听器位于边长为$2a$、$2b$的矩形顶点,应答器到第i个水听器的距离为R_i。由几何关系可得到定位方程(忽略声线弯曲)为

$$R_1^2 = (x-a)^2 + (y+b)^2 + z^2 \tag{3.101}$$

$$R_2^2 = (x-a)^2 + (y-b)^2 + z^2 \tag{3.102}$$

$$R_3^2 = (x+a)^2 + (y+b)^2 + z^2 \tag{3.103}$$

$$R_4^2 = (x+a)^2 + (y-b)^2 + z^2 \tag{3.104}$$

消去z,得到

$$R_3^2 - R_1^2 = 4ax \tag{3.105}$$

$$R_4^2 - R_2^2 = 4ax \tag{3.106}$$

$$R_1^2 - R_2^2 = 4by \tag{3.107}$$

$$R_3^2 - R_4^2 = 4by \tag{3.108}$$

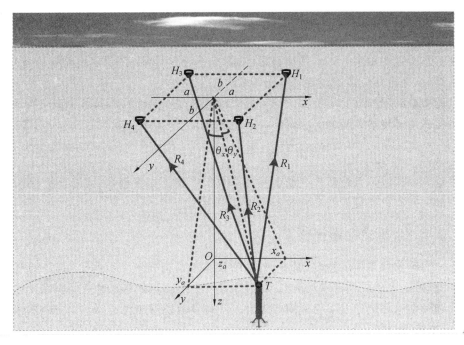

图 3.20 短基线水声定位系统原理图

解为

$$x = \frac{(R_3^2 - R_1^2) + (R_4^2 - R_2^2)}{8a} \tag{3.109}$$

$$y = \frac{(R_1^2 - R_2^2) + (R_3^2 - R_4^2)}{8b} \tag{3.110}$$

由式(3.101)~(3.104)的任一式可解得 z,即得到 4 个可能的深度值为

$$z_1 = [R_1^2 - (x-a)^2 - (y+b)^2]^{1/2} \tag{3.111}$$

$$z_2 = [R_2^2 - (x-a)^2 - (y-b)^2]^{1/2} \tag{3.112}$$

$$z_3 = [R_3^2 - (x+a)^2 - (y+b)^2]^{1/2} \tag{3.113}$$

$$z_4 = [R_4^2 - (x+a)^2 - (y-b)^2]^{1/2} \tag{3.114}$$

利用 4 个值可得到深度的均值为

$$\bar{z} = \frac{z_1 + z_2 + z_3 + z_4}{4} \tag{3.115}$$

若只有 3 个水听器,则只能利用式(3.105)和式(3.107)求解。此时

$$x = \frac{R_3^2 - R_1^2}{4a} \tag{3.116}$$

$$y = \frac{R_1^2 - R_2^2}{4b} \tag{3.117}$$

深度均值可用 3 个值得到,即

$$\bar{z} = \frac{z_1 + z_2 + z_3}{3} \tag{3.118}$$

此时解出的是相对于船坐标系的位置。

采用应答器时,首要任务是确定各个距离 R,才能得到应答器位置 (x,y,z)。

当只有一个发射器(不是问答机)在船中心时,可用各信号的往返距离的 1/2 代替应答器到各水听器的距离。若采用问答机,则容易通过它得到船中心(发射器位置)与应答器的距离,从而得到应答器到各水听器的距离。

设船中心的问答器与应答器的信号往返时间为 T_0,声速为 c,问答机到应答器再回到各水听器的信号传输时间为 t_i,则有

$$R_i = ct_i - \frac{cT_0}{2} = c\left(t_i - \frac{T_0}{2}\right) \tag{3.119}$$

短基线水声定位系统最少在船上需要 3 个水听器、1 个发射器(或 3 个水听器、1 个问答机),其中问答机的发射器和接收器用于提供距离。

3.2.2 坐标转换修正位置

上面的定位计算做了假设:船不动,基阵在水平面内安装。实际上,基阵的框架会因为船本身有纵、横摇而不再水平面内。此外,基阵中心点与船的参考点间存在偏移。基阵的平动和转动就是这种偏移与摇摆的组合。要得到应答器相对于以船为中心的水平坐标位置,必须加以补偿。

船的纵、横摇情况如图 3.21 所示。需要用一个垂直参考传感器同时测量船相对于水平面(基阵所在面)的姿态。其中 θ_r(翻滚角)和 θ_p(俯低角)是在船的 yOz 平面和 xOz 平面内测量的。如果水听器基阵与船有着一致的坐标系,基阵的纵、横摇产生的转动较为简单。此时,只要做转动坐标变换。事实上,船坐标系不可能与基阵坐标系中心一致,即原点不一致。因此除修正纵、横摇外,还需修正平移。

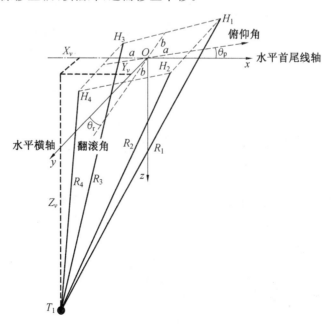

图 3.21 船的纵、横摇情况

这里假定基阵坐标系与船坐标系的坐标轴是平行的,只是两个坐标系的中心点不同。

选基阵坐标系的一个轴指向船头,亦即船艏艉线作为一个轴,因而航偏角造成的转动可不考虑。现分两步从水听器基阵坐标系转到船的基准坐标系,求出目标(应答器)在船的水平坐标系中的坐标。

设基阵一个平面的坐标系为 $x_a O z_a$,测得的海底应答器在此坐标系的视在坐标为 X_a、Z_a。已转动过的船的坐标系为 $x'_a O'_a z'_a$,应答器在此坐标系中的坐标为 X'_a、Z'_a。两个坐标系的偏移量为 X_0、Z_0。

(1) 列出在已转动的船坐标系内应答器坐标与视在坐标的关系:

$$X'_a = X_a - (-X_0)$$
$$Z'_a = Z_a - (-Z_0) \tag{3.120}$$

或

$$\begin{bmatrix} X'_a \\ Z'_a \end{bmatrix} = \begin{bmatrix} X_a \\ Z_a \end{bmatrix} - \begin{bmatrix} -X_0 \\ -Z_0 \end{bmatrix} = \begin{bmatrix} X_a + X_0 \\ Z_a + Z_0 \end{bmatrix} \tag{3.121}$$

(2) 如图 3.22 所示,由基阵坐标系转换到船的水平坐标系,有

$$\begin{bmatrix} X_v \\ Z_v \end{bmatrix} = \begin{bmatrix} \cos\theta_p & \sin\theta_p \\ -\sin\theta_p & \cos\theta_p \end{bmatrix} \begin{bmatrix} X_a + X_0 \\ Z_a + Z_0 \end{bmatrix} \tag{3.122}$$

再考虑 y 轴基阵中心与船中心的偏移为 Y_0,坐标轴围绕经平移后的 x_a 轴转动 θ_r(翻滚角)。得到海底应答器在船水平坐标系中的位置为

$$\begin{bmatrix} X_v \\ Y_v \\ Z_v \end{bmatrix} = \begin{bmatrix} \cos\theta_p & 0 & \sin\theta_p \\ 0 & 1 & 0 \\ -\sin\theta_p & 0 & \cos\theta_p \end{bmatrix} \begin{bmatrix} 1 & 0 & 0 \\ 0 & \cos\theta_r & \sin\theta_r \\ 0 & -\sin\theta_r & \cos\theta_r \end{bmatrix} \begin{bmatrix} X_a + X_0 \\ Y_a + Y_0 \\ Z_a + Z_0 \end{bmatrix} \tag{3.123}$$

如果需要得到以船中心为原点的大地坐标系中应答器的位置,则需要用罗经测量船的航偏角。此时式(3.123)还需增加一个转换矩阵。

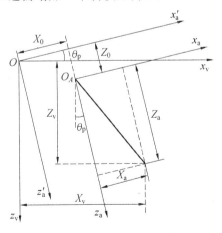

图 3.22 xOz 面的坐标转换

3.2.3 短基线水声定位系统误差分析

短基水声定位系统将由于多种因素引入定位误差,即测距误差(由测时误差引起)、基阵姿态测量误差、基阵阵元位置测量误差、声速误差及求解时的交汇态势造成的误差。

根据球面交汇模型，通用定位方程为

$$(X-x_i)^2+(Y-y_i)^2+(Z-z_i)^2=d_i^2=(ct_i)^2, \quad i=1,2,\cdots,6 \tag{3.124}$$

对球面方程式求全微分，得到误差方程为

$$\begin{aligned}&2(X-x_i)(\mathrm{d}X-\mathrm{d}x_i)+2(Y-y_i)(\mathrm{d}Y-\mathrm{d}y_i)+2(Z-z_i)(\mathrm{d}Z-\mathrm{d}z_i)\\&=2ct_i(c\cdot \mathrm{d}t_i+t_i\mathrm{d}c)\end{aligned} \tag{3.125}$$

整理得

$$\begin{aligned}&(X-x_i)\mathrm{d}X+(Y-y_i)\mathrm{d}Y+(Z-z_i)\mathrm{d}Z\\&=ct_i^2\cdot \mathrm{d}c+c^2t_i\cdot \mathrm{d}t_i+(X-x_i)\mathrm{d}x_i+(Y-y_i)\mathrm{d}y_i+(Z-z_i)\mathrm{d}z_i\end{aligned} \tag{3.126}$$

式中，$\mathrm{d}c$ 为声速误差，由于短基水声定位系统测量范围较小，因此可采用平均声速，其精度可以达到千分之几；$\mathrm{d}t_i$ 为测时误差，与信号噪声比有关，由时钟误差、脉冲前沿测量误差构成。对于短连续波（CW）脉冲，在大信号噪声比的情况下，测时精度可达到数十微妙。$\mathrm{d}x_i$、$\mathrm{d}y_i$、$\mathrm{d}z_i$ 为基元位置误差，预先校准可以减小这一误差。

接下来分析交汇误差。实际上，在远距离定位时，引入的交汇误差将会由于基阵尺度较小而较大，这是不容忽视的。此处以立方形阵为例，分析交汇误差。图 3.23 所示为立方形短基线水声定位系统。

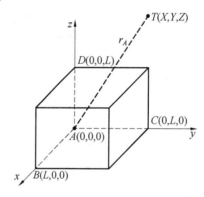

图 3.23 立方形短基线水声定位系统

如图 3.23 所示，阵元位置为 $A(0,0,0)$、$B(L,0,0)$、$C(0,L,0)$、$D(0,0,L)$。线性方程组中的矢量 c 和矩阵 A 分别简化为

$$c=\frac{1}{2}\begin{bmatrix}r_A^2-r_B^2+L^2\\r_A^2-r_C^2+L^2\\r_A^2-r_D^2+L^2\end{bmatrix}, \quad A=\begin{bmatrix}L & 0 & 0\\0 & L & 0\\0 & 0 & L\end{bmatrix} \tag{3.127}$$

式中

$$r_i^2=x_i^2+y_i^2+z_i^2, \quad i=A,B,C,D \tag{3.128}$$

解方程式可得到信标的位置坐标为

$$X=\frac{1}{2L}(r_A^2-r_B^2+L^2)=\frac{1}{2L}[(t_Ac)^2-(t_Bc)^2+L^2] \tag{3.129}$$

式中，c 为声速。

此处只给出一个分量，其余分量类似。

假设基元位置无误差，则目标位置误差分量为

$$dX = \frac{1}{2L}[2ct_A(t_A dc + c \cdot dt_A) - 2ct_B(t_B dc - c \cdot dt_B)]$$

$$= \frac{1}{L}(r_A t_A - r_B t_B)dc + \frac{c}{L}(r_A dt_A - r_B dt_B) \qquad (3.130)$$

由式(3.130)可知,误差由 3 项组成,即声速测量误差和两个时间测量误差。根据误差理论,若各误差项独立,总误差应为 3 个误差的平方和开根,也就是均方根误差。

第一项由声速误差引起的定位交汇误差记为 δ_{X_c},则有

$$\delta_{X_c} = \left| \frac{1}{Lc}(r_A^2 - r_B^2)\delta_c \right| = \left| \frac{1}{Lc}(r_A + r_B)(r_A - r_B) \cdot \delta_c \right|$$

$$= \left| \frac{2r}{Lc}(r_A - r_B) \cdot \delta_c \right| \leqslant \frac{2r}{c}|\delta_c| \qquad (3.131)$$

式中,$r = (r_A + r_B)/2$,且已考虑了 $|r_A - r_B|$ 的最大值为 L。

第二、三项误差为测时误差引起的定位误差,记为 δ_{X_t},有

$$\delta_{X_t} = \frac{c}{L}[r_A^2(\delta_{t_A})^2 + r_B^2(\delta_{t_B})^2]^{1/2} = \frac{c}{L}|\delta_t|\sqrt{r_A^2 + r_B^2} \approx \frac{c\sqrt{2}r}{L}|\delta_t| \qquad (3.132)$$

式中,$(\delta_t)^2 = (\delta_{t_A})^2 = (\delta_{t_B})^2$,且注意到在远距离,有 $r_A \approx r_B = r$。

根据上面的分析可知,由测时误差引起的交汇误差要远远大于声速引起的交汇误差。在此举例说明,当距离为 $r = 200$ m,声速为 $c = 1500$ m/s 时,$\delta_c = 0.5\% \times c = 7.5$ m/s,$\delta_{X_c} = \frac{2 \times 200}{1500} \times 7.5 = 2$ m。当 $L = 1.5$ m 时,此时由测时误差引起的交汇误差为

$$\delta_{X_t} = \frac{\sqrt{2}cr}{L} = \frac{\sqrt{2} \times 1500 \times 200}{1.5} \times 10^{-3} \times \delta_t$$

在使用 CW 脉冲时典型测时误差为 $\delta_t = 0.1$ ms,因此可算得 $\delta_{X_t} = 28.3$ m。

减小由于测时误差造成的定位交汇误差需要加大基阵长度,并尽可能减小测时误差。

3.2.4 基阵位置校准与水下姿态修正

1. 基阵位置校准

基阵各接收阵元与基阵构架之间虽是刚性连接,但是定位解算会产生误差,因为拆卸运输,重新安装时难免变形,致使实际基元位置与设计位置有偏差。因此,在定位作业前进行基阵校准可以提高轨迹测量精度,亦即在现场获得基元的位置坐标。

基阵架为正多边形。设备各基元在基线坐标系中的位置为 (x_i, y_i, z_i),它们之间的距离为 r_{ij},有

$$r_{ij}^2 = (x_i - x_j)^2 + (y_i - y_j)^2 + (z_i - z_j)^2, \quad i,j = 1, 2, \cdots, N, i \neq j \qquad (3.133)$$

式中,N 为阵元数。

共有 $M = N(N-1)/2$ 个距离,可列出 M 个方程。每一基元有 3 个未知数,总未知数个数为 $3N$。方程数大于未知数个数时,方程可解,即

$$N(N-1)/2 \geqslant 3N \qquad (3.134)$$

解得 $N \geqslant 7$。

式(3.133)中的各距离 r_{ij} 是测量值,可在基阵组装后进行。将基阵吊放入水,轮流用

各阵元发射信号,其余阵元接收,测出收发时间进而算出距离,这是一种可选的方法。使用精度较高的量尺直接测量是更简便的方法。但是,无论利用哪种方法,可测距离往往均小于 M,因为基阵中央有电子仪器仓。必须减少未知数才能使方程可解。鉴于基阵的特殊结构,z_i 是已知的,因而减少了 N 个未知数。再选 y 轴,使其通过对角两基元在平面 xOy 投影点的连线。此时,该两基元的 x 坐标为 0,又减少 2 个未知数。结果,总未知数个数减为 $2N-2$。经这样处理后,方程数总是大于未知数个数。

所列出的方程为非线性矛盾方程组,在求解时可利用最优化的阻尼最小二乘法。

基元在基阵坐标系中的相对坐标解出后,便可将其作为已知量构成矩阵,运用定位方程求解目标位置。

2. 基阵水下姿态修正

系统的接收基阵与船的连接是利用可承重电缆从船上悬挂到水下一定深度,而不是刚性连接。水下的姿态因为受海洋环境和母船摇摆的影响而不固定。将测得的相对于基阵坐标系的目标轨迹转换到大地坐标(以阵中心为零点)上,就必须对姿态进行修正。可以利用软件修正方法实现姿态修正。同时,还可以对阵元的位置坐标和测量的相对目标位置进行修正。因为修正必须对多个基元进行,所以对阵元的位置坐标进行修正运算量较大,对测得的目标位置进行修正相对简单。

在实际应用中,往往要求测量的轨迹是以基阵为中心的北向坐标系中的轨迹。因此在测量过程中,可以假定基阵坐标系原点相对于大地坐标是静止的,并认为两坐标系原点相同。在这种前提下,只需考虑基阵围绕坐标轴的转动。设基阵坐标系为 $Ox_ay_az_a$,大地坐标系为 $Oxyz$。基阵转动次序为先绕 z 轴转 ϕ 角,再绕 x 轴转 α 角,最后绕 y 轴转 β 角。目标在大地坐标系和基阵坐标系中的位置分别为 $\boldsymbol{x}=\begin{bmatrix} x & y & z \end{bmatrix}^T$ 和 $\boldsymbol{x}_a=\begin{bmatrix} x_a & y_a & z_a \end{bmatrix}^T$,因而有

$$\boldsymbol{x}=\boldsymbol{MNQx}_a \tag{3.135}$$

式中

$$\boldsymbol{M}=\begin{bmatrix} \cos\phi & -\sin\phi & 0 \\ \sin\phi & \cos\phi & 0 \\ 0 & 0 & 1 \end{bmatrix} \tag{3.136}$$

$$\boldsymbol{N}=\begin{bmatrix} 1 & 0 & 0 \\ 0 & \cos\alpha & -\sin\alpha \\ 0 & \sin\alpha & \cos\alpha \end{bmatrix} \tag{3.137}$$

$$\boldsymbol{Q}=\begin{bmatrix} \cos\beta & 0 & \sin\beta \\ 0 & 1 & 0 \\ -\sin\beta & 0 & \cos\beta \end{bmatrix} \tag{3.138}$$

用航向磁方位传感器测量出水平面的转角 ϕ,用两个互相垂直的加速度计测量出其余两个角度。当测得 α 角后,另一加速度计测量的并非坐标转换角 β。可以证明,另一加速度计测量的角度为 θ 时,有

$$\tan\beta=\tan\theta\cos\alpha \tag{3.139}$$

3.2.5 距离模糊问题和数据预处理

1. 距离模糊问题

此处所介绍的系统为同步信标式系统,信标以周期 T 发射声脉冲,其非模糊距离为 cT。发射和接收信号时间序列如图 3.24 所示,每一周期称为一帧,第一个发射信号后的时间区间 T 为第一帧,依此类推。

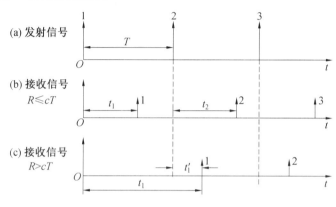

图 3.24 发射和接收信号时间序列

当 $R \leqslant cT$ 时,由 $t_1, t_2, \cdots$ 可算出目标的距离。如图 3.24(c) 所示,当 $R > cT$, 即 $t_1 > T$ 时,从第一帧发射的信号经传播后落入第二帧,理应用 t_1 计算目标距离,但由于不确定传播时间是 t_1 或是 t_1',即可能是 t_1' 也可能是 $t_1' + T$,因此可能将距离算错,这就是距离模糊。在平面位置显示器上,将会出现如图 3.25 所示的情况。当目标自下而上向半径为 $R = cT$ 的圆外运动时,所绘轨迹将又从原点开始,出现不连续现象。

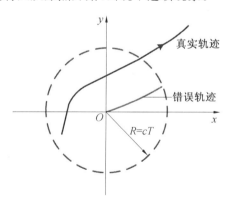

图 3.25 距离模糊示意图

有几种方法可以解决距离模糊问题。

(1) 通过增大信标发射信号的周期可以扩大非模糊距离。例如信标发射信号周期由 T 增大为 $2T$ 则非模糊距离也会相应地增大 1 倍,但数据速率会降低。对于高速运动目标,希望目标在接近基阵时进行轨迹测量,显然数据率越高越好。因此不建议将增大信标信号发射周期作为第一方案。

(2) 利用轨迹的连续性进行事后处理的方法。因为目标在水中的实际航行轨迹是连续的,不可能出现与基阵距离发生跳跃变化的情况,所以这种方法有效。可在事后利用这一物理特性进行判断,一旦绘出的轨迹存在明显不连续性,则可判断是出现了距离模糊,据此便可将轨迹进行改正。

(3)在不同发射周期的发射信号上设置发射标记。例如采用两个频率的信号交替发射(图3.26(a)),或在奇数周期发射两个脉冲(图3.26(b)),这种方法在扩大非模糊距离时不会降低数据率。前者需在每一接收通道中增加一个频道,后者不需增加频道,但需增加适当的判别逻辑。

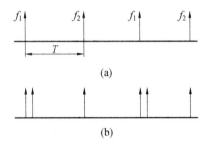

图 3.26 解决距离模糊的方案

另外,利用实验目标上发射的另一周期较大、频率不同并且也同步的信号进行测距、判别也是一种可行的方法。此时为了接收这个信号,需在定位系统中增加一个接收通道。

2. 数据预处理

避免不必要的干扰是预处理的目的,这样能够保证用以解算的是有效直达声脉冲信息。

采用接收距离门是一种措施。距离门是指接收机按预定目标距离开一个门,只在此门内才接收脉冲。在定位系统开始工作时,并不知道信号何时到达,接收机可在预定信标发射信号之后的一个不长时间即开门接收(图3.27(a))。而且为保证可以捕捉到信号,这个门可以较宽。一旦接收到信标的信号,则触发一延迟脉冲用于启动下一开门时间(图3.27(b))。随后根据接收信号的到达时间自动调整延迟时间,决定下一开门时刻和门的宽度。利用这一方法,可以有效地去除干扰。

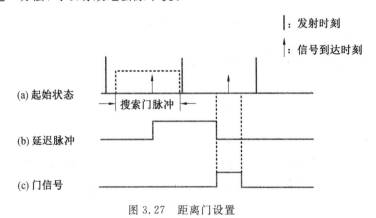

图 3.27 距离门设置

当基阵吊放深度不大时,必须考虑水面反射声信号的影响。由水面反射造成的多径信号有可能进入下一帧干扰定位系统的解算。

水面反射示意图如图 3.28 所示,设目标深度为 H_V,基阵深度为 H_A,目标与基阵的距离为 R_d。R_r 为目标信标发出的信号经水面反射到达基阵的传播距离(只考虑水面一次反射)。图 3.29 给出了有水面反射声的信号序列。

$$R_d \leqslant cT, \quad cT \leqslant R_r \leqslant cT + R_d \tag{3.140}$$

当满足式(3.140)时,水面一次反射声将先于下一帧直达声到达基阵。

$$R_r \geqslant 2cT, \quad cT \leqslant R_d \leqslant 2cT \tag{3.141}$$

当满足式(3.141)时,第一次发射信号的反射声会在第 3 帧直达声前面到达接收基阵(图 3.29)

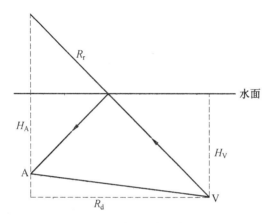

图 3.28 水面反射示意图

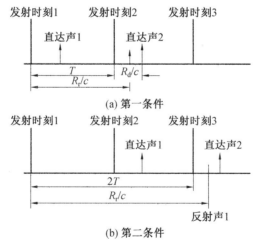

图 3.29 有水面反射声时信号序列

由镜反射原理,根据几何关系有

$$R_r^2 = (H_V + R_r)^2 + [R_d^2 - (H_V - H_A)^2] = 4H_V H_A + R_d^2 \tag{3.142}$$

由式(3.142),并利用式(3.140)(第一条件),得到不等式:

$$\frac{(cT)^2}{4} - \frac{R_d^2}{4} \leqslant H_V H_A \leqslant \frac{(cT)^2}{4} + \frac{cTR_d}{2} \tag{3.143}$$

类似地,利用式(3.143)(第二条件)得到不等式:

$$(cT)^2 - \frac{R_d^2}{4} \leqslant H_V H_A \leqslant \frac{(cT)^2}{4} + \frac{cTR_d}{2} \tag{3.144}$$

在海上对速度为 20 m/s 的高速运动目标进行跟踪定位时,已经用到上面介绍的短基线水声定位系统。该系统具有不少优点,即数学模型简单,姿态修正方案简便且具有实时解算功能;系统水下部分可拆卸,使用方便;实验数据无须另外处理即可达到 2.5% 的定位精度。若采用去除野值、内插、卡尔曼滤波处理后,精度将进一步提高。显然,潜水员、水下井口的定位等场合也可运用这种系统。

3.2.6 短基线水声定位系统应用实例

本节在介绍短基线水声定位系统的应用时结合了一个实例。这里将对具体的定位解算进行介绍,所介绍的具体系统是一个用于运动目标跟踪定位的短基线水声定位系统。

一般情况下,高速运动体在海上进行测试时,通常通过自行安装的记录设备记录速度、姿态、控制特性、航行深度及接收到的信号回波波形等数据,在回收到水面后进行分析。然而,如果实验目标由于某种原因无法回收,则无法对其进行性能分析。利用客观的外部测量系统,对其运动轨迹进行测量,以评价该运动目标的各项性能是一种可行的方法。便携式高精度水下高速运动体三维轨迹测量系统就是这样的系统。它用可承重的多芯电缆将一个水听器基阵吊入水中至所需深度,其水下部分的电子舱内含有前置放大器、姿态(方位纵、横摇)测量装置。因受水流的影响,它在水下实际上处于自由状态。水下高速运动体三维轨迹测量的示意图如图 3.30 所示。

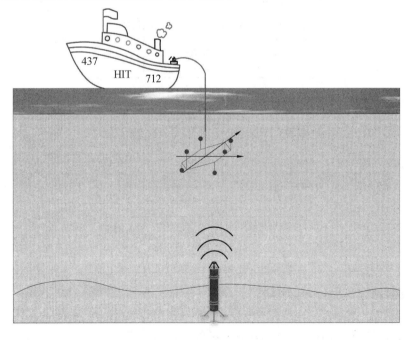

图 3.30 水下高速运动体三维轨迹测量系统示意图

水下高速运动体三维轨迹测量系统利用目标上的同步声信标发出的信号对目标进行

实时跟踪定位解算。由前面的对短基线水声定位系统定位算法的分析可知,只要有 3 个阵元便可对目标进行定位。然而为了有足够的裕度,这个系统使用了 6 个接收阵元。实际短基线基阵如图 3.31 所示,将参考点选在基阵中心,各基元相对位置坐标为 (x_i, y_i, z_i), $i=1,2,\cdots,6$。

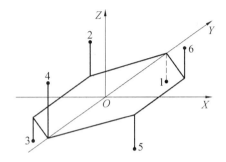

图 3.31　实际短基线基阵

设目标位置坐标为 (X, Y, Z),于是得到定位方程为

$$(X-x_i)^2+(Y-y_i)^2+(Z-z_i)^2=d_i^2=(ct_i)^2, \quad i=1,2,\cdots,6 \quad (3.145)$$

式中,t_i 为声脉冲从目标上同步信标发射信号到达各基元的传输时间。

此处记 $ct_i=d_i$。由球面交汇算法,这是一组球面方程。理想上,只需 3 个方程即可解出 X、Y、Z。因上述方程为二次方程,可通过将其线性化求解。为此,在上述方程中取 4 个,消去二次项得到 3 个线性方程:

$$(x_{i+1}-x_i)X+(y_{i+1}-y_i)Y+(z_{i+1}-z_i)Z=(d_i^2-d_{i+1}^2+r_{i+1}^2-r_i^2)/2 \quad (3.146)$$

式中

$$r_i^2=x_i^2+y_i^2+z_i^2 \quad (3.147)$$

令

$$\boldsymbol{A}=\begin{bmatrix} x_{i+1}-x_i & y_{i+1}-y_i & z_{i+1}-z_i \\ x_{i+2}-x_i & y_{i+2}-y_i & z_{i+2}-z_i \\ x_{i+3}-x_i & y_{i+3}-y_i & z_{i+3}-z_i \end{bmatrix} \quad (3.148)$$

$$\boldsymbol{x}^{\mathrm{T}}=[X \quad Y \quad Z] \quad (3.149)$$

$$\boldsymbol{c}^{\mathrm{T}}=[d_i^2-d_{i+1}^2+r_i^2-r_{i+1}^2 \quad d_i^2-d_{i+2}^2+r_i^2-r_{i+2}^2 \quad d_i^2-d_{i+3}^2+r_i^2-r_{i+3}^2]/2 \quad (3.150)$$

则式(3.146)可写为矩阵形式,有

$$\boldsymbol{A}\boldsymbol{x}=\boldsymbol{c} \quad (3.151)$$

若 $\boldsymbol{A}$(阵元位置构成的矩阵)、$\boldsymbol{c}$(与测量的时间和阵元位置有关的矢量)已知,且当 $\boldsymbol{A}$ 非奇异时可得到

$$\boldsymbol{x}=\boldsymbol{A}^{-1}\boldsymbol{c} \quad (3.152)$$

式(3.152)的实质是将球面交汇的非线性方程组转换为平面交汇问题求解。

应当指出的是,当所选基元在同一平面上时,$\boldsymbol{A}^{-1}$ 不存在,因而无解。这也是选用 6 个阵元基阵而不是 4 基元阵的原因之一。为了保证任意 4 个阵元都不在同一平面内,各阵元的 $|z|$ 值不同。由同一原因可知,若所选 4 个基元在某一平面附近,则定位误差较大。

可以想象，若采用立方体阵形，使 4 个基元处于立方体构成的直角坐标系的原点和 3 轴上，平面交汇最好，原因是 3 个平面互相正交，总是可交于一点。因此短基线水声定位系统在实际应用中需要把基元摆成良好的阵型。

3.3 超短基线水声定位系统

短基线水声定位系统接收声脉冲，并利用安装在载体不同部位的多个水听器定出应答器或声信标的位置。超短基线水声定位系统是短基线水声定位系统的一种变种，是 20 世纪 70 年代为简化水声定位系统而发展起来的。它具有基阵尺寸特别小的特点，可运用在较小的载体上。声头，是由发射换能器和几个水听器组合成的一个整体，其尺寸范围在几厘米至几十厘米之间。由于只用一个尺寸不大的声头，使用较为方便灵活，且易于在载体上选择噪声干扰较小的位置进行安装或吊放，既可安装在船体底部，也可悬挂于小型水面船的一侧。超短基线水声定位系统硬件结构如图 3.32 所示。

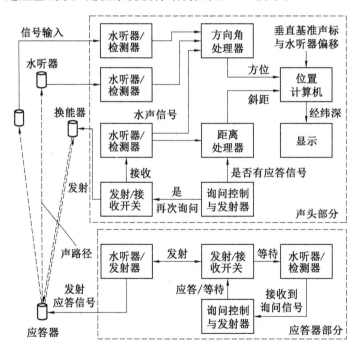

图 3.32　超短基线水声定位系统硬件结构

由于水听器基阵的尺寸特别小，短基线水声定位系统中的常规脉冲包络检波和相对到达时间测量方法并不能利用。必须利用相位差或相位比较法，通过相位差测量，确定信标（或应答器）在基阵坐标系中的方位，从而进行定位解算。超短基线水声定位系统示意图如图 3.33 所示。

3.3.1　超短基线水声定位系统定位算法

超短基线水声定位系统有以下几种定位解算方式。

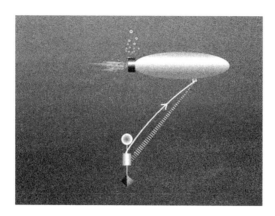

图 3.33 超短基线水声定位系统示意图

(1)非同步信标方式(图 3.34)。

需在海底放置一个已知深度的信标,解算时需要测出声线的入射角。

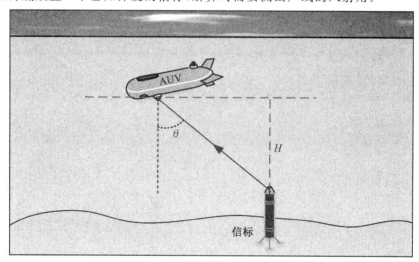

图 3.34 非同步信标方式(入射角和深度)

(2)应答器方式(图 3.35)。

通过载体上的问答机与应答器进行应答,测出基阵与应答器的距离和声线入射角,因此无须已知应答器的深度。

(3)响应器方式(图 3.36)。

由于响应器为有线控制发射(询问),信号发射时刻已知,可根据信号接收时刻测出单程传播距离。在测得声线入射角后便可解算响应器的位置。容易得知,采用同步信标时,也与此情况相同。

(4)有深度的应答器/响应器方式(图 3.37)。

有深度的应答器/响应器方式下可利用应答器/响应器的已知深度,将测得的斜距、入射角与深度组合,从而提高定位精度。

总结可知,这 4 种工作方式实际上只有两种定位解决方案。一种是根据声线入射角和已知深度进行位置解算;另一种则是根据测量的距离和声线入射角进行定位解算。显

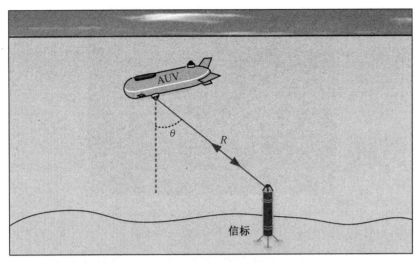

图 3.35　应答器方式(距离和角度)

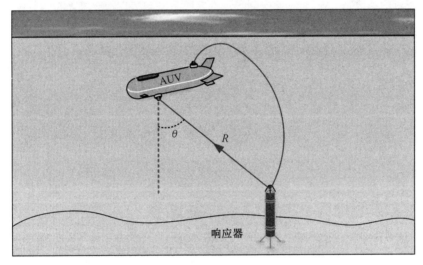

图 3.36　响应器(或同步信标)方式(距离和角度)

而易见,信号的入射角都需要是已知的。

1. 入射角和深度(非同步信标方式)定位解算

当系统工作于非同步信标方式时,信标自行周期性地发射声脉冲信号。接收基阵一方的观测者已知其发射周期,但并不知道信号发射时刻。若 3 个水听器位于两个互相垂直的基线上(即在 x 和 y 轴上),声信标发出的信号到基阵原点的声线与 x 轴及 y 轴的夹角分别为 θ_{mx} 和 θ_{my}(图 3.38)。

信标距 1 号水听器的斜距 R 与信标的坐标 X_a、Y_a 及深度的关系为

$$R^2 = Y_a^2 + X_a^2 + h^2 \tag{3.153}$$

式中

$$X_a^2 = R^2 \cos^2 \theta_{mx} \tag{3.154}$$

$$Y_a^2 = R^2 \cos^2 \theta_{my} \tag{3.155}$$

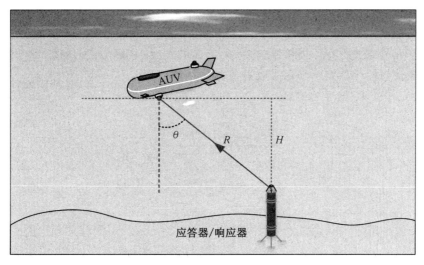

图 3.37 有深度的应答器/响应器方式

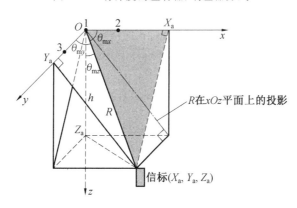

图 3.38 超短基线水声定位系统定位解算图

由式(3.154)和式(3.155)得到

$$X_a^2 = Y_a^2 \frac{\cos^2\theta_{mx}}{\cos^2\theta_{my}} \tag{3.156}$$

将式(3.153)代入式(3.154)和式(3.155)得到

$$X_a^2 = (Y_a^2 + X_a^2 + h^2)\cos^2\theta_{mx} \tag{3.157}$$

$$Y_a^2 = (Y_a^2 + X_a^2 + h^2)\cos^2\theta_{my} \tag{3.158}$$

再将式(3.156)代入式(3.158)有

$$Y_a^2 = \left(Y_a^2 + Y_a^2 \frac{\cos^2\theta_{mx}}{\cos^2\theta_{my}} + h^2\right)\cos^2\theta_{my} \tag{3.159}$$

从而解得信标在 y 轴的位置分量为

$$Y_a = \frac{h \cdot \cos\theta_{my}}{\sqrt{1-\cos^2\theta_{mx}-\cos^2\theta_{my}}} \tag{3.160}$$

类似地,可得到 x 轴的分量为

$$X_a = \frac{h \cdot \cos\theta_{mx}}{\sqrt{1-\cos^2\theta_{mx}-\cos^2\theta_{my}}} \tag{3.161}$$

式中，θ_{mx}、θ_{my} 是通过相位差测量而得到的。

根据第 2 章水下测向定位原理，由于基阵尺寸很小，可认为是远场接收的情况，即入射到所有基元的声线平行。当信号频率为 f_0，即波长为 $\lambda = c/f_0$ 时，由图 3.39 得知，两个水听器接收信号的相位差 φ 与信号入射角 θ_m 的关系为

$$\varphi = \frac{2\pi d}{\lambda} \cos \theta_m \tag{3.162}$$

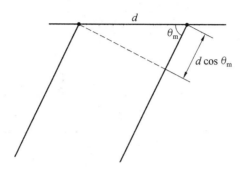

图 3.39　两接收器间的相位差

测出相位差 φ 之后，便可求得 θ_m，因此有

$$\theta_{mx} = \arccos \frac{\lambda \varphi_{12}}{2\pi d} \tag{3.163}$$

$$\theta_{my} = \arccos \frac{\lambda \varphi_{13}}{2\pi d} \tag{3.164}$$

水平面内目标距离和方位如图 3.40 所示，在某些场合，要求以水平距离 r 和水平面内的目标方位角 θ 给出目标的位置。容易得知，有

$$\theta = \arctan \frac{y}{x} = \arctan \frac{\varphi_{21}}{\varphi_{43}} \tag{3.165}$$

$$r = \sqrt{x^2 + y^2} \tag{3.166}$$

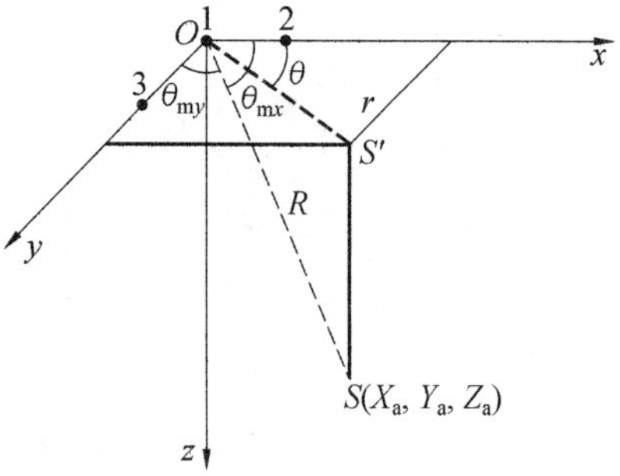

图 3.40　水平面内目标距离和方位

2. 入射角和距离（应答器或响应器方式）定位解算

若使用应答器代替信标，则距离可通过询问和应答往返时间 $T_{T,R}$ 求得，即

$$R = \frac{1}{2} c T_{T,R} \tag{3.167}$$

若用一个响应器代替应答器,因响应器触发发射时刻已知(采用同步信标时情况相同),容易通过单程传播时间 T_R 得到距离,即

$$R = cT_R \tag{3.168}$$

入射角与上一方式的相同,因而 X_a、Y_a 的解相同。但是,在知道 R 后,可直接求得 X_a、Y_a,即有

$$X_a = R\cos\theta_{mx} \tag{3.169}$$

$$Y_a = R\cos\theta_{my} \tag{3.170}$$

由式(3.160)和式(3.161)可求得响应器深度 Z_a 为

$$Z_a = R\sqrt{1 - \cos^2\theta_{mx} - \cos^2\theta_{my}} \tag{3.171}$$

3.3.2 超短基线水声定位系统相位差测量方法

在超短基线水声定位系统中是通过两两阵元间的相位差测量之后算出的目标到达方位,因此在这种系统中相位差测量方法有着极其重要的作用。相位的测量在模拟电子技术中已经有很多种方法,而随着数字技术的发展,实现信号相位和相位差测量就显得更加方便。这里对利用自适应陷波滤波器实现相位和相位差测量的技术进行介绍。

1. 自适应陷波滤波器(Notch 滤波器)

自适应陷波滤波器是具有一对正交权值的自适应滤波器,其框图如图 3.41 所示。

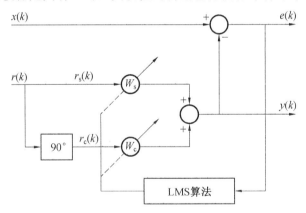

图 3.41 自适应 Notch 滤波器框图

图 3.41 中 $x(k)$ 为输入信号样本,表达式为

$$x(k) = A_x\cos(\omega k - \varphi) + n(k) = A_x\cos\omega k \cdot \cos\varphi + A_x\sin\omega k \cdot \sin\varphi \tag{3.172}$$

式中,A_x 为信号幅度;φ 为被测信号相位。

$r(k)$ 为正弦参考信号,其频率决定 Notch 滤波器的中心频率。为了方便起见,假设其频率与信号频率相同,有

$$r_s(k) = A_r\sin\omega k \tag{3.173}$$

$$r_c(k) = A_r\cos\omega k \tag{3.174}$$

此处不做证明,直接应用最小均方(LMS)算法的结果。采用 LMS 算法的权值迭代公式为

$$W_s(k+1) = W_s(k) + 2\mu e(k)r_s(k) \tag{3.175}$$

$$W_c(k+1) = W_c(k) + 2\mu e(k) r_c(k) \tag{3.176}$$

式中，μ 为迭代步长，其大小决定了权值收敛的速度。

式(3.175)和式(3.176)表明 $k+1$ 时刻的权值等于 k 时刻的权值加一个与误差有关的修正量。因此，由图 3.41 可知误差序列为

$$e(k) = x(k) - y(k) \tag{3.177}$$

而

$$y(k) = W_s(k) r_s(k) + W_c(k) r_c(k) \tag{3.178}$$

当自适应过程达到稳定或平衡时，有 $y(k) \approx x(k)$，其物理意义是 $y(k)$ 对 $x(k)$ 做出了最佳估计。此时误差序列作为输出则最大限度地抑制了与参考信号频率相同的频率分量，自适应陷波滤波器因此而得名。比较 $y(k)$ 与 $x(k)$ 中 $\cos \omega k$ 和 $\sin \omega k$ 的系数，得到

$$W_s(k) = \frac{A_x}{A_r} \sin \varphi \tag{3.179}$$

$$W_c(k) = \frac{A_x}{A_r} \cos \varphi \tag{3.180}$$

因此有

$$\tan \varphi = \frac{W_s(k)}{W_c(k)} \tag{3.181}$$

由此可知，测量一个正弦信号的相位需要利用一个自适应陷波器，利用两个正交的权值。

自适应陷波器的带宽为

$$B = \frac{2\mu A_r^2}{T_s} = \frac{\mu A_r^2}{\pi T_s} \quad (\text{rad/s}) \tag{3.182}$$

式中，T_s 为采样周期。

从式(3.182)中可以看出，带宽与采样周期、步长及参考信号的幅值有关。

2. 自适应相位差估计器

根据上述分析，可了解到利用一个自适应陷波器可测量一个正弦信号的相位，那么为了能够测量两个频率相同的信号的相位差，可利用两个结构相同的自适应陷波器。自适应相位差估计器的原理图如图 3.42 所示。

图 3.42 中，$x_1(k)$、$x_2(k)$ 为两个同频的输入信号，其初相位分别为 φ_1、φ_2。两个 Notch 滤波器使用同样的参考信号，仍用 LMS 算法调整权值。当自适应达到平衡时，求得两对权值为

$$\begin{cases} W_{s_1}(k) = \dfrac{A_{x_1}}{A_r} \sin \varphi_1 \\ W_{c_1}(k) = \dfrac{A_{x_1}}{A_r} \cos \varphi_1 \end{cases} \tag{3.183}$$

$$\begin{cases} W_{s_2}(k) = \dfrac{A_{x_2}}{A_r} \sin \varphi_2 \\ W_{c_2}(k) = \dfrac{A_{x_2}}{A_r} \cos \varphi_2 \end{cases} \tag{3.184}$$

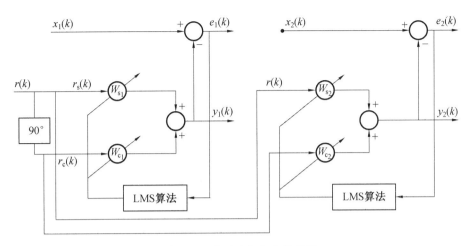

图 3.42 自适应相位差估计器

对应的初相位为

$$\varphi_1 = \arctan \frac{W_{s_1}(k)}{W_{c_1}(k)} \tag{3.185}$$

$$\varphi_2 = \arctan \frac{W_{s_2}(k)}{W_{c_2}(k)} \tag{3.186}$$

两个信号的相位差为

$$\Delta\varphi = \varphi_2 - \varphi_1 = \arctan \frac{\tan\varphi_2 - \tan\varphi_1}{1 + \tan\varphi_2 \cdot \tan\varphi_1} = \arctan \frac{W_{c_1}W_{s_2} - W_{s_1}W_{c_2}}{W_{c_1}W_{c_2} + W_{s_1}W_{s_2}} \tag{3.187}$$

式(3.187)实际上是一个相位差序列,当自适应达到稳态后,由于误差 $e(k)$ 不可能等于零,因而稳态的权值也会有摆动。若对 $\Delta\varphi$ 值进行平均,则需多次求反正切,从而增加运算量。可以在达到稳态后取若干权值先进行平均,用经过平均后的权值,求一次反正切。

可以利用一阶递归滤波器对各个权值进行平均,即

$$\overline{W}(k+1) = \overline{W}(k) + \frac{1}{N}[W(k+1) - \overline{W}(k)] \tag{3.188}$$

式中,$\overline{W}(k)$ 为 k 时刻的经平均的权值。

或者,可直接对各权值进行平均,即

$$\overline{W} = \frac{1}{N}\sum_{k=1}^{N}W(k) \tag{3.189}$$

最后,得到的相位差为

$$\overline{\Delta\varphi} = \arctan \frac{\overline{W}_{c_1}\overline{W}_{s_2} - \overline{W}_{s_1}\overline{W}_{c_2}}{\overline{W}_{c_1}\overline{W}_{c_2} + \overline{W}_{s_1}\overline{W}_{s_2}} \tag{3.190}$$

当采用权值平均后,在迭代运算时可取较大的步长 μ,能以较快的速度收敛,而又不致带来大的权值误差。

3.3.3 超短基线水声定位系统定位误差分析

重写式(3.154)和式(3.155),并根据式(3.162),有

$$X_a = R\cos\theta_{mx} = R\frac{\lambda\varphi_{12}}{2\pi d} \tag{3.191}$$

$$Y_a = R\cos\theta_{my} = R\frac{\lambda\varphi_{13}}{2\pi d} \tag{3.192}$$

$$Z_a = R\left(1 - \frac{\lambda^2\varphi_{12}^2}{4\pi^2 d^2} - \frac{\lambda^2\varphi_{13}^2}{4\pi^2 d^2}\right)^{1/2} \tag{3.193}$$

为求定位误差，对 X_a 求全微分，有

$$\Delta X_a = \frac{\lambda\varphi_{12}}{2\pi d}\Delta R + \frac{\lambda R}{2\pi d}\Delta\varphi_{12} + \frac{R\varphi_{12}}{2\pi d}\Delta\lambda - R\frac{\lambda\varphi_{12}}{2\pi}\frac{1}{d^2}\Delta d \tag{3.194}$$

用 X_a 去除式(3.194)，得到位置测量相对误差的表达式为

$$\frac{\Delta X_a}{X_a} = \frac{\Delta R}{R} + \frac{\Delta\varphi_{12}}{\varphi_{12}} + \frac{\Delta\lambda}{\lambda} - \frac{\Delta d}{d} \tag{3.195}$$

由 $R = cT, \lambda = c/f_0$，有

$$\frac{\Delta R}{R} = \frac{\Delta T}{T} + \frac{\Delta c}{c} \tag{3.196}$$

和

$$\Delta\lambda = \frac{1}{f_0}\Delta c \tag{3.197}$$

将式(3.196)和式(3.197)代入式(3.195)，得到

$$\frac{\Delta X_a}{X_a} = \frac{\Delta T}{T} + 2\frac{\Delta c}{c} + \frac{\Delta\varphi_{12}}{\varphi_{12}} - \frac{\Delta d}{d} \tag{3.198}$$

这是用位置误差与位置量之比表示的相对定位精度（一个分量），称为位置相对定位精度。当要求的定位精度以水平位置精度与斜距之比来衡量时，用式(3.192)的 X_a 代入式(3.198)后得到

$$\frac{\Delta X_a}{R} = \frac{\lambda\varphi_{12}}{2\pi d}\left(2\frac{\Delta c}{c} + \frac{\Delta T}{T} + \frac{\Delta\varphi_{12}}{\varphi_{12}} - \frac{\Delta d}{d}\right) \tag{3.199}$$

式(3.199)称为斜距相对定位精度。在各项误差认为互相独立的情况下，一个分量的斜距相对均方误差记为 $\delta_y^2 = \sigma_x^2/R^2$，即

$$\delta_x^2 = \left(\frac{\lambda\varphi_{12}}{2\pi d}\right)^2\left[\left(2\frac{\Delta c}{c}\right)^2 + \left(\frac{\Delta T}{T}\right)^2 + \left(\frac{\Delta d}{d}\right)^2\right] + \left(\frac{\lambda}{2\pi d}\right)^2(\Delta\varphi_{12})^2 \tag{3.200}$$

类似地，对 Y_a 求全微分可得到

$$\delta_y^2 = \left(\frac{\lambda\varphi_{13}}{2\pi d}\right)^2\left[\left(2\frac{\Delta c}{c}\right)^2 + \left(\frac{\Delta T}{T}\right)^2 + \left(\frac{\Delta d}{d}\right)^2\right] + \left(\frac{\lambda}{2\pi d}\right)^2(\Delta\varphi_{13})^2 \tag{3.201}$$

两个位置分量认为相互独立，因而斜距相对位置均方根误差为 $\delta = \sqrt{\delta_x^2 + \delta_y^2}$。其中，最重要的误差是相位测量误差引起的定位误差。因为一般来说，时间测量误差 ΔT 可达到相当高的精度，声速经过修正或者取平均后误差也不大，两者的相对误差均在 10^{-3} 量级。阵元间距的误差主要由安装精度决定，相对误差也可达到 10^{-3} 量级。

由式(3.162)可知，阵元间的相位差与 θ_{mx}、θ_{my} 有关。当 θ_{mx}、θ_{my} 接近 $90°$（即信标或应答器在基阵的下方）时，两两阵元间的相位差本身很小。因此，从式(3.200)和式(3.201)可见，声速、时间测量及阵元间距误差的影响接近于 0。斜距相对定位精度主要取决于相

位差测量的误差。而相位差测量的误差并不随相位差本身的大小而变,从而使定位相对误差保持在一个较小的数值上。随着 θ_{mx}、θ_{my} 的减小,阵元间的相位差增大,声速、时间及阵元间距的误差的影响越来越大。特别是测时误差和声速误差受声线弯曲的影响而加大。因此,超短基线水声定位系统只在基阵下方一个锥度范围内斜距相对定位精度较高。

应当注意的是,以式(3.198)和式(3.199)衡量相对定位误差时,其量值随 θ_m 的减小的趋势是不同的。在只考虑相位差测量误差时,以 $f_0 = 20$ kHz、$d = 0.04$ m、$c = 1\,500$ m/s、应答器深度 $h = 4\,000$ m、相位差测量误差 $\Delta\varphi_{12} = 1°$ 为例,在不同的 θ_m 值下计算的两种相对定位误差见表3.1。表中也列出了 x 维的定位误差绝对值。

表 3.1　在不同相位差测量误差下,相位差测量相对误差

$\theta_{mx}/(°)$	85	80	70	60	50	40	30	20
$\theta_{12}/(°)$	16.73	33	65.9	96	123.4	147	166.3	180.4
$\dfrac{\sigma_x}{R}/\%$	0.52	0.52	0.53	0.54	0.54	0.55	0.56	0.57
$\dfrac{\sigma_x}{x}/\%$	5.98	3.04	1.54	1.07	0.85	0.72	0.65	0.60
$\dfrac{\sigma_x}{m}$	21.0	21.4	22.4	24.7	28.5	34.0	45.0	65.9

由表 3.1 可见,随着 θ_m 的增大、水平位置误差的绝对数值增大,斜距相对定位误差 $\dfrac{\sigma_x}{R}$ 也随之增大,而位置相对定位误差 $\dfrac{\sigma_x}{x}$ 则随着 θ_m 的减小而减小。在小角度时两者比较接近。这是因为在大 θ_m 值时,阵元间的相位差接近于零,此时相位差测量的相对误差很大,因而 $\dfrac{\sigma_x}{x}$ 也很大。而随着 θ_m 的减小,水平位置 x 增大,基阵与应答器的斜距随之增大。此时因相位差测量的相对误差减小,因而 $\dfrac{\sigma_x}{x}$ 减小,最终与 $\dfrac{\sigma_x}{R}$ 趋于一致。

当信标或应答器在靠近基阵所在平面(即 θ_m 很小)时,因为存在水面反射,所以直达声和反射声相加之后总和信号的相位发生变化,使计算的 X_a、Y_a 不正确,定位精度也难以保证,特别是当信标或应答器都靠近水面时情况更严重。例如,当 X_a、Y_a 均为正时,信标应在第一象限,而计算结果可能使 X_a、Y_a 均为负值,误为第四象限。结果使载体相对于信标的位置轨迹不连续,这就是"跳象限"现象。

3.3.4　提高超短基线水声定位系统定位精度的措施

1. 减小定位误差的原理分析

这里先对减小定位误差的问题进行一般的分析。由式(3.195)可知,在不考虑声速和阵元间距误差的情况下,位置误差分量之一为

$$\Delta X_a = \frac{\lambda \varphi_{12}}{2\pi d}\Delta R + \frac{\lambda R}{2\pi d}\Delta \varphi_{12} \tag{3.202}$$

可见,定位误差与阵元间距 d 成反比,要使定位误差小,则希望 d 大。但是,当 d 超

过二分之一波长时,阵元间最大相位差将会落在区间$[-\pi,\pi]$之外。结果造成相位差测量模糊,致使位置解算发生错误。因此通过加大基阵尺寸提高定位精度,须克服相位差测量模糊问题。

目标的距离通过测量的传播时间和声速的乘积获得。声速的修正方法已在第2章中详细说明,此处不再详述。而时间测量的精度将对距离的精度产生直接影响。由信号处理理论可知,时间测量精度与接收信号/噪声比有关,即时间测量的标准差为

$$\sigma_t = \frac{1}{B\sqrt{SNR}} \tag{3.203}$$

式中,B为接收信号带宽(Hz);SNR为接收机输出功率信噪比。

式(3.203)表示利用匹配滤波技术可能达到的最好测时精度。可见测时误差与信号带宽及信噪比成反比。当采用CW脉冲时,信号带宽与脉冲宽度T成反比,即$B\propto 1/T$,而匹配滤波器输出信噪比为

$$SNR = \frac{E}{n_0} = \frac{KT}{n_0} \tag{3.204}$$

式中,E为信号能量;n_0为噪声的谱级;K为信号功率。

由式(3.203)和式(3.204)可知,有

$$\sigma_t \propto \sqrt{T} \tag{3.205}$$

这表明,通过加大CW信号脉宽可以提高信噪比,从而有助于增大作用距离,但同时也使时间估计的精度下降。如果采用宽带复杂信号,就可以避免这种情况。脉冲宽度与带宽可各自调整是宽带复杂信号的特点。在保持带宽不变的情况下,采用长脉冲宽度的信号时,由式(3.203)可明显看出,时间测量精度与脉冲宽度的关系为

$$\sigma_t \propto \frac{1}{\sqrt{T}} \tag{3.206}$$

因此,采用宽带信号(如编码信号或宽带调频信号),在增大作用距离的同时,可以提高测时精度,减小距离测量误差带来的定位误差。

另外,相位测量误差同样与接收机输出信噪比有关,其关系为

$$\sigma_\varphi = \frac{1}{\sqrt{SNR}} \tag{3.207}$$

而由式(3.162)知两阵元间相位差与信号入射角的关系为

$$\varphi_{21} = \varphi_2 - \varphi_1 = \frac{2\pi d}{\lambda} \cos\theta_{mx} \tag{3.208}$$

由此得到信号入射角测量的标准偏差为

$$\sigma_\theta = 2\pi d\sqrt{\sigma_{\varphi_1}^2 + \sigma_{\varphi_2}^2}\frac{1}{\sin\theta_{mx}} \tag{3.209}$$

假定在不同通道上的误差独立,即有相同的相位测量标准差σ_φ,因而方位测量的标准偏差为

$$\sigma_\theta = \frac{\lambda}{\sqrt{2}\pi d\sqrt{SNR}} \cdot \frac{1}{\sin\theta_{mx}} \tag{3.210}$$

由式(3.210)可以看出,提高信噪比是改善角度测量精度的有效方法,显然采用较低

的频率和宽带信号比较有利。

2. 增大基元间距

如上所述,基元间距的增大可以减小定位误差,就是在相位测量误差相同的条件下减小定位误差。或者说,在相同的定位误差要求下,允许的相位差测量误差将会放宽。

设原基阵尺寸为 d,现加大尺寸到 Nd,即在每个轴上各增加一个阵元,变成 6 个阵元。为使基阵对称,且又有多余的备份阵元,构成如图 3.43 所示的加大尺寸后的基阵结构。

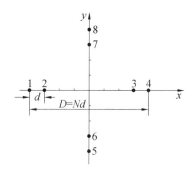

图 3.43 加大尺寸后的基阵结构

利用 1、2(或 3、4)号和 5、6(或 7、8)号阵元测得的相位差为

$$\varphi_{21} = \frac{2\pi d}{\lambda} \cos\theta_{mx} \tag{3.211}$$

$$\varphi_{65} = \frac{2\pi d}{\lambda} \cos\theta_{my} \tag{3.212}$$

而利用 1、4 号和 5、8 号阵元测得的相位差为

$$\varphi_{41} = \frac{2\pi D}{\lambda} \cos\theta_{mx} \tag{3.213}$$

$$\varphi_{85} = \frac{2\pi D}{\lambda} \cos\theta_{my} \tag{3.214}$$

因而利用大基阵测得的相位差式(3.213)和式(3.214)解得目标位置坐标为

$$x = R\cos\alpha = R\frac{\varphi_{41}\lambda}{2\pi D} \tag{3.215}$$

$$y = R\cos\beta = R\frac{\varphi_{85}\lambda}{2\pi D} \tag{3.216}$$

从式(3.215)可以看出,D 变大,φ_{41} 允许的误差就变大,或在同样相位差测量误差条件下,位置测量误差减小到原来的 d/D 倍。换言之,若原阵元间距为 $d=\lambda/2$,阵元间距加大到 $D=N\lambda/2$ 后,目标方位测量精度可提高 N 倍。

然而,由于 D 远比 d 大,φ_{41}、φ_{85} 会有相位模糊。例如,当 $\varphi_{21} \in (-\pi, \pi)$ 时,1、4 号阵元间的相位差 $\varphi_{41} \in (-N\pi, N\pi)$,但是相位差测量装置实际测量值只能是在 $(-\pi, \pi)$ 内。采用比较判别的方法容易解决相位差测量的模糊问题。设通过相位估计方法测得的相位差为 $\varphi'_{41}(\varphi'_{41} \in (-\pi, \pi))$。只要将 $\varphi'_{41} \pm k \cdot 2\pi$ 与 $8\varphi_{21}$ 比较,直到它们的差小于规定的数(如 $\delta = \pi/N$)时,记下 k 值,便可得到 φ_{41} 真值为

$$\varphi_{41} = \varphi'_{41} \pm k \cdot 2\pi \pm \delta \tag{3.217}$$

式中，φ'_{41} 为正时取正号。

上述方法是利用加大基阵和增加阵元数提高定位精度，但代价是通道数增加。此外，基阵尺寸的增大，在某种程度上丧失了原有超短基线水声定位系统基阵尺寸极小的优点。

利用阵元间时延，进行粗测是加大阵元间距后解决相位模糊的另一方法。再用相位测量方法精测，以估计目标方位。

3. 采用宽带信号

正如前面已经分析的，采用宽带信号既可提高处理增益增大作用距离，又可提高测时精度。但是，当采用宽带信号后，无法再利用相位差测量来得到信号入射角。获得信号入射角须采用信号到达时间测量的方法得到两两阵元间的时差。

由图 3.39 可得，两阵元信号的时间差为

$$\tau_m = \frac{d\cos\theta_m}{c} \tag{3.218}$$

式中，c 为水中声速。

因而目标的位置坐标相应地变为

$$X_a = R\cos\theta_{mx} = \frac{Rc\tau_{mx}}{d} \tag{3.219}$$

$$Y_a = R\cos\theta_{my} = \frac{Rc\tau_{my}}{d} \tag{3.220}$$

式中，τ_{mx}、τ_{my} 分别为 x 轴和 y 轴上对应阵元间的信号时差。

对于超短基线水声定位系统，信号来自应答器或信标，可视为确知信号。在白噪声背景下采用匹配滤波方法可得到最大输出峰值功率信噪比。由于匹配滤波器的输出是相关器输出的全景图形，因此可用互相关器来实现，这个互相关器是一个时间压缩拷贝相关器（图3.44）。相关器的一个输入是接收信号（加噪声），另一个输入是该信号本身。在每一采样间隔内，参考信号均与输入信号进行乘加运算。

图 3.44 拷贝相关器示意图

以线性调频信号为例来观察拷贝相关器的输出。线性调频信号经过理想信道传输后送入拷贝相关器的输入端，假设接收信号的时延为 t_0，则输入信号为

$$s_i(t) = \begin{cases} A\sin[\omega(t-t_0) + \pi\beta(t-t_0)^2], & t_0 \leqslant t \leqslant T+t_0 \\ 0, & \text{其他} \end{cases} \tag{3.221}$$

参考信号为

$$s_r(t) = \begin{cases} A\sin(\omega t + \pi\beta t^2), & 0 \leqslant t \leqslant T \\ 0, & \text{其他} \end{cases} \tag{3.222}$$

式中，β 为调频斜率，$\beta = B/T$；B 为信号带宽。

拷贝相关器的输出为

$$R_{\text{out}}(t) = \begin{cases} \dfrac{A^2 T}{\pi\beta(t-t_0)}\left[\sin \pi\beta(t-t_0)\left(1-\dfrac{|t-t_0|}{T}\right)\right]\cos \omega(t-t_0), & |t-t_0| \leqslant T \\ 0, & \text{其他} \end{cases} \tag{3.223}$$

当 $t=t_0$ 时,拷贝相关器的输出达到最大值。若检测出拷贝相关器的输出峰值,便可估计出接收信号的时延值 t_0。由于每一采样间隔内,相关器输出的是相关序列的一个离散样本,所以输出的最大值不可能正好对应于相关峰值,从而带来时延测量误差。显然,时延估计的精度取决于采样频率,最不利情况为采样周期的 1/2。只有具有足够高的时延估计精度,才能有较高的角度测量精度,从而得到高的定位精度。

由式(3.219)容易得知,在只考虑时延测量对定位精度的影响时,相对定位误差为

$$\delta_x = \frac{\sigma_x}{R} = \frac{c\Delta t}{d} \tag{3.224}$$

式中,Δt 为时延测量误差,令其等于采样周期的 1/2,即 $\Delta t = \dfrac{T_s}{2}$。采样间隔应满足

$$T_s \leqslant \frac{2d\delta_x}{c} \tag{3.225}$$

以阵元间隔 4 cm 为例,若要求相对定位精度为 0.3%,则要求采样间隔不大于 0.2 μs。通过提高采样频率来提高时延测量精度,在工程上不适用,因为有时受到器件运算速度的限制。阵元间距加大可以降低需要的采样频率,不会出现相位模糊问题,但信号处理器仍然有较重的计算负担。因此,考虑在一定的采样周期下,采用内插算法进行高精度时延精测是可行的解决方法。

实际上输出的相关函数序列具有余弦或准余弦函数的形式。利用这一特性,可用余弦函数内插来获得相关峰值的精确时刻。

设拟合波形函数为

$$r(t) = A_r \cos \omega t + B_r \sin \omega t \tag{3.226}$$

这是一个余弦函数的形式。事实上有

$$r(t) = A_r\left(\cos \omega t + \frac{B_r}{A_r}\sin \omega t\right) \tag{3.227}$$

令

$$\frac{B_r}{A_r} = \tan \varphi \tag{3.228}$$

可知有

$$r(t) = \sqrt{A_r^2 + B_r^2}\cos(\omega\tau + \varphi) \tag{3.229}$$

由此可知式(3.226)的余弦有 A_r、B_r 和 ω 这 3 个参数,利用 3 个样值可以求出这 3 个参数,从而完全确定这个余弦信号。由此可内插得到相关峰的最大值对应的时间。

根据这一思想,参看图 3.45 所示相关峰内插示意图,假定利用峰值选择器得到一个最大值 $r(\tau_2) = r_2$,在该样点前后相邻的样点为 $r(\tau_1) = r_1$ 和 $r(\tau_3) = r_3$,则有

$$r_1 = r(\tau_1) = A_r\cos \omega\tau_1 + B_r\sin \omega\tau_1 \tag{3.230}$$

$$r_2 = r(\tau_2) = A_r\cos \omega\tau_2 + B_r\sin \omega\tau_2 \tag{3.231}$$

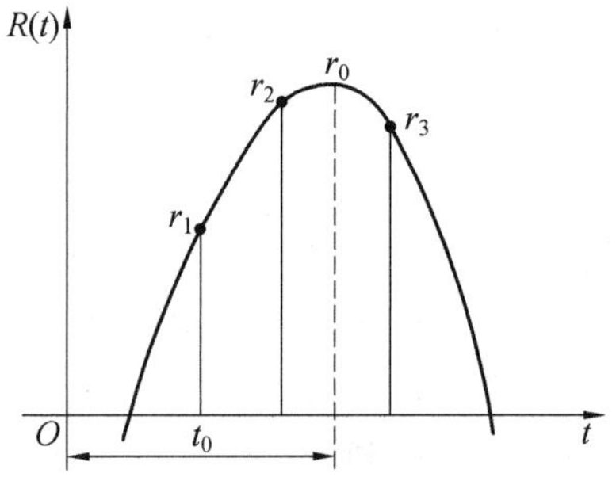

图 3.45 相关峰内插示意图

$$r_3 = r(\tau_3) = A_r \cos \omega\tau_3 + B_r \sin \omega\tau_3 \tag{3.232}$$

由式(3.229)和式(3.230)解出

$$A_r = \frac{r_2 \sin \omega\tau_1 - r_1 \sin \omega\tau_2}{\sin \omega(\tau_1 - \tau_2)} \tag{3.233}$$

$$B_r = \frac{r_1 \cos \omega\tau_2 - r_2 \cos \omega\tau_1}{\sin \omega(\tau_1 - \tau_2)} \tag{3.234}$$

将式(3.232)和式(3.233)代入式(3.231),整理后得

$$r_3 \sin \omega(\tau_1 - \tau_2) = r_2 \sin \omega(\tau_1 - \tau_3) - r_1 \sin \omega(\tau_2 - \tau_3) \tag{3.235}$$

因为 $\tau_2 - \tau_1 = \tau_3 - \tau_2 = T_s$,$T_s$ 为采样周期,故式(3.235)可写为

$$r_3 \sin \omega T_s = r_2 \sin 2\omega T_s - r_1 \sin \omega T_s = 2r_2 \sin \omega T_s \cos \omega T_s - r_1 \sin \omega T_s \tag{3.236}$$

解式(3.236)得到

$$\cos \omega T_s = \frac{r_1 + r_3}{2r_2} \tag{3.237}$$

由此可计算出相关器输出信号的频率为

$$\hat{f} = \frac{1}{2\pi T_s} \arccos\left(\frac{r_1 + r_3}{2r_2}\right) \tag{3.238}$$

要求的实际峰值为 $r(t_0) = r_0$。因为当 $\omega t = k\pi + \varphi$($k$ 为非负的整数)时,式(3.229)取最大值,所对应的时间即为所求的 t_0,故有

$$\hat{t_0} = \frac{k\pi + \varphi}{\omega} \tag{3.239}$$

又知 $t_0 \in (\tau_1, \tau_3)$,故可得出 k 的取值范围为

$$\frac{\omega\tau_1 - \varphi}{\pi} \leqslant k \leqslant \frac{\omega\tau_3 - \varphi}{\pi} \tag{3.240}$$

通过以上诸式,可估计出相关峰的出现时刻。

在不增加阵列元素和通道数量的情况下增加基阵的尺寸,有时会对时延测量的精度提出过高的要求。一种折中方法是用时延测量粗略估计方位,用相位测量精确测量。可以想象,先后发射宽带调频信号和 CW 脉冲信号可以实现这一目的。

3.3.5 超短基线水声定位系统的标校

1. 基元相位差校准

超短基线水声定位系统确定目标信号的入射角时主要依赖于测量两两阵元间的相位差。

由于各阵元本身制作后不可避免地存在相位不一致性,以及各接收放大通道相位不一致等因素,最终也会使相位差测量不准。然而,这种误差属于系统误差,可以在用于定位前通过校准消除。

以图 3.46 所示的基阵相位标校示意图,说明标校的基本方法。

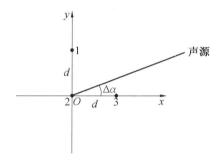

图 3.46 基阵相位标校示意图

如图 3.46 所示,将 2 号阵元置于基线转动轴上。设声源与 2、3 号阵元连线方向的夹角为 $\Delta \alpha$ 时,1、2 号和 2、3 号阵元间的理论相位差值为 $\varphi_{21(0)}$ 和 $\varphi_{23(0)}$,由电路和水听器造成的相对相位误差为 $\varphi_{21(e)}$ 和 $\varphi_{23(e)}$。利用相位差估计器测得的两个相位差为 φ_{21} 和 φ_{23}(这里 $\varphi_{21}=\varphi_2-\varphi_1$,$\varphi_{23}=\varphi_2-\varphi_3$)。因此有

$$\varphi_{21}=\varphi_{21(0)}+\varphi_{21(e)} \tag{3.241}$$

$$\varphi_{23}=\varphi_{23(0)}+\varphi_{23(e)} \tag{3.242}$$

对于远场信号,如阵元无相位误差,则当 $\Delta \alpha=0$ 时,应当有 $\varphi_{21}=0$。由于有相位误差的存在,φ_{21} 此时不为 0。可调整基阵角度 $\Delta \alpha$,使

$$\varphi_{21}(\Delta \alpha)=\varphi_{21(0)}-\varphi_{21(e)}=0 \tag{3.243}$$

或

$$\varphi_{21}(\Delta \alpha)=\frac{2\pi d}{\lambda}\sin(\Delta \alpha)+\varphi_{21(e)}=0 \tag{3.244}$$

此时测得另两阵元间的相位差为

$$\varphi_{23}(\Delta \alpha)=\frac{2\pi d}{\lambda}\cos(\Delta \alpha)+\varphi_{23(e)} \tag{3.245}$$

基阵相位标校基本方法如图 3.47 所示,将基阵转动大约 $180°$,再次调整基阵角度使测得的 1、2 号阵元间的相位差为 0,此时两次坐标轴间的夹角为 $\Delta \alpha'$。于是有

$$\varphi'_{21}(\Delta \alpha)=\frac{2\pi d}{\lambda}\sin(\Delta \alpha'-\Delta \alpha)+\varphi_{21(e)}=0 \tag{3.246}$$

此时测得的另两个阵元间的相位差为

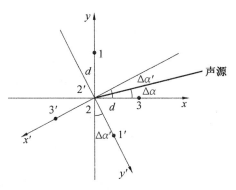

图 3.47 基阵相位标校基本方法

$$\varphi'_{23}(\Delta\alpha) = -\frac{2\pi d}{\lambda}\cos(\Delta\alpha' - \Delta\alpha) + \varphi_{23(e)} \quad (3.247)$$

由式(3.244)、式(3.246)可知,有 $\Delta\alpha' - \Delta\alpha = \Delta\alpha$ 成立。将式(3.245)、式(3.247)相加,得到

$$\varphi_{23(e)} = \frac{\varphi'_{23} + \varphi_{23}}{2} \quad (3.248)$$

类似地,可得到

$$\varphi_{21(e)} = \frac{\varphi'_{21} + \varphi_{21}}{2} \quad (3.249)$$

式中,φ_{21} 为使 φ_{23} 为 0 时测得的 1、2 号阵元间的相位差;φ'_{21} 为基阵转过 180°后使 φ'_{23} 为 0 时测得的 1、2 号阵元间的相位差。

由上所述可知,使 1、2 号阵元间两次测量的相位差为 0,可得到 2、3 两阵元间的相对相位误差;使 2、3 号阵元间两次测量的相位差为 0,可得到 1、2 两阵元间的相对误差。换言之,两个坐标轴上间距相同的两对阵元可互相校准,从而可得到各对阵元间的相对相位误差。

利用这一原理,可对扩展的十字形阵进行同样的工作。利用 1、2(或 3、4)号阵元,使其两次被测相位差为 0,可得到 5、6 号和 7、8 号阵元间的相对相位误差。利用 5、6(或 7、8)号阵元,使其两次被测相位差为 0,可得到 1、2 号和 3、4 号阵元间的相对相位误差。但是,当利用 5、7(或 6、8)号阵元来获得 1、3 号和 2、4 号阵元间相对相位误差时,必须注意 5、7(或 6、8)号阵元间相位差为 0 的多值性。必须同时利用 1、2(或 3、4)号阵元间相位差最小的条件。

上述方法是在机械转动系统无刻度可用时的相位差测量方法。若有一个高精度机械转动系统,且转动角的刻度可利用,则测量将变得简单化。此时可控制基阵准确转动 180°,无须像前面所述要两次调整相位差为零。事实上,若声源方向与 x 轴夹角为 $\Delta\alpha$,直接测量得到 2、3 号阵元及 1、2 号阵元间的相位差分别为

$$\varphi_{23}(\Delta\alpha) = \frac{2\pi d}{\lambda}\cos \Delta\alpha + \varphi_{23(e)} \quad (3.250)$$

$$\varphi_{21}(\Delta\alpha) = \frac{2\pi d}{\lambda}\sin \Delta\alpha + \varphi_{21(e)} \quad (3.251)$$

将基阵转动 180°之后再记录这两个相位差为

$$\varphi'_{23}(\Delta\alpha) = -\frac{2\pi d}{\lambda}\cos\Delta\alpha + \varphi_{23(e)} \tag{3.252}$$

$$\varphi'_{21}(\Delta\alpha) = \frac{2\pi d}{\lambda}\sin(-\Delta\alpha) + \varphi_{21(e)} = -\frac{2\pi d}{\lambda}\sin\Delta\alpha + \varphi_{21(e)} \tag{3.253}$$

因此可直接得到

$$\varphi_{23(e)} = \frac{\varphi'_{23} + \varphi_{23}}{2} \tag{3.254}$$

$$\varphi_{21(e)} = \frac{\varphi'_{21} + \varphi_{21}}{2} \tag{3.255}$$

若远场条件得到满足,那么生源的放置位置没有要求,可放在基阵下方或在基阵的前、后方。但是测量时必须保证无界面反射的影响。

上述方法是基于远场条件的,若不满足远场条件,则不再适用。在此情况下,仍将基阵置于机械转动装置上,并使基阵保持水平,即与转动轴垂直。现在考虑一个坐标轴 x 上的阵元附加相位差的测量。近场基阵相位校准示意图如图 3.48 所示,将声源放在包含该坐标轴的垂直平面内,深度为 h。以某一距基阵中心距离为 d_r 的阵元为参考阵元,第 i 号阵元距中心的距离为 d_i。仍采用远场情况下阵元间相位差的符号,阵元 i 与阵元 r 间的理论相位差为 $\varphi_{ir(0)}$,相位误差为 $\varphi_{ir(e)}$。基阵未转动时两阵元间的相位差测量值为

$$\varphi_{ir} = \varphi_{ir(0)} + \varphi_{ir(e)} \tag{3.256}$$

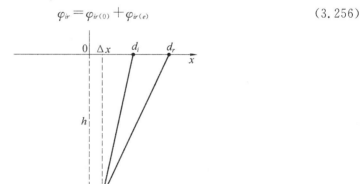

图 3.48 近场基阵相位校准示意图

假定声源距中心有一小偏移 Δx,容易根据几何关系写出两阵元接收该点声源信号的程差为

$$\Delta R_{ir} = [(d_r - \Delta x)^2 + h^2]^{1/2} - [(d_i - \Delta x)^2 + h^2]^{1/2} \tag{3.257}$$

考虑到 $h \gg d_i$,而 Δx 也很小,经一阶近似后有

$$\Delta R_{ir} \approx \frac{1}{2h}(d_r^2 - d_i^2) - \frac{1}{h}(d_r - d_i)\Delta x \tag{3.258}$$

因而理论相位差的近似值为

$$\varphi_{ir(0)} = \frac{2\pi}{\lambda}\Delta R_{ir} = \frac{\pi}{\lambda} \cdot \frac{1}{h}(d_r^2 - d_i^2) - \frac{2\pi}{\lambda}\frac{1}{h}(d_r - d_i)\Delta x \tag{3.259}$$

将基阵围绕中心转动 180°之后,再次测得两阵元的相位差,记为 φ'_{ir},有

$$\varphi'_{ir} = \varphi'_{ir(0)} + \varphi_{ir(e)} \tag{3.260}$$

容易得知,与基阵转动之前类似,此时理论相位差的近似值为

$$\varphi'_{ir(0)} = \frac{2\pi}{\lambda}\Delta R_{ir} = \frac{\pi}{\lambda} \cdot \frac{1}{h}(d_r^2 - d_i^2) + \frac{2\pi}{\lambda}\frac{1}{h}(d_r - d_i)\Delta x \tag{3.261}$$

将式(3.256)与式(3.260)相加后,解得的第 i 号阵元与参考阵元间的附加相位差为

$$\varphi_{ir(e)} = \frac{(\varphi_{ir} + \varphi'_{ir}) - (\varphi_{ir(0)} + \varphi'_{ir(0)})}{2} \tag{3.262}$$

将式(3.259)与式(3.261)代入式(3.262),得

$$\varphi_{ir(e)} = \frac{\varphi_{ir} + \varphi'_{ir}}{2} - \frac{\pi}{\lambda} \cdot \frac{1}{h}(d_r^2 - d_i^2) \tag{3.263}$$

根据式(3.263),在已知声源深度 h 和各阵元位置时,两次测得两阵元间的相位差之后,便可算得阵元 i 和参考阵元间的附加相位差。在计算信号入射角时,扣除这一附加相位差。

在远场情况,因 h 远大于 $d_r - d_i$,式(3.263)中第 2 项趋于零,退化为式(3.254)和式(3.255)。

2. 超短基线水声定位系统的海上校准

超短基线水声定位系统测量的目标(应答器)位置是相对于基阵参考坐标系的位置。实际使用时,常常希望将基阵坐标系中目标的位置转换为大地坐标系的绝对位置。有了目标的地理位置,可利用它对装有超短基线水声定位系统的载体进行导航定位。为此,在装有超短基线的船上需要用垂直参考设备测量船的纵倾角和横摇角,利用罗经测量航向角(船艏艉线与正北方向的夹角),此外还需要用 GPS(或差分 GPS)测量船位。本小节将讨论海上校准的基本过程。

现在有 3 个坐标系:基阵坐标系、船坐标系和大地坐标系。这 3 个坐标系并不重合,除有角度偏移外,还有平移。为简单起见,假定基阵坐标系与船坐标系原点在一起,即除有角度偏移外,无平移。

设应答器在基阵坐标系中的位置为 $\boldsymbol{x}_{\text{Array}}$,这是超短基线水声定位系统测得的值。若基阵坐标系与船坐标系完全一致(原点一样,3 个轴一致),则应答器的大地坐标为

$$\boldsymbol{x}_{\text{Earth}} = \boldsymbol{x}_{\text{GPS}} + \boldsymbol{B}_{\text{Att}}\boldsymbol{x}_{\text{Array}} \tag{3.264}$$

式中,$\boldsymbol{B}_{\text{Att}}$ 为从船坐标系向大地坐标系转换的方向余弦矩阵,它由船的航向角 γ、横摇角 α 和纵倾角 β 的正、余弦构成。$\boldsymbol{x}_{\text{GPS}}$ 为利用 GPS 测得的大地坐标船位,即 GPS 的天线位置,并认为该天线在基阵中心。

若船坐标系框架与基阵坐标系框架由于安装不精确存在旋转角度偏差,则必须进行附加的旋转变换。设由基阵坐标系向船坐标系转换的方向余弦矩阵为 $\boldsymbol{B}_{\text{Align}}$(也称失配矩阵),它也由 3 个角度 γ'、α'、β' 的正、余弦构成。因此,应答器的大地坐标为

$$\boldsymbol{x}_{\text{Earth}} = \boldsymbol{x}_{\text{GPS}} + \boldsymbol{B}_{\text{Att}}\boldsymbol{B}_{\text{Align}}\boldsymbol{x}_{\text{Array}} \tag{3.265}$$

这里,安装角偏差构成的失配矩阵是常数矩阵,可在陆上测量确定。然而,很难进行精确测量。对于便携式超短基线水声定位系统,必须于每次使用前在海上进行校准,因为其拆装频繁,安装角度偏差不可避免。可先得到失配矩阵的参数,再校准定位结果。

海上校准的基本过程如下。

(1)将一应答器固定于海底。载有超短基线水声定位系统的船围绕应答器按某一航线航行,连续进行应答。记录一组测得的相对于基阵坐标系的应答器位置 x_{Array},同时记录由 GPS 测得的船位 x_{GPS}。再用预先设定的失配角,利用式(3.265)计算修正后的大地坐标。

(2)对每一校正值计算当前位置与参考位置 x_{Ref} 可得误差为

$$\boldsymbol{\varepsilon}_i = \boldsymbol{x}_{\text{Earth}} - \boldsymbol{x}_{\text{Ref}} \tag{3.266}$$

(3)计算下列 Q 值,使其最小,求出失配值 $\delta_{\text{Align}} = (\gamma', \alpha', \beta')$。

$$\boldsymbol{Q} = \sum_i \boldsymbol{\varepsilon}_i^{\text{T}} \boldsymbol{\varepsilon}_i \tag{3.267}$$

(4)用找出的失配角再利用式(3.265)计算 x_{Earth}。得出的应答器位置是一团云,云的中心即为应答器绝对位置。

重复(1)、(2)、(3)各步,以 Q 作为收敛的判别准则。

上述过程中,应答器的参考位置可先用由式(3.264)计算的值取均值,以后每进行第(2)步计算均用上次计算所得的 x_{Earth} 作为新的参考位置。

应答器的参考位置可以用另外的系统,如采用后面即将介绍的长基线水声定位系统定位方法进行测量。可在海上取 3 个测量点,与应答器进行应答测距,测量点的位置用 GPS 测定,作为已知数,根据 3 个定位方程解算应答器位置。这是长基线水声定位系统的反转应用方式。这一方法测得的应答器位置有较高的精度。此时校准过程可相对简化,即每进行第(2)步计算均以测得的应答器位置作为参考位置。

3.3.6 超短基线水声定位系统应用实例

超短基线水声定位系统接收基阵如图 3.49 所示,与图 3.43 相比去掉了用于相位抗模糊的内圈的四个基元,此时的相位抗模糊采用的是脉冲对的方法,该方法由雷达中以不同的发射频率发射信号来达到抗距离模糊的思想转换而来。

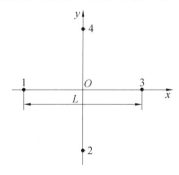

图 3.49 超短基线水声定位系统接收基阵

本系统中发射的脉冲对信号由两个填充着不同频率(f_1 和 f_2)的 CW 脉冲组成,信号发射模式如图 3.50 所示,其中 $f_1 = (N+a)f$,$f_2 = Nf$,f 的选取应保证相位不模糊,$N+a$ 与 N 为互质数。

超短基线水声定位系统具体定位解算原理如下。

由式(3.163)和式(3.169),再由图 3.49 中的基阵可知:

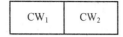

图 3.50　信号发射模式

$$x = \frac{\lambda \varphi_{13} R}{2\pi L} \tag{3.268}$$

式中，φ_{13} 是 1、3 阵元间的相位差；$L = 8d$。

则对于两个填充着不同频率（f_1 和 f_2）的脉冲有

$$x_1 = \frac{\lambda_1 \varphi_{x_1} R}{2\pi L} = x_2 = \frac{\lambda_1 \varphi_{x_1} R}{2\pi L} \tag{3.269}$$

即

$$\lambda_1 \varphi_{x_1} = \lambda_2 \varphi_{x_2} \tag{3.270}$$

式中，φ_{x_1}、φ_{x_2} 分别为填充频率为 f_1、f_2 的 CW 脉冲所测得的 1、3 阵元间的相位差。

由于 $L = 8d$，则可能会由 $|\varphi_{x_1}| \geqslant \pi$，$|\varphi_{x_2}| \geqslant \pi$，即出现相位模糊，设实际求得的相位差分别是 φ_1、φ_2，可得

$$\varphi_{x_1} = \varphi_1 + 2\pi k_1 \tag{3.271}$$

$$\varphi_{x_2} = \varphi_2 + 2\pi k_2 \tag{3.272}$$

将式（3.271）、式（3.272）代入式（3.270）可得

$$\lambda_1(\varphi_1 + 2\pi k_1) = \lambda_2(\varphi_2 + 2\pi k_2)$$

取 $a = 1$，则有当所求得的相位差为正值时 $k_1 = k_2$ 或 $k_1 = k_2 + 1$；当相位差为负值时有 $k_1 = k_2$ 或 $k_1 = k_2 - 1$。令 $n = k_1 - k_2$：

若 $n = 0$，则 $k_1 = k_2 = \dfrac{\varphi_1 f_2 - \varphi_2 f_1}{2\pi (f_1 - f_2)}$；

若 $n = 1$，则 $k_2 = \dfrac{\varphi_1 f_2 - \varphi_2 f_1 + 2\pi f_2}{2\pi (f_1 - f_2)}$，$k_1 = k_2 + 1$；

若 $n = -1$，则 $k_2 = \dfrac{\varphi_2 f_{12} - \varphi_1 f + 2\pi f_2}{2\pi (f_1 - f_2)}$，$k_1 = k_2 - 1$。

在计算时，先取 $n = 0$。计算得到 k_1 和 k_2，根据其符号可求得 k_1 和 k_2 的另一可能取值，再根据 k_1 和 k_2 的整数特性判断取值。

由前面的分析可知，当 φ_x 位于多值区间时，可求出的测量值 φ 与真值相差的周期数，即可对测量到的 φ 进行修正，得到 φ 对应的相位真值 φ_x，从而在避免相位模糊的基础上提高测向的精度。此时，按照此基阵的几何参数，最高的测向精度可以写为 $\Delta \theta = \dfrac{\Delta \varphi}{6.4\pi}°$。

还按照上述数值例子来说，如果相位测量误差为 2°，在未考虑其他误差的情况下，超短基线水声定位系统定位精度最高能够达到 0.17‰ 斜距，精度提高了 8 倍。

表 3.2 所示为在不同信噪比条件下分别采用图 3.38、图 3.43、图 3.49 的三个基阵定位得到的目标在各坐标轴上的精度，用蒙特卡洛方法对每个信噪比条件进行 500 次独立统计。表 3.2 的仿真条件为斜距 8 km，目标的方位角和俯仰角为 45°，信号脉宽为 5 ms 的中心频率分别为 13 kHz 和 13.5 kHz 的单频信号。表 3.2 中，σ_{dx} 和 σ_{dy} 为以间距为 $d = 0.4\lambda$ 的阵元定位得到的 x 和 y 坐标相对于斜距的千分比标准差，σ_{Lx1} 和 σ_{Ly1} 为采用图 3.43

的阵型利用小间距阵元进行相位抗模糊定位得到的 x 和 y 坐标相对于斜距的千分比标准差，σ_{Lx2} 和 σ_{Ly2} 为采用图 3.49 的阵型利用小间距阵元进行相位抗模糊定位得到的 x 和 y 坐标相对于斜距的千分比标准差。

表 3.2 不同阵型条件下相位差估计定位精度

SNR	σ_{dx}	σ_{dy}	σ_{Lx1}	σ_{Ly1}	σ_{Lx2}	σ_{Ly2}
15	25.751 0	25.090 6	3.423 6	3.605 3	3.587 0	3.409 6
20	16.760 9	16.570 4	2.109 4	2.063 1	2.095 8	2.427 1
25	9.173 2	9.024 5	1.167 8	1.255 4	1.254 9	1.130 7

从表 3.2 中可以看出，阵元间距 $L=8d$ 的定位精度约为阵元间距为 d 的定位精度的 8 倍，而且利用冗余阵元进行相位抗模糊和利用脉冲对相位抗模糊的效果一致，从而证明了利用脉冲对进行相位抗模糊是可行的。

超短基线水声定位系统在远距离时的定位精度主要取决于基阵测向精度。由 Cramer-Rao(C-R) 下限理论可知，相位差的估计精度受噪声条件限制。换言之，必须探索给定信噪比条件下得到更高的定位精度的方法。首先考虑从系统基阵阵型上打破传统超短基线基阵设计束缚，设计适合本系统的新阵型，再通过对定位算法的优化处理，提高定位精度。理论分析和仿真结果都证明了改进后的超短基线阵型与传统的超短基线阵型相比测向精度提高 8 倍，这说明阵型的改进对提高整个超短基线水声定位系统的精度是卓有成效的。在这种阵型条件下，相位抗模糊成为挑战性的难点，理论分析和仿真结果都证明本节提出的利用脉冲对相位抗模糊的方法成功解决了这一问题，从而在保证定位精度的条件下简化了基阵，降低了系统的复杂性。

3.4 组合定位

常规的 LBL、SBL、USBL 定位系统具有各自的优缺点，实际中可以根据需要合理选择采用哪种系统。在许多复杂工况下，通过将各种声学定位系统有机结合以获得性能更优的组合水声定位系统可以更好地满足任务需求。组合导航定位已成为水声定位发展的重要趋势，因其可提供可靠的位置冗余，发挥各个系统的优点达到较高的定位性能。国内外的研究人员已经对组合定位导航展开了广泛研究，将三种常规的基线定位系统进行结合可以得到长基线/超短基线(LBL/USBL)，长基线/短基线(LBL/SBL)，短基线/超短基线(SBL/USBL)，长基线/短基线/超短基线(L/SBL/USBL) 等组合的水声定位系统；将水声定位与多种定位导航技术，如惯性导航系统(INS)、多普勒测速仪(DVL)、全球定位系统(GPS) 等组合使用，可以构成联合导航系统。

目前，国内外研制了不少种类的组合声学定位系统，对其安装、校准、定位精度、可扩展性、便携性、功耗等因素进行分析考虑，应用最为广泛的是 LBL/USBL 组合系统，通常用于完成较大范围内精确定位的任务。但是，多数 LBL/USBL 系统仅适用于对静止或低速运动目标进行定位，难以满足高速运动目标对定位系统提出的特殊需求。对水下高速运动目标进行定位跟踪时，通常需要采用较高的帧率以获得足够多的轨迹采样点数来精细刻画目标运动过程，而目前主流的商用 LBL/USBL 定位产品的位置更新率较低，对于运动时间短的高速目标无法给出有效的轨迹测量结果。

3.4.1 一种基于最小均方误差的长基线/超短基线信息融合方法

假设长基线与超短基线的定位导航结果都是独立的，那么长基线/超短基线组合声学导航结果可表示为

$$\hat{X}_S = \sum_{i=1}^{N} \omega_i \hat{X}_i \tag{3.273}$$

式中，$\hat{X}_S$ 是指长基线/超短基线组合声学导航结果；ω_i 为权系数；$\hat{X}_i(i=1,2,\cdots,N)$ 为第 i 个独立的长基线和超短基线导航结果；N 为导航方法的种数，一般与应答器数目及其与潜器之间的相对几何位置关系有关。例如，对于 3 个海底应答器，如果长基线和超短基线的导航结果都有效，那么可取 $N=4$。如果某种方法的导航定位精度远低于其他方法，那么组合的意义不大。

显然，组合导航的关键在于权系数 ω_i 的选取，它直接决定了最终的定位导航性能。根据最小均方误差准则，权系数 ω_i 可以表示为

$$\min \sigma^2 = \min E\{(\hat{X}_S - X_S)^2\} = \min\{(\sum_{i=1}^{N} \omega_i \hat{X}_i - X_S)^2\} \tag{3.274}$$

式中，σ^2 为长基线和超短基线导航结果的均方误差。

由于各种导航结果相互独立，因而有

$$\min \sigma^2 = \min\left\{\sum_{i=1}^{N} \omega_i^2 \sigma_{X_i}^2\right\} \tag{3.275}$$

根据无偏性要求，有

$$\sum_{i=1}^{N} \omega_i = 1 \tag{3.276}$$

这是一个在式(3.273)约束下的最优化问题，容易用拉格朗日(Lagrange)乘子法求解。可以构造代价函数：

$$f(\omega_1, \omega_2, \cdots, \omega_N; \lambda) = \sum_{i=1}^{N} \omega_i^2 \sigma_{X_i}^2 + \lambda\left(1 - \sum_{i=1}^{N} \omega_i\right) \tag{3.277}$$

通过简单的推导可求得

$$\omega_i = \frac{1}{\sigma_{X_i}^2 \sum_{i=1}^{N} \frac{1}{\sigma_{X_i}^2}} \tag{3.278}$$

此时长基线和超短基线导航精度最高。当然，由前几节的知识可知，长基线和超短基线的定位精度具有空间几何分布特性，潜器处于不同的位置坐标时，定位导航精度不同。因而相应地，不同位置坐标时的权值也不同，与各自的定位导航精度的空间几何分布特性有关。

长基线的优势在于作用距离远，定位精度高，水深对水平定位精度影响小。但其深度精度较差，在长基线阵型外部定位精度要比内部差，且在靠近某一应答器的正上方时，定

位精度不稳定。超短基线的优势在于仅需要与单只海底应答器问答就可实现定位导航,数据更新率高,实时性好,并且超短基线的绝对位置定位精度与距离有关,在靠近某应答器时,利用超短基线的定位导航结果甚至可能优于长基线导航结果。而组合声学导航方法则将两者的优势都结合起来,相互弥补对方的不足,使最终的定位导航精度总体得到提高,并且结果无偏。

根据最小均方误差准则对长基线和超短基线的定位结果进行加权融合,实际应用中难以获取权系数。下面详细介绍一种精度较高的长基线/超短基线组合导航系统。

3.4.2 长基线/超短基线组合定位模型

在不影响问题讨论的情况下,本节考虑二维平面定位的情况。长基线/超短基线组合定位系统示意图如图 3.51 所示,采用具有 N 个定位节点的长基线/超短基线水声组合测量系统对水下目标进行定位,系统各个定位节点均由一个十字形超短基线声学基阵构成。

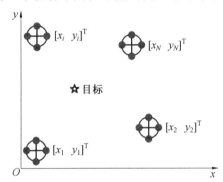

图 3.51 长基线/超短基线组合定位系统示意图

在笛卡儿坐标系中,目标的位置坐标为 $\boldsymbol{x}=[x \quad y]^{\mathrm{T}} \in \mathbf{R}^2$,系统第 i 个定位节点的坐标为 $\boldsymbol{x}_i=[x_i \quad y_i]^{\mathrm{T}} \in \mathbf{R}^2 (i=1,2,\cdots,N)$,其测量的信号传播时延为

$$\hat{t}_i = \frac{\|\boldsymbol{x}-\boldsymbol{x}_i\|}{c} + \xi_i \tag{3.279}$$

式中,$\|\cdot\|$ 为欧氏范数;ξ_i 为时延测量误差;c 为水中声速。

信号到达超短基线 x 轴上线阵两端阵元间相位差和 y 轴上线阵两端阵元间的相位差分别为

$$\hat{\psi}_i = \kappa d_0 \frac{x-x_i}{\|\boldsymbol{x}-\boldsymbol{x}_i\|} + \delta_i \tag{3.280}$$

$$\hat{\varphi}_i = \kappa d_0 \frac{y-y_i}{\|\boldsymbol{x}-\boldsymbol{x}_i\|} + \varepsilon_i \tag{3.281}$$

式中,δ_i 和 ε_i 为对应的相位差测量误差;κ 为信号波数,$\kappa=2\pi/\lambda$;λ 为信号波长,$\lambda=c/f_0$;f_0 为信号频率;d_0 为阵元间距。

3.4.3 时延/相位差参量融合组合基线定位技术

假设式(3.279)~(3.281)中的时延和相位差观测误差均服从零均值的高斯分布,并且各个误差统计独立,即 $\xi_i \sim N(0,\sigma_i^2)$、$\delta_i \sim N(0,\sigma_{xi}^2)$、$\varepsilon_i \sim N(0,\sigma_{yi}^2)$,其中,$\sigma_i^2$、$\sigma_{xi}^2$ 和 σ_{yi}^2 分别

为第 i 个节点的时延和相位差测量方差。定义时延和相位差观测矢量分别为 $\hat{t}$、$\hat{\psi}$ 和 $\hat{\varphi}$；ξ、δ 和 ε 分别为时延和相位差观测误差矢量，对应的协方差矩阵分别为 $C=\text{diag}(\sigma_1^2,\sigma_2^2,\cdots,\sigma_N^2)$、$C_x=\text{diag}(\sigma_{x1}^2,\sigma_{x2}^2,\cdots,\sigma_{xN}^2)$、$C_y=\text{diag}(\sigma_{y1}^2,\sigma_{y2}^2,\cdots,\sigma_{yN}^2)$，则时延、相位差联合似然函数为

$$\Lambda(\boldsymbol{x})=p(\hat{\boldsymbol{t}},\hat{\boldsymbol{\psi}},\hat{\boldsymbol{\varphi}}|\boldsymbol{x})=p(\hat{\boldsymbol{t}}|\boldsymbol{x})p(\hat{\boldsymbol{\psi}}|\boldsymbol{x})p(\hat{\boldsymbol{\varphi}}|\boldsymbol{x})=C_0\exp\left(-\frac{1}{2}\Gamma(\boldsymbol{x})\right) \quad (3.282)$$

式中，C_0 为与目标位置坐标 x 无关的正数。

$$\Gamma(\boldsymbol{x})=[\hat{\boldsymbol{t}}-f(\boldsymbol{x})]^{\text{T}}C^{-1}[\hat{\boldsymbol{t}}-f(\boldsymbol{x})]+[\hat{\boldsymbol{\psi}}-g(\boldsymbol{x})]^{\text{T}}C_x^{-1}[\hat{\boldsymbol{\psi}}-g(\boldsymbol{x})]+ \\ [\hat{\boldsymbol{\varphi}}-h(\boldsymbol{x})]^{\text{T}}C_y^{-1}[\hat{\boldsymbol{\varphi}}-h(\boldsymbol{x})] \quad (3.283)$$

式中，$f:\mathbf{R}^2\to\mathbf{R}^N$，其第 i 个元素为 $f_i(\boldsymbol{x})=\|\boldsymbol{x}-\boldsymbol{x}_i\|/c$；

$g:\mathbf{R}^2\to\mathbf{R}^N$，其第 i 个元素 $g_i(\boldsymbol{x})=\kappa d_0(\boldsymbol{e}_1^{\text{T}}\boldsymbol{x}-x_i)/\|\boldsymbol{x}-\boldsymbol{x}_i\|$；

$h:\mathbf{R}^2\to\mathbf{R}^N$，其第 i 个元素 $h_i(\boldsymbol{x})=\kappa d_0(\boldsymbol{e}_2^{\text{T}}\boldsymbol{x}-y_i)/\|\boldsymbol{x}-\boldsymbol{x}_i\|$，其中，$\boldsymbol{e}_p\in\mathbf{R}^2$ 表示第 p 个元素为 1 的单位矢量。由式(3.282)得到时延、相位差参量联合定位的最大似然估计模型如下：

$$\hat{\boldsymbol{x}}=\arg\max_{\boldsymbol{x}}\Lambda(\boldsymbol{x})=\arg\min_{\boldsymbol{x}}\Gamma(\boldsymbol{x}) \quad (3.284)$$

求解式(3.284)所示的非线性优化问题，得到的最优解为目标位置的估计值 $\hat{\boldsymbol{x}}$。

长基线/超短基线组合定位系统测量的时延和相位差信息属于目标信号的两种特征参量，二者在对目标进行刻画时采用不同的角度，为目标位置的估计提供了更全面的信息。在系统节点具有一定冗余度的条件下，本节构建的联合定位模型将两类观测信息进行融合，有利于二者优势互补，其具体的定位性能主要受参量测量精度、目标位置等因素的综合影响。下面结合仿真实验进行具体分析。

3.4.4 仿真实验

(1)实验说明。

本节将通过仿真实验对基于时延、相位差融合(TOA-PDOA Fusion, TPDF)的组合基线定位方法的性能进行分析，考察其在不同参量测量误差、目标位置等条件下的定位精度。将定位均方根误差(Root Mean Square Error, RMSE)作为性能的评价标准，仿真中采用蒙特卡洛(Monte Carlo)实验统计定位均方根误差。设 Monte Carlo 实验次数为 N_{MC}，仿真中 $N_{\text{MC}}=1\,000$，$\text{RMSE}=\sqrt{E\{\|\boldsymbol{x}-\boldsymbol{x}_i\|^2\}}$。

(2)仿真条件。

组合定位系统布局如图 3.52 所示，观测区域为边长 $L=2\,000$ m 的方形。长基线/超短基线水声组合定位系统的定位节点数 $N=4$，以观测区域中心为坐标原点建立直角坐标系，各定位系统布阵参数见表 3.3。声信标发射中心频率为 $f_0=75$ kHz 的 CW 脉冲，各定位节点声基阵孔径为 $d_0=0.18$ m，水中声速为 $c=1\,500$ m/s。

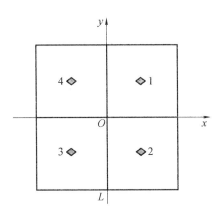

图 3.52 组合定位系统布局

表 3.3 定位系统布阵参数

定位节点	1	2	3	4
x 轴坐标	500	500	−500	−500
y 轴坐标	500	−500	−500	500

(3) 不同参量测量误差下 TPDF 方法的定位精度。

不同时延测量误差下定位精度比较如图 3.53 所示,图中给出了 TPDF 方法在相位差测量误差标准差 $\sigma_{xi}=\sigma_{yi}=10°$,时延测量误差标准差 $\sigma_i\in[2\ \text{ms},2\ \text{ms}]$ 条件下,分别对位于 x_a 和 x_b 两处的目标进行定位的均方根误差随时延测量误差的变化。不同相位差测量误差下定位精度的比较如图 3.54 所示,图中给出了 TPDF 方法在时延测量误差标准差 $\sigma_i=0.5\ \text{ms}$,相位差测量误差标准差 $\sigma_{xi}=\sigma_{yi}\in[2°,20°]$ 条件下,分别对位于 x_a 和 x_b 两处的目标进行定位的均方根误差随相位差测量误差的变化。这里,$x_a=[200\quad 300]^T$,$x_b=[600\quad 700]^T$,二者分别位于阵中心附近及阵外节点 1 附近。图 3.53 和图 3.54 中将 TPDF 方法定位精度与分别采用四个节点进行超短基线水声定位(图例中分别用 USBL1、USBL2、USBL3 和 USBL4 表示),以及长基线时延交汇定位(图例中用 LBL 表示)的均方根误差进行比较。

图 3.53(a)中,目标位于阵中心附近,当时延精度较高时,TPDF 的定位误差接近 LBL 定位误差,且明显低于 USBL1 定位误差;随着时延测量误差的增大,LBL 相对 USBL1 定位的优势减小,TPDF 定位精度明显优于 LBL 定位精度。图 3.53(b)中,目标位于节点 1 附近,当 $\sigma_i\in[0.5\ \text{ms},2\ \text{ms}]$ 时,TPDF 的定位精度高于 USBL1,且二者均优于 LBL。

图 3.54(a)中,目标位于阵中心附近,随着相位差测量误差的增大,TPDF 定位误差逐渐靠近 LBL 定位误差;图 3.54(b)中,目标位于节点 1 附近,当相位差精度较高时,TPDF 的定位误差接近 USBL 定位误差,且低于 LBL 定位误差;随着相位差测量误差的增大,TPDF 定位误差逐渐靠近 LBL 定位误差。综合可见,TPDF 方法的定位精度同时受到时延、相位差测量精度的相互关系及目标与节点的相对位置的影响。一般地,当两种参量测量精度的相互关系使得 LBL 定位与 USBL 定位性能相当(图 3.53(a)中目标位于阵

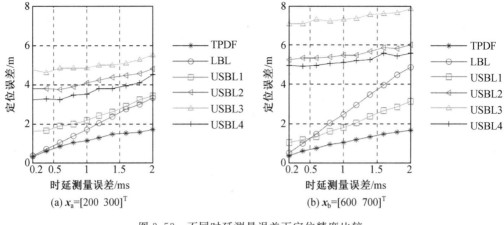

图 3.53　不同时延测量误差下定位精度比较

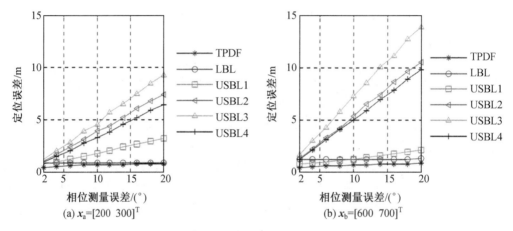

图 3.54　不同相位差测量误差下定位精度的比较

中心附近，时延误差为 2 ms)或具有很强互补性(图 3.53(b)中目标位于节点 1 附近，时延误差为 2 ms)时，TPDF 方法定位性能明显优于传统 LBL 定位、USBL 定位。其余情况下，TPDF 方法的精度通常接近于二者中精度较高的方法。总结可见，采用 TPDF 方法有利于保证整个观测区域内的定位精度。

此节提出了一种长基线/超短基线组合定位方法，该方法通过构造最大似然准则下的定位优化模型，将时延、相位差参量进行融合，有效提高系统定位精度。而该方法并未考虑参量的可靠性问题，实际的水声环境十分复杂，系统可能会受到诸如节点硬件故障、障碍物反射、短期尖峰干扰、恶意攻击等多种因素的影响而出现时延或相位差测量误差过大甚至毫无意义等问题。此时，测量数据中存在与数据模型或一般规律不符合的对象，将这类与其他数据不一致的低可靠性数据对象称为异常数据。如果不区分正常的和异常的测量数据，直接利用所有测量值进行最大似然定位，异常参量会导致严重的估计偏差，进而导致定位性能急剧恶化，甚至造成整个系统瘫痪。因此，严苛的应用场景对水声定位系统的容错性和可靠性提出了较高的要求。

3.4.5 组合基线系统抗异常参量定位技术

本节提出一种适用于多参量定位的抗异常值方法——基于k-Means聚类和决策融合(k-Means Clustering and Decision Fusion,KMCDF)的抗异常参量定位方法。该方法的基本思想如下。

首先,利用长基线/超短基线组合测量系统观测的时延、相位差参量通过不同定位算法对目标进行初步定位,得到一组目标位置的初测值;其次,根据初测结果的聚集性,采用k-Means聚类算法将其分为两类;最后,通过初测值与参量间的映射关系及其所属类别利用决策融合理论对参量的状态进行评估,并除去处于异常状态的参量,从而实现对水下目标的可靠精确定位。

1. 目标位置初测

本节方法的理论基础是各节点观测数据之间的相容性,具体地,处于正常测量状态的数据之间是相容的,而处于异常测量状态的数据与其他处于正常的和异常的测量状态的数据之间是不相容的,通过检查相容性,可以对异常参量进行检测和判别。进一步地,将测量数据分成若干子集,每个子集都进行目标位置的估计,则估计值之间的聚集度是对应的观测数据之间相容性的直观体现。换言之,由正常数据得到的目标位置估计值通常聚集在目标真实位置附近,而由异常数据得到的估计值通常远离其他估计值。下面通过定位系统各节点测量的时延值$\hat{t}_i$、相位差值$\hat{\psi}_i$和$\hat{\varphi}_i$及节点位置$\boldsymbol{x}_i=[x_i \quad y_i]^\mathrm{T}(i=1,2,\cdots,N)$,分别按照不同的定位方法对目标位置进行初步测量,得到一组目标位置坐标初测值,这里先假设各观测量均处于正常状态。

(1)单节点超短基线定位。

单节点超短基线定位观测方程为

$$\hat{t}_i = \frac{\|\boldsymbol{x}-\boldsymbol{x}_i\|}{c} + \xi_i \tag{3.285}$$

$$\hat{\psi}_i = \kappa d_0 \frac{x-x_i}{\|\boldsymbol{x}-\boldsymbol{x}_i\|} + \delta_i, \quad i=1,2,\cdots,N \tag{3.286}$$

$$\hat{\varphi}_i = \kappa d_0 \frac{y-y_i}{\|\boldsymbol{x}-\boldsymbol{x}_i\|} + \varepsilon_i \tag{3.287}$$

由上面方程组可得目标位置预估值为

$$\boldsymbol{x}_i^\mathrm{U} = [x_i^\mathrm{U} \quad y_i^\mathrm{U}]^\mathrm{T}$$

式中

$$\begin{cases} x_i^\mathrm{U} = \dfrac{R_i \hat{\psi}_i}{\kappa d_0} + x_i \\ y_i^\mathrm{U} = \dfrac{R_i \hat{\varphi}_i}{\kappa d_0} + y_i \end{cases}, \quad i=1,2,\cdots,N \tag{3.288}$$

式中,上角标"U"表示超短基线定位;R_i为目标斜距估计值,$R_i=c\hat{t}_i$。x_i^U是由第i个节点观测值估计得到的,将其对应的节点序号记为$S_i^\mathrm{U}=i$,则可得$x_i^\mathrm{U}(i=1,2,\cdots,N)$对应的节

点序号矢量为 $\boldsymbol{S}^{\mathrm{U}} = [S_1^{\mathrm{U}} \quad S_2^{\mathrm{U}} \quad \cdots \quad S_N^{\mathrm{U}}]^{\mathrm{T}}$。

(2)双节点长基线纯方位交汇定位。

双节点长基线纯方位交汇定位观测方程为

$$\theta_i = \arctan \frac{y - y_i}{x - x_i} \tag{3.289}$$

$$\theta_j = \arctan \frac{y - y_i}{x - x_i} \tag{3.290}$$

式中,$i,j = 1,2,\cdots,N; i \neq j$。

求解上面方程组可得目标位置预估值为

$$\boldsymbol{x}_n^{\mathrm{LD}} = [x_n^{\mathrm{LD}} \quad y_n^{\mathrm{LD}}]^{\mathrm{T}}, \quad n = 1,2,\cdots,N^{\mathrm{LD}}$$

式中,上角标"LD"表示长基线纯方位交汇定位,$N^{\mathrm{LD}} = C_N^2$ 表示从 N 个节点中选取 2 个定位节点的组合数;θ_i 为目标水平方位角估计值,$\theta_i = \arctan \frac{\hat{\varphi}_i}{\psi_i}$。

$\boldsymbol{x}_n^{\mathrm{LD}}$ 是由第 i 个节点和第 j 个节点的观测值估计得到的,将其对应的节点序号矢量记为 $\boldsymbol{S}_n^{\mathrm{LD}} = [i \quad j]^{\mathrm{T}}$,则可得 $\boldsymbol{x}_n^{\mathrm{LD}}(n = 1,2,\cdots,N^{\mathrm{LD}})$ 对应的节点序号矩阵为

$$\boldsymbol{S}^{\mathrm{LD}} = [S_1^{\mathrm{LD}} \quad S_2^{\mathrm{LD}} \quad \cdots \quad S_{N^{\mathrm{LD}}}^{\mathrm{LD}}]^{\mathrm{T}}$$

(3)双节点长基线时延交汇定位。

双节点长基线时延交汇定位观测方程为

$$\begin{cases} \|\boldsymbol{x} - \boldsymbol{x}_i\| = R_i \\ \|\boldsymbol{x} - \boldsymbol{x}_j\| = R_j \end{cases}, \quad i,j = 1,2,\cdots,N; i \neq j \tag{3.291}$$

求解式(3.291)可得目标位置预估值为

$$\boldsymbol{x}_n^{\mathrm{L}} = [x_n^{\mathrm{L}} \quad y_n^{\mathrm{L}}]^{\mathrm{T}} \quad (n = 1,2,\cdots,N^{\mathrm{L}})$$

式中,上角标"L"表示双节点长基线时延交汇定位;$N^{\mathrm{L}} = C_N^2$ 表示从 N 个节点中选取两个定位节点的组合数。

这里需要说明的是,利用双节点的时延信息进行定位,理论上可以得到两个目标位置估计值,实际中利用观测区域内节点布放的几何约束、节点测量的目标方位等信息判断得到唯一解。$\boldsymbol{x}_n^{\mathrm{L}}$ 是由第 i 个节点和第 j 个节点的观测值估计得到的,将其对应的节点序号矢量记为 $\boldsymbol{S}_n^{\mathrm{L}} = [i \quad j]^{\mathrm{T}}$,则可得 $\boldsymbol{x}_n^{\mathrm{L}}(n = 1,2,\cdots,N^{\mathrm{L}})$ 对应的节点序号矩阵为

$$\boldsymbol{S}^{\mathrm{L}} = [S_1^{\mathrm{L}} \quad S_2^{\mathrm{L}} \quad \cdots \quad S_{N^{\mathrm{L}}}^{\mathrm{L}}]^{\mathrm{T}}$$

(4)三节点长基线时延交汇定位。

三节点长基线时延交汇定位观测方程为

$$\begin{cases} \|\boldsymbol{x} - \boldsymbol{x}_i\| = R_i \\ \|\boldsymbol{x} - \boldsymbol{x}_j\| = R_j, \quad i,j = 1,2,\cdots,N; i \neq j \neq k \\ \|\boldsymbol{x} - \boldsymbol{x}_k\| = R_k \end{cases} \tag{3.292}$$

求解上面方程组可得目标位置估计值为

$$\boldsymbol{x}_l^{\mathrm{L'}} = [x_l^{\mathrm{L'}} \quad y_l^{\mathrm{L'}}]^{\mathrm{T}}, \quad l = 1,2,\cdots,N^{\mathrm{L'}}$$

式中,上角标"L'"表示三节点长基线时延交汇定位;$N^{\mathrm{L'}} = C_N^3$ 表示从 N 个节点中选取 3

个节点的组合数。

这里需要说明的是,当选取的 3 个节点不位于一条直线上时,利用三节点的时延信息进行定位可以得到目标位置的唯一估计值;当选取的 3 个节点位于一条直线上时,与双节点时延交汇定位类似,也面临双解模糊问题,同样可以利用其他信息判断得到唯一解。$x_l^{L'}$ 是由第 i、j 和 k 个节点的观测值得到的,将其对应的节点序号矢量记为

$$S_l^{L'} = [i \quad j \quad k]^T$$

则可得 $x_l^{L'}(l=1,2,\cdots,N^{L'})$ 对应的节点序号矩阵为

$$S_l^{L'} = [S_1^{L'} \quad S_2^{L'} \quad \cdots \quad S_{N^{L'}}^{L'}]^T$$

综上,分别按照上述四种定位方法一共可以测算得到 $M = N + N^{LD} + N^L + N^{L'}$ 个目标位置的预估值 $x_1^U, \cdots, x_N^U, x_1^{LD}, \cdots, x_{N^{LD}}^{LD}, x_1^L, \cdots, x_{N^L}^L, x_1^{L'}, \cdots, x_{N^{L'}}^{L'}$,统一记为

$$q_m = [x_m \quad y_m]^T, \quad m = 1, 2, \cdots, M$$

2. 初测坐标聚集度分析

下面,对目标位置坐标初测值 $q_m = [x_m \quad y_m]^T (m=1,2,\cdots,M)$ 之间的聚集度进行分析,这里采用坐标之间的欧氏距离描述初测值间的聚集程度,定义矩阵 $A = [a_{mp}]_{M \times M}$,则

$$a_{mp} = \| q_m - q_p \|, \quad m = 1, 2, \cdots, M; p = 1, 2, \cdots, M \tag{3.293}$$

将矩阵 A 中元素的最大值记为 $A_{\max}$,则 $A_{\max}$ 描述了初测值的离散范围。定义参数 ρ($\rho > 0$),衡量正常状态下由变量测量误差导致的目标初测值的整体聚集程度,那么当观测值处于正常测量状态时,$A_{\max}$ 通常在一定范围内,一般地,有 $A_{\max} \leqslant \rho$;当存在观测值处于异常测量状态时,易导致 $A_{\max} > \rho$,因此可以利用 ρ 作为阈值来初步判断各节点观测量的测量状态,ρ 的取值可以结合参量测量误差模型、目标位置初测所采用的定位模型等因素进行预先设定。如果 $A_{\max} \leqslant \rho$,则判定 $s_i, s_{xi}, s_{yi} = 1$,即参量均处于正常测量状态。如果 $A_{\max} > \rho$,则可能存在异常参量,接下来重点对这种情况展开研究。

根据初测坐标间的聚集度可将其分为两类 $\{C_1, C_2\}$,其中 C_1 为聚集度较高的一组初测值的类标,C_2 为其余初测值的类标。具体方法如下。

首先,考虑到参量异常直接影响定位观测方程的可解性及结果的有效性,将观测方程无解及定位结果明显偏离观测区域的情况均视作无效初测值,对应类标均为 C_2,为便于统一表示,存在无效解时令 $A_{\max} = \infty$。去除无效解后余下的初测值记为 $A'_{\max}$,且 $A'_{\max} \leqslant A_{\max}$。如果 $A'_{\max} \leqslant \rho$,则 $q'_{m'}$ 的类标均为 C_1,结合无效解的类标 C_2,则可以综合得到 M 个初测坐标 $q_m (m=1,2,\cdots,M)$ 对应的类标序列,记为 $c_m (m=1,2,\cdots,M)$,且 $c_m \in \{C_1, C_2\}$。

如果 $A'_{\max} > \rho$,则需要将 $q'_{m'} (m'=1,2,\cdots,M')$ 进一步划分为两组,且保证类标为 C_1 的一组初测坐标间欧氏距离不超过阈值 ρ。聚类分析是一种以各聚集内部数据对象间的相似度最大化,而各聚集对象间相似度最小化为基本原则的无监督学习方法。k-Means 聚类算法是一种广泛应用的聚类启发算法,该算法在发现具有类似大小和密度的圆形或球状聚类时工作得很好,但不适合用于发现非凸形状,或具有各种不同大小的聚类。考虑到在定位参量状态不确定的情况下,对低聚集度的初测坐标进行 k-Means 聚类。

数据间支持度矩阵能够描述一组测量数据之间相互支持的程度,由初测坐标间距离矩阵 $A' = [a'_{m'p'}]_{M' \times M'}$ 可以定义支持度矩阵 $B'_{M' \times M'} = [b'_{m'p'}]_{M' \times M'}$,则

$$B = U - \frac{A'}{A'_{\max}} \tag{3.294}$$

式中，U 为元素均为 1 的 $M' \times M'$ 矩阵。

由式(3.294)可见，两初测值间支持度随二者距离的增大而线性减小，$a'_{m'p'} \in [0, A'_{\max}]$ 时，$b_{m'p'} \in [0,1]$。将支持度矩阵 B 的第 m' 行元素进行线性组合可以得到各初测坐标对于 $q'_{m'}$ 的综合支持度，记为 $w_{m'} = \sum_{p'=1}^{M'} v_{p'} b_{m'p'}$，又 $\sum_{m'=1}^{M'} w_{m'} = 1$，经过推导可得

$$w_{m'} = \frac{v_{m'}}{\sum_{m'=1}^{M'} v_{m'}} \tag{3.295}$$

式中，$v_{m'}$ 为矩阵 B 最大模特征值对应的特征矢量 $v_{m'}$ 的第 m' 个元素，从而可以得到各初测坐标的综合支持度 $w_1, w_2, \cdots, w_{M'}$。初测坐标的综合支持度越大，表示其与其他初测坐标的距离越小，即与其他坐标的聚集度越大。由前面的分析可知，由正常参量得到的初测坐标一般聚集在目标真实位置附近，而由异常参量得到的初测坐标一般远离其他坐标，因此前者的综合支持度一般高于后者。基于此，可以根据综合支持度的高低将初测坐标划分为聚集度不同的两组，且不受初测坐标空间分布的限制。此外，考虑到异常数据可能会影响 $k-$Means 算法对数据分布的估计，采用阈值 ρ 对聚类结果进行约束，以降低该算法对异常数据的敏感度，从而实现任意聚集形状的初测坐标的合理划分。

下面给出当 $A'_{\max} > \rho$ 时，对初测坐标 $q'_{m'} (m' = 1, 2, \cdots, M')$ 进行 $k-$Means 聚类以将其划分为 $k = 2$ 个子集的具体过程。初测坐标 $q'_{m'} (m' = 1, 2, \cdots, M')$ 构成 M' 个对象的数据集，其中各个对象是利用其综合支持度作为属性来进行描述的，对应的数据矩阵为 $[w_1 \quad w_2 \quad \cdots \quad w_{M'}]^T$。

(1) 从数据库中任意选择两个对象作为初始聚类中心。

(2) 利用两个对象之间的 Manhattan 距离来度量对象间相似度。计算每个对象与中心对象的相似度，并根据最大相似度重新对相应对象进行划分。

$$f(q'_{m'}, q'_{p'}) = |w_{m'} - w_{p'}|, \quad m' = 1, 2, \cdots, M'; p' = 1, 2, \cdots, M' \tag{3.296}$$

(3) 重新计算每个有变化的聚类的中心对象，即聚类中对象的均值。

(4) 循环(2)到(3)直到均方差标准测度函数收敛为止，即

$$E = \sum_{j=1}^{k} \sum_{q \in C_j} |q - m_j|^2 \tag{3.297}$$

式中，E 为数据库中所有对象的均方差之和；q 为对象的空间中的一个点；m_j 为聚类 C_j 的均值。从而得到两个聚类，将均值较大的聚类记为 C_1，均值较小的聚类记为 C_2。

(5) 参考式(3.293)的方式计算类标为 C_1 的聚类中初测坐标之间的欧氏距离，如果最大距离超过阈值 ρ，则将该聚类中的初测坐标作为新的聚类对象，循环(1)~(5)，直至得到的 C_1 类中初测坐标间最大距离不超过阈值 ρ。

(6) 将其余初测坐标均划分到 C_2 类，则最初的 M' 个数据对象最终被聚合为两个聚类，对象 $q'_{m'}$ 对应的类标为 $c'_{m'} (m' = 1, 2, \cdots, M')$，且 $c'_{m'} \in \{C_1, C_2\}$。

在此基础上再结合无效解的类标 C_2，则可以综合得到 M 个初测坐标 $q_m (m = 1, 2, \cdots, M)$ 对应的类标序列为 $c_m (m = 1, 2, \cdots, M)$，且 $c_m \in \{C_1, C_2\}$。

3. 参量状态估计

表 3.4 给出了节点数 $N=3$ 时不同目标位置初测值对应的节点序号、参量序列、类标 $c_m(m=1,2,\cdots,M;M=10)$，以及参量状态局部决策矢量。

表 3.4 节点序号、参量序列、类标及参量状态局部决策矢量对应关系

定位算法	节点序号	参量序列	类标	参量状态局部决策矢量
单节点超短基线	$S_1^U=1$	$\hat{t}_1,\hat{\psi}_1,\hat{\varphi}_1$	c_1	$[Q_1^{(1)} \quad Q_{x1}^{(1)} \quad Q_{y1}^{(1)}]^T$
	$S_2^U=2$	$\hat{t}_2,\hat{\psi}_2,\hat{\varphi}_2$	c_2	$[Q_2^{(1)} \quad Q_{x2}^{(1)} \quad Q_{y2}^{(1)}]^T$
	$S_3^U=3$	$\hat{t}_3,\hat{\psi}_3,\hat{\varphi}_3$	c_3	$[Q_3^{(1)} \quad Q_{x3}^{(1)} \quad Q_{y3}^{(1)}]^T$
双节点方位交汇	$S_1^{LD}=[1 \quad 2]^T$	$\hat{\psi}_1,\hat{\varphi}_1,\hat{\psi}_2,\hat{\varphi}_2$	c_4	$[Q_{x1}^{(2)} \quad Q_{y1}^{(2)} \quad Q_{x2}^{(2)} \quad Q_{y2}^{(2)}]^T$
	$S_2^{LD}=[1 \quad 3]^T$	$\hat{\psi}_1,\hat{\varphi}_1,\hat{\psi}_3,\hat{\varphi}_3$	c_5	$[Q_{x1}^{(3)} \quad Q_{y1}^{(3)} \quad Q_{x3}^{(2)} \quad Q_{y3}^{(2)}]^T$
	$S_3^{LD}=[2 \quad 3]^T$	$\hat{\psi}_2,\hat{\varphi}_2,\hat{\psi}_3,\hat{\varphi}_3$	c_6	$[Q_{x2}^{(3)} \quad Q_{y2}^{(3)} \quad Q_{x3}^{(3)} \quad Q_{y3}^{(3)}]^T$
双节点时延交汇	$S_1^L=[1 \quad 2]^T$	$\hat{t}_1,\hat{t}_2$	c_7	$[Q_1^{(2)} \quad Q_2^{(2)}]^T$
	$S_2^L=[1 \quad 3]^T$	$\hat{t}_1,\hat{t}_3$	c_8	$[Q_1^{(3)} \quad Q_3^{(2)}]^T$
	$S_3^L=[2 \quad 3]^T$	$\hat{t}_2,\hat{t}_3$	c_9	$[Q_2^{(3)} \quad Q_3^{(3)}]^T$
三节点时延交汇	$S^{L'}=[1 \quad 2 \quad 3]^T$	$\hat{t}_1,\hat{t}_2,\hat{t}_3$	c_{10}	$[Q_1^{(4)} \quad Q_2^{(4)} \quad Q_3^{(4)}]^T$

由表 3.4 可以直接根据各个目标位置初测值的类标对参量状态进行局部判决，规则为当 $c_m=C_1$ 时，对应的参量状态局部决策矢量的元素均为 1，否则元素均为 0。例如，当 $c_1=C_1$ 时，$[Q_1^{(1)} \quad Q_{x1}^{(1)} \quad Q_{y1}^{(1)}]^T=[1 \quad 1 \quad 1]^T$，表示根据初测坐标 q_1 的类标 c_1 得到的局部判决结果参量 $\hat{t}_1,\hat{\psi}_1,\hat{\varphi}_1$ 均处于正常测量状态。

对各个参量的局部判决结果进行融合，可以得到该参量的全局决策结果，以参量 $\hat{t}_1$ 为例进行具体说明。表 3.4 中的参量状态局部决策矢量 $[Q_1^{(1)} \quad Q_{x1}^{(1)} \quad Q_{y1}^{(1)}]^T$、$[Q_1^{(2)} \quad Q_2^{(2)}]^T$、$[Q_1^{(3)} \quad Q_3^{(2)}]^T$ 和 $[Q_1^{(4)} \quad Q_2^{(4)} \quad Q_3^{(4)}]^T$ 中均包含对参量 $\hat{t}_1$ 所处测量状态的局部判决结果，构成参量状态局部决策矢量为 $\boldsymbol{Q}_1=[Q_1^{(1)} \quad Q_1^{(2)} \quad Q_1^{(3)} \quad Q_1^{(4)}]^T$，融合中心采用 OR 规则进行决策融合，得到 $\hat{t}_1$ 状态的全局决策，即

$$\hat{s}_1=g(\boldsymbol{Q}_1)=\begin{cases} 0, & \boldsymbol{Q}_1=\boldsymbol{O} \\ 1, & \text{其他} \end{cases} \quad (3.298)$$

式中，g 为决策融合算子，$\boldsymbol{O}$ 为零矢量。式(3.298)的物理意义是当由参量 $\hat{t}_1$ 得到的初测值均归属于 C_2 聚类，即均远离其他初测值时，判决其与其他参量不相容，即处于异常状态，有 $\hat{s}_1=0$，否则 $\hat{s}_1=1$。同理可得各时延、相位差参量的状态评估结果 $\hat{s}_i,\hat{s}_{xi},\hat{s}_{yi}(i=1,2,\cdots,N)$，进而对式(3.284)所示优化问题进行修正，排除异常参量的影响，仅采用正常参量对目标进行定位，最终实现可靠高精度位置估计。

KMCDF 方法首先通过对系统测量的时延、相位差参量进行子集划分并采用多种定位算法估计得到一组目标位置初测值，在此基础上进行聚集度分析从而识别异常参量。

本节前面给出的子集划分方法相当于穷举一定节点数目(不超过 3 个)的所有参量子集，能够为目标位置信息提供较大的冗余，但是当系统节点总数较多时，需要进行多次定位解算，计算量较大。实际应用中，可以结合系统节点规模、运算效率、参量测量状态的历史信息等因素，在保证足够冗余度的条件下适当减少划分参量子集的个数以满足系统快速精确可靠定位的需求。

3.5 本章小结

本章首先介绍了长基线水声定位系统，阐述了长基线水声定位系统的定位解算方法及几种应用模式。根据详细介绍的定位解算过程可知，定位解算的关键是要通过时延信息等获得定位目标与海底应答器阵或母船之间的距离，根据这个目标来决定询问应答的步骤。其中，应答器的位置需要是已知的，直接参与待测目标的位置运算，所以应答器位置的测量精度在长基线水声定位系统中是很重要的。因此，本章接着介绍了在各种情况下海底应答器阵的校准方法。之后，为了读者更加理解长基线水声定位系统，本章详细介绍了一个实例，通过对实例的系统组成、定位解算、相对位置测定、声速补偿及数据预处理等方面的分析，展示了长基线水声定位系统在工程应用上的处理方式。

接下来对短基线水声定位系统的组成、定位解算过程和位置修正的方法进行了介绍，并对定位误差做出了分析。与长基线水声定位系统不同的是，短基线水声定位系统的基阵装载在待测目标上，而待测目标在实际行驶过程中会有纵、横摇的情况，因此需要对基阵平面坐标系进行修正。之后，本章对基阵的校准方法、姿态修正算法、距离模糊等进行了介绍，又结合实例介绍了短基线水声定位系统的实际应用。短基线水声定位系统也可以像长基线水声定位系统一样布设在海底，用若干个短基线水声定位系统进行接力便可以用来测量水下高速运动目标的全程运动轨迹。

在介绍短基线水声定位系统之后，本章介绍了定位方式与长基线水声定位系统和短基线水声定位系统不太相同的超短基线水声定位系统，先介绍了超短基线水声定位的系统组成并概括了超短基线水声定位系统的定位解算方式，其中就引出了测向的定位方式。由于测向的定位方式离不开相位差的获取，本章接着介绍了相位差的测量方法并进行了相应的分析。之后根据超短基线水声定位系统的特点分析了影响其定位精度的因素，并提出了目前能够提高超短基线水声定位系统精度的措施。不同的措施在提高精度的同时也带来了一些问题，加大尺寸则需要解决相位测量模糊的问题，若采用宽带信号需要提高测时的精度。但是对其他性能的要求并不过高，所以在实际应用中需要选择较为折中的方案。然后，由于超短基线水声定位系统基阵尺寸特别小，系统误差的校准特别重要，因此介绍了超短基线水声定位系统的标校。接着分别介绍和分析了基元相位差校准和海上校准。在定位过程中，因为是先得到基阵坐标系中的相对位置，再进行坐标转换的，所以没有经过校准的系统在进行坐标转换时产生了极大的误差。

根据前面的介绍可知，传统水下定位方式都有着各自的优缺点。因此，把它们结合在一起进行组合定位，每种定位方式都能够扬长避短，定位精度得到了较大的提升。现在已经有了多种组合定位方式，本章着重介绍了实用较多的长基线/超短基线组合定位系统，结合仿真分析了其结构组成和定位精度。组合定位已经成为目前定位的趋势,吸引着越来越多相关领域的学者。

本章参考文献

[1] 田坦. 水下定位与导航技术[M]. 北京:国防工业出版社,2007.

[2] 王燕,梁国龙. 一种适用于长基线水声定位系统的声速修正方法[J]. 哈尔滨工程大学学报,2002,23(5):32-34.

[3] 田坦,刘国枝,孙大军. 声呐技术[M]. 哈尔滨:哈尔滨工程大学出版社,2000.

[4] MILNE P H. Underwater acoustic positioning systems[M]. United States: E. &F. N. Spon Lid. ,1983.

[5] 乌立克. 水声原理[M]. 洪申,译. 哈尔滨:哈尔滨船舶工程学院出版社,1990.

[6] 田坦,惠俊英. 长基线水声应答器导航系统[J]. 船工学报,1981(1):41-52.

[7] 中国科学院沈阳计算技术研究所. 电子计算机常用算法[M]. 北京:科学出版社,1976.

[8] 刘波胜. 海水介质中声波传播时间和传播距离间的一个近似关系[J]. 船工科技,1977(3):29-32.

[9] 刘国枝. 短基线水下定位系统数据的硬件预处理[J]. 声学学报,1990(4):246-250.

[10] 田坦,丁育中,姚兰. 便携式高精度水下高速运动体三维轨迹测量系统[J]. 声学学报,1991(5):371-379.

[11] 金博楠,徐晓苏,张涛,等. 超短基线定位技术及在海洋工程中的应用[J]. 导航定位与授时,2018,5(4):8-20.

[12] WIDROW B,STEARNS S D. Adaptive signal processing[M]. Hamilton: Prentice-Hall, Inc. ,1985.

[13] 蔡平,梁国龙,惠俊英,等. 采用自适应相位计的超短基线水声跟踪系统[J]. 应用声学,1992,12(2):19-23.

[14] 刘松强. 数字信号处理系统及其应用[M]. 北京:清华大学出版社,1996.

[15] 叶小亚. 超短基线定位系统研究[D]. 哈尔滨:哈尔滨工程大学,1993.

[16] 喻敏. 长程超短基线定位系统研制[D]. 哈尔滨:哈尔滨工程大学,2006.

[17] 蔡平,梁国龙,惠俊英. 界面反射对超短基线水声定位系统的影响[J]. 声学学报,1993,18(6):420-429.

[18] 麦克道纳夫,惠伦,乌立克. 噪声中的信号检测[M]. 王德石,译. 2版. 北京:电子工业出版社,2006.

[19] 鞠德航,林可祥,陈捷. 信号检测理论导论[M]. 北京:科学出版社,1977.

[20] AUSTIN T C. The application of spread spectrum signaling techniques to underwater acoustic navigation [C]//Massachusetts: Proceedings of the 1994 Symposium on Autonomous Underwater Vehicle Technology,1994:443-449.

[21] 刘丽. 水下声通信技术研究[D]. 哈尔滨:哈尔滨工程大学,1996.

[22] OPDERBECKE J. At-sea calibration of a USBL underwater vehicle positioning system[C]. Halifax: Ocean's 97 MTS/IEEE Conference Proceedings, 1997, 721-726.

[23] WASTEN M, LOGGINS C, OCHI Y T. A new high accuracy super short base line (SSBL) system[C]. Nice, France: Ocean's 98 MTS/IEEE Conference Proceedings, 1998, 210-215.

[24] 郑翠娥. 超短基线定位技术在水下潜器对接中的应用研究[D]. 哈尔滨:哈尔滨工程大学,2008.

[25] 兰华林. 深海水声应答器定位导航技术研究[D]. 哈尔滨:哈尔滨工程大学,2008.

[26] 张贤达. 现代信号处理[M]. 2版. 北京:清华大学出版社,2002.

[27] 李晴. 水下目标高帧率长基线/超短基线组合精确定位关键技术研究[D]. 哈尔滨:哈尔滨工程大学,2018.

[28] 喻敏. 长程超短基线定位系统研制[D]. 哈尔滨:哈尔滨工程大学,2005.

[29] 王燕. 非合作目标精确定位技术研究[D]. 哈尔滨:哈尔滨工程大学,2006.

[30] 付进. 长基线定位信号处理若干关键技术研究[D]. 哈尔滨:哈尔滨工程大学,2007.

[31] 孔凡天. 无线传感器网络节点定位与数据融合技术研究及实现[D]. 武汉:华中科技大学,2006.

[32] 王晓丽. 基于雷达组网提高空中目标航迹测量精度的数据融合方法研究[D]. 成都:电子科技大学,2012.

第 4 章　水下重力/磁力匹配定位技术

4.1　概　　述

近年来,世界各国稳步加强了探索海洋资源的步伐。伴随着快速发展的水下定位导航技术及不断完善的海洋基础设施,水下定位技术的革新悄然加快。目前,被广泛应用的水下声学定位技术效果突出,覆盖范围大且精度较高,但技术原理与工作方式决定了其不能很好地满足载体的隐蔽性,因此该技术在特殊情况下具有致命弱点。地形匹配定位技术因需要采取声呐装置获取地形信息,同样易于暴露,并且在地形变化不明显区域或景象缺乏分辨力的区域中,定位工作也会受到极大限制。在此基础上,从海洋地球自身特有的物理场角度出发,重力匹配定位技术和磁力匹配定位技术逐步掀开帷幕。

重力/磁力匹配定位技术以地球基本物理场为技术背景,并通过一定的技术方法测量物理场的背景数据,实现特定情况下的定位导航功能。因此,重力/磁力匹配定位技术离不开地球磁力场(earth magnetic field)和地球重力场(earth gravity field)。地球磁力场是以地球为磁体,并于周围空间分布的磁场。地球磁力场模型如图 4.1 所示。

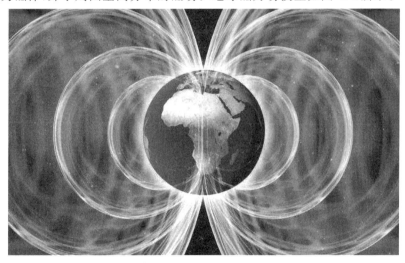

图 4.1　地球磁力场模型

地球磁力场的磁南极大致指向地球地理北极,而磁北极指向地球地理位置上的南极附近。地球磁力场在地球赤道附近的磁场方向呈水平方向,而两极附近的磁场方向与地表垂直。从整体的地球磁力场强度方面来看,从地球的两极到赤道的趋势是由强到弱,即高纬度区域的磁场强度高,低纬度区域的磁场强度低,赤道周围的区域地球磁场强度最弱,地球南北两极区域磁场强度最强。据研究发现,地球磁力场不是一成不变的,其不仅强度不恒定,而且磁极也在发生变化,每隔一段时间就会发生一次磁极倒转现象。法国科学家布律内曾于 20 世纪初发现,70 万年前地球磁场发生过倒转。日本科学家松山基范于 1928 年也得到过一致的研究结果。根据地球磁场起源理论,地球磁场磁极发生倒转是因为地核自转角速度发生变化。

地球磁力场是矢量场,同时也是关于空间位置的函数。近地空间上的任意一点在理论上都有唯一的磁场矢量与之对应,也正因为有这一点作为基础铺垫,磁力匹配定位技术才得以实现。从匹配特征信息来看,地磁匹配不仅具有地磁场强度信息,还具有磁场角度信息,可以作为匹配信息,能够为定位导航技术提供丰富的信息参照。

在重力/磁力匹配定位技术中,主要使用重力仪和磁力仪等硬件设备来测量地球重力场和地球磁力场数据。磁力仪是测量磁场强度和方向的仪器的统称。测量地磁场强度的磁力仪可分为绝对磁力仪和相对磁力仪两类。主要用途是进行磁异常数据采集及测定岩石磁参数。从 20 世纪开始,磁力仪经历了从简单机械原理到复杂机械原理再到现代电子技术的发展过程。利用磁力仪在地面上进行地磁测量,一般使用磁偏角仪测量地磁偏角(由天文观测测定地理真北),使用石英丝水平强度磁力仪测量地磁水平强度,使用质子旋进磁力仪测量地磁总强度。用这样一组仪器进行测量,不仅速度快,而且精度高。利用船舶携带仪器在海洋进行的地磁测量主要有三种形式:①在无磁性船舶上安装地磁仪器;②用普通船舶拖曳磁力仪在海洋上测量;③把海底磁力仪沉入海底进行测量。不同的测量方式可以针对不同的场景,各有利弊。

根据万有引力定律,任何两个质点都存在通过其连心线方向上的相互吸引的力,地球与其表面物体也不例外,在其间会形成一种相互吸引的力,这个力与地球对其表面物体产生离心力的组合,称为重力。地球重力场则是地球重力作用的空间,同样是地球的基本物理场之一。通常可以将地球重力场表示为地球表面附近的地球引力场。在地球重力场中,每一点所受重力的大小和方向只与该点的位置有关,并且与其他力场(如磁场、电场)一样,地球重力场也有重力、重力线、重力位和等位面等要素。研究地球重力场,就是研究这些要素的物理特征和数学表达式,并以重力位理论为基础,将地球重力场分解成正常重力场和异常重力场两部分进行研究。地球重力场是重力势的梯度,可通过重力测量、天文大地测量和观测人造地球卫星轨道的扰动来求得。

由于地球重力场和地球磁力场在物理层面上比较类似,所以重力、磁力匹配定位技术的方法与理论也相似,具有相互借鉴的作用,都是以地球固有的重力特征或地磁特征为匹配背景,通过一定的方法在背景图中搜索匹配区域,从而实现精准定位。

重力仪是测量重力加速度的仪器,一般分为绝对重力仪和相对重力仪。绝对重力仪用于绝对重力测量,直接测量重力加速度值,相对重力仪测量重力加速度的相对值(重力异常),主要用于重力勘探。重力仪通常指相对重力仪,其基本原理是,弹性体在重力作用下发生形变,弹性体的弹性力与重力平衡时,弹性体处于某一平衡位置。当重力变化时弹性体的平衡位置则改变,观测两次平衡位置的改变量,即可测定两点的重力差。目前,广泛使用的重力仪是金属弹簧重力仪和石英弹簧重力仪。根据所测量物理量的不同,重力测量分为动力法和静力法两大类,动力法观测的是物体的运动状态(时间与路径),用以测定重力的全值,即绝对重力值(早期的摆仪也可用于相对测量);静力法则是观测物体在重力作用下静力平衡位置的变化。将测量两点间的重力差称为相对重力测定。

目前,商业民生等很多方面对水下定位导航的需求与日俱增。重力/磁力匹配定位技术正飞速发展,本章旨在让从事相关研究的科研人员对该技术有相对全面的了解;让读者从重力/磁力匹配定位技术的发展历程、相关科研人员在该方面做出的贡献、该技术的基本原理与相关算法、匹配定位的误差分析等几个方面深入了解该技术的同时引发一系列思考,共同促进水下定位导航技术的发展。

4.2 重力/磁力匹配定位技术发展历程及技术优势

随着重力/磁力测量技术的稳步提升及匹配理论的快速发展,重力/磁力定位技术因其固有的优势逐渐成为国内外的研究热点。而任何技术的崭露头角,都离不开背后穷年累月的铺垫。本节从时间发展的角度对重力/磁力匹配定位技术进行了较为详细的整理和叙述,同时分析了重力/磁力匹配定位技术的优势。

4.2.1 重力匹配定位发展现状

首先从重力匹配定位技术的方向详细阐述一下国内外的发展历程及现状。美国和苏联是最早开始研发重力辅助导航相关技术的国家,并希望将其应用在军事设备上,提高其定位精度。在公开发表的文献中,反映苏联和俄罗斯在重力辅助定位技术领域研究进展的文献较少。其中,克拉索夫斯基提出的相关极值理论,体现了苏联重力辅助导航定位技术的发展。20 世纪 60 年代,由于海洋矿产资源开发特别是海洋石油勘探的需求,大量资源投入海面船载重力测量技术的研究中,海洋重力仪研制也获得较大突破。20 世纪 70 年代,美国开始了无源导航技术的研究,初始研究方向主要为地形匹配定位导航技术,该时代出现的地形匹配算法为日后的重力匹配定位技术提供了重要的技术支撑。其中,重力辅助惯性导航技术由于抗干扰和隐蔽性强开始逐步成为重要的研究方向。惯导系统是一种不依赖于外部信息、也不向外部辐射能量的自主式导航系统,可简称为惯导。桑迪亚惯性地形辅助导航(Sandia Inertial Terrain Aided Navigation,SITAN)算法是利用扩展卡尔曼滤波和局部地形线性化技术从起点到目标点连续不断地对惯导轨迹进行修正的算法。20 世纪 70 年代,美国桑迪亚实验室率先研究开发出了基于地形辅助进行导航的算法,并成功进行飞行实验。同期,E-System 公司研制出了地形轮廓匹配算法(Terrain Contour Matching,TERCOM),并将其应用于地形匹配定位导航。该算法利用载体运动过程,通过地形测高传感器实时测量地形高序列数据,并与预先存储好的相关区域地形高程背景基准图做相关性分析,寻找一条与导航系统指示路径相似度最为接近的路径作为真实路径。20 世纪 80 年代初,美国 Lockheed Martin 公司研制了重力敏感器系统(Gravity Sensitive System,GSS),GSS 通过实时估计垂线偏差来补偿惯导系统中由扰动重力引起的导航信息误差。20 世纪 90 年代初,Lockheed Martin 公司开发了无源重力辅助惯导系统(Navigation and Gravity System,NGS),NGS 主要依赖于重力敏感系统(GSS)、静电陀螺导航仪(ESGN)、重力图和深度探测仪。20 世纪 90 年代末,Lockheed Martin 公司开发了通用重力模块(Universal Gravity Module,UGM),UGM 通过提供的重力异常值、重力梯度和地形变化与已有的相关数据背景图的匹配,可以在缺乏 GPS 等其他导航技术辅助条件下,实现重力辅助导航技术。1990 年和 1991 年,Bell Aerospace 分别研制出重力梯度导航系统(Gravity Gradiometer Navigation System,GGNS)和重力辅助惯导系统(Gravity Aided Inertial Navigation System,GAINS)。GGNS 是参考 SITAN 方法开发的基于惯导系统、重力梯度基准图和重力梯度仪的匹配定位系统,其结构图如图 4.2 所示。系统以重力梯度仪的实时测量值与重力梯度基准图上根据惯导指示位置提取的重力梯度值之差作为滤波器的观测量,对惯导误差进行最优估计。

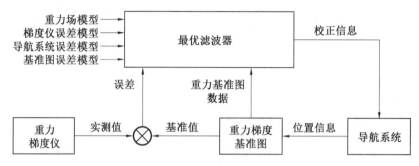

图 4.2　GGNS 结构图

GAINS 主要由重力仪、重力梯度仪、测深仪、惯导、重力基准图和最优滤波器等部分组成,主要应用于水下航行器,其结构图如图 4.3 所示。系统利用惯导的位置、速度及测深仪深度数据从重力基准图中提取重力和重力梯度数据。将重力梯度、重力和深度数据作为观测量,通过最优滤波器实现数据融合,以获得优于惯性导航系统的位置参数。其中,GAINS 已被申请并获得专利。

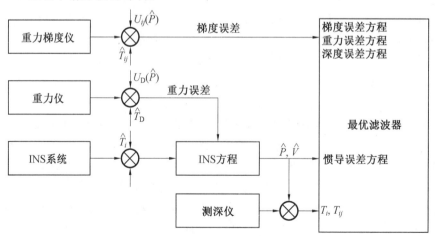

图 4.3　GAINS 结构图

1998 年,Bell Aerospace 实验室研制的重力仪/重力梯度仪/惯性导航系统通过了实际水下实验,为了满足核潜艇长期隐蔽的导航需求,研究人员将模块化结构确定为核潜艇导航系统的研制发展思路。迭代最近等值线(Iterative Closest Contour Point,ICCP)算法是使用刚性变换不断接近等值线上的最近点并进行配准的迭代算法,是以迭代最近点(Iterative Closest Point,ICP)算法为基础来开发的,最初此算法在图像配准领域广泛应用。1999 年 Behzed 将 ICP 中的迭代最近点算法提取出来,再用于水下航行器的导航算法中,提出了迭代最近等值线算法。此外,Archibald 于 20 世纪 90 年代提出将神经网络算法运用于重力匹配惯导系统。同时,美国还在研发满足精度要求的低成本重力敏感装置。为满足高精度惯导系统对重力补偿的需求,美国俄亥俄州立大学(OSU)、美国国家地理空间情报局(NGA)深入研究了基于重力基准图的重力补偿方法。

关于重力测量传感器的发展,荷兰科学家 Vening Meinesz 于 1923 年成功地在潜水艇上使用摆仪进行了海洋重力观测,这是海洋重力发展的初始阶段。之后,摆杆型重力仪完成了从水下到水面、从离散点测量到连续线测量的转变,实现了海洋重力仪发展的第二阶段。第三代海洋重力仪则发展为轴对称型重力仪。20 世纪 60~70 年代,这种重力仪保持在研究制造阶段,直到 80 年代以后,技术开始趋于成熟。另外,还有一些其他的海洋重力仪研制方案,如可以通过测量弦的谐振频率来检测重力变化。总之,海洋重力测量的发展到目前阶段已经取得了很大进步,新型观测仪器和定位技术已经使海洋重力测量精度提高到了±2～±3 mGal(Gal,是重力加速度单位,称为"伽"或者"盖",为纪念第一个重力测量者意大利科学家伽利略(1564—1642)而命名,Gal 常用于地震工程学中,用来描述地震加速度;mGal,毫伽,又称"米盖",表示重力场强度的单位,为伽的千分之一),甚至更高的水平。常用的重力测量有卫星测高、航空重力测量和海洋重力测量。目前,美国通过多种重力测量方法,构建了包含领海和大范围公海的重力场背景图,且其精度优于 1 mGal,分辨率优于 $1' \times 1'$。而且,其潜艇通过重力辅助导航的校正,已经可以完成"从港口到港口"的航行。在当前海洋重力仪中,美国和俄罗斯重力仪精度都优于 1 mGal。因此可以看出,国外对于重力匹配惯性导航技术的研究已较为深入,并成功应用。

我国海洋重力测量始于 20 世纪 60 年代的海洋矿产资源探测,之后针对国防事业和航空航天的需求,展开了大面积的海洋重力场精密探测工作和航空重力测量的研究。20 世纪末 21 世纪初,国内无源重力导航及其相关技术方面的研究开始起步,相关技术的研究主要集中在重力辅助导航系统组成、卫星测高反演重力异常、重力场对惯性导航系统精度的影响、数字重力图的绘制、重力图数据处理、重力匹配算法及重力仪与重力梯度仪的研制等方面。21 世纪以来,伴随着我国大量基础科学、精密制造业、精密测量科学取得的巨大发展,海洋重力测量仪器的研究取得了一定的成果。宁津生等人对原子干涉重力仪的原理和相关技术进行了研发,并研制了样机进行实验。国内部分学者对旋转加速度计重力梯度仪进行了理论研究和实验验证。李海兵等人通过线性微扰方法对旋转加速度计重力梯度仪测量方程求变分,得到了含有加速度计性能参数的重力梯度仪误差方程和安装误差各项对重力梯度仪输出的影响。此外,国家地震局生产的 DZY 2 型重力仪、航天 13 所研制的 SAG－2M 重力仪和中科院测地所研制的 CHZ 型重力仪均经过了海洋测量实验,目前正在研制新型的重力仪。国产重力仪工程样机精度优于 1.5 mGal,高精度重力仪和重力梯度仪技术的逐步发展为推进重力辅助导航系统的研制提供了必要的技术支撑。

近几年,我国完成了 2 000 个国家重力基本网的建立,重力基准点的观测精度优于 ±0.005 mGal,重力基本点的相对观测精度优于 ±0.01 mGal。利用卫星测高数据和逆 Vening－Meinesz 公式反演的重力异常基准图分辨率达 $2.5' \times 2.5'$,计算得到的重力异常数据通过与船测的重力异常数据比较所得的均方差和标准差分别为±9.4 mGal和±9.3 mGal。因为通过研究高阶地球重力场模型，能够获取全球高分辨率海洋测高重力异常数据，我国多个研究部门先后推出了一系列甚高阶模型。由于我国目前建立的近海范围的重力场背景图的精度和分辨率都有待提高，海军工程大学、解放军信息工程大学、海军海洋测绘研究所和中科院测地所等单位已开展了重力场背景图插值重构方法的研究。

当前，我国在重力匹配惯性导航领域的研究仍处于丰富的理论研究和实验论证阶段。国内开展重力匹配惯导相关研究的单位、科研院所，主要包括北京大学、哈尔滨工业大学、东南大学、华中科技大学、哈尔滨工程大学、中船重工集团707研究所、中国科学院测量与地球物理研究所、中国空间技术研究院钱学森空间技术实验室等。随着我国相关科研单位及孜孜不倦的科研人员在高性能重力和重力梯度测量仪器技术研发上的持续发力，国产化重力辅助导航系统的研制也将取得飞快进展。

4.2.2 磁力匹配定位发展现状

磁力匹配定位导航技术的起源可以追溯到战国时期。据史料记载，司南是最早的磁性指向器。司南之称，始于战国（前475—前221年），终止于唐代（618—907年），司南的出现代表了人类在长期实践中对物体磁场的认识和发明。300—400年（晋代），中国制造出航海罗盘；宋朝时期，出现了以指南针为代表的地磁匹配导航系统。随着航海事业的发展，在中国和欧洲，指南针成为应用最为广泛的工具，在人类的航海历史上留下不可磨灭的印记，推进了世界的发展，并作为一种很好的导航方法沿用至今。

自20世纪中叶起，有关地磁导航的研究成果日新月异，磁力匹配定位导航系统随着科技的进步与发展也逐步成型。

20世纪60年代末，美国的E-Systems公司推出了基于地磁异常场等值线匹配的磁轮廓匹配（Magnetic Contour Matching，MAGCOM）系统，从而成为现代磁力匹配定位导航系统研究的开端。1968年，英国提出了基于地磁图的组合导航技术，验证了通过实测地磁数据与地磁基准图进行比对的方法进行位置估计的可行性。70年代，美国海军成功对MAGCOM系统进行了离线实验。同样，苏联Ramenskoye设计公司在1975年前后也成功进行了该系统的离线实验，它主要通过实测地磁数据建立高度为8 km，范围为300 km×50 km的地磁图，需要指出的是，该公司采用的磁传感器为磁通门传感器。20世纪80年代初，美国认为地磁导航是未来军事技术中不可或缺的重要一环，并且在空气较为稀薄的空中通过E-2飞机搭载磁强计来采集地磁数据，因此使得美国的地磁导航技术上升到了一个新的层次。同样在20世纪80年代，瑞典加入地磁匹配定位相关技术研究中，瑞典Lund学院的Carl Tyren介绍了利用地磁异常测速定位的方法，并进行了实际的船测实验，实验采用地磁总场作为特征量，通过对比地磁场测量数据与地磁图数据确定了载体位置。1995年，戈达德（Goddard）航天中心通过地磁场信息和扩展卡尔曼滤波设计了卫星导航的方案，通过地磁场数据的仿真模拟得出定轨误差为1.8～5 km。1999年，美国康奈尔大学（Cornell University）对外宣称利用太阳敏感器和磁力仪实现了卫星定轨，定轨精度为1.5 km。

2003 年，在美国海军研究所的支持下，美国海军水面战略中心研制了一套利用地磁场异常导航的系统，该系统依据不同方向的地磁梯度指引方向，能够自主探测定位铁矿山，其地面和空中定位精度优于 30 m，水下定位精度优于 500 m。同年，Olsen 等人提出了一种三轴磁传感器的矢量校准方法，考虑了三轴磁传感器的非正交误差、灵敏度误差和零偏误差，以及三轴磁传感器坐标系和恒星成像仪参考坐标系之间的非对准误差，使用高斯最小二乘估计器求解误差校准参数，最终得到了恒星成像仪坐标系下高精度地磁矢量。2004 年，俄罗斯实验了 SS－19 导弹，该导弹采用地磁等值线制导，导弹进入大气层后沿着地磁等值线飞行，而不以传统的抛物线路线飞行，使得导弹防御系统无法准确预测其飞行弹道，增强了突防能力。NASA Goddard 空间中心和相关大学的科研机构对水下地磁导航进行了研究，并进行了大量的实验。另外，法国于 2004 年试射了以地磁场为基础的炮弹制导系统，由于采用了地磁强度观测量直接作为观测值，因此地磁线性化技术一直是该算法能否准确进行的关键，而如何解决该问题是现阶段国内外研究的一个热点，Boasman、Clarke 等人于 2005 年对该问题进行了研究。同时，2005 年的《现代军事》称，法国正在致力于将地磁制导技术应用在导弹制导系统中，并已经证实了这种方式的可行性。2006 年，美国 F. Goldenberg 进行了基于矢量地磁图的测速定位方法研究，通过将地磁场三分量作为匹配特征量，配合相应的匹配算法成功在飞行器上实现辅助导航，并且提出了提高地磁导航精度的重点是研制高精度的磁传感器及建立高精度的地磁图。2008 年，Timo 提出了基于椭球假设的递归拟合算法，可以自适应的更新校准参数，该方法使用了乔累斯基（Cholesky）矩阵分解方法，并指出了理论上任意旋转矩阵与校准参数的乘积依然是校准参数的解，对校准三轴磁力计十分有效。2009 年，日本大阪大学的 Kato 等人采用地磁信息与地形信息进行了水下自主导航研究，通过采用惯导与地磁地形匹配结合的方式进行导航，实验结果表明，结合地磁与地形信息的导航方法其定位精度可以优于单独使用惯导进行导航。2010 年，美国普渡大学的 Gautam 等人综合利用地磁场信息、太阳角度信息与重力加速度信息三种自然条件，实现无人机导航。美国爱达荷大学的 B. Armstrong 等人通过采用扩展卡尔曼滤波提高磁场干扰条件下的导航精度，仿真和测试实验结果表明了该算法的有效性。Valerie 等人考虑了灵敏度（比例因子）误差、非正交误差、零偏误差及软硬铁干扰误差，提出了基于自适应最小二乘估计的椭球拟合方法，该方法有效地提高了航向测量精度，该方法中使用了特征分解方法求解误差校准参数。在 2011 年至 2012 年的两年时间内，Timothy H. Riehle 和他的团队针对盲人出行研发了相关的地磁导航系统，具有一定的应用价值。2013 年，Olivares 等人针对椭球拟合方法对于输入数据非常敏感，即输入数据必须在空间中适当分布的要求，提出了自动反馈输入数据有效性的误差校准方法。

2014 年，Beravs 等人提出了一种利用三维亥姆霍兹线圈对三轴磁传感器进行在线校准的方法，将磁力计暴露在由三维线圈产生的不同方向的磁场中，采用无迹卡尔曼滤波估计参数，最终以较少的测量迭代次数获得了更精准的估计参数。在 2015 年，Shervin Shahidi 提出了智能手机的地磁室内定位系统（GIPS），主要是利用维比特（Viterbi）算法通过智能手机收集地磁信号的室内导航定位方法，所提出方法的定位中值误差为 2.1 m。2016 年，Kok 等人提出了校准三轴磁传感器误差、软硬铁干扰误差及三轴磁传感器惯性传感器之间的非对准误差的最大似然估计方法,该方法可以有效提高航向测量精度。但该方法中使用了乔累斯基分解方法,同样指出了任意旋转矩阵与校准参数的乘积依然是校准参数的解,而且非对准误差可以等价于一个旋转矩阵进行求解。2017年,Ousaloo等人提出地磁矢量两步校准算法,考虑了三轴磁传感器误差、软硬铁干扰误差及磁传感器框架和正交安装框架非对准误差,首先使用非线性最小二乘法和遗传算法校准三轴磁传感器和软硬铁干扰误差,并指出非线性最小二乘法相对于遗传算法校准性能更好,更加便捷有效,然后采用矢量乘积运算(Vector Product Operations,VPO)的方法校准了三轴磁传感器框架和正交安装框架之间的非对准误差。2018年,Namkyoung Lee等人根据深度学习的模型来实现室内的精确定位。通过插入地磁路标,采集地磁指纹序列结合深度神经网络的方法来实现用户的实际位置估算,通过理论论证,该方法在走廊可以获得0.8 m定位精度,在中庭的定位精度可以达到2.3 m。同年,F. Al-homayani和M. Mahoor提出了一种基于卷积神经网络(CNN)的新型室内地磁场指纹识别系统用于智能手表定位,该系统有两个卷积层分别为归一化指数函数层和全连接层,并通过实验论证了该方法相比于k相邻算法和支持向量机方法定位误差分别提升了69.8%和225.7%,同时该系统具有较低的预测等待时间,但建模过程实现较为复杂。2019年,Chinmaya V. Kaji提出了一种新颖的水下导航方法,通过磁场强度、倾斜度和磁偏角等地磁场属性,训练前馈神经网络来唯一标识具有上述磁场属性的位置,仿真论证了算法的可行性。Tahir等人为了提高姿态估计精度,提出了利用改进同步扰动随机梯度逼近算法对三轴磁传感器测量数据进行随机优化,该方法导出了求解误差参数的标量目标函数模型,加快了收敛速度,但并未考虑非对准误差。Bernal-Polo等人针对三轴磁传感器温度依赖性问题,建立了和磁场测量与温度之间的非线性模型,提出了基于最小化距离的迭代算法,并对多个传感器进行了校准。

  国内随着微电子技术、磁探测技术、计算机技术等的飞速发展,地磁导航技术也得到了快速发展,逐步形成了中国自主的科研平台,成为定位导航技术领域的研究热点之一。

  2000年,国内中国科学院空间科学与应用研究中心的左文辑进行近地小卫星的自主地磁导航方法研究,通过仿真数据与MAGSAT卫星实测数据论证该方法的可行性和有效性。2002年,国防科技大学的吴美平等人提出采用三轴磁力计确定卫星轨道,仿真结果表明,地磁导航可以满足低轨卫星中等精度的导航要求。2003年,刘承香等人开展的基于海底地形使用ICCP匹配技术对惯性导航进行修正的研究,针对ICCP算法存在的缺陷,提出了一种随机旋转和平移的改进算法,取得了较为满意的效果。同年,军械工程学院的石志勇、庞发亮等人采用磁通门技术DR推算法研制了地面车辆导航定位仪,定向精度为0.6°。2004年,刘繁明、孙枫、成怡等人开展了ICCP重力匹配技术相关研究,并针对重力仪测量数据存在噪声的情况,对匹配算法进行了推广,完善了算法理论。中国航天科工集团第三研究院35所的李素敏、张万清等人在其科研楼顶及北京西郊开阔地处,对地磁场强度测量得到了匹配基准图并进行了匹配仿真,验证了地磁匹配的可行性,通过运用平均绝对差法对地面所测量的地磁强度数据进行匹配运算,使分辨率达到了50 m。同年,西安交通大学的赵敏华等人采用雷达高度计与地磁导航系统进行组合导航,并采用某卫星的实际测量数据进行仿真研究,同样验证了地磁导航可满足低轨卫星中等精度的导航要求。2006年,王可东、陈锶等人在水下地形匹配导航中考虑了初始位置误差,采用TERCOM的均方差匹配算法(MSD)首先进行粗匹配,然后再用ICCP算法进行精匹配。北京科技大学的李希胜等人研制的磁罗盘最大罗差不大于0.1°。2007年,西北工业大学的晏登洋、任建新等人通过增加磁倾角和磁偏角信息改进惯性/地磁组合导航方案,取得了较高的精度。此外,2007年,吴美平、刘颖等人在进行的ICP地磁辅助导航研究中,提出了扇形扫描法,在一定程度上提高了ICP算法的稳定性。于家城、晏磊等人于2007年提出了二次撞索加一次跟踪的地形辅助惯性导航技术,通过在不同搜索阶段的卡尔曼滤波分别满足留数指标和地形坡度指标来改进传统SITAN算法,取得了一些成果,但还是难以实现较好的地磁线性化区域确定。同年,国防科学技术大学成功研制了惯性/地磁匹配组合导航系统样机,并分别于2008年、2009年、2011年进行了地面车载实验、水面船舶实验和水下实验,验证了惯性/地磁匹配组合导航系统的可行性。2008年,周贤高、李士心等人对地磁匹配导航中的特征区域选取方法进行了研究,为基于ICCP算法的地磁匹配导航开辟了新的思路。同年,中国船舶重工集团第707研究所在地面上进行地磁导航相关实验论证。2009年,第二炮兵工程学院的乔玉坤、王仕成等人发表了多篇关于飞行器地磁匹配定位技术的论文,包括地磁匹配定位算法、地磁场延拓技术、地磁图适配性研究等。2010年北京大学的林沂等人在我国渤海海域利用水下地磁导航定位系统,采用拖曳测量的方式进行了水面地磁场测量和地磁匹配定位实验,最终取得了394.63 m的定位精度。同年,哈尔滨工业大学的寇义民进行了地磁导航关键技术研究,改进了经典的航磁补偿与校正方法,提出了边测绘边修正的水下磁场测绘算法,并且对于滤波导航方法存在的不足提出了若干改进方案。2011年国防科学技术大学使用AUV(自主水下航行器)搭载自主研发的惯性/地磁匹配组合导航系统样机,在10 km×10 km的水域内进行水下地磁匹配导航定位验证实验,取得了139 m的定位精度。同年,哈尔滨工业大学的李明明等人提出基于无迹卡尔曼滤波(UKF)和卡尔曼滤波(KF)的地磁匹配导航算法,该算法可以实现对载体所有运动学状态的估计价。哈尔滨工程大学的康崇团队在吉林松花湖水域开展了地磁匹配算法验证,达到了预期实验目标。西北工业大学的周军等人针对地磁不明显特征区域不易导航的问题提出了概率神经网络地磁匹配算法。房建成等人提出了基于椭球拟合的磁传感器校准方法,采用约束最小二乘法通过在各种随机方向上旋转磁传感器来估计椭球参数,并使用了奇异值分解方法得到误差校准参数。吴永亮等人为了微小型无人机能够在较少的旋转操作条件下校准地磁场矢量,提出了基于两步估计算法和圆约束非对准误差估计算法的现场误差校正方法,并指出飞行器任务载荷飞行环境的改变会使磁强计所处的磁场环境发生变化,因此现场校正很重要。2012年,黄玉等人提出了首先测出地磁异常场引起的磁矩信息,通过磁矩与磁矩梯度解算载体位置。同年,李勇等人提出了基于椭球拟合的三轴磁传感器误差补偿方法,并指出椭球拟合方法具有操作简单、方便、快捷、易于实现的特点。Li Xiang提出了捷联导航系统中三轴磁传感器误差校准方法,并且针对椭球拟合方法无法校准非对准误差,提出了一种基于点积不变的误差校准方法,显著提高了航向角测量精度,同时详细描述了椭球拟合方法矩阵分解存在无数多解的问题,该问题指出,尽管可以通过某一种矩阵分解方法得到一个校准参数,但是任意旋转矩阵和校准参数的乘积依然会是校准参数的解,而且这种多余的旋转问题并不能通过椭球拟合法本身来消除。吴志添提出了基于总体最小二乘法的磁测误差校正方法,并指出总体最小二乘法适用于超定方程组两边系数矩阵的噪声影响,因此在干扰磁场较大的情况下,总体最小二乘法比传统最小二乘法求解差校准参数更具优势。2013 年,庞鸿峰等人提出了基于优化理论的牛顿高斯算法校正三轴磁传感器测量误差,该方法中使用质子磁传感器提供地磁场参考值,改进了采用三轴磁传感器测量平均值和全球地磁场模型作为地磁场标量基准值的不足,显著提高了地磁场测量精度。龙礼等人提出了三轴磁传感器最大似然估计椭球拟合补偿方法,利用牛顿优化法获得的椭球补偿参数可直接对误差进行补偿和校准,省去了将椭球参数转换为补偿参数或者校准参数的复杂计算。另外,中国科学院的郑晖等人结合了地磁和重力导航技术用于水下导航,仿真结果比其中任何一种技术都具有更高的精度。

2014 年,第二炮兵工程大学的李婷等人研究地磁匹配导航航迹规划,采用 Dijkstra 算法与粒子群算法相组合,提高了全局搜索能力,并通过仿真研究验证了航迹规划的有效可行性。蔡洪、郭才发、胡正东等人通过采用广义卡尔曼滤波算法及无迹卡尔曼滤波算法对惯性地磁组合导航算法进行了详细研究。2015 年,南京邮电大学的徐亮研究了基于地磁导航的室内定位技术,提出了基于 Andriod 的室内地磁定位软件系统。Wu Yuanxin 提出了采用最优最大似然估计方法校准三轴磁传感器误差,研究结果表明,在载体姿态激励不充分的情况下,最优最大似然估计方法比近似最大似然估计方法更具有优越性。朱占龙根据地磁测量降噪技术,提出了小波降噪技术和奇异熵降噪技术,小波降噪效果优于奇异熵降噪效果,但是应用条件苛刻。奇异熵降噪的实现原理简易,能在不同环境下起到一定的效果。经验证,在地磁匹配定位技术上,可采用人工鱼群搜索寻优算法获得目标定位的最优解,但该算法实现复杂度较高,实时性较弱。2017 年,孙建军提出基于基因算法(GA)的地磁特征量提取定位方法,但是单点定位效果差,且仅能识别房间,无法连续定位。肖晶提出了基于深度卷积神经网络的地磁导航方向适配性分析,通过 Gabor 滤波器的特性建立 6 个典型方向的适配特征图,同时通过卷积神经网络和粒子群算法结合,仿真实现了地磁导航方向适配性分析,对地磁导航采样方向适配性有一定的参考意义,但是时间复杂问题依然存在。同年,于鹏提出了基于行人航迹推算(PDR)和地磁融合的室内定位方法,通过改进步态检测算法、步长估计模型和扩展卡尔曼滤波算法实现了 1.5 m 的定位精度,并进行了论证。此外,Han Qi 于 2017 年提出将三轴磁传感器误差模型引入 Tolles—Lawson 模型中,通过减小标量磁传感器和三轴磁传感器之间测量精度的不平衡的方法提高 Tolles—Lawson 模型系数求解精度,并开发了相应的系数估计系统,提高了航磁补偿的鲁棒性。钟浩等人提出基于模值估计的三轴磁力计标定方法,该方法将安装误差、灵敏度误差和零偏误差视为非线性最小二乘待拟合参数,而后使用列文伯格—马夸尔特(Levenberg—Marquardt,LM)算法直接估计误差参数,无须矩阵分解,但是该方法仅使用了三轴磁传感器测量数据进行计算,相比于使用更高精度的标量磁传感器作为校准参考,地磁场总量校准精度较低。李婷等人提出了基于阻尼粒子群优化算法的地磁场测量误差补偿方法,该方法使用质子磁传感器提供真值,也无须矩阵分解,使用了高精度标量磁传感器作为校准参考,有效地提高了地磁场总量测量精度。张宏欣等人提出了基于扩展卡尔曼滤波的实时校准方法,相比于离线校正,该算法能够对校正参数进行实时估计,并指出常用校正方法一旦地磁场环境发生改变,需要进行二次校正操作,不利于实时校正。2018 年,郭云飞针对井下地磁匹配定位算法进行研究,分析了互相关匹配算法(COR)、归一化互相关匹配算法(NCOR)、平均绝对差匹配算法(MAD)、均方差匹配算法(MSD)的性能,论证了 MAD 算法更适合于大范围的井下地磁定位的需求,并且对 MAD 算法进行改进,通过对磁总场进行相邻点位做差运算后匹配的方式,论证了该方法的有效性。同年,余志超提出了通过地磁总量、地磁水平分量、地磁垂直分量及结合 Hausdorff 距离方法和人工鱼群的匹配方法,提出了一种基于多特征匹配的地磁匹配算法,在基于人工鱼群的地磁匹配算法中将目标函数改良为了 Hausdorff 距离,在经纬度 200 m 误差内时可以获得 90%的匹配成功率,但存在地磁特征不明显时容易出现误匹配的情况。陆欣等人指出了载体上测量地磁场时除三轴磁传感器误差和载体软硬铁干扰误差外,磁强计和运载体坐标系或加速度计等其他惯性坐标之间还存在非对准误差,非对准误差可以等效为一个正交旋转矩阵,而且指出椭球拟合法奇异值矩阵分解所得的误差校准参数与任意旋转矩阵的乘积依然是校准参数的解,所以椭球拟合方法不能校准非对准误差,为此提出了基于点积不变原理采用约束梯度下降法校准非对准误差。Wu Zongkai 等人针对在汽车、轮船或飞机等载体上进行校准时姿态限制的问题,提出了水平旋转情况下三轴磁传感器和陀螺仪校准方法,建立了容积卡尔曼滤波来估计参数,只需要水平旋转即可对陀螺仪和三轴磁传感器进行实时校准。Liu Dehua 等人提出了基于三轴磁通门磁传感器误差校准的航磁补偿方法,该方法使用光泵磁传感器提供校准参考,使用信赖域算法求解三轴磁传感器误差校准参数,并将误差校准参数用于航磁补偿,提高了航磁补偿精度,但是考虑磁测误差不够全面,仅考虑了三轴磁传感器误差。狄素素等人提出了三轴磁强计的两步校正算法,指出椭球拟合法不能校准非对准误差,所以提出了首先利用极大极小值对磁强计进行初步校正,再使用点积不变法对磁强计进行进一步校正。2019 年,Gao Quanming 等人提出了平面旋转校准方法校准了三轴磁传感器与加速度计坐标系非对准误差,并利用 MATLAB 的 Fmincom 函数求解了非对准误差参数。同年,Zhu Maoran 等人提出了一种借助陀螺仪的高效磁传感器全校准方法,该方法将求解误差参数化为齐次最小二乘问题,一次校准了三轴磁传感器误差、非对准误差、软硬铁干扰误差,是一种粗略校准方法,可以作为其他精细算法的良好初值,从而提高其他校准方法的精度。王齐贤等人提出了基于粒子群优化的地磁传感器非对准误差校正方法,并对椭球拟合法的局限性进行了详细论述,即椭球拟合法中矩阵分解势必会引入一个正交旋转矩阵,这使得校正后传感器坐标系与载体坐标系之间存在旋转变换,也可认为是一种非对准误差。杨云涛针对导航定位中载体上多种钢铁构建组成的干扰磁场,提出了采用十二常系数补偿算法消除磁测误差,有效提高了地磁场测量精度。罗静博等人提出基于改进型入侵野草算法的三轴磁传感器非正交校正方法,该方法可直接求解非正交误差校准参数而无须像椭球拟合方法一样使用矩阵分解,但该方法使用了三轴磁传感器测量平均值作为校准参考,总量校准精度较低。2020 年,Pan Donghua 等人提出基于磁屏蔽室的三轴磁通门磁强计校准方法,该方法显著校准了三轴磁传感器误差,但该方法局限于地磁场环境,载体上测量时并不适用。

近些年来,国内对于地磁导航的研究逐渐加强。在国家有关基金和计划的支持下,国内众多单位陆续开展了地磁导航相关技术的研究，并取得了一定的成果。对理论方面研究进行支撑的是国家自然科学基金等项目，一些高校和研究所，如哈尔滨工业大学、西北工业大学、哈尔滨工程大学、国防科学技术大学、中北大学、中国人民解放军第二炮兵工程大学及中国科学院测量与地球物理研究所等单位在 2008 年后获得过该方面国家自然科学基金的支持。国家的扶持在一定程度上也加快了磁力定位导航技术的研究进度，促进了理论研究和成果转换的展开。

从重力/磁力匹配定位导航技术的发展历程来看，国内外对于磁力匹配导航技术的发展更为广泛，相关研究者也普遍多于重力匹配定位导航技术。综上分析也可发现，两种技术中的一些优秀算法均是从地形匹配定位技术中演变而来，如 TERCOM 算法、SITAN 算法或 ICCP 算法。随着机器学习、深度学习等算法的快速发展，各种图像匹配算法层出不穷，并且已经取得了优异的效果，无论是地形匹配算法、重力/磁力匹配算法，还是图像匹配算法，都有着类似的基本思想，在原理上相差无几，如何快速高质量地匹配相应背景图，是目前至以后都需要追求的目标。重力、磁力匹配定位导航技术作为同一种体系下的两种不同技术方式，在定位导航方面也各有千秋，因此，两种方法要相辅相成、融会贯通，互相补足在地球重力场或地球磁力场物理特性上不可逆的缺陷，共同促进海下定位导航系统的发展。

4.2.3 重力/磁力匹配导航技术优势

相较于其他定位技术，重力/磁力匹配导航技术具有以下优势。

(1) 无源性及隐蔽性。在结合导航系统工作时，不存在类似于 GPS 信号被捕捉到的情况，这能够提高系统隐蔽性，在军用领域具有较广的应用空间，如需要较强隐蔽性的巡航导弹、无人机、水下潜器等。

(2) 稳定性。由于重力场和磁力场是地球的固有资源，也是显著的地球物理学特征，存在于地球的任何一个角落。在海面、沙漠及水下地形较为平坦的地区均包含有丰富的特征信息。这一特点解决了地形、景象匹配时，无法覆盖海洋表面及沙漠等特征较少区域的缺陷，丰富了现有匹配导航技术，增强了导航的稳定性。

(3) 全天候。全球都有重力场和磁力场的分布，而且在任何时间、任何地点都可以进行重力/磁力测量从而进行重力/磁力匹配，所以有利于进行全天候定位。

(4) 中高精度。一般来说，重力/磁力匹配定位的精度与地磁基准图制备精度息息相关，只要基准图精度合适，获得中高精度的系统性能不成问题。

(5) 误差不随时间累积。作为一种有效的辅助定位技术，重力/磁力匹配导航误差不随时间的增加而累积，可以与纯惯性导航系统组合进行导航，能够对惯性器件产生的累积误差进行及时修正，提高导航精度和运行时间。

地磁传感器的制造技术相较于重力传感器而言略微先进，其成本较低廉，而重力（梯度）仪则相对昂贵，硬件成本方面磁力匹配定位技术具有优势。另外，相对地形、重力等地球其他固有物理属性，地磁随位置的变化较为剧烈，其所包含的特征信息较为丰富，这一特点为磁力匹配定位导航的精度及稳定性提供了非常可靠的保障，同时匹配特征量的增加大大缩小了导航所需要的序列长度，提高了导航效率。但是地球磁场会随着时间发生变动,而海洋重力场特征一般不随时间变化,具有良好的时空分布特征,这一点重力匹配定位技术从物理层面要优于磁力匹配定位技术。

重力/磁力匹配定位相关技术的研究具有重要的理论价值和实际意义。从理论价值上讲,当前基于重力/磁力匹配定位相关技术的研究还不够充分,仅少数国家具备磁力匹配定位导航系统和重力匹配定位导航系统的研制能力,但尚处于实验阶段,完整的重力/磁力匹配定位导航系统尚未出现,因此需要继续深化研究该领域的相关技术,完善重力/磁力匹配定位的基本理论和技术。从实际意义上来说,进一步研究该领域的相关技术能够提高匹配定位的精度,提高系统实时性、稳定性和可靠性,加速推进对重力/磁力匹配定位系统的研发,使之真正投入到实际应用中去。另外,将重力/磁力匹配技术与惯性导航技术结合,可以实现对惯导累积误差的修正,有效满足载体长时间高精度定位导航的任务需求,是一种极佳的辅助惯导水下导航技术。该技术可作为现代组合导航技术的重要方法和有益补充,前景十分广阔。在一定条件下,该领域的相关技术可以拓展至与地形匹配导航、重力匹配导航等技术相结合的研究方向,从而为水下定位导航研究方向的发展提供有益的指导。

4.3 水下重力/磁力匹配定位基本原理

水下重力匹配定位技术和磁力匹配定位技术的原理基本类似。重力/磁力匹配定位技术的基本原理是:将重力/磁力数字地图事先存储在水下载体组合计算机中,通过载体上搭载的重力/磁力测量仪器实时采集载体航迹上的重力/磁力数据,并通过特定的匹配算法与数字地图相匹配,从而连续、自主、无源地获得水下载体的定位信息,实现水下载体的精确定位。其中,在水下定位导航系统中,重力/磁力匹配一般会在范围较大的数字地图中寻找匹配目标,这将导致在匹配过程中,主要面临两个较为复杂的难题:①匹配信息繁多导致的匹配时间过长;②重力/磁力场在不同的位置会出现较为相近的场强变化,导致匹配精度低甚至错误匹配。本节除了对水下重力/磁力匹配定位技术的系统组成进行了分析,还对水下磁力测量的原理及流程、水下崇礼测量的原理及流程两个方面进行了讲解,由于其技术思想类似但依据的地场物理场还有差异,因此在测量技术方面有着很大的不同。另外,本节对数据库的构建及算法思想原理、算法归纳等内容进行了相关阐述。

4.3.1 系统组成

目前最为常见的解决方案是通过与惯导系统进行协作的重力/磁力辅助惯性导航方式,重力/磁力辅助惯性导航系统通过水下运载体上搭载的重力/磁力传感器测量获得实时运动过程中的重力/磁力特征信息,这时运载体仅有重力/磁力的特征信息,并没有真实的位置信息,不清楚自身所在位置。利用惯性导航输出值可以初步判定水下运载体所处位置信息,该位置信息的累计误差会随着时间逐渐增大,无法用于精确定位,但可获知运载体的大概位置,从而缩小重力/磁力的匹配范围,仅在数字地图中搜索附近相关海域即可。将实时测量值与预先存储在计算机中的相关海域重力/磁力数字地图信息进行对比,通过一定的匹配算法判定运载体的精准位置并且对惯导的时间累计误差进行修正。通过惯导系统的加持，重力/磁力匹配定位导航系统可有效减少匹配时间，提高匹配准确率，在定位导航性能上有很大的提升。

水下重力/磁力匹配定位的原始系统结构主要由水下重力/磁力场数字地图、重力/磁力实时测量系统和重力/磁力匹配算法三部分构成。

(1) 重力/磁力场数字地图通过使用重力/磁力仪等设备进行探测并绘制，精度是数字地图的重要指标之一，数字地图的精度直接决定重力/磁力匹配定位的准确度，高精度的重力/磁力数字地图在匹配定位系统中不可或缺。

(2) 重力/磁力实时测量系统需安置在水下运载体上，在运载体运动的过程中实时探测重力/磁力数据信息，同样，其重力/磁力的实时探测精度也十分重要，高精度的实时探测系统可以更加准确地在数字地图中搜索到自身所在位置。此外，探测系统的实时性和连续性也特别重要，一般来说，搭载重力/磁力仪的运载体在水下运行的同时将实时探测的数据信息储存起来，并在一段时间后形成一个重力/磁力的待匹配序列，然后再进行与数字地图的匹配，在形成匹配序列的过程中会经过一系列的数据处理，倘若该过程不能保证时效性，将会出现重力/磁力序列不连续的情况，则极有可能导致匹配位置误差较大甚至误匹配，同时也会导致匹配速度过慢，匹配效率较低。

(3) 重力/磁力匹配算法是匹配定位技术中特别重要的一环，如何保证匹配的效率和精度，是一个具有挑战性的问题，同样也是众多研究者需要不断攻克的问题。经典的匹配算法将在之后的小节中进行详细讲解。

水下重力/磁力场数字地图、重力/磁力实时测量系统和重力/磁力匹配算法三部分结构在水下重力/磁力匹配定位系统中进行结合，共同实现系统的基本定位功能，其中每一部分的设计与构建，都直接影响着匹配定位系统的效率和精度。从现有的技术来看，仅依靠这三部分的高精度水下重力/磁力匹配定位系统目前很难实现，还需要经历很长一段时间的发展过程来实现对其定位精度和效率的提升。而惯导辅助的水下重力/磁力匹配定位导航系统是一种较好应用于当前水下定位导航的方法，整套惯导辅助的系统结构图如图 4.4 所示。

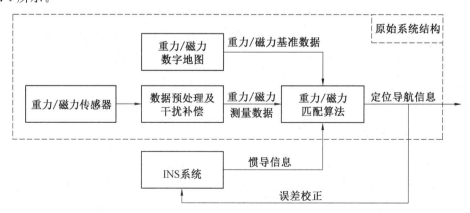

图 4.4 惯导辅助的重力/磁力匹配定位导航系统结构图

图 4.4 中，虚线框内为原始的水下重力/磁力匹配定位系统结构。从技术原理中可知，重力/地磁匹配定位误差具有不随时间累积的突出特点，而惯导系统会随时间累积出

较大的误差。因此,将惯导系统与原始重力/磁力匹配定位系统进行结合,通过惯导系统在匹配过程中提供惯导信息来缩小匹配范围,以提高匹配效率;另外,将输出的定位信息作为反馈对惯导系统进行累积误差修正,从而可以获得长航时、高精度的定位导航结果。重力/磁力匹配定位系统与惯导系统两者相辅相成,构成反馈闭合反馈系统,使水下定位导航更为高效精准。从实际工程的角度出发,将两者进行结合,可以降低单个定位系统的精度要求,同时可以降低大量时间和人力成本,使研制更容易并可尽早投入使用。

重力/磁力匹配定位系统涉及多项关键技术,其中主要包括重力/磁力场的测量、重力/磁力数据库的建立及重力/磁力匹配算法等。海洋护卫和海洋探索一直是世界各国急切发展的目标,以获取更多的海洋及矿产资源。水下定位导航意义重大,尽早实现水下重力/磁力匹配定位导航是我国海洋事业发展的重要前提。

4.3.2 水下磁力测量

磁力测量离不开磁场,地球磁场在4.1节进行了较为简单的阐述。此外,除了地磁场约7000年一次的磁极倒转现象外,比较重要的一点是,地球磁场具有以太阳日为周期的日线级别变化,具有白天变化大、夜间变化小的变化规律。同时,在地磁变化以北的地区,偏角变化的特点是,早晨有一个极大值,午后有一个极小值,而垂直分量变化则具有中午有一个极小值的显著特点;地磁赤道以南的地区情况相反。地磁日变化还包含了地球外部空间电离层和磁层电流体系的变化信息,有静日变化和扰日变化之分,这与地球重力场有所不同,同时也为磁力匹配定位技术增加了一定的难度。目前,有部分研究者正在研发一种预测地磁静日变化的新方法。

下面从地磁场特征的角度出发,以递进的方式逐步展开对水下磁力测量的介绍。地磁场作为地球天然形成的地球物理场之一,具有复杂的空间结构和时间演化的特点,是时间和位置的函数,一般由主磁场、异常场和干扰场三部分组成。在地球近地空间,从三轴磁场对应三维空间位置来说,某一个位置的三轴矢量强度是唯一的,因此地磁导航通过地磁场来选择导航定位参数,通过建立对应数字地图的离散地磁强度数据库,然后经过搭载磁阻传感器的载体实时采集地磁序列强度,通过采用一些相关性分析的方法来定位运载体的位置。地磁导航系统的精度主要由参考数据源的精度所决定,而在实际匹配过程中的参考数据源精度又由离散地磁场模型的精度来决定。

通过对地球磁场的研究分析,地磁场的磁场强度在实际测量过程中由四部分组成:

$$B(r,t) = B_m(r,t) + B_c(r,t) + B_d(r,t) + B_r(r,t) \tag{4.1}$$

式(4.1)中,$B_m(r,t)$表示主磁场,是由处于地幔之下、地核外层的高温液态铁镍环流形成的,所以又称地核场,占地球总磁场的95%以上,具有稳定的特点,其随时间变化缓慢,每年变化率为几十纳特斯拉(nT, nanoteslas),其关于时间变化的尺度可以以千年为周期来计算。$B_c(r,t)$表示地磁异常场,又称为异常场、地壳场或磁异常,主要来源于地壳内部的岩石矿物及地质体被基本的磁场磁化后所产生的磁场,强度占地球磁场总量的4%以上,在地球表面上呈区域分布,典型范围数十千米,波长可小到1 m,随离地面高度的增加而衰减,其磁场强度的稳定性相比地核的主磁场更稳定,除剧烈地质活动(如火山喷发、强地震等)之外,通常不随时间变化。$B_d(r,t)$表示地磁干扰场,其主要来源于磁层和电离层,存在于电离层中的各种电流体系,如太阳的静日变化等,它们的变化较为规律,且长期存在,又称为地磁场的平静变化。这也是前面提到的地磁场日线级别的变化。来自于太阳辐射的粒子流和电离层内外形成的各种短暂的电流体系,如磁暴时带来的各种干扰等,往往是突然发生的,又称为地磁场的干扰变化,当遇到剧烈磁暴现象时,磁场强度变化可超过上千纳特斯拉。地磁干扰场占据地磁场整体的1%不到,强度变化在通常情况下为5~500 nT,随时间变化剧烈。$B_r(r,t)$表示运动载体带来的磁场干扰。经调研,地磁匹配定位导航技术主要是应用地球内部地核场和地壳场的地磁特性。地核场和地壳场是地磁场的主要部分,随时间变化较慢,也称为稳定磁场,适于地磁匹配导航定位。

地球磁场构成图如图4.5所示。

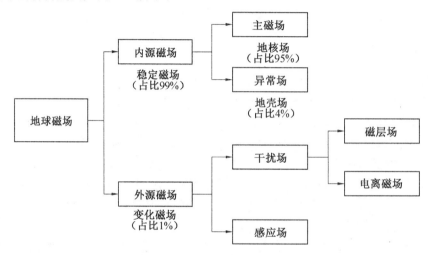

图4.5 地球磁场构成图

目前,对于地球磁场的构成还没有统一的规定,各种资料说法不一,本书中对于地球磁场中的每一部分占比仅供参考。

为了更形象地描述地磁矢量,可以采用建立坐标系的方式。以地理北向、地理东向和垂直向下三个具有垂直关系的方向作为三维直角坐标系中的坐标轴,以地磁北向分量X、东向分量Y、垂直分量Z、水平磁场强度H、总磁场强度F、磁偏角D及磁倾角I这七个矢量磁场要素描述地磁矢量场的分布特点,即可将地球特定位置上的磁场信息在三维坐标中完整展现出来。关于地磁场信息通过地磁七要素具体展现的示意图如图4.6所示。

只需要取地磁七要素中的三个相互独立的地磁要素,即可完整描述地磁场信息,而其他的地磁要素则可以通过要素之间的转换关系求出。如在地磁台站中,一般选择F、D、I三个地磁要素来记录地磁场信息。另外,地磁七要素也称七个地磁特征量,同时也可被作为地磁匹配定位导航应用时的匹配参数。地磁七要素之间的转换关系为

$$\begin{cases} H=\sqrt{X^2+Y^2} \\ F=\sqrt{X^2+Y^2+Z^2}=\sqrt{H^2+Z^2} \\ D=\arcsin(Y/H) \\ I=\arcsin(Z/F) \end{cases} \quad (4.2)$$

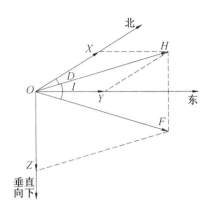

图 4.6　地磁七要素示意图

磁场是具有大小和方向的矢量场,根据磁场测量方式,可以将磁力仪分为相对磁强计和绝对磁力仪两种。其中,相对磁强计是通过一个固定且未校准的基准线为参照来测量磁场的标量或矢量,通常被称为磁力仪,如悬丝式垂直磁力仪,用来测量地磁场中垂直向下分量 Z 的相对差值。而绝对磁力仪使用内部校准或传感器已知的物理参数来测量磁场的绝对幅度或矢量,如质子磁力仪,用来测量地磁场总强度 T 的绝对值,同时也可用来测量磁场梯度值。此外,根据测量结果可以将磁力仪分为矢量磁力仪和总场磁力仪(标量磁力仪),测量磁场分量的磁力仪称为矢量磁力仪,测量矢量场大小的磁力仪称为总场磁力仪。磁力仪根据磁偏角和磁倾角测量地球磁场并反映出各分量。按其内部结构及工作原理,大体上可分为机械式磁力仪,如悬丝式磁秤和刃口式磁秤等;电子式磁力仪,如磁通门磁力仪、质子磁力仪和光泵磁力仪等。从使用的领域来看,磁力仪可分为地面磁力仪、航空磁力仪、海洋磁力仪及井中磁力仪。

反映磁力仪总体性能的技术指标是包括灵敏度、精密度、准确度、稳定性、测程范围等在内的各项测量参数。灵敏度是指磁力仪反映地磁场的敏感程度,即磁场强度的最小变化能力,有时也称为分辨率。精密度是衡量仪器重复性的指标,表示磁力仪本身所能够测得的磁场最小可靠值。准确度表示仪器测定真值的能力,即测量值与真值相比的总误差。在磁法勘探过程中,通常把准确度与精密度统称为精度,两者不予区分。

磁力仪是实现水下磁力测量不可或缺的工具。而水下磁力测量则是有针对性地对海洋区域进行磁力场测量,为地磁背景图的建立提供原始数据。目前,水下磁力测量可借助潜艇水下磁力测量、船基海洋磁力测量及航空磁力测量等技术来实现。

据资料显示,航空磁力测量又称为航空磁测、航空磁力勘探,是航空物探方法中发展时间最早、理论最成熟且使用最多的磁力测量方法。通过将航空磁力仪及其配套辅助装置安装至飞行器上,并在测量地区上方按照预先设定的测线和高度对地磁场强度或梯度进行测量,从而得到地磁场数据信息。其测量效率较高,但测量成本较高。

潜艇水下磁力测量则是将磁力仪搭载于潜艇上并潜航至水下测得磁力场数据,该方法是最直接的水下磁力测量方法,也是水下测量磁场范围最广的一种测量方式,同时,该方法也是在建立海下磁力场背景数据最有效的一种方法。该方法的缺点即潜艇在海下的不足之处,如运行速度慢、通信难度大、定位不精确等。

这里着重介绍船基海洋磁力测量的方法，该方法效益折中，同时也较为简单，通过船舶拖拽海洋磁力仪，从而测得海洋磁力数据。该方法的测量步骤及要点同样可以代表其他两种水下磁力测量方法。

船基海洋磁测在测量过程中需要考虑到的部分，包括导航定位系统（基准站、流动站）、船载导航计算机、磁力仪、拖缆及测量区域范围内的日变站部分。其作用主要是为海洋地磁背景图提供原始的数据支撑，所以该海洋磁测的准确性也直接决定了背景图建立的分辨率及水下磁力匹配定位的精度。船舶在磁测过程中定位导航主要通过 GPS 方式提供精准坐标，GPS 在船舶上的安装位置要准确记录，并与磁力仪在船舶上的安装位置相统一，为磁力测量提供精确的三维基准以减少因坐标不匹配而产生的误差。关于 GPS 的工作模式，目前主要有动态差分定位（PPK）、实时差分定位（RTK）、单点定位及信标定位。在近岸测量过程中，采用 RTK 模式可以得到较高精度的三维坐标；在 40~100 km 范围内多采用 PPK 的定位模式；远洋作业则多采用信标 GPS 定位模式，其具有 1~3 m 的定位精度。

由于船体本身会产生磁场从而对磁力仪的测量造成一定影响，作为弱磁的海洋地磁要素很难从所得数据中分离出来，因此在海洋地磁测量中采取拖曳磁力仪的方式进行磁力场的测量。另外，海洋地磁测量尽量采取木船，同时，实际测量中拖缆长度应尽量长，以最大程度减轻船体对地球磁场的影响。目前已有研究表明，采用木船进行海洋地磁测量，拖缆长度为船舶长度的 1~1.5 倍即可消除船磁影响；而采用铁船进行作业，则需要船舶长度 2.5~3 倍以上的拖缆长度才可消除船磁影响。

地磁日变站在海洋磁场测量过程中将提供测量区域内地磁的日变化量。首先需要在测区附近安置地磁日变站，并用地磁日变站测得的日变化数据来代替磁测点的地磁日变化，因此地磁日变站应尽可能地靠近测区。根据海洋调查规范，地磁日变站有效控制半径尽可能要求在 300~500 km。相关研究表明，地磁日变化在纬度效应和经度效应的影响下存在显著差异，其中，纬度效应对地磁场日变化的影响较大，所以在海洋测量过程中，尽可能保证日变站与磁测点保持在同一纬度。此外，日变站的有效控制范围还与所处的纬度有关，当日变站的纬度越高时，其有效控制范围越大；反之则越小。

在船舶进行拖曳式磁测的过程中，测量比例尺及测线布设也将会影响磁场测量的效果。海洋磁测比例尺反映了区域磁测的详细程度，不同的海洋磁测任务对于测量比例尺的要求不同，其中，比例尺越大，单位面积内测点数越多，对实际磁场的反映就越详细；反之较粗略。测线的布设则要求测得数据全面且真实，同时要考虑经济效益，以布置较少的测线获取更多的数据。在海底构造复杂或地磁异常较大的海域，测线要适当加密，加密程度要考虑是否能完善反映出地磁异常变化。一般情况下，布设主测线的同时要布设 1~2 条重复测线，以检验数据校正效果，消除误差的影响。

海洋磁力测量在磁测前需对静态情况下仪器信噪比进行测定，对仪器及系统的稳定性进行检验，同时需调试仪器使其达到最佳工作状态。船基磁力测量应遵循以下五个步骤。

(1) 测前半小时打开开关预热仪器，并对各仪器进行检查。

(2) 船舶进入测线前先将仪器探头置入水中，由拖缆连接并拖曳于船舶后。

(3)开始测量时按要求进行定位,准确记录标记位置、时间及磁力场数值。
(4)测量结束后将拖缆与仪器收回至船舶上。
(5)按测量前仪器的检查程序对仪器再次检查。

在海上测量过程中,应当注意以下几点。
(1)船舶与磁力仪探头应位于同一测线上,保证原始数据的准确性。
(2)分段测量时应将两段测线的连接点选择在平静的磁场区域,避免磁异常区因位置偏差而导致的测量精度降低。
(3)分段测量时,每段的测量距离应包含连接点,避免数据丢失。
(4)在测线上测量时要尽可能一次做完,避免测量中断造成的误差。

4.3.3 水下重力测量

重力测量离不开地球重力场。地球重力场在4.1节也进行了较为简单的阐述。此外,重力属于保守力。在重力场中,重力的大小与地球内部及外部的物质组成、分布有关,同时与地球的自转形成的离心力有关,地球表面同一位置上的物体受到重力的大小与物体的质量 m 成正比,当质量 m 一定时,物体所受重力 G 的大小与重力加速度 g 成正比,其关系可表示为 $G=mg$。重力加速度 g 在地球表面附近平均值为 9.8 N/kg,其中在赤道上 g 最小为 9.79 N/kg;在两极上最大为 9.83 N/kg,这里 N 是力的单位,1 N 大约是拿起两个鸡蛋的力。重力的方向总是竖直向下的,并且在地球的赤道和两极位置上,重力方向指向地心,其余位置不指向地心。重力具有惯性系和非惯性系两种体系下的定义。重力构成示意图如图 4.7 所示,以地面为惯性系来看,在 $F_{地}$、$F_{向}$、G 组成的平行四边形中,地球的万有引力 $F_{地}$ 等于物体随地球自转需要的向心力 $F_{向}$ 和物体所受重力 G 的合力,其表达式为 $F_{地}=F_{向}+G$;以地面为非惯性系,在 $F_{地}$、$f_{地}$、G 分别组成的平行四边形中,惯性力(离心力)$f_{地}$ 与向心力 $F_{向}$ 大小相等且方向相反,即 $f_{地}=-F_{向}$,利用力的平衡原理也可以较严密地推导出地面上物体所受重力的矢量表达式为 $\boldsymbol{G}=\boldsymbol{F}_{地}+\boldsymbol{f}_{地}$。在惯性系和非惯性系两种体系下,两个万有引力重合,两个重力重合,可证明两种定义是等效的。

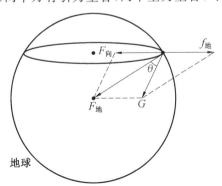

图 4.7 重力构成示意图

地球表面的不规则形状与内部物质的不均匀分布,导致了重力场的不规则性与不连续性,使地球重力场不是一个按简单规律变化的力场,也使得重力场的特征可以应用于空间定位技术的开发。另外,重力场的复杂特征为重力场格网化的加密、插值拟合增加了一定的难度。

从总的方面来看,地球在宇宙中的存在形式非常接近于一个旋转椭球,因此可以将实际地球规则化,称为正常地球。同时可以假设一个旋转椭球体作为真实地球的理想模型,使其总质量、扁度、旋转轴、自转角速度、表面位等条件与地球一样,其表面为重力位水准面,则从理论上可以算出该椭球表面和外部空间所产生的重力场。这种将实际地球进行规则化假设的模型力场,称为正常重力场。正常重力场可以作为地球重力场的近似值。表示正常重力场的数字解析式称为正常重力公式。若用 a 和 b 分别表示平均地球椭球的长、短半轴,用 B 表示平均地球椭球面上的地理纬度,用 γ_e 和 γ_p 分别表示正常椭球面上赤道和两极的重力,则正常重力 γ_0 可表示为

$$\gamma_0 = \frac{a\gamma_e \cos^2 B + b\gamma_p \sin^2 B}{\sqrt{a^2 \cos^2 B + b^2 \sin^2 B}} \tag{4.3}$$

国际通用的正常重力公式是 1930 年国际大地测量学会确定的正常重力计算公式,也被称为卡西尼国际正常重力公式:

$$g_0 = 978\ 049 \times [1 + 0.005\ 288\ 4\sin^2\psi - 0.000\ 005\ 9\sin^2 2\psi] \tag{4.4}$$

式中,ψ 是计算点的地理纬度,单位是 mGal。

另外,也有用德国学者赫尔默特(Helmert)建立的公式来计算的,被称为赫尔默特公式:

$$g_0 = 978\ 030 \times [1 + 0.005\ 302\sin^2\psi - 0.000\ 007\sin^2 2\psi] \tag{4.5}$$

根据近代人造地球卫星测定的地球形状和重力数据,1971 年第 15 届国际大地测量和地球物理协会确定的正常重力公式为

$$g_0 = 978\ 031.8 \times [1 + 0.005\ 302\ 4\sin^2\psi - 0.000\ 005\ 9\sin^2 2\psi] \tag{4.6}$$

此外,我国在《区域重力调查规范》(DZ/T 0082—2006)中明确规定区域重力调查工作的坐标系统—采用 1954 年北京坐标系和 1985 国家高程基准;正常重力公式采用第十七届国际大地测量和地球物理联合会(IUGG)通过,由国际大地测量协会(IAG)推荐的 1980 年大地测量参考系统中的正常重力公式,来计算大地水准面上的重力值,即

$$g_0 = 978\ 032.7 \times [1 + 0.005\ 302\ 4\sin^2\psi - 0.000\ 005\ 8\sin^2 2\psi] \tag{4.7}$$

地球重力场的非规则部分称为重力异常场,同时也可以将重力异常场表述为地球重力场与正常重力场的差值,其标准计量单位为 Gal。为了消除由于重力测点与总基点之间纬度不同而带来的重力影响,需要进行纬度校正。不论是重力异常的获得还是纬度校正,都需要用到正常重力公式,而正常重力公式是纬度的函数。将在大地坐标系中定位得到的纬度代入国际正常重力公式中,即可得到参考椭球面正常重力场。

在地球重力场中,还有大地水准面、垂线偏差、扰动重力等一些专业名词来表示重力场中的概念。大地水准面是指从平均海水面一直延伸到地球陆地上的水准面,因地球表面起伏不平和地球内部质量分布不匀,故大地水准面是一个略有起伏的不规则曲面,在测量工作中,均以大地水准面为依据。垂线偏差是大地水准面上同一测点的重力方向与通过该点的正常椭球面的法线方向之间夹角。扰动重力被定义为地面(或其他天体)同一点的实际重力值与该点的正常重力值之差,它是一个矢量。

目前海洋重力测量的途径主要有船基重力测量、航空重力测量和卫星重力测量。其

中,卫星重力测量包括卫星测高反演和重力测量卫星两种方式。卫星测高反演重力异常反映了重力场的低频信息,代表地球重力场轮廓,覆盖范围广,缺点是在近海岸地区精度差。船基重力测量表征了重力场的高频信息,反映了重力场的细节,精度较高,但受测量方式和成本限制,其重力数据的测量范围有限。航空重力测量反映了重力场的中高频信息,但其受地形影响较为严重,且测量范围同样有限。

卫星测高仪本质上是安装在卫星上的测距雷达,包括发射机、接收机、数据采集及时间测量系统四个部分。测距雷达的发射机通过天线向地球表面发射雷达信号,经地表或海面反射后,由接收机接收回波信号,利用信号往返时间差 Δt 和信号传播速度 C 计算出天线到瞬时海面的垂直距离 R,即

$$R = C \frac{\Delta t}{2} \tag{4.8}$$

瞬时海面高度为

$$h = H - R - \Delta R \tag{4.9}$$

式中,H 为卫星质心与参考椭球面之间的距离,即卫星轨道高度;ΔR 为各项改正,如固体潮改正、海潮改正、极潮改正、海况偏差改正、对流层改正、电离层改正等。

据相关资料显示,目前,国际众多科研机构(如美国航空航天局(NASA)、德国航空航天中心(DLR)、欧洲航天局(ESA)等)通过地面、海洋、空间等多种观测技术的联合已获得了全球的、规则的、密集的、高精度的地球重力场信息。

船基重力测量需要用到能够在海洋表面、水中或海底测定重力加速度的仪器,这种仪器被称为海洋重力仪。它由重力传感器、陀螺平台、电子控制机柜等组成,用于测量垂直方向加速度。其重力加速度输出值首先通过低通滤波去除海洋状态或载体运动对测量造成的影响,然后根据先验的校准数据对仪器误差进行补偿,再通过厄特弗斯(Eotvos)效应补偿、深度补偿及由于载体深度变化引起的低频垂直扰动加速度补偿等,最终确定测点的重力值。

海洋重力仪根据其发展主线可分为摆仪、摆杆型海洋重力仪、轴对称型海洋重力仪和振弦型重力仪。摆仪由于操作复杂、计算烦琐、测量时间长等一系列缺点,目前已经不再使用。摆杆型海洋重力仪是第二代海洋重力仪,它完成了由水下到水面、由离散点到连续线测量的历史性演变。其传感器为近似水平安装的且只能在垂直方向摆动横杆,并通过光学装置测量摆杆位移的速率,从而得到重力变化的信息。该仪器可用空气或磁阻尼的方式对摆杆施加强阻尼,来消除由于波浪等的运动引起的垂直加速度。轴对称型海洋重力仪为第三代海洋重力仪,是从 20 世纪 60 年代开始研制,到 80 年代趋于成熟的新一代仪器。其传感器有两种:一种是通过测量弦的谐振频率得到重力变化值的弦振型加速度计,另一种是通过测量传感器在力平衡时反馈电流的变化得到重力变化值的力平衡加速度计。该重力仪不受水平加速度的影响,从根本上消除了摆杆型交叉耦合效应(CC 效应)的影响,可在较恶劣的海况下工作。振弦型重力仪通过测量弦的谐振频率来获得重力的变化,其受到船舶在垂直方向附加加速度影响时,测得的平均垂直加速度误差较大,这种误差也被称为非线性调整误差。最具代表性的振弦型重力仪是日本东京大学地球物理研究所研制的东京海面船载重力仪(TSSG)和美国的 MIT 型海洋重力仪。图 4.8 所示为

我国自行研制的一种高精度重力仪——DZW 微伽重力仪。

图 4.8　DZW 微伽重力仪

海洋重力测量与海洋磁力测量类似，最常用的方法是将海洋重力仪安置在海面船舶上进行动态测量。由于测量船舶在行驶过程中会受到海浪起伏、船速变化、机器振动及海风、海流等环境因素的影响，因此海洋重力仪在测量过程中无法保证规则运动。此外，海洋重力测量一般都是连续的测线，这些也正是海洋重力测量的特点。与海洋磁力测量不同的是，重力测量过程中没有日线或年线级别的变化，重力值较为稳定。

船基重力测量时的布线原则与磁力测量略有不同，应当注意以下几点。

（1）测线网的主、副测线一般为正交形式，近海的主测线应垂直于测区范围内的地质主要构造线或海底地形走向线的方向。

（2）远洋测区的主测线如无特殊的地质情况，可按照南北方向或垂直于等深线的方向布设。

（3）根据海底地形的复杂情况，应适当调节测线的密集状态，密集程度应以完备地反映重力异常变化为原则。

（4）测区中的岛屿附近水域，应当布成放射状网。

（5）对相邻图幅、前后航次、不同仪器、不同作业单元及不同测线段之间的结合处要有检查测线或重复测线。

测线的间隔距离 m，可根据下式计算而得

$$m^2 = k^2 \left(\sqrt{x} + \sqrt{y}\right)^2 + b^2 m_H^2 \tag{4.10}$$

式中，k 为误差系数；x、y 为长方形子块边长；b 为密度系数；m_H^2 为水深代表误差。

船基重力测量应尽可能将重力仪安置在测量船舶的中心部位，即安置在船舶的横摇、纵摇影响最小的舱室，同时要求受船舶的机械振动影响也尽可能小，以最大程度减小误差。海洋记录仪的记录部分必须检查校准，且在测量前两天给重力仪加温。测量船舶在开航前应取得位于起始重力基点的绝对重力值、稳定重力值、对比水深等数据，便于之后进行相应的数据处理。在一次航行或一个测区的任务完成后，最终应闭合到海洋重力基点，并取得对比数据。

4.3.4 数据库构建

在利用地球磁力场或重力场进行的定位导航研究中,高精度的重力/磁力场模型直接决定着匹配定位导航的精度,高精度的数据库是实现精准定位的基础。

地磁数据库的构建一般有两种方式:一种是基于地磁资料等计算分析得到的地磁场模型,通过该方法得到的地磁场模型属于大尺度低精度的数据模型,适用于高速机动的高空飞行地磁导航;另一种是通过实地测量获得局部地磁数据,其测得的地磁数据精度高,可以得到更好的导航效果。目前,地磁场建模主要有矩谐分析方法(RHA)、球冠谐分析方法(SCHA)及多项式拟合方法。其中,矩谐分析方法是 Alldredge 于 1981 年为建立能够反映短波长的局部地磁场模型而提出的。该方法能够提高分析地磁场的分辨率,但其采用直角坐标系代替球坐标系进行计算,将一定区域的球面近似为平面,因此该方法建模的面积不宜太大。G. V. Haines 于 1985 年提出球冠谐分析方法并通过该方法建立了加拿大的地磁场,球冠谐分析方法针对大规模的地磁场建模较为有效,可以表示地磁场的三维结构,并可根据模型计算近地空间任意位置的地磁场强度,但是其计算量较大,使用起来不够灵活。多项式拟合方法是最先用来进行局部地磁场建模的方法,该建模方法简单易行,利用模型计算地磁场诸要素也很方便快捷,适用范围广,因此目前仍被广泛使用,其缺点是不满足地磁场位势理论的要求,没有考虑地磁要素间的几何约束及物理约束,不能求得上部空间的磁场。地磁场延拓技术在一定程度上可以对地磁数据进行向上或向下延拓,但该方法拓展得到的地磁数据有较大的局限性,且制备的地磁图精度还有待提高,因此通过该方法延拓得到的地磁图背景用来定位导航效果十分有限。

一般来说,地磁场模型可以归类为全球地磁场模型、构建数字图及区域地磁场模型等几种形式。全球地磁场主要分为两种:一种是国际地磁与超高层大气物理学协会(IAGA)采纳的国际地磁参考场(International Geomagnetic Reference Field, IGRF),自从 1965 年卡安(Cain)等人对全球地磁资料进行高斯分析,得出全球地磁场模型以来,IAGA 有关小组每 5 年更新一次 IGRF;另一种是由美国地质调查局(USGS)和英国地质调查局(BGS)联合制作的全球地磁模型(World Magnetic Model, WMM),其修正年限同样也为 5 年。此外,世界上许多国家都对自己国家区域的地磁场开展了每 5 年一次的测绘工作,来更新本国区域的地磁图。我国也建立了区域地磁场模型,如武汉大学的刘辉等人通过曲面插值的方法建立了海洋局部地磁场模型;第二炮兵工程大学的乔玉坤等人总结了常见建模方法的优缺点及适用范围,并根据磁场数据分析了不同建模方法在地磁匹配定位导航背景图构建中的适用性;国内安振昌、顾左文等众多学者根据我国实测地磁场数据,分别在不同年份构建了中国地磁参考场模型 CGRF,另外安振昌于 2003 年通过球冠谐分析方法计算了 1936 年中国地磁参考场的球冠谐模型。

目前权威的国际地磁参考场 IGRF 是基于球谐函数计算得出的。球谐模型是 1839 年由高斯(Gauss)提出并应用到地磁场建模中,同时球谐分析(SHA)是分析全球地磁场和编绘全球地磁图的主要教学方法。描述地球磁场的高斯球谐函数可以表示为

$$V(r,\theta,\varphi,t) = a \sum_{n=1}^{N} \sum_{m=0}^{n} \left(\frac{a}{r}\right)^{n+1} [g_n^m(t)\cos m\psi + h_n^m(t)\sin m\psi] P_n^m(\cos\theta) \quad (4.11)$$

式中，a 为参考地球半径，一般取 6 371.2 km；r 为测量点至地心的距离，单位为 km；ψ 为地球经度；θ 为地球的余纬度，即 90°减去纬度；$g_n^m(t)$、$h_n^m(t)$ 为高斯球谐系数；$P_n^m(\cos\theta)$ 为 n 阶 m 次的施密特准正交勒让德函数。

IGRF 模型作用于空域导航及水下制导等领域中，不可忽略各方面带来的误差影响，因为观测资料和分析方法带来的技术局限性，所以该模型在偶极场合、非偶极场、总场带来的误差分别约为 0.1%、2%、0.5%，可以说 IGEF 模型的误差达到了 250 nT。从实际角度出发，地磁场在较小的范围内变化不明显，并且有很多区域的地磁特征不丰富。从地磁场的梯度波动范围来看，从每千米几纳特斯拉到几百纳特斯拉变化不等，而通常磁力仪的分辨精度只有几十纳特斯拉，因此在地磁匹配定位实际应用的过程中得到的误差可达几百米甚至几千米，对于要求较高的实际定位导航应用参考意义不大。

值得注意的是，无论是 IGRF，还是 CGRF，其模型精度均不够，误差都高达数百纳特斯拉，因此不能满足精确的地磁匹配定位导航，对于靠近地表的导航用户而言，仍需要实地测绘制备而成的地磁背景图才能够有效满足精确导航的需求。

为了获取更好的导航效果，一般采用对某区域实地测量的方式来获得局部地磁数据，并以此整合、处理、构建局部地磁数据，从而生成该区域的高精度地磁数据库。就目前的磁测技术而言，高密度的测量点会给地磁测量工作带来巨大的工作量，并且使用任何方法进行磁测也不可能达到无限密集的连续数据效果。因此，对一定密度的实测地磁数据进行插值处理，可有效提高地磁数据库构建的速度及精度，同时也极大地减少了地磁数据库构建的工作量。地磁插值技术已经得到了广泛的研究，目前主要采用径向基函数法、多项式插值法、克里金（Kriging）插值法、距离幂次反比法、反距离加权插值法、样条插值法和改进谢别德（Shepard）插值法来生成高分辨率地磁数据库。其中，径向基函数法主要利用基函数来确定周围已知数据点到内插网格节点的最佳权重，基函数不同，其插值形式也不尽相同，常用的基函数有二次曲面、逆二次曲面、薄板样条函数及自然三次样条等，其中二次曲面和薄板样条函数被广泛认为是最好的基函数。黄学功等人利用实测数据对上述提到的插值方法进行了比较分析，证明了用径向基函数法制备的地磁背景图等值线较为圆滑，且用于评估地磁背景图的标准差和平均偏差指标小于其他方法，可以更精准地反映出区域地磁场的分布情况。

王胜平等人对泰勒（Taylor）多项式、勒让德（Legendre）多项式、样条函数、多面函数、矩谐函数和球冠谐函数等 6 种局部地磁场建模方法进行了系统研究，同时研究了一种分区建模的思想并将其应用于上述 6 种模型，提高各模型精度到 5 nT。此外，还详细分析了各模型函数在建模过程中的特点。

与重力或高程异常相类似，地磁总强度也反映了地球内部物质的组成和分布及地质构造，因此地磁场及其分量可以是位置 (φ,λ) 的函数，同时可采用 Taylor 多项式对地磁场机器分量进行拟合建模。海洋地磁测量一般采取的是地磁强度总量 F，根据 Taylor 多项式可将 F 表示为

$$F = \sum_{n=0}^{N}\sum_{m=0}^{n} A_{nm}(\varphi-\varphi_0)^{n-m}(\lambda-\lambda_0)^m = \sum_{n=0}^{N}\sum_{m=0}^{n} A_{nm}\Delta\varphi^{n-m}\Delta\lambda^m \quad (4.12)$$

式中，(φ_0,λ_0) 为建模时选择的中心位置；$A_{nm}(n=1,2,\cdots,N;m=1,2,\cdots,n)$ 为模型的

Taylor 多项式系数,N 为模型的截止阶数。

Taylor 多项式在建模过程中对截止阶数的选取十分重要。模型的内、外符合精度达到稳定变化时的阶数即为模型的截止阶数,合适的截止阶数可以保证地磁场模型的精度,同时也可降低建模的复杂性,提高建模的效率。对于不同的研究区域形状,其地磁场强度的变化规律也不同,所以在建模过程中可根据地磁场强度的变化特点对 Taylor 多项式进行改进,考虑增强 $\Delta\varphi$ 或 $\Delta\lambda$ 中的某项而降低另一项,达到降低模型项数并提高模型精度的目的。

由于地磁强度 F 可以是基于 Legendre 多项式展开的,因此可根据 Legendre 多项式对地磁场建立与位置相关的模型:

$$F_i = \sum_{n=0}^{N}\sum_{k=0}^{n} a_{nk} P_k(\Delta\varphi_i) \cdot P_{n-k}(\Delta\lambda_i) \tag{4.13}$$

式中,N 为模型的截止阶数;P 为 Legendre 级数。

关于纬度差 $\Delta\varphi$ 的 k 次 Legendre 多项式可描述为

$$P_k(\Delta\varphi) = \sum_{m=0}^{\left[\frac{k}{2}\right]} (-1)^m \frac{(2k-2m)!}{2^k m!\,(k-m)!\,(k-2m)!} \Delta\varphi^{k-2m} \tag{4.14}$$

式中,$\left[\dfrac{k}{2}\right]$ 为不大于 $k/2$ 的整数。

Legendre 多项式与 Taylor 多项式一样,实施简单且使用方便,都是一种比较好的局部磁场建模方法,较为适合构建地磁匹配导航技术中的地磁背景图。但是 Legendre 多项式在面对区域较大或变化复杂的地磁场时,难以取得理想的精度,面对这一缺陷,王生平等人通过分区建模的方法进行解决,并在区域建模中取得了较高的模型精度。Legendre 多项式的截止阶数同样也可以通过模型内、外符合精度的变化程度来确定,同时使用代表性强及密度大的数据参与建模,以此降低模型的截止阶数,提高模型精度。

曲面样条函数适合对离散的地磁数据进行地磁建模。该函数对数据的排列方式不做要求,数据可不必按规则排列,采取自然边界条件即可获得任意阶光滑曲面。根据曲面样条函数建立地磁总强度 F 与位置 (x,y) 的关系式为

$$F(x,y) = a_0 + a_1 x + a_2 y + \sum_{i=1}^{n} R_i r_i^2 \ln(r_i^2 + \varepsilon) \tag{4.15}$$

式中,a_0、a_1、a_2、$R_i(i=1,2,\cdots,n)$ 为待定系数;$r_i^2 = (x-x_i)^2 + (y-y_i)^2$;$\varepsilon$ 为调节曲率大小的经验参数。

曲面样条函数可看作无限大平板纯弯曲时的变形,若 D 为抗弯曲程度,则挠度 W 和板上的负载 $q(x,y)$ 之间的微分方程为

$$D \nabla^4 W = q$$

样条曲面建模方法本质上是一种插值方法。参与建模的测点数据在一定的曲率和弹性等参数下对曲面进行构造,保证了建立的模型与实际的地磁总强度有最大程度的逼近效果,同时最大限度地保证了曲面的光滑连续,是一种对局部海域建立高精度地磁场模型的理想方法。通过该方法建立的模型精度同样与建模数据有着直接的关系,数据代表性越强,密度越大,则模型精度越高,尤其是在地磁总强度变化复杂的情况下,该现象更为明

显。此外，建模时的曲率与弹性参数也对模型精度有一定的影响，但前者影响较小可不考虑，后者影响显著，一般取 10^4 比较合适。分区建模的思想对该方法同样适用，可在地磁强度变化平缓的区域适当增大分区范围，在变化复杂的区域减小分区范围，从而进一步提高建模精度。

上述提及，地磁总强度 F 可描述为位置 (x_i,y_i) 的函数，若以多面函数来表达 F，则地磁场模型为

$$F = f(x,y) = \sum_{i=1}^{n} a_i Q(x,y,x_i,y_i) \tag{4.16}$$

式中，a_i 为模型系数；$Q(x,y,x_i,y_i)$ 为二次核函数，其中心在 (x_i,y_i) 处，多面函数建模中，二次核函数 Q 通常采用具有对称性的距离型正、倒双曲面函数。其中，正双曲面函数为

$$Q(x,y,x_i,y_i) = \left[(x-x_i)^2 + (y-y_i)^2 + \delta^2\right]^{\frac{1}{2}} \tag{4.17}$$

倒双曲面函数为

$$Q(x,y,x_i,y_i) = \left[(x-x_i)^2 + (y-y_i)^2 + \delta^2\right]^{-\frac{1}{2}} \tag{4.18}$$

由于每个二次式均表示一个曲面，因此根据式(4.16)可以看出，F 由二次式的和来描述，同时也表示通过多面函数建立的地磁场模型是用多个曲面去逼近的。

任何建模方法都需要考虑参与建模的数据质量、代表性及模型参数，尤其是对于地磁变化复杂的海域。多面函数中，核函数及平滑因子的选取对模型精度的提高有着至关重要的作用，正双曲面函数建模的精度随平滑因子的变化相对稳定，而倒双曲线建模则随平滑因子变化剧烈，因此在建模过程中多采用正双曲面函数进行建模。此外，模型精度随平滑因子的变化均存在拐点，选择拐点处的平滑因子可在建模过程中有效提高模型精度。多面函数同样也适用于局部性海洋磁场建模，同时，分区建模的精度也同样高于整体建模的精度。王胜平等人将该方法同 Taylor 多项式、Legendre 多项式及样条曲面模型进行比较，分析得出该方法具有较强的优越性，适合作为构建海洋局部地磁场背景图的有效方法。

球冠谐分析中的 Legendre 地磁位 V 表达式为

$$V = a \sum_{k=0}^{K_{\max}} \sum_{m=0}^{k} \left(\frac{a}{r}\right)^{n_k(m)+1} (g_k^m \cos m\varphi + h_k^m \sin m\varphi) P_{n_k(m)}^m (\cos \delta) \tag{4.19}$$

式中，a 为地球半径；r 为地心径向距离；g_k^m、h_k^m 为高斯系数；$P_{n_k(m)}^m(\cos \delta)$ 为施密特(Schmidt)准归一化缔合 Legendre 函数；φ、δ 分别表示为球冠坐标系下的经度和余纬度；$K_{\max}$ 为球冠谐分析中的最大截止阶数。

基于地磁三分量的球冠谐分析地磁场模型可表示为

$$\begin{cases} X_C = \sum_{k=0}^{K_{\max}} \sum_{m=0}^{k} \left(\frac{a}{r}\right)^{n_k(m)+2} (g_k^m \cos m\varphi + h_k^m \sin m\varphi) \dfrac{\mathrm{d} P_{n_k(m)}^m(\cos \delta)}{\mathrm{d}\delta} \\ Y_C = \sum_{k=0}^{K_{\max}} \sum_{m=0}^{k} \dfrac{m}{\sin \delta} \left(\frac{a}{r}\right)^{n_k(m)+2} (g_k^m \sin m\varphi - h_k^m \cos m\varphi) P_{n_k(m)}^m(\cos \delta) \\ Z_C = -\sum_{k=0}^{K_{\max}} \sum_{m=0}^{k} (n_k(m)+1) \left(\frac{a}{r}\right)^{n_k(m)+2} (g_k^m \cos m\varphi + h_k^m \sin m\varphi) P_{n_k(m)}^m(\cos \delta) \end{cases} \tag{4.20}$$

球冠谐分析地磁场建模过程相对复杂,但该方法满足了地磁场三维结构特点及地磁位势理论,因此球冠谐分析建模方法相对其他方法而言具有更高的精度,这对于构建高精度水下地磁背景图及实现水下高精度地磁匹配定位导航都十分重要。球冠极点的选择对地磁场模型的精度也有影响,一般将球冠极点选择于测区中央,对于较大区域,可考虑将球冠极点选择在测区中央附近整经度和纬度的位置,并且为了消除边界效应,应在建模时增加边缘测点。球冠半角的选择要求至少能够包含建模区域,模型的截止阶数应根据地磁三分量模型的精度变化来确定,一般取 4 或 5 即可。

矩谐分析方法从位理论出发,同球冠谐分析方法一样,也兼顾了地磁场的三维结构,其研究对象为地球表面的一个矩形区域。由矩阵分析构建的在矩谐坐标系下的地磁三分量地磁场模型可表示为

$$B_x = -\frac{\partial V}{\partial x}, \quad B_y = -\frac{\partial V}{\partial y}, \quad B_z = -\frac{\partial V}{\partial z}, \quad B = \sqrt{B_x^2 + B_y^2 + B_z^2}$$

其中,

$$\begin{cases} B_x = -A + \sum_{q=0}^{N_{\max}} \sum_{i=0}^{q} iv[E_{ij}\sin(ivx)\cos(jwy) + F_{ij}\sin(ivx)\sin(jwy) - \\ \qquad G_{ij}\cos(ivx)\cos(jwy) - H_{ij}\cos(ivx)\sin(jwy)]e^{uz} \\ B_y = -B + \sum_{q=0}^{N_{\max}} \sum_{i=0}^{q} jw[E_{ij}\cos(ivx)\sin(jwy) - F_{ij}\cos(ivx)\cos(jwy) + \\ \qquad G_{ij}\sin(ivx)\sin(jwy) - H_{ij}\sin(ivx)\cos(jwy)]e^{uz} \\ B_z = -C - \sum_{q=0}^{N_{\max}} \sum_{i=0}^{q} u[E_{ij}\cos(ivx)\cos(jwy) + F_{ij}\cos(ivx)\sin(jwy) + \\ \qquad G_{ij}\sin(ivx)\cos(jwy) + H_{ij}\sin(ivx)\sin(jwy)]e^{uz} \end{cases} \tag{4.21}$$

式中,$j = q - i$,$v = 2\pi/L_x$,$u = 2\pi/L_y$,其中 L_x 和 L_y 分别表示矩形区域中的南北和东西长度;A、B、C、D、E、F、G、H 分别表示模型的系数;x、y、z 分别表示矩形坐标系下的测点三维坐标,相应的地磁三分量为 B_x、B_y、B_z;$N_{\max}$ 表示模型的截止阶数。

矩谐分析方法下的截止阶数需根据建模的精度要求、区域大小及地磁场变化的复杂程度等因素来确定。分区建模的思想同样对该方法建模的精度有明显的效果,但不可避免地增加了建模过程中的烦琐度。

通过王胜平等人的研究分析发现,分区建模思想的精度普遍高于整区建模的精度,但该思想对于样条曲面和多面函数两种方法的精度提高作用有限。其中,分区多面函数模型的精度在众多建模方法中最为突出,因此局部海洋地磁场背景图的建立建议采用该方法。

重力数据库的构建与地磁数据库的构建大同小异,精准的原始数据对高精度重力背景图的构建起着至关重要的作用。多年以来,重力匹配定位导航技术停滞不前的主要原因之一也是因为缺乏高分辨率的重力背景图。虽然现有测量技术可以测得全球大部分区域的重力数据,但已测得的重力数据会存在一些误差,如地形起伏、电离层折射、空气密度误差都会导致测量误差,并且仍有部分区域无法测量。同时,由于地球重力值的变化量受

位置及其垂线方向下地球地质构造和内部结构密度的影响,因此无论采取何种方法都不能还原最真实的重力背景图,而全重力场模型的构建也是在一定程度上对地球重力位的逼近。选择一个好的建模方法,可有效提高地球重力背景图的精度。地球重力场模型可通过球谐系数进行展开,引力位的球谐表达式为

$$V_{(r,\theta,\lambda)} = \frac{GM}{r}\left[1 + \sum_{n=1}^{\infty}\left(\frac{a}{r}\right)^n \sum_{m=0}^{n} \bar{P}_{nm}(\cos\theta)(\bar{C}_{nm}\cos m\lambda + \bar{S}_{nm}\sin m\lambda)\right] \quad (4.22)$$

式中,G 为万有引力常数;M 为地球质量;r 为地心距离;λ 为地心经度;θ 为地心余纬度;a 为参考椭圆长半轴;$\bar{C}_{nm}$、$\bar{S}_{nm}$ 是完全规格化的球谐系数;$\bar{P}_{nm}$ 是完全规格化的第一类缔合勒让德函数。

缔合勒让德函数(Associated Legendre function)又称伴随勒让德函数、连带勒让德函数、关联勒让德函数,实质是缔合勒让德方程的解,具有正交归一性等性质,可分为第一类缔合勒让德函数、第二类缔合勒让德函数,在数学和理论物理学中有着重要意义。缔合勒让德方程表达为

$$(1-z^2)\frac{d^2 w}{dz^2} - 2z\frac{dw}{dz} + \left[v(v+1) - \frac{m^2}{1-z^2}\right]w = 0 \quad (4.23)$$

当 $z=x$,$-1 \leqslant x \leqslant 1$,$v=0,1,2,\cdots$,$m$ 为任意整数的情形时,该方程的两个解分别被记作 $P_n^m(x)$ 和 $Q_n^m(x)$,且分别称为 m 阶 n 次第一类缔合勒让德和第二类缔合勒让德函数。其中,第一类缔合勒让德函数表达为

$$P_v^m = (x+1)^{m/2}\frac{F([-v,v+1],[1-m],1/2-(1/2)x)}{(x-1)^{m/2}\Gamma(1-m)} \quad (4.24)$$

正常重力位的球谐展开式为

$$U_{(\rho,\theta)} = \frac{GM}{r}\left[1 - \sum_{n=1}^{\infty} J_{2n}\left(\frac{a}{r}\right)^{2n} P_{2n}(\theta)\right] \quad (4.25)$$

式中,J_{2n} 表示与正常椭球参数相关的常值。

扰动位 T 为同一位置上地球引力位和正常位之间的差值,即

$$T = V - U = \frac{GM}{r}\sum_{n=2}^{\infty}\left(\frac{a}{r}\right)^n \sum_{m=2}^{n} \bar{P}_{nm}(\cos\theta)[\bar{C}_{nm}\cos m\lambda + \bar{S}_{nm}\sin m\lambda] \quad (4.26)$$

目前,对采集的原始重力数据进行格网化插值处理也是提高重力数据库精度的主要方式,同样,任何插值方法都不能还原最真实的重力背景图,但通过各类插值方法,可使重力背景图利用更少的实测数据尽可能逼近真实的地球重力场数据,减轻测量工作量,构建高精度的水下重力背景图,实现精准的水下重力匹配定位导航。

重力背景图具有非精确性插值和精确性插值两种插值类型,其中将插值后样点处的预测值与实际值保持相同的插值方式定义为精确插值;将插值后背景图具有平滑性但不强制要求样点处的预测值与实际值保持相同的插值方式定义为非精确插值。目前针对重力背景图的插值方法有很多,除了上述电磁数据库用到的部分插值方法外,还有 Kriging 法、距离倒数乘方法、Shepard 法等较为常见的插值方法,可用于提高重力背景图的精度,邹嘉盛对上述方法进行了简单总结。

(1)Kriging 法是一种基于变异函数和结构分析理论进行 Kriging 计算的最优内插算法,其在权重分配中需考虑多个方面的因素,且影响因素远超加权反距离法。该方法精度

相对较高,在实际应用方面更加广泛。待插值点的估计值为

$$\widehat{\Delta g}(X_0) = \sum_{n=1}^{\infty} \lambda_i \Delta g(X_i) \tag{4.27}$$

式中,λ_i 为已知点上的权系数。

另外,Kriging 法有两个假设条件:

$$\begin{cases} \sum_{i=1}^{n} \lambda_i \gamma(X_i, X_j) + \psi = \gamma(X_i, X_0) \\ \sum_{i=1}^{n} \lambda_i = 1 \end{cases} \tag{4.28}$$

在假设条件中,γ 为变异函数,ψ 表示与最小方差有关的拉格朗日常数。该方法通过运用编译函数 γ 的构建特性及区域变化量的原始数据,针对估计点进行无偏最优估计。

(2) 距离倒数乘方法是通过判断已知点与估计点之间距离远近的方式来对插值点进行估计,其表达式为

$$\widehat{\Delta g}(X_0) = \sum_{i=1}^{n} h_{i0}^{\beta} \Delta g(X_i) / \sum_{i=1}^{n} h_{i0}^{\beta} \tag{4.29}$$

$$h_{i0} = 1/\sqrt{d_{i0}^2 + \delta^2} \tag{4.30}$$

式中,h_{i0} 表示距离倒数;β 表示权重乘方;δ 表示光滑参数。

距离倒数加权插值的方法在计算权重时,只考虑待插值点与已知点之间的距离远近。

(3) Shepard 法的实质是反距离加权的最小二乘法。该方法通过对建模区域内的点进行加权格网化操作来尽可能减小各类误差,同时对进入领域的点集进行处理以达到全方位提高精确度和光滑性的目的。其中,以格网点为中心,半径为 R 的领域,可采用 Renka 所提方法中的推荐值对 R 值进行选择。Shepard 方法的表达式为

$$\widehat{\Delta g}(X_0) = \sum_{i=1}^{n} h_{i0}^{\beta} \Delta G_i(x) / \sum_{i=1}^{n} h_{i0}^{\beta} \tag{4.31}$$

$$h_{i0} = 1/\sqrt{d_{i0}^2 + \delta^2} \tag{4.32}$$

式中,各参数含义与距离倒数乘方法表达式中参数含义大多相同,h_{i0} 同样表示距离倒数;β 表示权重乘方;δ 表示光滑参数;$\Delta G_i(x)$ 表示通过距离倒数加权最佳逼近后的二次曲面函数,其表达式为

$$\Delta G_i(x) = \Delta g(x_i) + a_{i1}(x - x_i)^2 + a_{i2}(x - x_i)(y - y_i) + \\ a_{i3}(y - y_i)^2 + a_{i4}(x - x_i) + a_{i5}(y - y_i) \tag{4.33}$$

式中,a_{i1}、a_{i2}、a_{i3}、a_{i4}、a_{i5} 通过各已知点的最佳距离加权最小二乘逼近。该方法在权重取值方面不同于距离倒数乘方法。

另外,重力场构建过程中常用的曲线和曲面拟合方法有双线性内插法、二次曲线法、三次曲线法、加权二次曲线法和孔斯(CoonS)曲面法等。

小波变换方法也是一种用于分析重力/磁力数据的有力工具,可用于对区域重力/磁力场数据库的分解融合。小波分析是一种常见的数学分析方法,其基于傅里叶分析,多用于多源图像融合及多源遥感图像融合等方向。离散小波变换可选取不同的分解层数及权

重系数将区域重力/磁力场数据分解为低频和高频等不同频率的系数,并分别采用不同的融合方法获取同频数据融合后的频率系数,最后根据离散小波逆变换计算得出融合处理后的重力场或磁力场背景图,实现多源多区域的数据库融合。相对傅里叶分析方法,小波分析具备信号的时域与频域局部分析能力,并且具有运行速度快、融合效果好等特点。

在建立相应的数据库之前,还需要对收集到的重力/磁力原始数据进行处理,以提高数据的精确度,使重力/磁力场背景图的构建更加精准。由于地球磁场的特性更为复杂,其原始数据处理起来更为困难,因此下面以原始地磁数据为例,介绍原始磁力数据的处理理论及方法。

在测得相关的地磁数据之后,则需要对数据进行相关处理以最大限度地减小船磁、日变等外部扰动磁场对真实地磁数据的影响。在实际测量过程中,可采用地磁数据质量控制、日变数据更正、船磁建模及数据更正等一系列有效方法对地磁数据即时改正,尽可能去除外部干扰因素带来的影响。若某些干扰因素不便于直接去除,则需要测得相关的数据及影响要素,后续对数据进行建模处理时利用所建立的模型对干扰进行消除,以提高地磁数据的精度。

地磁数据质量控制可采用手工交互式编辑的方法对测得的异常磁力数据进行质量控制,对地磁观测数据进行滤波处理,消除异常观测值对最终成果的影响。传统的纯手工操作方法可以直观地发现粗大误差并对其剔除或校正,但效率太低。此外,一种手工编辑与自动滤波相结合的质量控制方法也可实现对实测地磁数据的质量控制,该方法首先通过人工检测编辑的方式对实测数据中出现的异常值进行删除或改正,其次采用滤波算法再次对数据库进行平滑处理,消除奇异观测值的影响及人工处理后遗漏的异常观测值影响。对于数据量比较大的日变数据,可采用人工编辑与FFT低通滤波的方式,来有效消除地磁观测数据对日变测量成果的影响,达到平滑日变数据及提取基值的目的。对于海上地磁测量,可对测量区域内的数据采用趋势面滤波法,来滤除人工滤波遗漏的异常数据并实现测线及整个区域的地磁平稳变化。

地磁日变对整体的地磁数据造成了较大的影响,特别是短周期的磁扰,在实测过程中被明显地记录下来,若不进行校正则会给构建的地磁背景图精度造成极大的误差,因此需研究地磁日变规律及其改正模型,通过建模的方式对数据进行处理,以消除日变因素对稳定地磁场造成的误差影响。

船磁也是干扰正常地磁场测量的一个重要因素。为最大限度地减小船磁给海洋磁场测量造成的影响,可研究拖缆的长度,通过使用合适的长度来作为实测过程中的指导性参数。另外对于无法消除或影响较大的船磁干扰,可采用八方位法实测地磁数据,研究船磁建模理论和方法,利用所建立的模型来消除干扰。船磁可以看作是方位的函数,根据八个方位测得的磁力值,可构建方位与磁力值的对应序列,从而求出基点的地磁值,获得方位与磁差异的序列,并利用该序列构建与方位相关的船磁模型。用实测数据模型减去船磁干扰数据模型,即可消除船磁对地磁数据造成的干扰。

海洋磁场测量多采用拖曳式的工作方式,磁力仪通常位于船体后方,因此需要进行拖鱼归位计算,即根据GPS天线、拖曳点等相对位置关系实现坐标的传递,计算出拖鱼的实际位置(磁力仪的实际位置)。

必要时,可对测量精度进行评估,直观地反映出测得数据及数据处理后的精准情况。原始的重力数据在建模前也需进行相关处理,减少外部干扰因素对数据造成的影响,尽可能剔除外部误差,提高重力背景图构建的精度。通过对数据的一系列处理,可有效提高重力/磁力背景图的精度,实现精确的重力/磁力匹配定位导航。

4.3.5 重力/磁力匹配算法原理及归纳

重力/磁力匹配算法是匹配定位导航技术中十分关键的一步。对于磁力匹配定位和重力匹配定位两种技术而言,其在数据测量方面及模型构建等方面存在较大差异,但匹配算法则基本相同,均是将实时获取的一小段数据在重力/磁力背景图中查找配对,直至在背景图中找到实时数据确切的位置,则说明数据匹配成功。重力/磁力匹配算法多种多样,其算法思想及技术理念与图像识别相类似,但实现方式略有不同,详细来说,重力/磁力匹配算法利用实时数据序列的特征在背景图中进行对比匹配,寻找匹配结果最优的一组数据所对应的实际位置作为最终的匹配结果。

匹配算法利用重力/地磁测量序列与重力/地磁数据库确定载体位置实现定位导航,可分为相关度量匹配技术和递推滤波技术两类。

相关度量匹配技术的特点是原理简单,可断续使用,通过该技术可实现在载体需要定位导航时即开即用,对初始误差要求低且不随时间累积误差,匹配精度和捕获概率较高,使用方式方便灵活。其匹配技术的工作原理为:载体运动一段时间后由传感器获得相应的测量值序列,通过测量序列与重力/地磁背景图的相关运算估计出载体的真实航迹,从而得到载体真实位置的最佳估计。相关度量匹配技术的传统算法主要分为两类:一类是强调实测序列与背景图之间的相似程度,如相关系数法(CC)、互相关算法(COR)等;另一类是强调实测序列与背景图之间的差别程度,如均方差算法(MSD)、平均绝对差算法(MAD)等。在计算最佳匹配点时,强调相似程度的算法以极大值为目的,强调差别程度的算法应求得极小值。现有地形匹配、图像匹配相关的算法也可应用到重力/磁力匹配定位技术中来,如地形匹配导航中的 ICP 匹配算法,可将实时测量的数据通过反复的平移、旋转等一系列刚性变换来减小实测数据对象与目标数据对象之间的空间距离,使得匹配对象尽可能靠近目标对象,从而进行数据匹配,达到匹配的目的。Hausdorff 距离算法也是有效表征测量序列与背景图之间相关性的算法,该算法利用极大极小距离参数,使重力/磁力匹配基于一种新的测度,匹配过程受物体平移、旋转、缩放等变换的影响较小。此外,相关度量匹配技术还包括地形轮廓匹配算法(TERCOM)、地磁轮廓线匹配算法(MAGCOM)和基于等值线的最近点迭代匹配算法(ICCP)等。

递推滤波技术通常采用的方式是将重力/磁力场进行线性化处理,在惯性导航系统的加持下,根据惯导的位置输出从背景图中查到相应的重力/磁力估计值,然后将该估计值与实测值之差作为观测量,同时与惯导的输出信息采用滤波技术进行融合。该技术需要载体在较长的一段时间内连续递推滤波,对初始误差的要求较高,且滤波的各种误差统计模型不宜获取,滤波的发散也不易控制。目前该技术中应用较多的滤波技术主要为卡尔曼滤波。哈尔滨工业大学的王宇飞等人,于 2006 年采用无迹卡尔曼滤波技术对卫星自主导航进行了仿真实验,验证了其具有较好的收敛性,能够满足中等精度的定位导航要求。

天津航海仪器研究所的杨功流等人,于2007年采用卡尔曼滤波技术对潜艇地磁匹配导航进行实验,验证了当系统非线性较大时,采样卡尔曼滤波可获得滤波值基于非线性状态方程的更新,性能优于卡尔曼滤波。此外,SITAN算法及其相关算法等也属于递推滤波技术的一种。

相关度量匹配技术和递推滤波技术各有特点,并在发展过程中取得了一定的成果。同时,随着神经网络技术、小波理论及各种现代优化计算方法的日益完善,有必要在重力/磁力匹配技术上尝试新的算法研究,来增强重力/磁力匹配定位导航的精确性和鲁棒性等,进一步推进水下定位导航的实际应用。

4.3.6 水下重力/磁力匹配算法

重力/磁力匹配算法与地形匹配算法大同小异,算法思路流程对各类数据的匹配都可以交叉使用,算法目的是将实时测量的数据信息在数据背景图中找到,并得到实测的载体位置,用于载体的定位或导航,匹配算法是完成载体定位导航的关键技术之一,也是决定匹配定位技术是否成功的一步。4.4节将对一些出色的算法进行较为细致的讲解,给出算法中的关键公式,同时也讲述部分算法的改进技术。

4.4 TERCOM 算法及其改进

TERCOM算法即地形轮廓匹配算法,是一种基于相关分析理论的地形轮廓匹配算法。该算法在开发初期被广泛用于巡航导弹的地形匹配制导。其原理是根据惯导系统提供的动态位置信息获取一组导航迹点,然后以惯导航迹点(x,y)为采样中心,以多倍惯导定位误差为半径,并将周围一定范围内的数据进行格网化处理使数据便于使用。遍历搜索范围内的每个格网信息,利用惯导数据与事先储存好的背景图数据中对应的相关区域范围内的相关表征量进行匹配,得到多组与惯导航迹平行或相近的匹配航迹序列,然后将每一组匹配航迹序列中各格网点对应的数据信息与实际观测所得信息进行比对,通过一定的判断原则选择最大相关待匹配航迹作为最佳的匹配轨迹。该算法采用批相关处理技术中的极值匹配,作为断续的批相关处理算法。

目前对于TERCOM算法,常用的相关分析方法主要有均方差算法(MSD)、平均绝对差算法(MAD)、交叉相关算法(COR)。以连续的磁力数据集为例,将三种相关度量算法分别定义为

$$\mathrm{MSD}_{(\tau_x,\tau_y)} = \frac{1}{L}\int_{-l/2}^{l/2} [T_{\mathrm{ACQ}}(x,y) - T_{\mathrm{ST}}(x+\tau_x, y+\tau_y)]^2 \mathrm{d}l \quad (4.34)$$

$$\mathrm{MAD}_{(\tau_x,\tau_y)} = \frac{1}{L}\int_{-l/2}^{l/2} |T_{\mathrm{ACQ}}(x,y) - T_{\mathrm{ST}}(x+\tau_x, y+\tau_y)| \mathrm{d}l \quad (4.35)$$

$$\mathrm{COR}_{(\tau_x,\tau_y)} = \frac{1}{L}\int_{-l/2}^{l/2} T_{\mathrm{ACQ}}(x,y) T_{\mathrm{ST}}(x+\tau_x, y+\tau_y) \mathrm{d}l \quad (4.36)$$

式中,τ_x、τ_y分别表示两个坐标轴方向的偏移量;T_{ACQ}表示实测磁力值;T_{ST}表示对应位置的背景地磁值;L表示匹配序列的长度,即累积长度。

针对离散的数据序列,以重力数据为例,可分别定义为

$$J_{\text{MSD}} = \frac{1}{L} \sum_{i=1}^{L} [X(i) - g_k(i)]^2, \quad k = 1, 2, \cdots, s \qquad (4.37)$$

$$J_{\text{MAD}} = \frac{1}{L} \sum_{i=1}^{L} |X(i) - g_k(i)|, \quad k = 1, 2, \cdots, s \qquad (4.38)$$

$$J_{\text{COR}} = \frac{1}{L} \sum_{i=1}^{L} X(i) g_k(i), \quad k = 1, 2, \cdots, s \qquad (4.39)$$

式中，g_k 为重力背景图轨迹中第 k 条轨迹的重力值；$X(i)$ 为重力实测值。

三种类型的算法中，最优匹配结果值一般要求平均绝对算法和均方差算法中为最小，而要求交叉相关算法中所得最优结果为最大值。在 MSD、MAD、COR 三种计算相关性的准则中，以 MSD 均方差算法计算的精度最高，其次为 MAD 平均绝对差算法，而 COR 交叉相关算法在稳定性和精确性方面相对来说要差一些。

TERCOM 算法在早期用于对惯导系统的修正工作，对地形地貌及高程等信息进行匹配，在逐步发展的过程中，TERCOM 算法开始对重力/磁力等信息进行匹配。在惯导系统误差较小且惯性仪器、测量仪器精度较高的情况下，基于水下重力/磁力匹配的 TERCOM 算法具体步骤如下。

(1) 潜器在潜航过程中按照一定的频率获取惯性导航系统输出的载体位置信息，同时对重力场或磁力场进行测量得到实时重力/磁力值。

(2) 以惯导系统输出的位置信息为中心，并根据惯导仪器的误差情况确定误差范围，通过误差范围生成一个正方形或长方形的搜索范围，获取该搜索范围内已知格网点的重力/磁力值，即缩小重力/磁力背景图范围至搜索范围。

(3) 根据惯导系统及其相关理论得到一定路径上的点迹序列，并生成具有实测数据信息的匹配航迹序列，同时保证匹配航迹序列平行于路径点迹序列。

(4) 将实测数据序列与搜索范围内的待匹配序列进行相关性计算，匹配得出最优的点序列，并使数据误差最小，继而根据该最优结果得出载体当前最准确的位置信息。

(5) 通过最优位置对惯导系统进行修正，即可得到较为准确的定位导航信息。

TERCOM 算法需借助惯导系统提供的航迹信息，利用该航迹信息进行平移得到最终的匹配序列，因此该算法对惯导提供的航迹在角度上有较高的要求。由于惯导系统提供的航迹信息不仅随时间的推移存在累计坐标误差，同时在提供的航向信息上也存在一定偏差，这严重影响了 TERCOM 算法的匹配精度。

据此，在 TERCOM 算法的基础上，王胜平等人对改进的 TERCOM 算法进行了阐述，针对 TERCOM 算法在匹配过程中仅能实现对数据的平移匹配，而不能计算旋转变量这一不足，研究了一种基于自适应旋转角探测机制的 TERCOM 适配序列精匹配算法，以此实现了惯导累积角度计算，提高了 TERCOM 算法的匹配精度。

首先根据惯导提供的航迹信息，确定匹配航迹序列中的重心坐标 (x_g, y_g)，则有

$$\begin{cases} x_g = \dfrac{1}{W}\sum_{i=1}^{N} w_i x_i \\ y_g = \dfrac{1}{W}\sum_{i=1}^{N} w_i y_i \\ W = \sum_{i=1}^{N} w_i, w_i = 1/(T_{ST} - T_{ACQ}) \end{cases} \tag{4.40}$$

式中,(x_i, y_i) 表示惯导系统提供的航迹平面位置坐标;w 表示其权值。

其次以该匹配序列的重心位置为原点增加旋转角,计算得到旋转后的匹配序列为

$$[x_p \quad y_p] = \boldsymbol{R}(a)[x - x_g \quad y - y_g] \tag{4.41}$$

式中,$[x_p \quad y_p]$ 为增加旋转角 a 之后的航迹坐标;$\boldsymbol{R}$ 表示由旋转角 a 构成的旋转矩阵。

计算出旋转后的航迹坐标$[x_p \quad y_p]$后,将其作为初始匹配序列,再进行 TERCOM 算法匹配,从而实现最终定位。为实现旋转角度的自适应探索机制及匹配导航定位的自动化实现,一种由粗旋转到精旋转的自适应流程如图 4.9 所示。

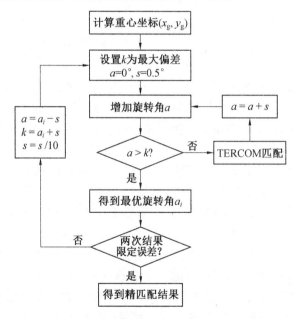

图 4.9　改进 TERCOM 算法中的旋转角自适应探索流程

通过对 TERCOM 算法的改进,从修正角度误差方面入手,实现了惯导航迹到真实航迹的进一步精确校正,同时也实现了实测重力／磁力序列与数据背景图的自适应精确匹配,使获取的载体实际位置信息更为精准。

为丰富 MSD、MAD、COR 等现有重力／磁力匹配相似性判断准则,TERCOM 算法还有一种基于 Hausdorff 距离的相似度指标。Hausdorff 距离的主要作用是反映两个集合之间的匹配程度,是一种极大、极小距离表示法,该方法目前已被广泛用于模块匹配、模式识别等图像匹配领域中。将 Hausdorff 距离用于 TERCOM 匹配技术中,可有效增强 TERCOM 匹配算法的稳定性及其他相关算法的可靠性。

Hausdorff 距离主要是针对两个有限闭合点集间距离度量的数学定义。若两个有限点集分别为 $X(x_1,x_2,x_3,\cdots,x_n)$ 和 $Y(y_1,y_2,y_3,\cdots,y_n)$,则这两个点集之间的 Hausdorff 距离可表示分别为

$$H(X,Y) = \max(h(X,Y),h(Y,X)) \tag{4.42}$$

式中,$H(X,Y)$ 表示集合 X 和集合 Y 之间的双向 Hausdorff 距离;$h(X,Y)$ 表示集合 X 到集合 Y 的单向 Hausdorff 距离;$h(Y,X)$ 表示集合 Y 到集合 X 的单向 Hausdorff 距离。

另外,$h(X,Y)$ 与 $h(Y,X)$ 的表达式为

$$\begin{cases} h(X,Y) = \max_{x \in X} \min_{y \in Y} \| \boldsymbol{x} - \boldsymbol{y} \| \\ h(Y,X) = \max_{y \in Y} \min_{x \in X} \| \boldsymbol{x} - \boldsymbol{y} \| \end{cases} \tag{4.43}$$

式中,$\| \cdot \|$ 为距离范数,可用多种距离范数表示,常用的有欧氏范数、和范数、极大范数等。

Hausdorff 距离代表了两个数据集合间的不匹配程度,距离越大则表示匹配程度越差。相反,距离越小则表示两个数据集之间越匹配。Hausdorff 距离提供了一种精确度类似于 MSD 的高精度匹配函数用于 TERCOM 匹配定位,增加了匹配中的相似度指标,确保了 TERCOM 匹配结果的稳定性与可靠性。

4.4.1 MAGCOM 算法

MAGCOM 算法是一种对地磁等值线进行匹配的算法,由于地磁等值线与重力等值线的特征基本相同,因此该算法同样也适用于重力匹配定位。该算法的基本原理与 TERCOM 算法基本相同,均是采用相关函数对实时采集的重力/磁力序列与背景图中的基准序列进行相关处理,以取得极大值或极小值的相关性质对应的位置序列作为最优匹配序列,并以此来消除惯导系统随时间的累积误差。MAGCOM 算法原理如图 4.10 所示。这里不对该算法原理步骤做进一步的讲解。

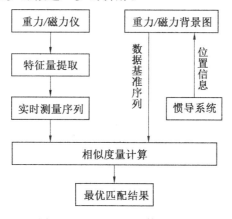

图 4.10 MAGCOM 算法原理

MAGCOM 算法中涉及的相关技术与 TERCOM 算法及其改进算法中提到的技术一致,均可类比使用。另外,该算法与 TERCOM 算法可以选择不同的匹配特征信息。匹配特征信息除了上述提及的 MSD 均方差算法、MAD 平均绝对差算法、COR 交叉相关算法

及基于Hausdorff距离算法等,还有积相关(Product Correlation Algorithm,PROD)算法、归一化积相关(Normalized Product Correlation Algorithm,NPROD)算法等。PROD归一化积相关算法与COR交叉相关算法中的两种相关度量一致,表达式基本相同。

NPROD算法相关度量准则的数学表达式为

$$\text{NPROD} = \frac{\sum_{k=1}^{N} M_{S(i,j)}^k M_M^k}{\left[\sum_{k=1}^{N} M_{S(i,j)}^k\right]^{1/2} \left[\sum_{k=1}^{N} M_M^k\right]^{1/2}} \tag{4.44}$$

式中,M_M^k 为通过仪器对重力/磁力场的实时测量值;M_S^k 为载体所在位置(i,j)对应的重力/磁力背景图上的数据值;N 为采样点个数。NPROD算法强调两数据间的相似程度,以最大值作为最优匹配度量标准。

4.4.2 ICCP算法及其改进

ICCP算法即沿等值线最近点逐一迭代的匹配算法,最初来源于图像配准中的ICP算法。ICP算法是通过反复的旋转和平移等刚性变换来减小研究对象与匹配目标之间的距离,使研究对象尽可能接近目标对象,从而达到匹配的目的。近年来,ICCP算法凭借其匹配轨迹平滑、易于收敛等优势成为重力匹配、磁力匹配及地形匹配等算法中常用的方法之一。相比于TERCOM算法将MSD、MAD、COR等值作为相关性分析指标,ICCP算法是序列相关分析方法,每个匹配点均受到序列中其他匹配点的影响。

根据ICCP算法最近等值线迭代算法原理,假定运动载体的惯导系统输出惯导轨迹由 $P_i(i=1,2,\cdots,k)$ 等一系列点组成,k 是匹配航迹中的采样点个数,载体内部重力/磁力传感器实时测量的当地重力/磁力值为 g_i,每个重力/磁力值对应数据背景图上的一条等值线 C_i,同时假定运动载体的实际运行轨迹由 P'_i 组成的点集表示,ICCP算法匹配定位示意图如图4.11所示。

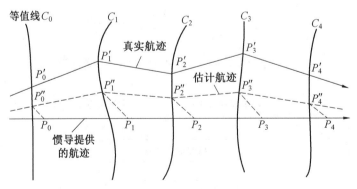

图4.11 ICCP算法匹配定位示意图

由于惯导系统本身存在累计误差,因此惯导输出位置点 P_i 与载体实际位置点 P'_i 存在偏差,ICCP算法思想则是利用实测数据 g_i 值所在的等值线尽可能消除两个位置点之间的误差,以实测数据 g_i 为准,认定载体的实际位置点 P'_i 在 g_i 的等值线上,因此可利用三维空间中的点、线之间的距离信息将点 P_i 的坐标位置归算至 g_i 等值线上,取等值线上

距离 P_i 最近欧氏距离点为一次最优估计点 P''_i，按照轨迹采样点个数，可得到 k 个 P''_i ($i=1,2,\cdots,k$) 点连成的最优估计轨迹，即完成了一次轨迹匹配，随后对惯导轨迹进行刚性变换并替换原有轨迹，重复这一迭代过程，直至收敛或到达限制条件为止，则完成匹配任务。

图 4.11 中，可将 P'_i 看作真实航迹上的重力/磁力测量点，C_i 为与 P'_i 对应的重力/磁力等值线，P_i 为惯导系统提供的航迹测量点，P''_i 为位于 C_i 上的与 P_i 最近的等值点。经过多次迭代操作后可得到由 P''_i 组成的航迹为 ICCP 算法计算得出的最优估计轨迹。ICCP 算法利用包含旋转和平移等操作的刚性变换 T，使点集 $\{TP_i\}_{i=1}^k$ 与 $\{P''_i\}_{i=1}^k$ 之间的欧氏距离平方和最小，其表达式为

$$M(P'',P) = \min_{T} \sum_{i=1}^{k} \| P''_i - TP_i \|^2 \tag{4.45}$$

ICCP 匹配算法具体步骤如下。

(1) 根据惯导系统得到的航迹测量点集 $\{P_i\}_{i=1}^k$，在其对应的重力/磁力值 g_i 等值线上寻找最近等值点 P''_i。

(2) 对 P_i 轨迹进行刚性变换，使变换后的轨迹点集 $\{TP_i\}_{i=1}^k$ 与 $\{P''_i\}_{i=1}^k$ 之间的欧氏距离平方和最小。

(3) 将 $\{TP_i\}_{i=1}^k$ 作为新的 $\{P_i\}_{i=1}^k$，执行迭代步骤，直至收敛或达到终止标准，最终得到的 $\{P''_i\}_{i=1}^k$ 即为 ICCP 算法求得的最优匹配航迹序列。

至此，通过最近等值点搜索、刚性变换矩阵的求解、惯导提供航迹的刚性变换及迭代计算最优等方法，实现了对载体位置的精确定位。其中，ICCP 算法可以设置不同的终止标准，如门限值大于旋转和平移的增量、门限值同时大于旋转和平移的绝对值、残差变化量小于门限值或达到迭代次数阈值等。

ICCP 算法在定位导航过程中具有一定的局限性，不能顾及全区域范围内的最优等值点，仅通过刚性变换后的不断迭代，来实现某航迹上线段间的最佳匹配，该方法一旦在迭代过程中出现路径偏差，未能通过最优匹配位置就实现了收敛时，就会导致匹配结果产生较大的误差。王胜平等人就这一问题，对 ICCP 算法进行改进，研究了一种预平移 ICCP 算法。ICCP 在匹配定位中出现的局部收敛问题并不是因为得到了欧氏距离平方和 M 最小的轨迹，而是因为在收敛过程中满足了 ICCP 迭代条件，导致算法结束。但是当迭代计算经过载体真实位置 P'_i 时，其绝对值可以收敛，且收敛后的 M 值最小。据此，王胜平等人以惯导提供的航迹位置为中心，对矩形范围内的区域数据进行了格网化处理，格网间距一般为 2 倍等值点间距，然后将惯导航迹平移至所有格网点，每遍历一次，则进行一次 ICCP 算法实验，最终取 M 值最小的 ICCP 匹配结果为最优匹配航迹。

改进后的预平移 ICCP 算法可以很好地消除传统 ICCP 算法出现的局部收敛问题，提高了迭代航迹经过真实航迹的可能性，同时也极大地提高了匹配定位的精度及稳定性。但是从另一方面来说，遍历迭代中出现的大量计算，增加了匹配定位的时间。面对耗时长这一缺陷，王胜平等人将改进后的 TERCOM 算法和预平移 ICCP 算法进行联合，来避免单一算法中出现的不足，进一步提高算法的运行速度及匹配精度。其原理首先通过 TERCOM 算法进行粗匹配，并配合误匹配诊断及修复方法，确保粗匹配性能的可靠性，其次采用 ICCP 算法进行精匹配，这样可有效缩小匹配搜索范围，提高匹配精度和效率。

4.4.3 SITAN算法及其改进

SITAN是美国桑迪亚实验室研制的一种基于地形辅助的惯性导航系统,经过对SITAN算法的发展,也逐步将其用于重力匹配定位或磁力匹配定位技术中。SITAN算法由卡尔曼滤波实现,是一种递推滤波的单点匹配算法,其精度主要由模型的适用性和观测数据的精度来决定。SITAN将实测重力/磁力场强度值、惯性导航系统输出信息及背景图数据综合应用于递推卡尔曼滤波器中。一般来说,SITAN算法首先根据惯导系统硬件本身及航距航时等因素,确定载体真实位置的搜索范围,并形成卡尔曼滤波阵列区域,依据惯导系统提供的位置信息获取事先存储在内存中的对应背景图数据,同时根据磁力仪或重力仪测得当前位置的实际重力/磁力值,对其进行观测序列处理,最终得出载体的所在位置。SITAN算法原理如图4.12所示。

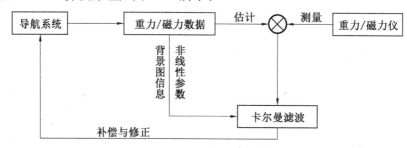

图4.12　SITAN算法原理

SITAN算法的原理主要是采用递推卡尔曼滤波技术,连续处理重力/磁力强度值,从而估算出载体状态的参数,实现对惯性导航系统的累积误差修正。

卡尔曼滤波通常根据系统所需要估计的状态参量来选择相应的状态矢量,以地磁匹配定位系统为例,选取水下定位导航中的两个位置误差$(\delta x, \delta y)$和两个速度误差$(\delta v_x, \delta v_y)$作为状态矢量建立相应的状态方程,其状态方程可表示为

$$\delta \boldsymbol{X}_{k+1} = \boldsymbol{\Phi} \delta \boldsymbol{X}_k + W_k \tag{4.46}$$

式中,$\boldsymbol{\Phi}$为状态转移矩阵;W_k为驱动噪声;$\delta \boldsymbol{X}$为状态矢量,表示要估算的惯导误差状态,可写为

$$\delta \boldsymbol{X} = [\delta x \quad \delta y \quad \delta v_x \quad \delta v_y] \tag{4.47}$$

以地磁强度作为观测量,则该观测量是状态矢量的非线性函数。令载体的真实位置为(x,y),惯导提供的位置为$(\hat{x},\hat{y})$,将地磁场强度看作是位置的函数值$M(x,y)$,那么在惯导提供的位置$(\hat{x},\hat{y})$处实测的地磁强度值$M_m(\hat{x},\hat{y})$与该位置$(\hat{x},\hat{y})$下地磁背景图所提供的地磁强度值$M_a(\hat{x},\hat{y})$之间的关系满足

$$M_m(\hat{x},\hat{y}) = M_a(\hat{x},\hat{y}) + V_m \tag{4.48}$$

式中,V_m表示地磁背景场的测量和模型量化噪声。

因此,观测方程可表示为

$$Z = M_m(\hat{x},\hat{y}) - M_a(x,y) \tag{4.49}$$

经推导,式(4.48)可写为

$$Z = H\delta X + V \tag{4.50}$$

式中,V 为系统误差,包括地磁背景场的测量和模型量化噪声 V_m、实测地磁测量误差及线性化误差等;$H = [h_x \quad h_y \quad 0 \quad 0]$,$h_x = \dfrac{\partial M_a(x,y)}{\partial x}$,$h_y = \dfrac{\partial M_a(x,y)}{\partial y}$。

由该滤波模型可以看出,卡尔曼滤波是一种线性滤波,而地磁场和重力场均是非线性变化。因此需要在滤波之前对重力/磁力场数据进行线性化处理,目前常用的线性化技术有一阶泰勒多项式拟合、九点平面拟合、全平面拟合等。

由于 SITAN 算法以重力/磁力值这种非线性变化值作为观测量进行滤波,因此对数据值线性化处理的优劣程度及滤波收敛速度的快慢则成了制约 SITAN 算法性能的两大关键问题。此外,重力/磁力线性化区域大小由位置误差决定,当惯导系统随时间累积的误差尚未被修正时,位置误差均较大,所以将导致线性区域过大,继而容易导致在较大区域中的平面模型不能很好地反映出实际重力/磁力值的变化,引起滤波收敛过慢或滤波发散的现象。王胜平等人通过缩小线性化区域,有效解决了上述 SITAN 算法的局限性。

王胜平等人通过对 SITAN 算法进行改进,即将改进的 TERCOM 与 ICCP 联合算法用于 SITAN 算法中,实现载体的稳健、高速导航。改进 SITAN 算法分为两个部分,分别为 TERCOM 与 ICCP 联合初始化部分和 SITAN 算法导航部分。在导航系统开始运行前首先获取匹配序列,采用 TERCOM 与 ICCP 联合算法对系统进行初始化,经系统确保数据准确之后,将匹配位置及其误差作为准确的线性化区域参数输入 SITAN 算法,导航系统进入 SITAN 导航阶段并保持。此时,导航系统采用单点导航,其导航过程中将不断监测滤波是否发散,若出现滤波发散情况,则再次使用 TERCOM 与 ICCP 联合算法对系统进行初始化,不断重复上述流程,系统即可实现精准、稳定且实时的定位导航。基于改进的 TERCOM、ICCP 与 SITAN 联合算法的水下匹配定位导航系统既有单点匹配,又有序列匹配;在滤波发散阶段采用改进的 TERCOM 与 ICCP 联合算法进行序列匹配,保证定位导航的精准性和稳定性,在滤波收敛阶段又采用 SITAN 算法进行单点匹配,最大程度上提高了算法的即时性。这种集精度、稳定、实时等特点为一体的改进 SITAN 算法不失为一种优异的自主联合匹配算法。

4.4.4 矢量匹配算法

矢量匹配算法针对 SITAN 算法在一定区域中容易发散的问题,采用粒子滤波来代替卡尔曼滤波,避免了线性化带来的误差,解决了 SITAN 算法中出现的部分问题。同时,矢量匹配算法将惯导相邻点间的相位相关性引入匹配过程中,考虑了载体在采样点之间航行速度及航向等相关矢量信息,有效避免了采样间相互独立而引起的误匹配。

矢量匹配算法的流程如图 4.13 所示。该算法建立在单点匹配算法的基础上,将惯导提供的路径信息序列中相邻点之间的相关性与单点粒子滤波相结合,采用加权最小二乘法和贪心算法得到匹配结果。假定载体在水下进行匀速直线运动,惯性导航系统随载体在水下航行期间在第 k 个采样周期时提供位置信息为 P_k,采样周期相同的点集 $\{P_{k-4}, P_{k-3}, P_{k-2}, P_{k-1}, P_k\}$ 应当满足以下关系:

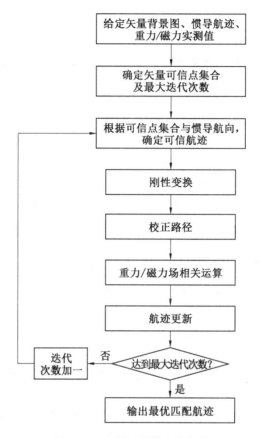

图 4.13 矢量匹配算法的流程

$$\text{dist}(\overline{P_k P_{k-n}}) \leqslant n \cdot \text{dist}(\overline{u_0 u_1}) \pm \sigma, \quad n=1,2,3,4 \tag{4.51}$$

式中,$\text{dist}(\overline{u_0 u_1})$ 表示惯导系统提供的位置信息中相邻两采样点之间的距离;$\text{dist}(\overline{P_k P_{k-n}})$ 可以表示为

$$\text{dist}(\overline{P_k P_{k-n}}) = \sqrt{(m_k - m_{k-n})^2 + (n_k - n_{k-n})^2} \tag{4.52}$$

式中,计算所用到的相关数据 (m_k, n_k) 为第 k 个采样周期时惯导系统提供的载体经纬度信息。当 $\{\overrightarrow{P'_k P'_{k-4}}, \overrightarrow{P'_k P'_{k-3}}, \overrightarrow{P'_k P'_{k-2}}, \overrightarrow{P'_k P'_{k-1}}\}$ 满足判别条件时,得到四个最优解 $\{\widetilde{P}_{k,k-4}, \widetilde{P}_{k,k-3}, \widetilde{P}_{k,k-2}, \widetilde{P}_{k,k-1}\}$,然后通过加权最小二乘法计算,得出最终的结果 $\widetilde{P}_k$。

$\widetilde{P}_k$ 加权最小二乘的数学模型如下:

$$\boldsymbol{V} = \boldsymbol{\beta} \widetilde{P} + n \tag{4.53}$$

式中,$\boldsymbol{V}$ 为载体在各采样点 $\{P_{k-4}, P_{k-3}, P_{k-2}, P_{k-1}, P_k\}$ 上由惯性导航系统输出的速度信息 $\{V_{k-4}, V_{k-3}, V_{k-2}, V_{k-1}, V_k\}$;$\boldsymbol{\beta}$ 为系数矩阵,$\boldsymbol{\beta} = [\beta_{k-4} \quad \beta_{k-3} \quad \beta_{k-2} \quad \beta_{k-1} \quad \beta_k]$;$n$ 为观测噪声,求出使得加权偏差平方和 s 最小时对应的 w_k, s 的相关表达式为

$$s = \sum_{i=k-4}^{k-1} w_i \sigma^2 = \sum_{i=k-4}^{k-1} w_i (v_i - w_i p_i)^2 \tag{4.54}$$

对权值进行归一化处理,得到 P_k 的估计值为

$$\widetilde{P}_k = \sum_{i=k-4}^{k-1} \widetilde{w}_i \widetilde{P}_i \tag{4.55}$$

矢量匹配算法考虑了惯性导航系统相邻采样点之间的相关性,通过引入基于 Bayes 估计的粒子滤波算法,克服了传统 SITAN 算法等在特定匹配区域中出现发散的情况。但由于矢量匹配算法是在单点匹配算法的基础之上进行的相关操作,算法所需的计算时间略高于传统算法,实时性受到一定影响。

4.4.5 人工鱼群算法

人工鱼群算法是根据鱼群的觅食、聚群、追尾、随机等行为特征研究总结出来的寻优算法,是对生物群体智能行为的一个具体实现。目前,该算法已被越来越多的研究者用来进行寻优计算,说明了该算法的优越能力。比较重要的一点是,该算法曾被用于地磁数据匹配的技术中,并经过仿真实验,验证了该算法的稳定性、收敛性和可靠性。下面针对人工鱼群算法的思想原理及流程进行介绍。

人工鱼群算法主要是模拟鱼群的常见生活行为,使得人工设定的"鱼"向着最优目标移步,最终找到最优目标。人工鱼群算法主要利用了鱼群的觅食行为、聚群行为、追尾行为、随机行为四种行为,鱼群会在不同的环境下对这四种行为互相转换,在行为转换前,鱼群会根据不同的环境对不同的行为进行评价,并以此作为达到最优结果的标准,依次进行行为转换。

觅食行为是生物最基本的行为,也是生物为了存活而趋向食物的一种活动,一般该行为是通过视觉或嗅觉等感官对环境中的食物数量和浓度进行感知,从而对生物群体的行为活动进行导向。聚群行为是鱼类在进化过程中形成的一种聚集行为,这样能够使鱼类联合起来共同抵御敌害,可在敌害接近时通过数量优势分散敌害的注意力,有利于鱼类的生存并可最大限度地保存鱼类群体。追尾行为是当某一类鱼或个别鱼发现食物时,周围的鱼会簇拥而来,从而导致更远的鱼也追随而来。随机行为是鱼在水下自由游动的行为,可以看成一种随机的行为动作,这种行为可以保证生物最大限度地寻找同伴和食物。

在解决寻优的问题中,可以通过两种简单的方式来选择行为:一种是选择最优评价对应的行为去执行;另一种是选择较优的评价进行行为转换,也就是随机选择一种趋于优秀结果的行为即可。这两种方法均可使人工鱼群向着最优的结果逐步靠近,从而找到最优的结果。

在人工鱼群算法中通常设有一个记事本,用来记录最优人工鱼群的状态信息及周围环境,如人工鱼个体所处位置及该位置下的食物数量、浓度等信息,在算法迭代的过程中,每次迭代完成之后都需要将自身的环境、状态与记事本上的环境及状态进行比对,然后根据一定的评价体系,随时更新并记录人工鱼的状态,继而改变人工鱼的环境,并重复该步骤,直到找到所需的最优结果。人工鱼群算法流程如图 4.14 所示。其中,N 表示人工鱼群的个体数量;Step 表示人工鱼移动的最大步长;Visual 表示人工鱼的视野,即感知距离;Try_number 表示觅食行为的最大尝试次数;δ 表示人工鱼群的拥挤度;MAXGEN 表示最大迭代次数;$\{X_i\}$ 表示人工鱼群个体的状态位置;$Y(i)$ 表示第 i 条人工鱼当前所在位

置的食物浓度,即目标函数 $Y(i)=f(X_i)$;gen 表示当前觅食的次数。

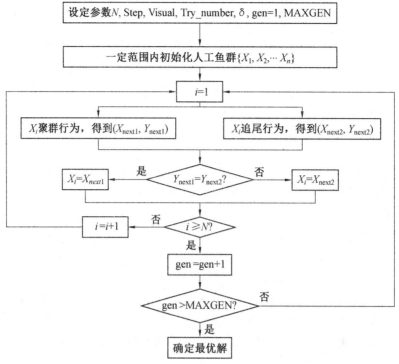

图 4.14　人工鱼群算法流程

人工鱼群算法是一种有效的智能寻优算法,可在特定场景下有效、快速地搜索最优目标,当面对重力/磁力匹配技术的应用需求时,需进行建模并适当改进人工鱼群算法以使该算法能够被用来搜索重力/磁力场背景中的最优匹配结果。

需要注意的是,在对人工鱼群算法中的食物浓度进行建模时,应当以 MAD、MSD 等算法进行对照,采用相关性度量原则,将优化标准转换成求解极大值的问题,即取 MAD、MSD 极小值的倒数,进而将求解极小值为最优结果的问题转换为求解极大值的问题。该建模过程可以理解为食物浓度越大,搜索位置越接近真实值,食物浓度最大的一组人工鱼个体状态为对应的最优结果。

4.5　水下重力/磁力匹配定位误差分析

水下重力/磁力匹配定位技术中的每一个环节,都密切关系着定位的精度,从重力/磁力仪等相关硬件到重力/磁力背景图的采集构建,从重力/磁力相关数据的测量处理到重力/磁力匹配算法的具体应用,每一个模块及其相关步骤,都需要严格操作避免因误差过大而导致误匹配现象的出现。部分误差的处理方法已在上述相关内容的阐述过程中进行了介绍,如重力/磁力数据测量过程中的注意事项、背景图构建前的数据处理等,均可有效避免匹配定位技术中误差的产生。本节主要针对惯导误差分析、重力/磁力背景图误差分析、匹配导航算法误差分析等内容进行介绍,并且阐述了相关误匹配的诊断及修复。

4.5.1 惯导误差分析

惯导系统是水下重力/磁力匹配定位技术中不可或缺的一部分,利用惯导系统短时定位的超高精度,可以使水下重力/磁力匹配定位也拥有较高精度。但是惯导系统的少许误差会随时间累积,从而累积成较大误差,因此需结合重力/磁力匹配定位技术对惯导的误差进行消除,惯导系统与匹配技术的结合就是一种简单有效的消除误差的方法。仅对惯导系统而言,其本身的误差也具有很多种,误差产生主要来源包括硬件误差、软件误差、惯导系统在船舶上的安装误差及标度误差、初始条件误差、各类干扰引起的误差等。对这些误差来源进行简单分类,可以归纳为两种误差源:一种是确定性;另一种是随机性误差源。如安装误差及标度误差等就属于是确定性误差源,而各类干扰引起的误差就是随机性误差源,误差源不同,造成的误差特性也不同。

除了上述提及的确定性误差源外,还有很多因素可以造成惯导系统的确定性误差。由确定性误差源造成的误差特性包括舒勒(Schuler)周期振荡、地球周期振荡及傅科(Foucault)周期振荡等。其中,傅科周期振荡是由加速度未能全部补偿而带来的交叉耦合速度误差引起的,如果忽略速度的交叉耦合影响,则系统误差方程为

$$\Delta(s) = (s^2 + w_{ie}^2)(s^2 + w_s^2)^2 = 0 \tag{4.56}$$

因此,误差可以只考虑舒勒周期振荡和地球周期振荡。需要注意的是,有些误差虽然从性质上来说是振荡,但振荡周期较长,且远大于系统一次的工作周期,这也导致了惯导系统工作时产生的误差会随时间的增长不断累积。一般来说,确定性误差源引起的误差可以通过补偿的方式进行消除。

对确定性误差进行补偿之后,随机误差源就成了影响系统精度的主要误差源,包括陀螺仪漂移及加速度计的零偏位置等在内的多种误差。

陀螺的随机漂移除白噪声外,还包括随机常数、随机斜坡、随机游动和马尔可夫过程。在一定条件下,陀螺漂移率是指在某一均值水平上随时间做无规律变化的随机变量,将系统性漂移以均值 μ 来表示,随机漂移以均方根或标准偏差 σ 来表示,当陀螺仪漂移随机过程满足各态遍历性条件时,随机漂移的数学估计为

$$\hat{\sigma} = \sqrt{\frac{1}{N} \sum_{i=1}^{N} (X_i - \hat{\mu})^2} \tag{4.57}$$

式(4.57)实际上有偏估计,也可以写成无偏估计,则公式可写为

$$\hat{\sigma} = \sqrt{\frac{1}{N-1} \sum_{i=1}^{N} (X_i - \hat{\mu})^2} \tag{4.58}$$

当样本数 N 很大时,$(N-1)$ 与 N 的差别则会很小,式(4.57)和式(4.58)的计算结果近似相等。陀螺仪类型不同,其随机漂移的模型也不同。在一般分析时,对于刚体转子陀螺仪,可认为其随机漂移模型由白噪声、随机常数及一阶马尔可夫过程组成。

对于摆式加速度计而言,其随机误差模型和刚体转子陀螺仪模型相类似,常考虑为随机常数和一阶马尔可夫过程组合。在重力/磁力匹配定位技术中,惯导系统会按照一定的时间间隔 T 为水下载体提供定位导航信息,因此,加速度计的随机误差则会随时间 T 进行传播,其传播特性以误差协方差形式表示为

$$P(t+T) = P(t) + Q(t) \tag{4.59}$$

$$Q(t) = \begin{bmatrix} qx & qy & qz \end{bmatrix}^\mathrm{T} \tag{4.60}$$

式中，$Q(t)$ 表示惯导系统在时间 T 内误差协方差阵的增长矩阵。

惯导更新频率快，因此时间 T 较短，因此可认为载体在短时间内做速度为 v 的匀速运动，则

$$q = (\sigma v T)^2 \tag{4.61}$$

式中，σ 表示为协方差的增长率。

惯导系统的误差会对整个重力/磁力匹配定位系统的定位精度及时延都产生较为关键的影响，有效处理惯导系统带来的误差，则可以很大程度上缩小重力/磁力背景图中的匹配范围，节省匹配算法搜索最优航迹的时间，同时也可提高算法的精度。除了以上对于惯导系统的误差研究外，还有包括硬件系统及惯导算法层面的误差研究，具体的误差处理办法则需关注惯导系统的研究领域，这里不做过多讲述。当惯导系统发展成熟以至于几乎没有误差时，则可以将其直接应用于水下定位场景，不需要相关的重力/磁力匹配定位技术来消除惯导系统的累积误差。

4.5.2　重力/磁力背景图误差分析

重力/磁力背景图的模型数据由重力/磁力场测量值 $M(x,y)$ 按照格网形式组成，并作为平面位置 (x,y) 的函数存储于载体的存储器中。在重力/磁力匹配定位导航过程中，重力/磁力背景图所提供的重力/磁力值 $\hat{M}_\mathrm{m}$ 可估计为

$$\hat{M}_\mathrm{m} = M(\hat{x}, \hat{y}) + m_\mathrm{Gm} \tag{4.62}$$

式中，m_Gm 表示重力/磁力背景图中的各误差之和，包括重力/磁力测量误差、数据处理误差、重力/磁力场建模本身误差及其建模内插误差。

同时也可看出，影响重力/磁力测量数据精度的因素较多。不同于重力测量，磁测相关数据需考虑地球磁力场的变化及船体对磁力影响的问题，所以磁测数据的误差相较于重力测量误差更为复杂。

这里以典型的磁力测量数据为例，分析背景场数据误差，通常主要考虑的误差影响因素有以下几个方面。

(1) 仪器记录误差 m_1。
(2) 定位不准确引起的测量误差 m_2。
(3) 船磁影响引起的误差 m_3。
(4) 日变改正引起的误差 m_4。
(5) 数据整理、计算引起的误差及其他误差 m_5。

这些因素都在磁力测量过程中影响了磁测数据精度，根据误差传播定律，地磁测量总误差与各类误差的关系可表示为

$$m_\mathrm{s}^2 = m_1^2 + m_2^2 + m_3^2 + m_4^2 + m_5^2 \tag{4.63}$$

在具体的磁测过程中，需要先对磁测精度进行明确要求，其次再采取各种有效的技术措施尽量减小各类误差，达到磁测精度的要求。在重力/磁力匹配定位导航技术中，重力/

磁力背景图需对重力/磁力测量数据进行建模而获得,因此重力/磁力数据不仅影响着实时观测序列的精度,还影响着重力/磁力背景图模型的精度。另外,背景图的建模还与建模方法相关,选择针对性强的建模方法对于提高背景场精度十分有益。由于误差的影响,所建模型与实际物理场有一定的出入,由此引入建模误差 m_m,同时令上述地磁测量总误差 m_s 表述为重力/磁力测量总误差 m'_s,则实际重力/磁力场模型的精度为

$$m_{Gm}^2 = m_m^2 + m'^2_s \tag{4.64}$$

针对构建背景图模型之前测量数据的相关处理方法,在 4.4.4 节数据库构建内容中已进行了分析阐述,尽可能减少因建模数据的误差而带来的背景图误差。

4.5.3 匹配导航算法误差分析

在航迹匹配过程中,匹配导航算法造成匹配误差产生的原因一般存在于原始输入数据误差、算法模式思路误差、算法参数设定误差等方面。其中,原始输入数据误差包括 INS 误差、背景图数据误差、实时测量数据误差等,该类误差是决定匹配算法精度的主要因素,同时也直接影响着航迹匹配的精度。算法本身的模式思路及算法参数的设定,均是为了通过算法的方式减少或跳过数据本身存在的误差,解决背景图数据与实时测量数据之间的匹配问题。如何有效提高数据匹配精度和稳定性、减小匹配误差、缩短匹配时间,是评价匹配定位导航算法优劣程度的最直接指标。

传统的 TERCOM 算法,不能有效修正 INS 系统累积的航向偏差,从而导致匹配出现误差,严重影响了匹配定位的精度。经王胜平等人改进后的 TERCOM 算法,可以自适应计算旋转角以消除 INS 系统累积的航向误差,但其对旋转角增量、最大偏差及误差阈值等参数的设定,也是造成匹配误差的主要因素。

ICCP 算法容易造成误差的因素主要在于初始位置误差过大导致的匹配区域面积较大及终止标准的设定。一方面,在匹配过程中不能保证算法迭代的路径经过最优航迹位置,同时,在较大的匹配区域中,出现相似航迹的可能性会更大,导致误匹配的概率同样也会更大;另一方面,在匹配区域内,待匹配值小于终止阈值的位置可能有多处,第一个得出的匹配结果并不一定是最优结果,因此容易造成误匹配的情况出现。将改进后的 TERCOM 算法与 ICCP 算法进行联合匹配,通过 TERCOM 算法首先进行粗匹配,然后再经过 ICCP 算法进行精匹配,尽可能减小两种算法中的误差,实现两种算法之间的缺陷互补,提高匹配算法的精度与速度。

SITAN 算法的精度主要取决于滤波器的性能,在采用卡尔曼滤波技术的 SITAN 算法中,重力/磁力数据线性化的优劣和滤波收敛速度是影响 SITAN 算法的关键问题,其中重力/磁力数据线性化的优劣程度与算法精度密切相关,原始数据的线性化较差是导致 SITAN 算法匹配误差的最主要因素。该算法实时性较为优异,但精度和稳定性较差,将其和稳定性较强的 TERCOM 与 ICCP 联合导航算法进行融合,在 SITAN 算法收敛发散时采用 TERCOM 与 ICCP 联合导航算法进行匹配,实现载体匹配定位的实时、稳健、高速导航。

矢量匹配算法相较于 SITAN 算法,避免了因卡尔曼滤波导致的线性化误差,同时考虑了相邻采样点之间的相位相关性,通过采样点间速度和航向等矢量信息有效避免采样

点间相互独立引起的误匹配。但该算法中，采样点数量的设置及采用的 Bayes 估计的粒子滤波算法性能，会对算法的实时性和匹配结果的精度产生较大的影响。

人工鱼群算法中容易产生误差的因素主要在于，需根据先验知识设定鱼的数量、移动步长、鱼的视野等参数，且参数设置不当将导致匹配误差较大。人工鱼群算法是一种群体智能思想的有效应用，合理地设置参数可以在有限的迭代次数中取得较优的匹配结果。另外，朱占龙通过仿真验证了该算法在航迹匹配过程中，对航向角误差较为敏感，这也是造成匹配误差的重要因素。

由原始输入数据造成的匹配误差，对各算法而言，均是较为严重的误差源，如何在算法中有效分析并消除该类误差，是评价算法好坏的可靠依据。下面以 TERCOM、ICCP 和 SITAN 地磁联合匹配定位导航算法为例，研究基于扩展卡尔曼滤波的地磁相关匹配导航算法误差综合分析方法。

地磁匹配导航所用卡尔曼滤波观测方程推导如下：

$$\begin{aligned}
Z &= M_m(\hat{x},\hat{y}) - M_a(x,y) \\
&= M_a(\hat{x},\hat{y}) + V_m - M_a(x,y) - V_a \\
&= M_a(x+\delta x, y+\delta y) + V_m - M_a(x,y) - V_a \\
&= M_a(x,y) + \frac{\partial M_a(x,y)}{\partial x}\delta x + \frac{\partial M_a(x,y)}{\partial y}\delta y + V_1 + V_m - M_a(x,y) - V_a \\
&= \frac{\partial M_a(x,y)}{\partial x}\delta x + \frac{\partial M_a(x,y)}{\partial y}\delta y + V_1 + V_m - V_a
\end{aligned} \tag{4.65}$$

即观测方程表示如下：

$$Z = \boldsymbol{H}^T \delta x + V \tag{4.66}$$

式中，$\boldsymbol{H}^T = [h_x \quad h_y \quad 0 \quad 0 \quad 0]$，$h_x = \dfrac{\partial M_a(x,y)}{\partial x}$，$h_y = \dfrac{\partial M_a(x,y)}{\partial y}$，$V$ 表示包含了实时测量数据误差 m_a 及背景场数据误差 m_{Gm} 在内的总误差项。

式(4.66)将地磁强度模型线性化，同时对 INS 误差、背景图数据误差及实时测量数据误差在卡尔曼滤波中进行了综合考虑，由卡尔曼滤波方程的推导过程可知，经匹配算法融合后的协方差矩阵 $\boldsymbol{P}^+$ 可表示为

$$\boldsymbol{P}^+ = \boldsymbol{P}^- - \boldsymbol{P}^- \boldsymbol{H}\boldsymbol{H}^T \boldsymbol{P}^- - (\boldsymbol{H}^T \boldsymbol{P}^- \boldsymbol{H} + r) \tag{4.67}$$

式中，r 为总误差项 V 的方差，可表示为

$$r = E[V^2] \tag{4.68}$$

$\boldsymbol{P}^-$ 是估算值 $\hat{\delta x}^-$ 的误差协方差矩阵，可表示为

$$\boldsymbol{P}^- = E[(\hat{\delta x}^- - \delta x)(\hat{\delta x}^- - \delta x)^T] \tag{4.69}$$

式中，$\hat{\delta x}^-$ 是滤波器对 δx 的先验估计值。滤波器对其修正为

$$\hat{\delta x}^+ = \hat{\delta x}^- + \boldsymbol{K}(Z - \boldsymbol{H}^T \hat{\delta x}^-) \tag{4.70}$$

式中，$\boldsymbol{K}$ 是卡尔曼滤波的增益矩阵，可表示为

$$\boldsymbol{K} = \boldsymbol{P}^- \boldsymbol{H} / (\boldsymbol{H}^T \boldsymbol{P}^- \boldsymbol{H} + r) \tag{4.71}$$

因此，误差协方差矩阵公式中包含了背景场数据误差、实时测量数据误差及反映地磁数据特征变化的地磁斜率值 **H**。

4.5.4 误匹配诊断及修复

就重力/磁力匹配定位导航的原理而言，一旦导航匹配区域中的重力/磁力特征变化平缓或相似度极高，在匹配信息缺乏甚至没有辨识度的情况下，任何匹配诊断方法都无法有效诊断误匹配。但一般来说，由各类误差源造成的匹配误差或者误匹配，可通过相应的方法进行误匹配诊断并修复。

重力/磁力匹配定位导航技术需要靠 INS 系统的支撑来缩小匹配区域，以此来提高匹配精度及匹配效率。INS 系统在长时间的定位导航中会累积大量误差，导致精度下降，但其在短时间内提供的航向角和距离信息仍具有较高的精度，该信息可作为可靠的依据应用于匹配定位导航的误匹配诊断。本小节介绍一种基于 INS 信息的误匹配综合诊断及修复方法，为相关的误匹配诊断及修复提供解决思路。

INS 提供的信息在短时间内是相对稳定和准确的。理论上，若前一次的匹配结果准确，那么通过该匹配结果 (x_1,y_1)，并结合 INS 系统提供的角度 θ 及距离 s 数据，则可计算得出当前载体的所在位置 (x_2,y_2)，计算公式为

$$\begin{cases} x_2 = x_1 + s\cos\theta \\ y_2 = y_1 + s\sin\theta \end{cases} \tag{4.72}$$

利用推算位置 (x_2,y_2) 与重力/磁力匹配定位导航技术得出的位置 (R_{x_2},R_{y_2}) 进行比较，即可判断 (R_{x_2},R_{y_2}) 是否出现误匹配。然而由于之前的推算位置 (x_i,y_i) 并非十分精准，具有一定的误差，因此仅用一次推算位置来判断 (R_{x_2},R_{y_2}) 是否出现误匹配，其判断结果显然是不稳定的。据此，这里引入一种传统地形导航误匹配诊断方法，即 M/N 法。

M/N 法的原理为：在接受当前坐标诊断修复数据之前，已经进行了 M 次匹配，且最终匹配结果表示为 (R_{x_M},R_{y_M})，根据 INS 系统提供的前面第 i 个位置到当前匹配位置的角度 θ_i 和距离 s_i 的信息，采用式(4.72)即可计算出由第 i 个位置到载体最终位置的坐标 (x_{Mi},y_{Mi})，其中，$1 \leqslant i < M$。这样，就会有 $M-1$ 个由 INS 系统数据计算出来的结果。

判断原则被规定为

$$\text{num}\begin{cases} x_{Mi} > (R_{x_M} - 1.5\sigma), x_{Mi} < (R_{x_M} + 1.5\sigma) \\ y_{Mi} > (R_{y_M} - 1.5\sigma), y_{Mi} < (R_{y_M} + 1.5\sigma) \end{cases} \geqslant N \tag{4.73}$$

式中，num{ }表示满足{ }内条件的个数；σ 表示匹配导航精度。

式(4.73)可理解为经过 M 次推算之后，有 N 次及以上推算坐标 (R_{x_M},R_{y_M}) 处于以 (R_{x_M},R_{y_M}) 为中心，以 3 倍匹配导航精度为边长的矩形区域内，即判定最终匹配结果 (R_{x_M},R_{y_M}) 准确，否则判定为误匹配。M/N 法一般采用 7/4 原则。

此外，王胜平等人还根据 TERCOM、ICCP 及 SITAN 匹配算法分别研究了基于相似度极值探测的 TERCOM 误匹配诊断方法、基于 M 值与角度联合的 ICCP 误匹配判断法和 SITAN 匹配算法中的误匹配诊断方法，以此来对匹配结果进行进一步诊断，尽可能避免误匹配的出现。

当诊断到最优匹配结果出现误匹配之后，可通过TERCOM相似度极值探测方法或其他匹配算法中得到的符合终止标准的匹配结果，依次进行M/N法误匹配诊断，选择一个没有误匹配出现的次优结果来作为最终的匹配结果，实现匹配算法的误匹配修复机制。若所有符合终止标准的匹配结果均不满足M/N原则，则无法实现误匹配修复，只能延长航迹继续匹配。

4.6 本章小结

本章对重力/磁力匹配定位导航技术进行了较为全面的叙述。从技术的内在原理、相应的理论基础知识，到测量仪器的硬件情况、相关技术的发展历程，详细介绍了重力/磁力匹配定位导航技术的发展基础。再通过讲述该技术的基本构架、原理思路、匹配算法及误差分析，完整地将重力/磁力匹配定位导航技术呈现出来。本章的知识体系从重力/磁力匹配定位导航技术的基础理论逐步深入至相关重难点技术，引导读者由浅入深地理解该项技术。本章的贡献除了搜集大量相关技术资料及对该技术进行综合分析外，还分享了关于作者对该技术的理解思路与独特见解，在一些重要环节给出个例便于加深读者对知识点的理解，同时为读者留出了思维发散空间。

目前，我国对重力/磁力匹配定位导航技术有了一定的研究，各个环节的相关技术也已经有了一定的发展。一些细节问题，包括物理场建模的仿真数据分析、地球重力/磁力场实测数据的测量举例及相关数据的预处理办法、针对物理场质量分析的航迹自动规划研究、物理场噪声干扰消除研究、更先进的匹配算法与误匹配诊断修复方法、仿真软件的开发等，是今后研究的方向，也是重力/磁力匹配定位导航技术需逐一解决的问题。

本章参考文献

[1] 郭才发，胡正东，张士峰，等. 地磁导航综述[J]. 宇航学报，2009，30(4)：1314-1319，1389.

[2] 杨云涛，石志勇，关贞珍，等. 地磁场在导航定位系统中的应用[J]. 中国惯性技术学报，2007(6)：686-692.

[3] 郭有光，钟斌，边少锋. 地球重力场确定与重力场匹配导航[J]. 海洋测绘，2003(5)：61-64.

[4] MA X, LIU H, XIAO D, et al. Key technologies of geomagnetic aided inertial navigation system[C]. Xi'an：2009 IEEE Intelligent Vehicles Symposium, 2009：464-469.

[5] 侯志成. 磁力仪发展及相关标准应用现状[J]. 标准科学，2011(11)：52-55.

[6] BISHOP G C. Gravitational field maps and navigational errors unmanned underwater vehicles[J]. IEEE Journal of Oceanic Engineering, 2002, 27(3)：726-737.

[7] ERHU W. A robust solution of integrated SITAN with TERCOM algorithm：

Weight-reducing iteration technique for underwater vehicles' gravity-aided inertial navigation system[J]. Navigation, 2017, 64(1):111-122.

[8] MORYL J, RICE H, SHINNERS S. The universal gravity module for enhanced submarine navigation [C]. Palm Springs: IEEE 1998 Position Location and Navigation Symposium, 1998:324-331.

[9] 邹嘉盛. 重力辅助惯性导航匹配算法研究[D]. 西安:长安大学,2020.

[10] 刘睿. 飞行器惯性/地磁/天文组合导航系统研究[D]. 哈尔滨:哈尔滨工业大学,2011.

[11] 寇义民. 地磁导航关键技术研究[D]. 哈尔滨:哈尔滨工业大学,2010.

[12] GOLDENBERG F. Geomagnetic navigation beyond magnetic compass[J]. Plans, 2006:684-694.

[13] KATO N, SHIGETOMI T. Underwater navigation for long-range autonomous underwater vehicles using geomagnetic and bathymetric information[J]. Advanced Robotics, 2009, 23(7-8):787-803.

[14] KOK M, SCHÖN T B. Magnetometer calibration using inertial sensors[J]. IEEE Sensors Journal, 2016, 16(14):5679-5689.

[15] 吴美平,刘颖,胡小平. ICP算法在地磁辅助导航中的应用[J]. 航天控制,2007(6):17-21,26.

[16] 胡小平. 水下地磁导航技术[M]. 北京:国防工业出版社,2013.

[17] 康崇,张晓峻,樊黎明. 基于ICCP算法的地磁匹配辅助导航[J]. 应用基础与工程科学学报,2014,22(3):598-605.

[18] ZHOU J, LIU Y, GE Z. Geomagnetic matching algorithm based on the probabilistic neural network[J]. Proceedings of the Institution of Mechanical Engineers Part G Journal of Aerospace Engineering, 2010, 1(G1):1-7.

[19] 黄玉,郝燕玲. 基于磁矩信息的水下地磁连续定位算法[J]. 上海交通大学学报,2012,46(3):390-393.

[20] 黄玉. 地磁场测量及水下磁定位技术研究[D]. 哈尔滨:哈尔滨工程大学,2011.

[21] HUI Z, WANG H, WU L, et al. Simulation research on gravity-geomagnetism combined aided underwater navigation[J]. Journal of Navigation, 2013, 66(1):83-98.

[22] 李婷,张金生,王仕成,等. 基于组合算法的地磁匹配导航航迹规划[J]. 计算机仿真,2014,31(12):75-78.

[23] WU Y, SHI W. On calibration of three-axis magnetometer[J]. IEEE Sensors Journal, 2015, 15(11):6424-6431.

[24] 朱占龙. 惯性/地磁匹配组合导航相关技术研究[D]. 南京:东南大学,2015.

[25] 孙建军. 基于遗传算法的地磁匹配导航应用[J]. 地理空间信息,2017,15(6):26-27,4,40.

[26] 肖晶,齐晓慧,段修生,等. 基于深度卷积神经网络的地磁导航方向适配性分析

[J]. 工程科学学报, 2017, 39(10):1584-1590.
- [27] QI H, DOU Z, TONG X, et al. A modified tolles-lawson model robust to the errors of the three-axis strapdown magnetometer[J]. IEEE Geoscience and Remote Sensing Letters, 2017, 14(3):1-5.
- [28] 余志超. 基于多特征量的地磁匹配算法及应用[D]. 哈尔滨:哈尔滨工业大学, 2019.
- [29] 王齐贤, 李东光. 基于粒子群优化的地磁传感器非对准误差校正方法[J]. 探测与控制学报, 2019, 41(5):11-16, 24.
- [30] PAN D, LI J, JIN C, et al. A new calibration method for triaxial fluxgate magnetometer based on magnetic shielding room[J]. IEEE Transactions on Industrial Electronics, 2020, 67(5):4183-4192.
- [31] 王国臣, 齐昭, 张卓. 水下组合导航系统[M]. 北京:国防工业出版社, 2016.
- [32] 保金宏. 基于地磁匹配的组合导航技术研究[D]. 杭州:杭州电子科技大学, 2020.
- [33] 许丙琳. 地磁匹配导航背景下地磁矢量在线校准方法研究[D]. 西安:西安理工大学, 2021.
- [34] 王胜平, 赵建虎, 吴自银. 水下地磁匹配导航定位关键技术研究[M]. 武汉:中国地质大学出版社, 2017.
- [35] 韩雨蓉. 水下导航重力匹配算法研究[D]. 北京:北京理工大学, 2017.
- [36] 乔玉坤, 王仕成, 张金生, 等. 泰勒多项式拟合法在区域地磁场建模中的应用研究[J]. 工程地球物理学报, 2008(3):294-298.
- [37] 安振昌. 1936 年中国地磁参考场的冠谐模型[J]. 地球物理学报, 2003(5):624-627.
- [38] 郭才发. 空间地磁场应用的若干关键技术研究[D]. 长沙:国防科学技术大学, 2014.
- [39] 王宇飞. 基于地磁环境仿真系统的卫星导航算法研究[D]. 哈尔滨:哈尔滨工业大学, 2006.
- [40] 王胜平, 陈晓勇, 肖根如, 等. 基于地磁匹配的水下定位和定向方法研究[J]. 山东国土资源, 2013, 29(8):35-39.
- [41] 王博, 付梦印, 李晓平, 等. 水下重力匹配定位算法综述[J]. 导航与控制, 2020, 19(Z1):170-178.

第5章 水下惯性导航技术

5.1 概　　述

惯性导航是一门综合了机电、光学、数学、力学、控制及计算机等学科的尖端技术，是现代科学技术发展到一定阶段的产物。由于惯性是所有质量体的基本属性，所以建立在惯性原理基础上的导航信息不需要任何外来信息，也不会向外辐射任何信息，仅靠惯性导航系统本身就能在全天候条件下，在全球范围内和任何介质环境里自主地、隐蔽地进行连续的三维定位和三维定向，这种同时具备自主性、隐蔽性和能获取运载体完备运动信息的独特优点是无线电导航、卫星导航和天文导航等其他系统无法比拟的，尽管这些导航系统的某些性能可能远远优于惯性导航系统，但惯性导航系统仍然是重要运载体不可缺少的核心导航设备。

惯性技术水平的标志一方面反映在惯性器件的性能及制造工艺水平上，另一方面反映在系统设计理论及工程实现水平上。平台式惯性导航系统中，用机电控制方法建立起物理实体平台，用于模拟所要求的导航坐标系。由于有惯性平台隔离了运载体的角运动，导航坐标系的旋转又十分缓慢，所以平台式惯导系统中陀螺的动态范围可以很小，导航计算机的解算负担也比较轻，针对20世纪60~70年代计算机水平还不高，陀螺的施矩电流还不能太大的实际情况，采用物理平台构建惯性导航系统是十分合适的。平台式惯导的最大缺点是结构复杂、体积大、质量重、可靠性差，所以随着激光陀螺批量制造技术的成熟，捷联式惯性导航系统正在各个领域逐步取代平台式惯性导航系统。由于惯性器件的精度决定了捷联式惯性导航系统的精度，所以随着激光陀螺的广泛应用，飞机、导弹等中低精度应用领域几乎都采用捷联式惯导系统。利登公司在20多年前就推出LIN-92激光捷联式惯导系统，作为替换挠性陀螺平台式惯导LTN-72的换代产品，波音和空中客车民航机几乎都装备LTN-92激光捷联式惯导系统。

捷联式惯导系统最大特点是依靠算法建立起导航坐标系，即平台坐标系以数学平台形式存在，这样省略了复杂的物理实体平台，结构简单、体积小、质量轻、成本低、维护简便、可靠性高，还可通过余度技术提高系统的容错能力。但这些好处是用复杂的算法设计和繁重的计算负荷换取的。姿态更新解算是捷联式惯导的关键算法。传统的姿态更新算法有欧拉角法、方向余弦法和四元数法，其中四元数毕卡(Picard)算法简单、计算量小，因而在工程实际中常采用。但四元数毕卡算法仅为单子样算法，不可交换误差补偿不彻底，特别是运载体姿态变化剧烈时，这种误差更加严重。1971年Bortz和Jordan提出了等效旋转矢量概念，将运载体的姿态四元数更新转换为姿态变化四元数的更新，为姿态更新的多子样算法提供了理论依据。1980年Gilmore提出了在快速计算回路内迭代解算旋转矢量，在慢速计算回路内解算姿态四元数。1983年Miller探讨了锥运动条件下等效旋转矢量的三子样优化算法，优化指标是圆锥误差影响达到最小。在此基础上，Lee 和 Yoon 研究了四子样算法，Jiang 研究了利用本更新周期内的角增量计算旋转矢量的优化算法。1995 年 Musoff 提出了圆锥补偿算法的优化指标，分析了算法误差与补偿周期的关系。对于运动状态变化剧烈和导航定位精度要求特别高的应用场合，除对圆锥运动效应做补偿计算之外，还要对划桨运动效应和涡卷运动效应做补偿计算，对此，Savage 做了系统研究。

随着人类对海洋资源开发的不断深入，海洋环境下勘察、作业等需求也随之增加。水下航行器在水下能够自主航行，进行环境勘测，搭载一定的作业工具还能够进行水下作业，其已经成为人类海洋开发的重要工具之一。目前，自主水下航行器（AUV）作为载体，在合理开发和利用海洋资源方面有着不可取代的作用，作为探索海洋资源最重要技术之一的自主水下航行器技术与探索外空间的运载火箭技术有着同等重要的意义。AUV 能够在水下自主导航作业，可感知周围复杂环境。作为无人水下航行器的一种，AUV 具有众多优点，如 AUV 体积较小，并且在水下能很好地自主作业，完成运载、打捞、探测等任务；此外 AUV 工作区域也比较广阔，很适合用于水下科研实验等用途。完成水下任务的前提是 AUV 能够自主导航和定位跟踪。因此，这就对安装在 AUV 上的导航设备有较高的要求，必须能够实时并准确地提供位置、姿态、速度等导航信息，否则难以完成水下精密作业。随着人类对于海洋探索领域的逐渐深入，水下航行器所要完成的任务也越来越复杂，对其工作时长方面的要求也越来越高，这就对水下导航系统的精度、可靠性方面的要求越来越高。近些年来，水下航行器发展迅速，但仍有许多关键技术问题待解决，涉及材料力学、运动学与动力学等。在这其中，水下导航定位技术是至关重要的技术，稳定的高精度导航定位系统可以获取水下潜器准确的位置信息，是决定航行器能否顺利作业及安全返航的关键因素。对于长航时的水下航行器而言，导航精度和可靠性是衡量现代导航系统优劣的性能指标，导航系统在其长时间的水下工作过程中，能否提供准确的位置、姿态和速度信息，即导航系统精度的好坏决定水下航行器能否完成任务，实现水下复杂环境下的精确导航。

为了适应不同导航任务的要求，组合导航系统可以是简单的也可以是复杂的，可以是单一用途的也可以是多用途的，具有很强的灵活性。在发展初期，组合导航系统主要由测量载体姿态和航向的罗经、测量载体速度的电磁测速仪或多普勒计程仪和早期的无线电导航系统构成，它可以由速度经过推位计算得到载体位置，再与无线电导航系统提供的位置比较后，通过简单滤波技术后平滑处理技术估计定位误差，从而校正系统定位误差，达到提高定位精度的功能。因为惯性导航系统能输出完整的导航信息参数，不受外界干扰，隐蔽性好，故选择惯导作为组合导航系统的主要部分，但是其系统误差会随着时间累积，所以需要定期借助更高精度的导航设备或辅助导航系统提供的导航信息对随时间累积的误差进行校正。现在组合导航系统以其高性能、低成本的突出优点及能适应不同需求而组合不同种类和精度的导航系统，越来越受到肯定与青睐。

5.2 惯性导航基本原理

惯性导航是以陀螺和加速度计为敏感器件的导航参数解算系统,以牛顿惯性定律为主要依据,利用加速度计测量系统加速度,消除有害数据后通过计算机进行积分,加速度一次积分得到速度,二次积分得到位置;再利用陀螺仪测量系统转动的角速度,将角速度积分得到角度,并将导航信息由惯性坐标系转换至导航坐标系,从而得到能准确表述运动载体的速度、位置、方位、水平姿态等导航参数。惯性导航系统属于推算导航方式,即从一已知点的位置根据连续测得的运动体航向角和速度推算出其下一点的位置,因而可连续测出运动体的当前位置。图 5.1 所示为惯性导航原理图。

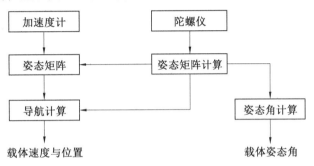

图 5.1 惯性导航原理图

本节首先介绍一些惯性导航的基本方程,然后介绍惯性导航的解算原理。介绍惯性导航的基本原理之后,会介绍两种基于惯性导航原理的惯导系统,即平台式惯导系统和捷联式惯导系统。

5.2.1 惯性导航基本方程

随着人类对自然现象认识的逐渐深入和信息技术的迅猛发展,导航方式由最初较为直观简单地运用指南针、北极星等指引运动路径发展到复杂且精度高的导航方式,常见的如无线电导航、天文导航、GPS 导航、惯性导航、组合导航等。惯性导航为了完成导航的功能,首先需要确定参考坐标系,然后才能获得运载体自身在所建立的坐标系中的位置。在地球上做导航则以地球作为参照体,所以有必要介绍一些以地球为参照体的坐标系。除了导航坐标系的确立与解算外,惯性导航系统还要根据加速度计来测量运载体的加速度,但是由于地球万有引力的影响,重力加速度对加速度计测量输出的影响不可忽略,因此还需要计算运载体所处位置的重力加速度,然后通过数学解算去除重力加速度的影响。综上所述,常用的地球坐标系及重力加速度这些参数的确定就构成了惯性导航原理的基本方程,接下来将分别进行介绍。

1. 惯性导航中常用的坐标系总结

宇宙中任何物体的运动和位置都是相对的。对载体进行导航定位,都是相对一定的坐标空间而言的,以下是惯性导航系统解算中需要用到的参考坐标系。

(1)地心惯性坐标系,简称 i 系,地球的中心为其原点 O_i,不跟随地球的自转运动,z_i

轴为地球自转轴,北向为正方向,x_i、y_i 轴处于地球的赤道平面内,并分别固定地指向太空中的两颗恒星。惯性坐标系是惯性测量元件的测量参考基准。

(2) 地球坐标系,简称 e 系,坐标原点 O_e 与 O_i 重合,z_e 轴与 z_i 轴重合,并跟随地球自转角速度 $\omega_e = 15.04107(°)/h$ 而运动,x_e、y_e 轴与 i 系相同,位于赤道平面内,但 x_e 轴指向东经 0°,y_e 轴指向东经 90°。与地心惯性坐标系十分类似,只是 x 轴、y 轴会随着地球的自转而转动。

(3) 地理坐标系,简称 g 系,是为了能准确表示运载体相对于地球所在地理位置而定义的,载体中心为坐标原点 O_g,x_g 轴指向载体所处的地理东向,y_g 轴指向载体所处的地理北向,z_g 轴沿垂线方向指向天。

(4) 导航坐标系,简称 n 系,当惯导系统处于非极区的地理位置时,其导航坐标系等同于地理坐标系,被称为指北方位系统,当惯导系统运动至极区附近或极区内时,地理坐标系无法精确地描述系统所处位置的地理信息,此时需要将地理坐标系绕 z_g 轴旋转 α 角度,生成新的导航坐标系。

(5) 平台坐标系,用于平台式惯导系统,分为理想平台坐标系和实际平台坐标系。理想平台坐标系简称 T 系,是导航坐标系的无误差复现。实际平台坐标系简称 P 系,由平台上的惯性仪器敏感轴确定,是导航坐标系的具体复现,相对 T 系存在平台失准角。

(6) 载体坐标系,用于捷联式惯导系统,简称 b 系,是直接固连在载体上的坐标系。其坐标原点 O_b 与 O_p 重合,x_b 轴沿载体横轴指向右,y_b 轴沿载体纵轴指向前,z_b 轴与 $O_b x_b y_b$ 平面垂直,向上为正向。

前 4 种坐标系在平台式惯导系统与捷联式惯导系统中是共用的,后两种坐标系之所以不同主要与两种惯导系统的工作原理有关,之后在对两种系统的介绍中会有更详细的讲解。

2. 地球上的定位参数

地球是一个巨大的椭球体,某一运载体在地球上的具体位置经常用大家所熟知的经纬度来表示。但是经纬度是以球坐标系为基础而确定的,而惯导系统解算中用到的坐标系都以直角坐标系为基础,所以为了惯导系统的正常工作,两者之间的坐标变换是必不可少的。接下来将讲解如何利用经纬度建立惯导系统所需的地理坐标系,也可以说是惯导系统中导航坐标系的确立。

(1) 地球定位中两类坐标体系。

① 地球直角坐标系。地球直角坐标系的原点位于旋转椭球体中心,z 轴与地球自转轴重合,北向为正方向,x 轴和 y 轴位于赤道平面内,x 轴穿过本初子午线,y 轴穿过东经 90°子午线。P 点的位置用 P 点在该坐标系内的坐标 (x,y,z) 来表示。

② 地球球面坐标系。地球球面坐标系的原点位于旋转椭球体的中心,P 点的位置用 P 点在该坐标系内的坐标 (λ, L, h) 来表示,分别代表了 P 点的经度、纬度和高度。

(2) 两类坐标参数的转换。

设 P 点在地球直角坐标系内的坐标为 (x,y,z),在地球球面坐标系内的坐标为 (λ, L, h),地球直角坐标系和地球球面坐标系如图 5.2 所示。

① 球面坐标至直角坐标的转换。由图 5.2 得

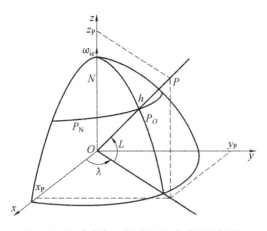

图 5.2 地球直角坐标系和地球球面坐标系

$$\begin{cases} x = (R_N + h)\cos L\cos \lambda \\ y = (R_N + h)\cos L\sin \lambda \\ z = R_N(1-f)^2\sin L, \quad 不考虑 h \\ z = [R_N(1-f)^2 + h]\sin L, \quad 考虑 h \end{cases} \tag{5.1}$$

式中,R_N 为当地卯酉圈内曲率半径;f 为按椭球描述的地球扁率;h 为 P 点所在高度。

式(5.1)描述了如何通过某一点地球球面坐标系的坐标得到该点的地球直角坐标系坐标。

②直角坐标至球面坐标的转换。

a. 当 $h=0$ 时,由式(5.1)得

$$\begin{cases} \lambda_{主} = \arctan\dfrac{y}{x} \\ L \approx \arctan\left[\left(\dfrac{R_e + h}{R_p + h}\right)^2 \cdot \dfrac{z}{\sqrt{x^2 + y^2}}\right], \quad 当 h 已知且不大时 \end{cases} \tag{5.2}$$

式中,R_e 是将地球用椭球描述的半长轴长度;R_p 是半短轴长度,$h=0$ 的情况就相当于该点在地面上。

b. 当 $h \neq 0$,且 h 未知时,有

$$\lambda_{主} = \arctan\dfrac{y}{x} \tag{5.3}$$

L 和 h 可由公式迭代求出:

$$\begin{cases} (R_N + h)_{i+1} = \dfrac{\pi}{\cos L_i \cos \lambda} \\ (R_N)_{i+1} = \dfrac{R_e}{\sqrt{\cos^2 L_i + (1 - e_1^2)\sin^2 L_i}} \\ L_{i+1} = \arctan\left[\dfrac{(R_N + h)_{i+1}}{(R_N + h)_{i+1} - (R_N)_{i+1}e_1^2} \cdot \dfrac{z}{\sqrt{x^2 + y^2}}\right] \\ L_0 = \arctan\left[\dfrac{1}{(1-f)^2} \cdot \dfrac{z}{\sqrt{x^2 + y^2}}\right] \end{cases} \tag{5.4}$$

式中, $e_1 = \frac{\sqrt{R_e^2 - R_p^2}}{R_e}$; R_e 为假设的地球椭球体半长轴长度; R_p 为半短轴长度; R_N 为当地卯酉圈内曲率半径; f 为椭圆扁率, $f = \frac{R_e - R_p}{R_e}$。

设经 k 次迭代达到精度要求,则
$$h = (R_N + h)_k - (R_N)_k$$

(3) 在不同大地坐标系内定位参数的转换。

旋转椭球体是对地球的近似描述,椭球体的参数是通过大地测量获得的,由于是根据对地球某一局部地区的测量值求解出的椭球参数,所以确定出的椭球参数对该地区的拟合精度最好,对其他地区的精度就差些。WGS-84 坐标系是根据外层空间对地球的观测值确定出的,该坐标系全面反映了地球的几何特征,所以此处以 WGS-84 作为基准,其他坐标系与之比较来讨论各坐标之间存在的差异,大地坐标系间的比较见表 5.1。从表中可以看出,各坐标之间的差异是很小的,通过大地坐标系之间的转换,可以进一步提高导航的精度。

表 5.1 大地坐标系间的比较

大地坐标系名称	测量原点	参考椭球名称	使用地区	原点差异 $\Delta x, \Delta y, \Delta z$/m
1942 年普尔柯夫	59°46′18.55″N 30°19′42.09″E	克拉索夫斯基	苏联	—
1927 年北美	39°13′26.666″N 98°32′30.506″W	克拉克	北美	−22,+157,+180.5
1918 年东京	35°39′57.51″N 139°44′40.50″E	贝塞尔	日本	−140,+576,+577.5
1952 年欧洲	52°22′51.445″N 13°03′58.928″E	海福德	欧洲、北美及中近东	−84,−103,−122.5
WGS-84	地心	WGS-84	全球	0,0,0

假设大地坐标系 1 和 2 的相应轴互相平行,大地坐标系 2 的原点偏离大地坐标系 1 的原点的偏离值为 Δx、Δy、Δz,P 点在大地坐标系 1 内的坐标为 (λ_1, L_1, h_1),则 P 点在大地坐标系 2 内的坐标为
$$\lambda_2 = \lambda_1 + \Delta\lambda, \quad L_2 = L_1 + \Delta L, \quad h_2 = h_1 + \Delta h$$
式中
$$\begin{cases} \Delta\lambda = \frac{\sec\lambda_1}{R_N}(-\sin\lambda_1 \Delta x + \cos\lambda_1 \Delta y) \\ \Delta L = \frac{1}{R_M}\Big\{-\sin L_1 \cos\lambda_1 \Delta x - \sin L_1 \sin\lambda_1 \Delta y + \cos L_1 \Delta z + \\ \qquad \frac{R_N}{R_e}f(2-f)\sin L_1 \cos L_1 \Delta R_e + \left[\frac{R_M}{1-f} + R_N(1-f)\right]\sin L_1 \cos L_1 \Delta f\Big\} \\ \Delta h = \cos L_1 \cos\lambda_1 \Delta x + \cos L_1 \sin\lambda_1 \Delta y + \sin L \Delta z - \frac{R_e}{R_N}\Delta R_e + (1-f)R_N \sin^2 L_1 \Delta f \end{cases}$$

(5.5)

式中，$\Delta f = f_2 - f_1$；$\Delta R_e = R_{e_2} - R_{e_1}$，$R_e$ 和 f 可任意选用两坐标系中的椭球参数。

3. 重力加速度的计算

设 P 为地球上的某一点，该点纬度为 L，P 点处自由放置着质量 m，则质量 m 受到地球万有引力 mG 的作用，该力指向地心，同时维持质量 m 跟随地球旋转需要有外力提供向心力 F_c，所以向心力实质上是万有引力的一个分量，用于维持质量 m 跟随地球旋转，重力 mg 是万有引力的另一个分量，因此有 $mG = mg + F_c$，即

$$G = g + a_c \tag{5.6}$$

式中，a_c 为 P 点处地球旋转引起的向心加速度，$a_c = \dfrac{F_c}{m}$。

由于向心加速度随着纬度变化，因此重力加速度 g 与引力加速度 G 间的夹角 $\delta\theta$ 也随纬度而变，在纬度 $L = 45°$ 处 $\delta\theta$ 达到最大值，约为 $10'$，重力加速度的大小随纬度的变化规律可近似为

$$g(L) = g_0(1 - 0.002\,637\,3\cos 2L + 0.000\,005\,9\cos^2 2L) \tag{5.7}$$

式中，$g_0 = 980.616\,\text{cm/s}^2$，式(5.7)称为达朗贝尔方程。

在 WGS-84 全球大地坐标系体系中选用的重力加速度模型为

$$g(L) = \frac{g_e(1 + k\sin^2 L)}{\sqrt{1 - e_1^2 \sin^2 L}} \tag{5.8}$$

式中

$$k = \frac{R_p g_p}{R_e g_e} - 1, \quad e_1 = \frac{\sqrt{R_e^2 - R_p^2}}{R_e}$$

式中，g_e 为赤道上的理论重力加速度；g_p 为两级处的理论重力加速度；e_1 为第一偏心率。

将 WGS-84 的具体数据代入，得

$$g(L) = 978.032\,677\,14 \times \frac{1 + 0.001\,931\,851\,386\,39\sin^2 L}{\sqrt{1 - 0.006\,694\,379\,990\,13\sin^2 L}} \tag{5.9}$$

重力加速度随高度变化规律为

$$g(h) = g_0 \frac{R_e^2}{(R_e + h)^2} \approx g_0\left(1 - \frac{2h}{R_e}\right) \tag{5.10}$$

5.2.2 惯性导航系统工作原理

1. 惯性导航系统工作原理概述

惯性导航系统的导航过程包括平台控制信息的计算和导航参数的计算，首先是确立导航坐标系，然后以运载体当前在导航坐标系内的位置、姿态信息为基准，通过陀螺仪信息与加速度信息经数据融合计算来得到下一时刻的导航信息。这样随着时间的不断累积，就可以连续地得到运载体在导航坐标系中的姿态信息和位置信息。惯性导航的导航信息计算主要是通过加速度计与陀螺仪实现的，具体的计算过程如下。

根据牛顿力学定律，首先对测量的加速度进行积分计算，然后通过陀螺仪测得的角速度与加速度积分得到的线速度进行数据融合，再通过积分和速度补偿运算得到运载体在导航坐标系下的速度信息。对于偏航角的测量则通过陀螺仪的测量数据融合加速度的测

量数据来得到运载体当前的姿态信息。对于位置信息的获取则是通过速度解算后对速度与方位矩阵的融合来得到运载体在导航坐标系中的位置信息。

由以上描述可知,惯性导航系统的正常工作首先需要建立正确的导航坐标系,所以需要通过一定途径来建立导航坐标系。目前有两种途径:一种是将加速度计安装在稳定平台上,稳定平台由陀螺控制,使平台始终跟踪要求的导航坐标系,通过物理平台建立导航坐标系,也就是平台式惯导系统;另一种是将加速度计和陀螺直接安装在运载体上,陀螺输出用来解算运载体相对导航坐标系的姿态变换矩阵,加速度计输出经姿态矩阵变换至导航坐标系内,这相当于通过数学算法建立导航坐标系,也就是捷联式惯导系统。

不论是平台式惯导系统还是捷联式惯导系统,都需要对平台坐标系和导航坐标系进行坐标系转换。只不过平台式惯导系统通过物理实体平台模拟了导航坐标系,所以可以直接通过平台框架获得运载体的姿态角和航向角,而在捷联式惯导系统中由于没有实体平台因此需要计算获得。由此可见,在惯性导航系统中,陀螺仪测量得到的数据需要采用坐标系变换方程进行处理才能建立所需的导航坐标系。

除了导航坐标系的建立,另一个重要的步骤就是对加速度计测量得到的数据进行处理。对于捷联式惯导系统,由于直接将加速度计固连在运载体上,因此会受到万有引力的影响,由加速度计测量的数据直接进行积分并不能得到物体真实的速度信息。所以为了消除重力加速度的影响,需要用到惯导系统中的重要方程——比力方程。

接下来将分别介绍坐标变换方程和比力方程。

2. 坐标变换方程

惯导系统首先需要建立导航坐标系,所以在导航开始时需要通过陀螺仪和加速度计测量的数据进行导航坐标系的建立。平台式惯导系统的物理平台通过陀螺仪保持平台稳定,使其始终跟踪导航坐标系,此时的稳定平台就是导航坐标系。而捷联式惯导系统则根本没有稳定平台,其直接与运载体固连,通过陀螺仪和加速度计的输出来建立导航坐标系。不论是哪一种惯导系统,数学解算的过程中都离不开坐标系变换,为了便于后续的公式推导,这里对坐标变换方程进行介绍。

在三维空间中,两坐标系之间的变换就是三个平面坐标系之间的转换,考虑载体坐标系和导航坐标系的 xOz 平面之间的转换。设坐标系 $O-x_1y_1z_1$ 绕 Oz_1 轴旋转 α 角后得到坐标系 $O-x_2y_2z_2$,空间矢量 r 在 $O-x_1y_1z_1$(简称坐标系 1)内的投影为 $[r_{x_1} \quad r_{y_1} \quad r_{z_1}]^T$,在 $O-x_2y_2z_2$(简称坐标系 2)内的投影为 $[r_{x_2} \quad r_{y_2} \quad r_{z_2}]^T$,要求推导出两组坐标值间的关系。由于旋转轴绕 Oz_1 轴进行,所以 z 坐标未变,即有 $r_{z_1}=r_{z_2}$,由图 5.3 所示坐标间的变换关系可得

$$r_{x_2}=OA+AB+BC$$
$$=OD\cos\alpha+BD\sin\alpha+BF\sin\alpha$$
$$=r_{x_1}\cos\alpha+r_{y_1}\sin\alpha \tag{5.11}$$
$$r_{y_2}=DE-AD$$
$$=DF\cos\alpha-OD\sin\alpha$$
$$=r_{y_1}\cos\alpha-r_{x_1}\sin\alpha \tag{5.12}$$
$$r_{z_2}=r_{z_1} \tag{5.13}$$

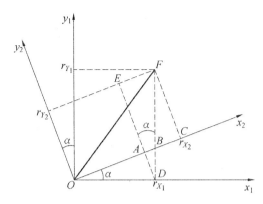

图 5.3 坐标间的变换关系

将式(5.11)~(5.13)写成矩阵形式,有

$$\begin{bmatrix} r_{x_2} \\ r_{y_2} \\ r_{z_2} \end{bmatrix} = \begin{bmatrix} \cos\alpha & \sin\alpha & 0 \\ -\sin\alpha & \cos\alpha & 0 \\ 0 & 0 & 1 \end{bmatrix} \begin{bmatrix} r_{x_1} \\ r_{y_1} \\ r_{z_1} \end{bmatrix} \tag{5.14}$$

记

$$\boldsymbol{r}^1 = \begin{bmatrix} r_{x_1} \\ r_{y_1} \\ r_{z_1} \end{bmatrix}, \quad \boldsymbol{r}^2 = \begin{bmatrix} r_{x_2} \\ r_{y_2} \\ r_{z_2} \end{bmatrix}, \quad \boldsymbol{C}_1^2 = \begin{bmatrix} \cos\alpha & \sin\alpha & 0 \\ -\sin\alpha & \cos\alpha & 0 \\ 0 & 0 & 1 \end{bmatrix} \tag{5.15}$$

则式(5.14)可写为

$$\boldsymbol{r}^2 = \boldsymbol{C}_1^2 \, \boldsymbol{r}^1 \tag{5.16}$$

式(5.16)描述了同一矢量在不同坐标系内投影间的变换关系,$\boldsymbol{C}_1^2$ 称为从坐标系 1 至坐标系 2 的变换矩阵,经观察后可发现 $\boldsymbol{C}_1^2$ 的诸元是坐标系 1 各轴上的单位 1 在坐标系 2 各轴上的投影。

上述变换关系分析中,坐标系 2 是经坐标系 1 仅绕 z_1 轴旋转 α 角得到的,为方便叙述,称仅绕一根轴的旋转为基本旋转。两坐标系间任何复杂的角位置关系都可以看作有限次基本旋转的复合,变换矩阵等于基本旋转确定的变换矩阵的连乘,连乘顺序依基本旋转的先后次序由右向左排列。例如运载体的空间姿态可看作依次绕航向轴、俯仰轴、横滚轴做基本旋转后的复合结果。

各次基本旋转对应的变换矩阵为

$$\boldsymbol{C}_n^1 = \begin{bmatrix} \cos\psi & -\sin\psi & 0 \\ \sin\psi & \cos\psi & 0 \\ 0 & 0 & 1 \end{bmatrix}$$

$$\boldsymbol{C}_1^2 = \begin{bmatrix} 1 & 0 & 0 \\ 0 & \cos\theta & \sin\theta \\ 0 & -\sin\theta & \cos\theta \end{bmatrix}$$

$$\boldsymbol{C}_b^2 = \begin{bmatrix} \cos\gamma & 0 & -\sin\gamma \\ 0 & 1 & 0 \\ \sin\gamma & 0 & \cos\gamma \end{bmatrix}$$

所以姿态矩阵为

$$\boldsymbol{C}_n^b = \boldsymbol{C}_2^b \boldsymbol{C}_1^2 \boldsymbol{C}_n^1 = \begin{bmatrix} \cos\gamma & 0 & -\sin\gamma \\ 0 & 1 & 0 \\ \sin\gamma & 0 & \cos\gamma \end{bmatrix} \begin{bmatrix} 1 & 0 & 0 \\ 0 & \cos\theta & \sin\theta \\ 0 & -\sin\theta & \cos\theta \end{bmatrix} \begin{bmatrix} \cos\psi & -\sin\psi & 0 \\ \sin\psi & \cos\psi & 0 \\ 0 & 0 & 1 \end{bmatrix}$$

$$= \begin{bmatrix} \cos\gamma\cos\psi + \sin\gamma\sin\psi\sin\theta & -\cos\gamma\sin\psi + \sin\gamma\cos\psi\sin\theta & -\sin\gamma\cos\theta \\ \sin\psi\cos\theta & \cos\psi\cos\theta & \sin\theta \\ \sin\gamma\cos\psi - \cos\gamma\sin\psi\sin\theta & -\sin\gamma\sin\psi - \cos\gamma\cos\psi\sin\theta & \cos\gamma\cos\theta \end{bmatrix}$$

(5.17)

式中，$\boldsymbol{C}_n^b$ 与旋转次数有关，即当旋转角 $\psi、\theta、\gamma$ 不都为小角时，对应于不同的旋转次序，坐标系 b 的最终空间位置是不同的，这就是常说的有限转动的不可交换性。但当 $\psi、\theta、\gamma$ 都为小角时，忽略小角间的高阶小量，有

$$\boldsymbol{C}_n^b = \begin{bmatrix} 1 & -\psi & -\gamma \\ \psi & 1 & \theta \\ \gamma & -\theta & 1 \end{bmatrix} \quad (5.18)$$

式中，$\psi、\theta、\gamma$ 的单位为弧度。

此时，由 $\psi、\theta、\gamma$ 构成的列矢量 $[\psi \ \theta \ \gamma]^T$ 可视为三维空间矢量。规定其中各分量的正负号，含义是当产生小角的旋转方向与坐标轴指向相同时该小角取正，否则取负。此时旋转后坐标系的最终角位置与旋转次序无关，这就是常说的无限转动与旋转次序无关。

根据上述分析，可得出如下一般关系，设坐标系 P 偏离坐标系 T 的偏离角 $\varphi_x、\varphi_y、\varphi_z$ 均为小角，则

$$\boldsymbol{C}_T^P = \begin{bmatrix} 1 & \varphi_z & -\varphi_y \\ -\varphi_z & 1 & \varphi_x \\ \varphi_y & -\varphi_x & 1 \end{bmatrix} \quad (5.19)$$

由于直角坐标系间的变换矩阵为单位正交矩阵，所以如果在坐标系 n 至坐标系 b 的等效旋转中各坐标系都保持为直角坐标系，则根据单位正交矩阵的性质有

$$\boldsymbol{C}_b^n = (\boldsymbol{C}_n^b)^{-1} = (\boldsymbol{C}_n^b)^T \quad (5.20)$$

3. 比力方程

对于捷联式惯导系统，加速度计的测量数据是绝对加速度，里面包含了重力加速度，所以为了去除重力加速度对加速度测量的影响，也就是得到物体的相对加速度，需要用到惯导系统的重要方程，即比力方程。接下来将对比力方程及相关的数学知识进行介绍。

(1) 矢量的叉乘。

加速度是矢量，涉及加速度的运算自然离不开矢量的运算，这里不对矢量的简单运算进行讲解，主要介绍矢量的叉乘。

矢量是既有大小又有方向的量，常用两种方式来描述矢量。设有矢量 **r**，可用 **r** 的模

$r=|\boldsymbol{r}|$ 和 $\boldsymbol{r}$ 的单位矢量 $\boldsymbol{u}=\dfrac{\boldsymbol{r}}{r}$ 来描述,即 $\boldsymbol{r}=r\boldsymbol{u}$,如此描述的矢量常称为物理矢量。也可用 $\boldsymbol{r}$ 在坐标系 n 各轴上的投影来描述,即 $\boldsymbol{r}^n=[r_x^n \quad r_y^n \quad r_z^n]^T$,如此描述的矢量称为数学矢量。矢量的叉乘可用物理矢量和数学矢量来表示。

设有物理矢量 $\boldsymbol{r}$ 和 $\boldsymbol{s}$,则 $\boldsymbol{t}=\boldsymbol{r}\times\boldsymbol{s}$ 的方向由右手定则确定,大小为 $t=|\boldsymbol{t}|=|\boldsymbol{r}|\cdot|\boldsymbol{s}|\sin(\widehat{\boldsymbol{r},\boldsymbol{s}})$。

现有数学矢量 $\boldsymbol{r}^n=[r_x^n \quad r_y^n \quad r_z^n]^T$,$\boldsymbol{s}^n=[s_x^n \quad s_y^n \quad s_z^n]^T$,$\boldsymbol{t}^n=\boldsymbol{r}^n\times\boldsymbol{s}^n$,则

$$\begin{bmatrix}t_x^n\\t_y^n\\t_z^n\end{bmatrix}=\begin{bmatrix}0 & -r_z^n & r_y^n\\r_z^n & 0 & -r_x^n\\-r_y^n & r_x^n & 0\end{bmatrix}\begin{bmatrix}s_x^n\\s_y^n\\s_z^n\end{bmatrix} \tag{5.21}$$

式中,$\boldsymbol{t}^n=[t_x^n \quad t_y^n \quad t_z^n]^T$

(2) 哥氏定理。

哥氏定理用于描述绝对变化率与相对变化率间的关系。设有矢量 $\boldsymbol{r}$,m、n 是两个做相对旋转的坐标系,则哥氏定理可描述为

$$\left.\frac{d\boldsymbol{r}}{dt}\right|_m=\left.\frac{d\boldsymbol{r}}{dt}\right|_n+\boldsymbol{w}_{mn}\times\boldsymbol{r} \tag{5.22}$$

式中,$\left.\dfrac{d\boldsymbol{r}}{dt}\right|_m$、$\left.\dfrac{d\boldsymbol{r}}{dt}\right|_n$ 是分别在 m 坐标系和 n 坐标系内观察到的 $\boldsymbol{r}$ 的时间变化率,$\boldsymbol{w}_{mn}$ 是坐标系 n 相对坐标系 m 的旋转角速度。如果将式(5.22)两边的矢量都向 m 坐标系投影,则有

$$\dot{\boldsymbol{r}}^m=\boldsymbol{C}_n^m\dot{\boldsymbol{r}}^n+\boldsymbol{w}_{mn}\times\boldsymbol{r} \tag{5.23}$$

式中

$$\boldsymbol{r}^m=[r_x^m \quad r_y^m \quad r_z^m]^T$$
$$\boldsymbol{r}^n=[r_x^n \quad r_y^n \quad r_z^n]^T$$

(3) 比力方程。

自地心至理想平台坐标系 T 的支点引位置矢量 $\boldsymbol{R}$,则根据哥氏定理,有

$$\left.\frac{d\boldsymbol{R}}{dt}\right|_i=\left.\frac{d\boldsymbol{R}}{dt}\right|_e+\boldsymbol{\omega}_{ie}\times\boldsymbol{R} \tag{5.24}$$

式中,$\left.\dfrac{d\boldsymbol{R}}{dt}\right|_e$ 是在地球上观察到的位置矢量的变化率,所以是运载体相对地球的运动速度,简称地速,记作 $\boldsymbol{V}_{eT}$。

对式(5.24)两边求绝对变化率,并再次使用哥氏定理,其中相对变化率对 T 系求取:

$$\left.\frac{d^2\boldsymbol{R}}{dt^2}\right|_i=\left.\frac{d\boldsymbol{V}_{eT}}{dt}\right|_T=2(\boldsymbol{\omega}_{ie}+\boldsymbol{\omega}_{eT})\times\boldsymbol{V}_{eT}+\boldsymbol{\omega}_{ie}\times(\boldsymbol{\omega}_{ie}\times\boldsymbol{R}) \tag{5.25}$$

设平台上加速度计质量块的质量为 m,质量 m 受到的力为非引力外力 $\boldsymbol{F}$ 和地球引力 $m\boldsymbol{G}$,$\boldsymbol{G}$ 为引力加速度。根据牛顿第二定律,有

$$\boldsymbol{F}+m\boldsymbol{G}=m\left.\frac{d^2\boldsymbol{R}}{dt^2}\right|_i$$

$$\left.\frac{d^2\boldsymbol{R}}{dt^2}\right|_i=\boldsymbol{f}+\boldsymbol{G} \tag{5.26}$$

式中,f 是单位质量上作用的非引力外力,$f=\dfrac{F}{m}$,也称为比力(specific force)。

将式(5.26)代入式(5.25),得

$$\left.\dfrac{\mathrm{d}\boldsymbol{V}_{\mathrm{eT}}}{\mathrm{d}t}\right|_{\mathrm{T}}=\boldsymbol{f}-(2\boldsymbol{\omega}_{\mathrm{ie}}+\boldsymbol{\omega}_{\mathrm{eT}})\times\boldsymbol{V}_{\mathrm{eT}}+\boldsymbol{G}-\boldsymbol{\omega}_{\mathrm{ie}}\times(\boldsymbol{\omega}_{\mathrm{ie}}\times\boldsymbol{R}) \tag{5.27}$$

地球旋转引起的向心加速度如图 5.4 所示,图中给出了式(5.27)中最后两项与重力加速度间的关系。由图 5.4(a)可得

$$\begin{cases}|\boldsymbol{\omega}_{\mathrm{ie}}\times\boldsymbol{R}|=\omega_{\mathrm{ie}}R\sin(90°-L)=\omega_{\mathrm{ie}}R\cos L\\ |\boldsymbol{\omega}_{\mathrm{ie}}\times(\boldsymbol{\omega}_{\mathrm{ie}}\times\boldsymbol{R})|=\omega_{\mathrm{ie}}\cdot(\omega_{\mathrm{ie}}R\cos L)\sin 90°=R\cos L\omega_{\mathrm{ie}}^{2}\end{cases} \tag{5.28}$$

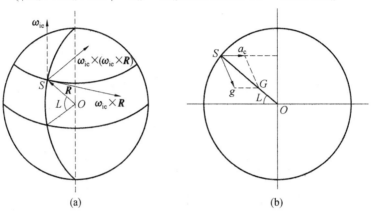

图 5.4 地球旋转引起的向心加速度

考察 S 点跟随地球旋转引起的向心加速度。由图 5.4(b)可知,向心加速度为 $a_{\mathrm{c}}=R\cos L\omega_{\mathrm{ie}}^{2}$,方向指向地轴。

由上述分析知

$$\left.\dfrac{\mathrm{d}\boldsymbol{V}_{\mathrm{eT}}}{\mathrm{d}t}\right|_{\mathrm{T}}=\boldsymbol{f}-(2\boldsymbol{\omega}_{\mathrm{ie}}+\boldsymbol{\omega}_{\mathrm{eT}})\times\boldsymbol{V}_{\mathrm{eT}}+\boldsymbol{g} \tag{5.29}$$

式(5.29)即为比力方程,是惯导系统的解算中重要的基本方程。

现对比力方程做如下说明。

① $\left.\dfrac{\mathrm{d}\boldsymbol{V}_{\mathrm{eT}}}{\mathrm{d}t}\right|_{\mathrm{T}}$ 是在平台坐标系内观察到的地速矢量 $\boldsymbol{V}_{\mathrm{eT}}$ 的变化率,如果将式(5.29)向 T 系内投影,则比力方程可写成分量形式:

$$\dot{\boldsymbol{V}}_{\mathrm{eT}}^{\mathrm{T}}=\boldsymbol{f}^{\mathrm{T}}-(2\boldsymbol{\omega}_{\mathrm{ie}}^{\mathrm{T}}+\boldsymbol{\omega}_{\mathrm{eT}}^{\mathrm{T}})\times\boldsymbol{V}_{\mathrm{eT}}^{\mathrm{T}}+\boldsymbol{g}^{\mathrm{T}} \tag{5.30}$$

② f 是加速度计的测量值,比力方程说明只有当 f 清除掉有害加速度之后,才能积分获得地速。其中有害加速度包括三部分:有害加速度 $2\boldsymbol{\omega}_{\mathrm{ie}}\times\boldsymbol{V}_{\mathrm{eT}}$ 为哥氏加速度,由运载体相对地球运动(相对运动)和地球旋转(牵连运动)引起;有害加速度 $\boldsymbol{\omega}_{\mathrm{eT}}\times\boldsymbol{V}_{\mathrm{eT}}$ 为运载体保持在地球表面运动(圆周运动)引起的对地向心加速度;重力加速度 $\boldsymbol{g}$。

在静基座条件下,即 $\boldsymbol{V}_{\mathrm{eT}}=0$,$\boldsymbol{f}=-\boldsymbol{g}$。由于 $\boldsymbol{F}=m\boldsymbol{f}$ 是作用在质量块上的非引力外力,亦即质量块受到的约束力。根据作用力与反作用力原理,质量块对约束力的反作用力为 $\boldsymbol{A}=-\boldsymbol{F}=-m\boldsymbol{f}=m\boldsymbol{g}$,其中 $\boldsymbol{A}$ 即为质量块产生的惯性力,所以静基座条件下质量块的单

位质量惯性力为 $F_i = \dfrac{A}{m} = g$。

5.3 平台式惯导系统

平台式惯导系统的物理框架由三轴或四轴稳定平台构成,陀螺仪和加速度计均安装于台体上,在框架轴端设有传感器等元件,这些仪表电磁元件与伺服回路、调平回路等电路模块及通信模块相结合形成功能完善的有机整体。陀螺仪作为稳定平台的核心器件,起到保持平台始终对准导航坐标系的作用,通过陀螺仪测量运载体的角变化得到一个指令角速度,产生一个施矩电流来调节平台,使平台始终保持稳定。因为平台始终对准导航坐标系,所以测量载体平台和稳定平台的夹角就可以得到运载体的姿态角,同时由于稳定平台使台体稳定在惯性空间,所以隔绝了重力加速度的影响,加速度计测量得到的就是运载体的相对加速度,直接积分就可以得到运载体的速度,再次积分可以得到运载体的位移。因此,平台式惯导系统的算法相对于捷联式惯导系统简单得多,主要包括平台稳定算法及速度位置解算算法,而平台式惯导系统的力学编排正是指实现正确控制惯性平台和解算导航参数的方案和方程,包括平台指令角速度的计算公式及速度位置的解算方程。根据稳定平台跟踪导航坐标系实现方式的不同,本节将分别介绍指北方位平台式惯导系统、自由方位平台式惯导系统和游移方位平台式惯导系统的系统原理。

5.3.1 指北方位平台式惯导系统原理

指北方位平台式惯导系统又称固定方位半解析式惯导系统,以地理坐标系为导航坐标系,也就是说指北方位平台式惯导系统把地理坐标系 g 作为理想平台坐标系 T。平台模拟地理坐标系,将三个加速度计的敏感轴定向在当地的东、北、天方位上,稳定平台始终跟踪地理坐标系。要实现该过程,需要陀螺仪的测量数据来得到指令角速度,控制稳定平台的转动。保证了稳定平台始终跟踪地理坐标系以后,就完成了对重力加速度的隔绝,利用加速计的测量数据就可以积分得到物体的速度和位移。接下来介绍平台指令角速度算法、速度方程及经纬度方程。

1. 平台指令角速度算法

地理坐标系的旋转速度由两部分组成,即跟随地球旋转的角速度 $\boldsymbol{\omega}_{ie}$ 和因运载体运动而引起的相对地球的旋转角速度 $\boldsymbol{\omega}_{eg}$,而平台的指令角速度为

$$\begin{cases} \omega_{\text{cmd}x}^{\text{T}} = -\dfrac{V_N}{R_M} \\ \omega_{\text{cmd}y}^{\text{T}} = \omega_{ie}\cos L + \dfrac{V_E}{R_N} \\ \omega_{\text{cmd}z}^{\text{T}} = \omega_{ie}\sin L + \dfrac{V_E}{R_N}\tan L \end{cases} \tag{5.31}$$

式(5.31)左边即为理想平台坐标系 T 内三个轴向上平台指令角速度分量的大小。式中的 V_E、V_N 分别指运载体的东向速度分量和北向速度分量;L 为运载体所在位置的纬度;R_M 为当地子午面内曲率半径,$R_M \approx R_e(1-2e+3e\sin^2 L)$;$R_N$ 为当地卯酉圈内的曲率

半径,$R_N \approx R_e(1+e\sin^2 L)$;$e$ 为椭圆扁率,$e=\dfrac{R_e-R_p}{R_e}$;ω_{ie} 为地球旋转的角速度。

利用式(5.31),可以产生相应的施矩电流控制稳定平台的转动,保证稳定平台始终跟踪地理坐标系。

2. 速度方程

根据之前所提过的比力方程,可以利用加速度计的测量数据得到物体的速度,运载体在东、北、天三个轴向上的速度分量分别为

$$\begin{cases}\dot{V}_E = f_E + \left(2\omega_{ie}\sin L + \dfrac{V_E}{R_N}\tan L\right)V_N - \left(2\omega_{ie}\cos L + \dfrac{V_E}{R_N}\right)V_U \\ \dot{V}_N = f_N - \left(2\omega_{ie}\sin L + \dfrac{V_E}{R_N}\tan L\right)V_E - \dfrac{V_N}{R_M}V_U \\ \dot{V}_U = f_U + \left(2\omega_{ie}\cos L + \dfrac{V_E}{R_N}\right)V_E + \dfrac{V_N^2}{R_M} - g \end{cases} \quad (5.32)$$

对于舰船等,垂直速度远比水平速度小,所以在计算 V_E 和 V_N 时可略去 V_U 的影响,简化后为

$$\begin{cases}\dot{V}_E = f_E + \left(2\omega_{ie}\sin L + \dfrac{V_E}{R_N}\tan L\right)V_N \\ \dot{V}_N = f_N - \left(2\omega_{ie}\sin L + \dfrac{V_E}{R_N}\tan L\right)V_E \\ \dot{V}_U = f_U + \left(2\omega_{ie}\cos L + \dfrac{V_E}{R_N}\right)V_E + \dfrac{V_N^2}{R_M} - g \end{cases} \quad (5.33)$$

上述公式中 f_E、f_N、f_U 均为加速度计在东、北、天轴向上的测量值分量,通过迭代得到运载体在三个轴向上的速度分量。

水平速度为

$$V = \sqrt{V_E^2 + V_N^2}$$

3. 经纬度方程

北向速度分量引起运载体的纬度变化,东向速度分量引起运载体的经度变化,利用两个轴向上的速度分量及当地子午圈、卯酉圈内的曲率半径和纬度可以计算得到经纬度的变化量,计算公式为

$$\begin{cases}\dot{L} = \dfrac{V_N}{R_M} \\ \dot{\lambda} = \dfrac{V_E}{R_N \cos L}\end{cases} \quad (5.34)$$

式中,L 为纬度,λ 为经度。

惯性导航系统是推算式导航系统,根据初始位置计算位置的变化量可以得到运载体的当前位置。计算运载体在地球球面坐标系内的坐标变化量即经纬度的变化量,根据运载体的初始位置可以得到运载体当前的经纬度。

4. 指北方位系统的优缺点分析

(1) 优点。

由于平台模拟当地的地理坐标系,因此航向角、俯仰角及横滚角可从平台环架轴上直接读取,各导航参数间的关系比较简单,导航解算方程简洁,计算量较小,对计算机要求较低。该系统在惯导发展初期计算机技术水平不高的年代是十分合适的选择方案。

(2) 缺点。

方位陀螺的指令角速度为

$$\omega_{\text{cmdz}}^{\text{T}} = \omega_{\text{ie}}\sin L + \frac{V_E}{R_N}\tan L$$

随着纬度 L 的增高,对方位陀螺的施矩电流急剧上升,在极区($L \approx 90°$)根本无法工作。同时,在水平速度解算中有正切函数 $\tan L$,当 $L \approx 90°$时,速度中的计算误差被严重放大,甚至产生溢出。所以指北方位系统不能在高纬度地区正常工作,只适用于中、低纬度地区的导航。

5.3.2 自由方位平台式惯导系统原理

指北方位平台式惯导系统之所以不能在高纬度地区正常工作,原因就在于纬度很高时方位陀螺无法实现正常施矩。为了克服此缺陷,提出了方位陀螺不施矩的编排方案。此时要求水平陀螺控制平台始终保持水平,相当于跟踪了地平坐标系,与地理坐标系十分类似,依然是在当地水平面内,只不过 x 轴和 y 轴不再指向东和北,而是选取运载体的运动方向和垂直运载体的运动方向,称为自由方位系统。

1. 自由方位角

由于对方位陀螺的施矩量为零,因此平台在方位上相对惯性空间稳定,即 $\omega_{\text{iTz}}^{\text{T}} = 0$。而地球在旋转,运载体相对地球运动时地理坐标系相对地球也在旋转,所以平台的水平轴相对地理坐标系存在一个变化着的夹角,此夹角称为自由方位角 $\alpha_f(t)$,其示意图如图 5.5 所示。图中,ψ 为运载体的航向角,北偏东为正;ψ_{Tb} 为航机角,亦称平台航向,在平台方位环上读取,顺时针为正;$\alpha_f(t)$ 为自由方位角,逆时针为正;x_h 和 y_h 分别为机体坐标系的 x_b(指向右)和 y_b(指向前)的水平投影。

自由方位角服从如下方程:

$$\dot{\alpha}_f(t) = -\left(\omega_{\text{ie}}\sin L + \frac{V_E}{R_N}\tan L\right) \tag{5.35}$$

2. 方向余弦矩阵和定位计算

自由方位系统导航坐标系与地理坐标系只差自由方位角,如果按式(5.35)解算出自由方位角,并将加速度计获得的比力变换到地理坐标系中,则可按指北方位系统作导航解算,但由于指北方位系统还存在高纬度地区导航结算误差放大和溢出问题,所以必须采用其他方法做定位解算。

(1) 方向余弦阵和经纬度的关系。

设运载体所在地的经纬度为 λ、L,则 S 点的地理坐标系可由地球坐标系 e 经三次基本旋转后确定出,即分别绕 x、y、z 轴做基本旋转后确定得到。

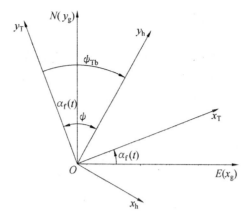

图 5.5 自由方位角示意图

由此可得坐标变换矩阵为

$$C_e^{e'} = \begin{bmatrix} \cos\lambda & \sin\lambda & 0 \\ -\sin\lambda & \cos\lambda & 0 \\ 0 & 0 & 1 \end{bmatrix}$$

$$C_e^{e''} = \begin{bmatrix} \cos(90°-L) & 0 & -\sin(90°-L) \\ 0 & 1 & 0 \\ \sin(90°-L) & 0 & \cos(90°-L) \end{bmatrix} = \begin{bmatrix} \sin L & 0 & -\cos L \\ 0 & 1 & 0 \\ \cos L & 0 & \sin L \end{bmatrix} \quad (5.36)$$

$$C_{e''}^{g} = C_{e''}^{e''} = \begin{bmatrix} 0 & 1 & 0 \\ -1 & 0 & 0 \\ 0 & 0 & 1 \end{bmatrix}$$

所以

$$C_e^g = C_{e''}^g C_{e'}^{e''} C_e^{e'} = \begin{bmatrix} 0 & 1 & 0 \\ -1 & 0 & 0 \\ 0 & 0 & 1 \end{bmatrix} \begin{bmatrix} \sin L & 0 & -\cos L \\ 0 & 1 & 0 \\ \cos L & 0 & \sin L \end{bmatrix} \begin{bmatrix} \cos\lambda & \sin\lambda & 0 \\ -\sin\lambda & \cos\lambda & 0 \\ 0 & 0 & 1 \end{bmatrix}$$

$$= \begin{bmatrix} -\sin\lambda & \cos\lambda & 0 \\ -\sin L\cos\lambda & -\sin L\sin\lambda & \cos L \\ \cos L\cos\lambda & \cos L\sin\lambda & \sin L \end{bmatrix} \quad (5.37)$$

设平台的自由方位角为 α_f,则可得

$$C_g^T = \begin{bmatrix} \cos\alpha_f & \sin\alpha_f & 0 \\ -\sin\alpha_f & \cos\alpha_f & 0 \\ 0 & 0 & 1 \end{bmatrix}$$

因此

$$C_e^T = C_g^T C_e^g = \begin{bmatrix} \cos\alpha_f & \sin\alpha_f & 0 \\ -\sin\alpha_f & \cos\alpha_f & 0 \\ 0 & 0 & 1 \end{bmatrix} \begin{bmatrix} -\sin\lambda & \cos\lambda & 0 \\ -\sin L\cos\lambda & -\sin L\sin\lambda & \cos L \\ \cos L\cos\lambda & \cos L\sin\lambda & \sin L \end{bmatrix}$$

$$= \begin{bmatrix} -\cos\alpha_f\sin\lambda - \sin\alpha_f\sin L\cos\lambda & \cos\alpha_f\cos\lambda - \sin\alpha_f\sin L\sin\lambda & \sin\alpha_f\cos L \\ \sin\alpha_f\sin\lambda - \cos\alpha_f\sin L\cos\lambda & -\sin\alpha_f\cos\lambda - \cos\alpha_f\sin L\sin\lambda & \cos\alpha_f\cos L \\ \cos L\cos\lambda & \cos L\sin\lambda & \sin L \end{bmatrix}$$

$$= \begin{bmatrix} C_{11} & C_{12} & C_{13} \\ C_{21} & C_{22} & C_{23} \\ C_{31} & C_{32} & C_{33} \end{bmatrix} \tag{5.38}$$

即有

$$C_{13} = \sin\alpha_f\cos L$$
$$C_{23} = \cos\alpha_f\cos L$$
$$C_{33} = \sin L$$
$$C_{31} = \cos L\cos\lambda$$
$$C_{32} = \cos L\sin\lambda$$

因此，根据 $\boldsymbol{C}_e^T$，有

$$\begin{cases} \lambda_{主} = \arctan\dfrac{C_{32}}{C_{31}} \\ L = \arcsin C_{33} \\ \alpha_{f主} = \arctan\dfrac{C_{13}}{C_{23}} \end{cases} \tag{5.39}$$

获得 α_f 后，可根据式(5.40)求得航向角 ψ 为

$$\psi = \psi_{Tb} - \alpha_f(t) \tag{5.40}$$

式中，ψ_{Tb} 为航机角。

(2) 方向余弦阵微分方程及其求解。

设自地心至平台支点 S 引的位置矢量为 $\boldsymbol{R}$，平台坐标系 T 相对地球坐标系 e 的旋转角速度为 ω_{eT}，则有

$$\begin{bmatrix} \dot{C}_{11} & \dot{C}_{12} & \dot{C}_{13} \\ \dot{C}_{21} & \dot{C}_{22} & \dot{C}_{23} \\ \dot{C}_{31} & \dot{C}_{32} & \dot{C}_{33} \end{bmatrix} = \begin{bmatrix} 0 & \omega_{eTz}^T & -\omega_{eTy}^T \\ -\omega_{eTz}^T & 0 & \omega_{eTx}^T \\ \omega_{eTy}^T & -\omega_{eTx}^T & 0 \end{bmatrix} \begin{bmatrix} C_{11} & C_{12} & C_{13} \\ C_{21} & C_{22} & C_{23} \\ C_{31} & C_{32} & C_{33} \end{bmatrix}$$

由于 $\boldsymbol{C}_e^T$ 是单位正交矩阵，所以求解上述方程可删去任意一列，而仅需解 6 个微分方程，再根据单位正交矩阵的逆与转置相等，利用 3 个代数余子式约束方程，即可确定出 $\boldsymbol{C}_e^T$。若删去第一列，则微分方程和代数方程为

$$\begin{cases} \dot{C}_{12} = \omega_{eTz}^T C_{22} - \omega_{eTy}^T C_{32} \\ \dot{C}_{13} = \omega_{eTz}^T C_{23} - \omega_{eTy}^T C_{33} \\ \dot{C}_{22} = -\omega_{eTz}^T C_{12} + \omega_{eTx}^T C_{32} \\ \dot{C}_{23} = -\omega_{eTz}^T C_{13} + \omega_{eTx}^T C_{33} \\ \dot{C}_{32} = \omega_{eTy}^T C_{12} - \omega_{eTx}^T C_{22} \\ \dot{C}_{33} = \omega_{eTy}^T C_{13} - \omega_{eTx}^T C_{23} \end{cases} \tag{5.41}$$

$$\begin{cases} C_{11}=C_{22}C_{33}-C_{23}C_{32} \\ C_{21}=C_{12}C_{33}-C_{13}C_{32} \\ C_{33}=C_{12}C_{23}-C_{22}C_{13} \end{cases} \tag{5.42}$$

(3) 位置速率 $\boldsymbol{\omega}_{eT}^T$ 的确定。

为了求解上述的方向余弦阵微分方程,需要确定位置速率 $\boldsymbol{\omega}_{eT}^T$,具体的计算公式如下

$$\begin{cases} \omega_{eTx}^T=-\dfrac{2f}{R_e}C_{13}C_{23}V_x^T-\dfrac{1}{R_e}(1-fC_{33}^2+2fC_{23}^2)V_y^T \\ \omega_{eTy}^T=\dfrac{1}{R_e}(1-fC_{33}^2+2fC_{13}^2)V_x^T+\dfrac{2f}{R_e}C_{13}C_{23}V_y^T \\ \omega_{eTz}^T=-C_{33}\omega_{ie} \end{cases} \tag{5.43}$$

式中,f 为椭圆扁率;R_e 为椭圆半长轴,可由拟合地球的椭球体数学模型给出。

求解方向余弦阵微分方程后根据方向余弦阵与经纬度的关系即可求解得到运载体的经纬度。

3. 速度方程

自由系统的比力方程为

$$\dot{\boldsymbol{V}}_{eT}^T=\boldsymbol{f}^T-(2\boldsymbol{C}_e^T\boldsymbol{\omega}_{ie}^e+\boldsymbol{\omega}_{eT}^T)\times\boldsymbol{V}_{eT}^T+\boldsymbol{g}^T$$

注意 $\dot{\boldsymbol{V}}_{eT}^T$ 是速度变化率,这里采用了简写方式,实际上是加速度,得到比力方程的结果进行积分就可以得到运载体的速度。由于舰船等运载体的垂直运动速度远小于水平速度,所以可以忽略其影响,得水平速度方程为

$$\begin{cases} \dot{\boldsymbol{V}}_x^T=\boldsymbol{f}_x^T+\omega_{ie}C_{33}\boldsymbol{V}_y^T \\ \dot{\boldsymbol{V}}_y^T=\boldsymbol{f}_y^T-\omega_{ie}C_{33}\boldsymbol{V}_x^T \end{cases} \tag{5.44}$$

式(5.44)与比力方程的形式有所不同,主要是因为物理平台隔绝了重力加速度,所以式中去除了重力加速度 g。联立求解式(5.41)和式(5.44),并根据式(5.42),即可求解出 $\boldsymbol{C}_e^T$ 和 $\boldsymbol{V}_x^T$ 及 $\boldsymbol{V}_y^T$,完成导航计算。

4. 平台的指令角速度

自由方位系统为了避免极区方位陀螺施矩电流过大,采用了方位陀螺不施矩的办法,所以 z 轴也就是天向轴上的指令角速度为零。

根据 $\boldsymbol{\omega}_{iT}^T=\boldsymbol{C}_e^T\boldsymbol{\omega}_{ie}^e+\boldsymbol{\omega}_{eT}^T$,得平台的指令角速度为

$$\begin{cases} \omega_{cmdx}^T=C_{13}\omega_{ie}+\omega_{eTx}^T \\ \omega_{cmdy}^T=C_{23}\omega_{ie}+\omega_{eTy}^T \\ \omega_{cmdz}^T=0 \end{cases} \tag{5.45}$$

式中,ω_{eTx}^T 和 ω_{eTy}^T 由式(5.43)确定。

通过指令角速度产生相应的施矩电流来控制平台稳定,这一部分与指北方位系统类似,只不过指北方位系统要跟踪地理坐标系,而自由方位系统只需要保持平台水平。

5. 自由方位系统分析

自由方位系统虽然避免了在高纬度地区对方位陀螺施矩的困难,但是仍然存在导航计算溢出问题,解决的方法是采用适用于极区导航的力学编排方案,即极区平台导航、极

区横向经纬度导航和极区格网导航,这里不做详细介绍。

5.3.3 游移方位平台式惯导系统原理

1. 游移方位角

游移方位平台式惯导系统的导航坐标系仍然是地平坐标系,方位跟踪地球旋转,即方位陀螺的指令角速度为

$$\omega_{\text{cmd}z}^{\text{T}} = \omega_{i\text{T}z}^{\text{T}} = \omega_{ie}\sin L \tag{5.46}$$

与自由方位平台式惯导系统类似,平台的 x_{T} 轴和 y_{T} 轴相对东向轴和北向轴存在偏转角 α,此偏转角称为游移方位角,逆时针为正。图 5.2 所示为游移方位角示意图。

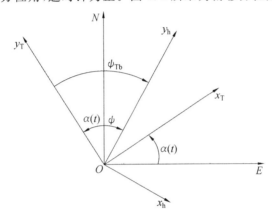

图 5.6 游移方位角示意图

由图 5.6 可得

$$\psi = \psi_{\text{T}b} - \alpha \tag{5.47}$$

式中,平台航向角 $\psi_{\text{T}b}$ 从平台环架轴上读取,顺时针为正。由于 $\boldsymbol{\omega}_{i\text{T}}^{\text{T}} = \boldsymbol{C}_{\text{g}}^{\text{T}}\boldsymbol{\omega}_{i\text{g}}^{\text{g}} + \boldsymbol{\omega}_{\text{gT}}^{\text{T}}$,即

$$\begin{bmatrix} \omega_{i\text{T}x}^{\text{T}} \\ \omega_{i\text{T}y}^{\text{T}} \\ \omega_{i\text{T}z}^{\text{T}} \end{bmatrix} = \begin{bmatrix} \cos\alpha & \sin\alpha & 0 \\ -\sin\alpha & \cos\alpha & 0 \\ 0 & 0 & 1 \end{bmatrix} \begin{bmatrix} \omega_{i\text{g}x}^{\text{g}} \\ \omega_{i\text{g}y}^{\text{g}} \\ \omega_{i\text{g}z}^{\text{g}} \end{bmatrix} + \begin{bmatrix} 0 \\ 0 \\ \dot{\alpha}(t) \end{bmatrix} \tag{5.48}$$

所以由式(5.48)可得

$$\omega_{i\text{T}z}^{\text{T}} = \omega_{i\text{g}z}^{\text{R}} + \dot{\alpha}(t) = \omega_{ie}\sin L + \frac{V_{\text{E}}}{R_{\text{N}}}\tan L + \dot{\alpha}(t) \tag{5.49}$$

将式(5.46)代入式(5.49),可得游移方位角的变化规律为

$$\dot{\alpha}(t) = -\frac{V_{\text{E}}}{R_{\text{N}}}\tan L \tag{5.50}$$

式(5.50)说明,当运载体向北运动或静止时,游移方位角保持不变,除在赤道上之外,只要有东向速度分量,游移方位角就是变化的。

2. 方向余弦矩阵和定位计算

(1)方向余弦矩阵和定位计算间的关系。

游移方位平台式惯导系统与自由方位平台式惯导系统的区别在于,平台水平轴相对地理坐标系水平轴的偏转角,所以只需将式(5.38)中的自由方位角 α_{f} 换成游移方位角 α,

就可得到游移方位平台式惯导系统的方向余弦矩阵：

$$\boldsymbol{C}_e^T = \begin{bmatrix} C_{11} & C_{12} & C_{13} \\ C_{21} & C_{22} & C_{23} \\ C_{31} & C_{32} & C_{33} \end{bmatrix}$$

$$= \begin{bmatrix} -\cos\alpha\sin\lambda - \sin\alpha\sin L\cos\lambda & \cos\alpha\cos\lambda - \sin\alpha\sin L\sin\lambda & \sin\alpha\cos L \\ \sin\alpha\sin\lambda - \cos\alpha\sin L\cos\lambda & -\sin\alpha\cos\lambda - \cos\alpha\sin L\sin\lambda & \cos\alpha\cos L \\ \cos L\cos\lambda & \cos L\sin\lambda & \sin L \end{bmatrix} \tag{5.51}$$

由式(5.51)可得

$$\begin{cases} \lambda_{\pm} = \arctan \dfrac{C_{32}}{C_{31}} \\ L = \arcsin C_{33} \\ \alpha_{\pm} = \arctan \dfrac{C_{13}}{C_{23}} \end{cases} \tag{5.52}$$

(2) 方向余弦值的确定。

由于 $\boldsymbol{\omega}_{eT}^T = \boldsymbol{\omega}_{iT}^T - \boldsymbol{\omega}_{ie}^T$，所以根据式(5.46)，$\omega_{eTz}^T = \omega_{iTz}^T - \omega_{iez}^T = \omega_{ie}\sin L - \omega_{ie}\sin L = 0$，记 $\boldsymbol{\omega}_{eT}^T = [\omega_{eTx}^T \quad \omega_{eTy}^T \quad 0]^T$，得

$$\begin{cases} \dot{C}_{12} = -\omega_{eTy}^T C_{32} \\ \dot{C}_{13} = -\omega_{eTy}^T C_{33} \\ \dot{C}_{22} = \omega_{eTx}^T C_{32} \\ \dot{C}_{23} = \omega_{eTx}^T C_{33} \\ \dot{C}_{32} = \omega_{eTy}^T C_{12} - \omega_{eTx}^T C_{22} \\ \dot{C}_{33} = \omega_{eTy}^T C_{13} - \omega_{eTx}^T C_{23} \end{cases} \tag{5.53}$$

$$\begin{cases} C_{11} = C_{22}C_{33} - C_{23}C_{32} \\ C_{21} = C_{12}C_{33} - C_{13}C_{32} \\ C_{31} = C_{12}C_{23} - C_{22}C_{13} \end{cases} \tag{5.54}$$

(3) 位置速率的确定。

仿照自由方位系统位置速率的推导，用游移方位角 α 代替自由方位角 α_f，得游移方位系统的位置速率为

$$\begin{cases} \omega_{eTx}^T = -\dfrac{2f}{R_e}C_{13}C_{23}V_x^T - \dfrac{1}{R_e}(1 - fC_{33}^2 + 2fC_{23}^2)V_y^T \\ \omega_{eTy}^T = \dfrac{1}{R_e}(1 - fC_{33}^2 + 2fC_{13}^2)V_x^T + \dfrac{2f}{R_e}C_{13}C_{23}V_y^T \\ \omega_{eTz}^T = 0 \end{cases} \tag{5.55}$$

3. 速度方程

仿照式(5.44)的推导，并注意到 $\omega_{eTz}^T = 0$，可得游移方位系统的水平速度方程为

$$\begin{cases} \dot{\boldsymbol{V}}_x^{\mathrm{T}} = \boldsymbol{f}_x^{\mathrm{T}} + 2\omega_{\mathrm{ie}} C_{33} \boldsymbol{V}_y^{\mathrm{T}} \\ \dot{\boldsymbol{V}}_y^{\mathrm{T}} = \boldsymbol{f}_y^{\mathrm{T}} - 2\omega_{\mathrm{ie}} C_{33} \boldsymbol{V}_x^{\mathrm{T}} \end{cases} \tag{5.56}$$

4. 平台的指令角速度

由于 $\boldsymbol{\omega}_{\mathrm{iT}}^{\mathrm{T}} = \boldsymbol{C}_{\mathrm{e}}^{\mathrm{T}} \boldsymbol{\omega}_{\mathrm{ie}}^{\mathrm{e}} + \boldsymbol{\omega}_{\mathrm{eT}}^{\mathrm{T}}$，所以平台的指令角速度为

$$\begin{cases} \omega_{\mathrm{cmd}x}^{\mathrm{T}} = \omega_{\mathrm{iT}x}^{\mathrm{T}} = C_{13}\omega_{\mathrm{ie}} + \omega_{\mathrm{eT}x}^{\mathrm{T}} \\ \omega_{\mathrm{cmd}y}^{\mathrm{T}} = \omega_{\mathrm{iT}y}^{\mathrm{T}} = C_{23}\omega_{\mathrm{ie}} + \omega_{\mathrm{eT}y}^{\mathrm{T}} \\ \omega_{\mathrm{cmd}z}^{\mathrm{T}} = \omega_{\mathrm{iT}z}^{\mathrm{T}} = C_{33}\omega_{\mathrm{ie}} \end{cases} \tag{5.57}$$

式中，$\omega_{\mathrm{eT}x}^{\mathrm{T}}$ 和 $\omega_{\mathrm{eT}y}^{\mathrm{T}}$，可由式(5.55)确定。

5. 游移方位平台式惯导系统分析

与自由方位平台式惯导系统一样，游移方位平台式惯导系统也避开了在高纬度地区对方位陀螺的施矩困难。通过比较两种系统可以发现，在计算方向余弦阵中，游移方位平台式惯导系统的计算量比自由方位平台式惯导系统的计算量小，所以是水平式平台惯导设计中的首选方案，LTN-72系列惯导系统和国产平台式航空惯导系统都属于游移方位平台式惯导系统。

5.4 捷联式惯导系统

捷联式惯导系统(SINS)中的"捷联"即为"捆绑"之意，是指将陀螺仪、加速度计等惯性器件不经缓冲装置而固定于载体上的一种惯性导航系统，其利用由陀螺和加速度计提供的惯性信息进行导航定位，本质上与平台式惯性导航系统是相同的，采用的都是惯性导航的基本工作原理，不同的是捷联式惯导系统直接将陀螺仪和加速度计固连在运载体上，通过计算机计算出载体的姿态和航向信息。少了稳定平台的辅助，无法隔离运载体的角运动，为了得到正确的结果，就需要复杂的算法来实现导航解算。类比平台式惯导系统，捷联式惯导系统无法利用稳定平台得到运载体的姿态信息，所以需要复杂的姿态更新算法来获得运载体的姿态信息。除此以外，少了稳定平台的辅助，重力加速度对加速度计测量输出的影响不可忽略，会增加比力方程的复杂度，同时也会产生一些平台式惯导系统所没有的算法误差，需要相应的误差补偿算法消除影响，才能得到正确的结果。

目前捷联式惯导系统有多种姿态更新算法，本节主要介绍四元数法，然后会与旋转矢量法、欧拉角法、方向余弦法进行简单对比。捷联式惯导系统的速度更新算法和位置更新算法与平台式惯导系统的算法差别不大，主要是比力方程多了重力加速度，所以具体的解算过程也会更加复杂。

5.4.1 捷联式惯导系统姿态更新算法

捷联式惯导系统与平台式惯导系统最大的不同在于没有稳定平台，取而代之的是算法复杂度的提升，而在捷联式惯导系统中，最重要的算法就是姿态更新算法。在姿态更新算法中载体姿态与航向的更新其实就是求解载体坐标系与导航坐标系之间的方位关系，求解坐标系之间的方位关系可以利用力学问题中的刚体定点转动方法。在惯性导航中利

用力学中刚体的定点转动的动态方位转换方法有四元数法、旋转矢量法、欧拉角法、方向余弦法等,本节只介绍四元数法。

由于捷联式惯导系统将陀螺仪与加速度计直接固连在运载体上,所以设由运载体的机体轴确定的坐标系为载体坐标系 b,而捷联式惯导系统所采用的导航坐标系为 n,则由 b 系到 n 系的坐标变换矩阵 C_b^n 就可称为运载体的姿态矩阵。姿态更新是指根据惯性器件的输出实时计算出 C_b^n 矩阵。由于 n 系和 b 系均为直角坐标系,各轴之间始终保持直角,所以可将坐标系理解成刚体,当只研究两个坐标系间的角位置关系时,可对一个坐标系做平移,使其原点与另一个坐标系的原点重合。因此,两坐标系间的空间位置关系可理解成刚体的定点转动。从这一基本思想出发,可获得姿态更新的四元数算法。

1. 四元数法

四元数法是通过捷联陀螺的输出计算得到姿态更新的四元数,然后再通过姿态四元数与姿态矩阵之间的关系计算出姿态矩阵,从而得到运载体的姿态角、航向角等信息,以此实现运载体的姿态更新。

(1) 四元数定义。

四元数是由四个元构成的数,表达式为

$$Q(q_0, q_1, q_2, q_3) = q_0 + q_1\boldsymbol{i} + q_2\boldsymbol{j} + q_3\boldsymbol{k} \tag{5.58}$$

式中,q_0、q_1、q_2、q_3 是实数,$\boldsymbol{i}$、$\boldsymbol{j}$、$\boldsymbol{k}$ 即是互相正交的单位矢量,又是虚单位 $\sqrt{-1}$,具体规定体现在如下四元数乘法关系中

$$\begin{cases} \boldsymbol{i} \otimes \boldsymbol{i} = -1, \quad \boldsymbol{j} \otimes \boldsymbol{j} = -1, \quad \boldsymbol{k} \otimes \boldsymbol{k} = -1 \\ \boldsymbol{i} \otimes \boldsymbol{j} = \boldsymbol{k}, \quad \boldsymbol{j} \otimes \boldsymbol{k} = \boldsymbol{i}, \quad \boldsymbol{k} \otimes \boldsymbol{i} = \boldsymbol{j} \\ \boldsymbol{j} \otimes \boldsymbol{i} = -\boldsymbol{k}, \quad \boldsymbol{k} \otimes \boldsymbol{j} = -\boldsymbol{i}, \quad \boldsymbol{i} \otimes \boldsymbol{k} = -\boldsymbol{j} \end{cases} \tag{5.59}$$

式中,$\otimes$ 表示四元数乘法。

通过四元数乘法关系可以得到,相同单位矢量做四元数乘时相当于虚单位;相异单位矢量做四元数乘时相当于单位矢量的叉乘。所以四元数既可看成四维空间中的一个矢量,又可以看成一个超复数。

规范化四元数是指四元数的范数大小为 1,即四元数满足以下关系式:

$$\|Q\| = q_0^2 + q_1^2 + q_2^2 + q_3^2 = 1 \tag{5.60}$$

(2) 四元数与姿态矩阵之间的关系。

通过四元数可以确定出陀螺仪固连的载体坐标系 b 至参考坐标系 R 的坐标变换矩阵,而两坐标系间空间位置关系的转换可以理解成刚体的定点转动,所以由四元数确定的坐标变换矩阵其实就是在描述刚体的定点转动。由于描述刚体旋转的四元数应是规范化四元数,可得

$$C_b^R = \begin{bmatrix} q_0^2 + q_1^2 - q_2^2 - q_3^2 & 2(q_1q_2 - q_0q_3) & 2(q_1q_3 + q_0q_2) \\ 2(q_1q_2 + q_0q_3) & q_0^2 - q_1^2 + q_2^2 - q_3^2 & 2(q_2q_3 - q_0q_1) \\ 2(q_1q_3 - q_0q_2) & 2(q_2q_3 + q_0q_1) & q_0^2 - q_1^2 - q_2^2 + q_3^2 \end{bmatrix} \tag{5.61}$$

如果参考坐标系 R 是导航坐标系 n,固连坐标系 b 为载体坐标系,则坐标变换阵 C_b^R 就是姿态矩阵 C_b^n,由姿态矩阵可计算出航向角和姿态角。

设运载体的航向角为 ψ(习惯上以北偏东为正),俯仰角为 θ,横滚角为 γ,取地理坐标系 g 为导航坐标系,并规定 x_g、y_g、z_g 的指向依次为东、北、天,可得三次基本旋转对应的坐标变换矩阵为

$$\boldsymbol{C}_n^b = \boldsymbol{C}_l^b = \boldsymbol{C}_n^l = \begin{bmatrix} \cos\gamma\cos\psi + \sin\gamma\sin\psi\sin\theta & -\cos\gamma\sin\psi + \sin\gamma\cos\psi\sin\theta & -\sin\gamma\cos\theta \\ \sin\psi\cos\theta & \cos\psi\cos\theta & \sin\theta \\ \sin\gamma\cos\psi - \cos\gamma\sin\psi\sin\theta & -\sin\gamma\sin\psi - \cos\gamma\cos\psi\sin\theta & \cos\gamma\cos\theta \end{bmatrix}$$
(5.62)

记 $\boldsymbol{C}_b^n = \begin{bmatrix} T_{11} & T_{12} & T_{13} \\ T_{21} & T_{22} & T_{23} \\ T_{31} & T_{32} & T_{33} \end{bmatrix}$,由于 n 系至 b 系的旋转过程中坐标系始终保持直角坐标系,因此 $\boldsymbol{C}_b^n$ 为正交矩阵,所以

$$\boldsymbol{C}_n^b = (\boldsymbol{C}_b^n)^T = \begin{bmatrix} T_{11} & T_{12} & T_{13} \\ T_{21} & T_{22} & T_{23} \\ T_{31} & T_{32} & T_{33} \end{bmatrix}$$
(5.63)

解得

$$\begin{cases} \gamma_{\pm} = \arctan\left(-\dfrac{T_{31}}{T_{33}}\right) \\ \theta = \arcsin T_{32} \\ \psi_{\pm} = \arctan\dfrac{T_{12}}{T_{22}} \end{cases}$$
(5.64)

(3)四元数微分方程。

通过四元数与姿态转换矩阵之间的对应关系可以计算得到姿态转换矩阵,从而得到运载体的姿态信息。而四元数微分方程就是将陀螺仪的测量数据转换成四元数的过程。

$$\begin{bmatrix} \dot{q}_0 \\ \dot{q}_1 \\ \dot{q}_2 \\ \dot{q}_3 \end{bmatrix} = \frac{1}{2}\begin{bmatrix} 0 & -\omega_x & -\omega_y & -\omega_z \\ \omega_x & 0 & \omega_z & -\omega_y \\ \omega_y & -\omega_z & 0 & \omega_x \\ \omega_z & \omega_y & -\omega_x & 0 \end{bmatrix}\begin{bmatrix} q_0 \\ q_1 \\ q_2 \\ q_3 \end{bmatrix}$$
(5.65)

式中,ω_x、ω_y、ω_z 是 $\boldsymbol{\omega}_{nb}^b$ 的分量,$\boldsymbol{\omega}_{nb}^b$ 表达式为

$$\boldsymbol{\omega}_{nb}^b = \boldsymbol{\omega}_{ib}^b - \boldsymbol{C}_n^b(\boldsymbol{\omega}_{ie}^n + \boldsymbol{\omega}_{en}^n)$$
(5.66)

式中,$\boldsymbol{\omega}_{ib}^b$ 是捷联陀螺的输出(对机械转子陀螺必须经过动、静态误差的补偿);$\boldsymbol{C}_n^b$ 由姿态更新的最新值确定;$\boldsymbol{\omega}_{en}^n$ 和 $\boldsymbol{\omega}_{ie}^n$ 分别是位置速率和地球自转速率。

对于导航坐标系取地理坐标系的情况,位置速率和地球自转速率的和可以表示为

$$\boldsymbol{\omega}_{ie}^n + \boldsymbol{\omega}_{en}^n = \begin{bmatrix} -\dfrac{V_N}{R_M} \\ \omega_{ie}\cos L + \dfrac{V_E}{R_N} \\ \omega_{ie}\sin L + \dfrac{V_E}{R_N}\tan L \end{bmatrix}$$

式中，V_N、V_E、L 为导航计算所得的最新值。

得到了四元数微分方程之后，通过毕卡求解法可解得四元数微分方程的解，这里不再详细介绍毕卡求解法，感兴趣的读者可以自己查阅相关资料。

2. 其他姿态更新算法的介绍

欧拉角算法通过求解欧拉微分方程直接计算航向角、俯仰角和横滚角。欧拉角微分方程关系简单明了、概念直观、容易理解，解算过程中无须做正交化处理，但方程中包含有三角运算，这给实时计算带来一定的困难。而且当俯仰角达到接近 90°时方程出现退化现象，这相当于平台式惯导系统中惯性平台的锁定，所以这种方法只适用于水平姿态变化不大的情况，而不适用于全姿态运载体的姿态确定。

用方向余弦法对姿态矩阵微分方程做求解，避免了欧拉角法中方程的退化问题，可全姿态工作。但姿态矩阵微分方程实质上包含 9 个未知量的线性微分方程组，与四元数法相比，计算量大，实时计算困难，所以工程上并不实用。

四元数法只需求解 4 个未知量的线性微分方程组，计算量比方向余弦法小，且算法简单，易于操作，是较实用的工程方法。但四元数法实质上是旋转矢量法中的单子样算法，对有限转动引起的不可交换误差的补偿程度不够，所以只适用于低动态运载体（如舰船）的姿态解算。而对高动态运载体，姿态解算中的算法漂移会十分严重。

旋转矢量法可采用多子样算法实现对不可交换误差做有效补偿，算法关系简单，易于操作，并且通过对系数的优化处理使算法漂移在相同子样算法中达到最小，因此特别适用于角机动频繁激烈或存在严重角振动的运载体的姿态更新。

四元数法和旋转矢量法都通过计算姿态四元数实现姿态更新，但前者直接求解姿态四元数微分方程，而后者通过求解姿态变化四元数再求解姿态四元数，两者的算法思路并不相同。

对于诸如人造卫星等角运动比较规则的运载体，常采用罗德里格（Rodrigue）参数实现姿态确定和控制。罗德里格参数实质上是四元数在三维超平面上的投影，它去除了四元数的一个冗余度，降低了计算量。

5.4.2 捷联式惯导系统的速度更新算法

在捷联式惯导系统中，陀螺和加速度计的输出经计算机按一定的算法做处理后，获得离散时间点上的航向、姿态、速度及位置导航解。所以捷联式惯导系统实质上是一种数字信号处理系统，系统的输入和输出是离散时间点上的数字信号。为了实现对陀螺和加速度计的输出信号在时间上的无遗漏采样和利用，系统采集的是在确定时间间隔内陀螺的角增量输出和加速度计的速度增量输出，而不是离散时间点上的角速度输出和比力输出。在工程上，常对挠性陀螺及加速度计在平衡回路中的力反馈电流做 $I-F$ 变换，转换成脉冲输出（激光陀螺输出本身就是脉冲），采用可逆计数器对脉冲在确定的时间段内计数，所得脉冲计数乘相应的脉冲当量即得角增量和速度增量。同时为了避免噪声放大效应，角增量和速度增量不应该也无必要折算成角速度和比力。当运载体同时存在线运动和角运动时，采用速度增量解算速度时必须考虑速度的旋转效应和划桨效应补偿。

通过载体对地球的位置及速度推导其地理坐标下的速度，取地球坐标系为动系，惯性

坐标系为定系，存在矢量 $\boldsymbol{R}$ 的绝对变率，即

$$\left.\frac{\mathrm{d}\boldsymbol{R}}{\mathrm{d}t}\right|_{\mathrm{i}} = \left.\frac{\mathrm{d}\boldsymbol{R}}{\mathrm{d}t}\right|_{\mathrm{e}} + \boldsymbol{\omega}_{\mathrm{ie}} \times \boldsymbol{R} \tag{5.67}$$

式中，$\left.\dfrac{\mathrm{d}\boldsymbol{R}}{\mathrm{d}t}\right|_{\mathrm{e}}$ 为平台坐标系原点相对于地球坐标系地速矢量，记 $\boldsymbol{V}_{\mathrm{ep}}$；$\boldsymbol{\omega}_{\mathrm{ie}}$ 为地球坐标系相对于惯性坐标系角速度常量。对式(5.67)求导，有

$$\left.\frac{\mathrm{d}^2\boldsymbol{R}}{\mathrm{d}t^2}\right|_{\mathrm{i}} = \left.\frac{\mathrm{d}\boldsymbol{V}_{\mathrm{ep}}}{\mathrm{d}t}\right|_{\mathrm{i}} + \boldsymbol{\omega}_{\mathrm{ie}} \times \left.\frac{\mathrm{d}\boldsymbol{R}}{\mathrm{d}t}\right|_{\mathrm{i}} = \left.\frac{\mathrm{d}\boldsymbol{V}_{\mathrm{ep}}}{\mathrm{d}t}\right|_{\mathrm{i}} + \boldsymbol{\omega}_{\mathrm{ie}} \times \boldsymbol{V}_{\mathrm{ep}} + \boldsymbol{\omega}_{\mathrm{ie}} \times (\boldsymbol{\omega}_{\mathrm{ie}} \times \boldsymbol{R}) \tag{5.68}$$

由于 $\boldsymbol{V}_{\mathrm{ep}}$ 的各分量要在平台坐标系给出，在求 $\left.\dfrac{\mathrm{d}\boldsymbol{V}_{\mathrm{ep}}}{\mathrm{d}t}\right|_{\mathrm{i}}$ 时，取平台坐标系为动系。

$$\begin{aligned}\left.\frac{\mathrm{d}^2\boldsymbol{R}}{\mathrm{d}t^2}\right|_{\mathrm{i}} &= \left.\frac{\mathrm{d}\boldsymbol{V}_{\mathrm{ep}}}{\mathrm{d}t}\right|_{\mathrm{p}} + \boldsymbol{\omega}_{\mathrm{ip}} \times \boldsymbol{V}_{\mathrm{ep}} + \boldsymbol{\omega}_{\mathrm{ie}} \times \boldsymbol{V}_{\mathrm{ep}} + \boldsymbol{\omega}_{\mathrm{ie}} \times (\boldsymbol{\omega}_{\mathrm{ie}} \times \boldsymbol{R}) \\ &= \left.\frac{\mathrm{d}\boldsymbol{V}_{\mathrm{ep}}}{\mathrm{d}t}\right|_{\mathrm{p}} + (2\boldsymbol{\omega}_{\mathrm{ie}} + \boldsymbol{\omega}_{\mathrm{ep}}) \times \boldsymbol{V}_{\mathrm{ep}} + \boldsymbol{\omega}_{\mathrm{ie}} \times (\boldsymbol{\omega}_{\mathrm{ie}} \times \boldsymbol{R})\end{aligned} \tag{5.69}$$

根据比力的概念及式(5.67)~(5.69)，设 $\dot{\boldsymbol{V}}_{\mathrm{ep}} = \left.\dfrac{\mathrm{d}\boldsymbol{V}_{\mathrm{ep}}}{\mathrm{d}t}\right|_{\mathrm{p}}$，惯性导航基本方程矢量形式为

$$\begin{aligned}\dot{\boldsymbol{V}}_{\mathrm{ep}} &= \boldsymbol{f} - (2\boldsymbol{\omega}_{\mathrm{ie}} + \boldsymbol{\omega}_{\mathrm{ep}}) \times \boldsymbol{V}_{\mathrm{ep}} + \boldsymbol{g}_{\mathrm{m}} - \boldsymbol{\omega}_{\mathrm{ie}} \times (\boldsymbol{\omega}_{\mathrm{ie}} \times \boldsymbol{R}) \\ &= \boldsymbol{f} - (2\boldsymbol{\omega}_{\mathrm{ie}} + \boldsymbol{\omega}_{\mathrm{ep}}) \times \boldsymbol{V}_{\mathrm{ep}} + \boldsymbol{g}\end{aligned} \tag{5.70}$$

式(5.70)中，$\boldsymbol{V}_{\mathrm{ep}}$ 是载体相对于地球的加速度矢量，$-(2\boldsymbol{\omega}_{\mathrm{ie}} + \boldsymbol{\omega}_{\mathrm{ep}}) \times \boldsymbol{V}_{\mathrm{ep}}$ 为有害加速度，由地球自转及载体运动产生，$\boldsymbol{g}$ 是重力加速度矢量，该矢量方向沿地垂线向下。

可由惯性导航基本方程推导出速度计算方程矩阵：

$$\begin{bmatrix}\dot{V}_x^{\mathrm{p}} \\ \dot{V}_y^{\mathrm{p}} \\ \dot{V}_z^{\mathrm{p}}\end{bmatrix} = \begin{bmatrix}f_x^{\mathrm{p}} \\ f_y^{\mathrm{p}} \\ f_z^{\mathrm{p}}\end{bmatrix} - \begin{bmatrix}0 & -2\omega_{\mathrm{ie}z}^{\mathrm{p}} & 2\omega_{\mathrm{ie}y}^{\mathrm{p}} + \omega_{\mathrm{ep}y}^{\mathrm{p}} \\ 2\omega_{\mathrm{ie}z}^{\mathrm{p}} & 0 & -(2\omega_{\mathrm{ie}x}^{\mathrm{p}} + \omega_{\mathrm{ep}x}^{\mathrm{p}}) \\ -(2\omega_{\mathrm{ie}y}^{\mathrm{p}} + \omega_{\mathrm{ep}y}^{\mathrm{p}}) & 2\omega_{\mathrm{ie}x}^{\mathrm{p}} + \omega_{\mathrm{ep}x}^{\mathrm{p}} & 0\end{bmatrix}\begin{bmatrix}V_x^{\mathrm{p}} \\ V_y^{\mathrm{p}} \\ V_z^{\mathrm{p}}\end{bmatrix} + \begin{bmatrix}0 \\ 0 \\ -g\end{bmatrix}$$

$$\tag{5.71}$$

5.4.3 捷联式惯导系统的位置更新算法

惯性器件均以增量形式输出测量信息，在这种情况下，速度和姿态只在各自的更新时间点上才有输出，所以位置解也只能根据离散时间点上的速度增量和角增量求取。而运载体的运动是复杂空间角运动和线运动的复合，在采用增量形式求解差分方程确定位置解时，必须对角运动和线运动的耦合做补偿。本小节介绍惯性器件的输出是角增量和速度增量的情况下的位置解算算法。

对于工作在非极区的捷联式惯导系统，导航坐标系一般选用地理坐标系，相应的位置速率为

$$\boldsymbol{\omega}_{\mathrm{en}}^{\mathrm{n}} = \begin{bmatrix} -\dfrac{V_{\mathrm{N}}}{R_{\mathrm{M}}+h} \\ \dfrac{V_{\mathrm{E}}}{R_{\mathrm{N}}+h} \\ \dfrac{V_{\mathrm{E}}}{R_{\mathrm{N}}+h}\tan L \end{bmatrix} = \begin{bmatrix} 0 & -\dfrac{1}{R_{\mathrm{M}}+h} & 0 \\ \dfrac{1}{R_{\mathrm{N}}+h} & 0 & 0 \\ \dfrac{\tan L}{R_{\mathrm{N}}+h} & 0 & 0 \end{bmatrix} \begin{bmatrix} V_{\mathrm{E}} \\ V_{\mathrm{N}} \\ V_{\mathrm{U}} \end{bmatrix} = \boldsymbol{F}(t)\boldsymbol{V}^{\mathrm{n}}(t) \tag{5.72}$$

$$\boldsymbol{F}(t) = \begin{bmatrix} 0 & -\dfrac{1}{R_{\mathrm{M}}+h} & 0 \\ \dfrac{1}{R_{\mathrm{N}}+h} & 0 & 0 \\ \dfrac{\tan L}{R_{\mathrm{N}}+h} & 0 & 0 \end{bmatrix} \tag{5.73}$$

式中，V_{E}、V_{N}、V_{U} 分别为运载体沿东、北、天方向的速度；R_{M}、R_{N} 分别为运载体所在点子午圈和卯酉圈的曲率半径；L 为运载体所在点的纬度；h 为运载体所在点的高度。

设位置更新周期为 $T_l = t_l - t_{l-1}$，n(l)和 n($l-1$)分别为 t_l 和 t_{l-1} 时刻的导航坐标系。由于位置速率 $\boldsymbol{\omega}_{\mathrm{en}}$ 十分微小，而且由于 T_l 很小，在 $[t_{l-1}, t_l]$ 时间段内运载体的速度可近似看作不变，所以 n($l-1$)坐标系至 n(l)坐标系的旋转矢量可写成：

$$\boldsymbol{\xi}_l \approx \int_{t_{l-1}}^{t_l} \boldsymbol{\omega}_{\mathrm{en}}^{\mathrm{n}}(t)\mathrm{d}t \approx \hat{\boldsymbol{F}}_{(l-1,l/2)}\Delta \boldsymbol{R}_l^{\mathrm{n}} \tag{5.74}$$

式中，在计算 $\hat{\boldsymbol{F}}_{(l-1,l/2)}$ 时，所用纬度为

$$\hat{L}_{(l-1,l/2)} = \hat{L}_{l-1} + \frac{1}{2}(\hat{L}_{l-1} - \hat{L}_{l-2}) = \frac{3}{2}\hat{L}_{l-1} - \frac{1}{2}\hat{L}_{l-2} \tag{5.75}$$

即为在 $t = \dfrac{1}{2}(t_{l-1} + t_l)$ 时间点上纬度的线性外推值。

$$\Delta \boldsymbol{R}_l^{\mathrm{n}} = \int_{t_{l-1}}^{t_l} \boldsymbol{V}^{\mathrm{n}}(t)\mathrm{d}t \tag{5.76}$$

设 $T_l = MT_m$，即经过 M 次速度更新后做一次位置更新，则

$$\Delta \boldsymbol{R}_l^{\mathrm{n}} = \sum_{m=1}^{M} \Delta \boldsymbol{R}_m^{\mathrm{n}} \tag{5.77}$$

式中

$$\boldsymbol{R}_m^{\mathrm{n}} = \int_{t_{l-1}+(m-1)T_m}^{t_{l-1}+mT_m} \boldsymbol{V}^{\mathrm{n}}(t)\mathrm{d}t$$

记 $t_{m-1} = t_{l-1} + (m-1)T_m$，$t_m = t_{l-1} + mT_m$，则

$$\boldsymbol{R}_m^{\mathrm{n}} = \int_{t_{m-1}}^{t_m} \boldsymbol{V}^{\mathrm{n}}(t)\mathrm{d}t$$

若已求得 $\boldsymbol{\xi}_l$，则

$$\boldsymbol{C}_{\mathrm{n}(l)}^{\mathrm{n}(l-1)} = \boldsymbol{I} + \frac{\sin \xi_l}{\xi_l}(\boldsymbol{\xi}_l \times) + \frac{1-\cos \xi_l}{\xi_l^2}(\boldsymbol{\xi}_l \times)^2 \tag{5.78}$$

由于 $\xi_l = |\boldsymbol{\xi}_l|$ 很小，所以式(5.78)可取一阶近似，$(\boldsymbol{\xi}_l \times)$ 是由 $\boldsymbol{\xi}_l$ 的各分量构成的矢量叉乘斜对称矩阵，t_l 时刻的位置矩阵可按下式确定：

$$\boldsymbol{C}_{\mathrm{e}}^{\mathrm{n}(l)} = \boldsymbol{C}_{\mathrm{n}(l-1)}^{\mathrm{n}(l)} \boldsymbol{C}_{\mathrm{e}}^{\mathrm{n}(l-1)}$$

式中，$C_e^{n(l-1)}$ 为上一位置更新时间点上确定的位置矩阵。

经度和纬度与位置矩阵间存在如下关系：

$$C_e^n = \begin{bmatrix} -\sin\lambda & \cos\lambda & 0 \\ -\sin L\cos\lambda & -\sin L\sin\lambda & \cos L \\ \cos L\cos\lambda & \cos L\sin\lambda & \sin L \end{bmatrix}$$

所以，如果已求得位置矩阵：

$$C_e^n = \begin{bmatrix} P_{11} & P_{12} & P_{13} \\ P_{21} & P_{22} & P_{23} \\ P_{31} & P_{32} & P_{33} \end{bmatrix}$$

则

$$\begin{cases} L = \arcsin P_{33} \\ \lambda_{\pm} = \arctan \dfrac{P_{32}}{P_{31}} \end{cases} \tag{5.79}$$

高度求取如下：

$$h_l = h_{l-1} + \Delta R_{zl}^n \tag{5.80}$$

式中，ΔR_{zl}^n 是 ΔR_l^n 沿导航坐标系 z 轴的分量。

上述分析说明，只要确定出 $\Delta R_m^n (m=1,2,\cdots,M)$，就可以确定出运载体在 t_l 时刻的高度和位置矩阵，从矩阵位置又可以确定出经度和纬度。

5.5 基于惯导的水下组合导航系统

对于水下航行器导航系统而言，由于水下的复杂环境及隐蔽性、自主性、可靠性等方面的要求，单一形式的导航方法无法满足长航时水下航行需求，所以通常使用几种导航方法组合增加系统精度及可靠性。组合导航系统的关键问题在于如何将多种传感器输出的信息实现互补，如何更好地进行数据融合以便提高精度。信息融合方法就是将不同系统对同一属性的信息源采用某种方法进行综合处理，在组合导航领域中主要表现为提高系统的精度、可靠性和实时性，导航系统工作的实质是在掺有误差的量测数据中提取有效的运动参数。

由于电磁波具有在水下传播衰减十分严重的特性，因此在水下无法采用卫星定位的方式进行导航。而惯性是所有质量体的基本属性，所以建立在惯性原理基础上的惯性导航系统不需要任何外来信息，也不会向外辐射任何信息，同时还能够在全天候条件下，在全球范围内和任何介质环境里进行连续的三维定位和三维定向。这些特点正好可以适应复杂多变的水下环境，用于水下导航定位。

水下惯性导航系统与惯性导航系统的基本原理一致，核心器件是陀螺仪和加速度计。采用陀螺仪建立导航坐标系同时测量得到运载体姿态角，利用加速度计测量得到物体的加速度，经过一次积分得到运载体的速度，再次积分得到物体的位移，根据运载体在导航坐标系的初始位置推算当前的运载体位置，由此可以连续得到运载体的姿态信息和位置信息。但是由于仪器的测量误差及系统的算法误差，水下惯性导航系统的定位误差会随着时间的累积而发散,甚至导致系统无法正常工作,所以仅靠单一的水下惯性导航系统不足以满足水下定位的需求,由此衍生出了水下组合式导航系统。

为了解决水下惯性导航系统定位误差随着时间的累积而发散的问题,水下组合式导航系统的思路就是利用误差不随时间的累积而发散的方法或者测量系统来辅助水下惯性导航系统进行定位,最后通过卡尔曼滤波融合不同系统得到的测量数据,得到运载体的真实位置。本节主要介绍三种不同的组合式水下导航定位系统,分别是多普勒/惯导、水声基线/惯导、地磁匹配/惯导组合式水下导航定位系统。

多普勒/惯导组合式水下导航定位系统,根据多普勒效应,利用水声辅助测量运载体速度,通过卡尔曼滤波融合惯导系统测量的速度数据,得到运载体真实速度,再进行积分解算运载体位置。水声基线/惯导组合式水下导航定位系统,利用水声定位系统辅助测量运载体位置,通过卡尔曼滤波进行数据融合,得到运载体的真实位置。地磁匹配/惯导组合式水下导航定位系统的原理十分类似,只是采用了地磁匹配系统辅助测量运载体位置,之后通过卡尔曼滤波进行数据融合,得到运载体真实位置。

由于前面的章节介绍过水声基线测量原理及地磁匹配测量原理,所以接下来不再赘述,只对多普勒测速仪的工作原理做简单介绍,而组合式水下导航定位系统的重要组成部分(卡尔曼滤波)会在第 6 章进行详细介绍。

5.5.1 多普勒/惯导组合式水下导航定位系统

利用滤波器进行系统组合的方式有很多,组合系统根据组合方式可以分为松组合和紧组合两种。在松组合模式下,各个导航子系统之间的工作互不影响,只是利用各导航系统的观测信息对状态进行估计,得到导航参数的最优估计,结构较简单,工程上较易实现;紧组合是指在组合导航系统中,利用各个子导航系统的量测信息得到导航参数的最优估计,各个子导航系统之间互相修正,减少各子系统的导航误差提高精度。但是这样做也有缺点,因为各子系统之间相互修正,所以各子系统之间丧失了独立性,使系统结构复杂,在工程中应用较少。

多普勒/惯导组合式水下导航定位系统主要运用了多普勒测速仪和惯导系统的测量数据,通过卡尔曼滤波进行融合,从而得到运载体真实位置信息。卡尔曼滤波算法的本质是对均方误差的最优估计,使用前需要已知精确的系统模型,建立系统的状态方程和量测方程,在组合导航滤波设计结构中,根据滤波器选取状态估计的不同,主要分为直接法和间接法。

在直接法估计中,滤波器的状态估计量是惯性导航系统和辅助导航系统的速度、位置等导航参数,组合导航系统滤波的状态矢量即为各个系统输出的导航参数,量测参数为各个子系统输出的相同导航参数,两者直接输入卡尔曼滤波中,通过滤波估计误差后,直接对某个导航参数进行输出校正,得到导航参数的最优估计值。

在间接法估计中,采用各个子系统输出的相同导航参数计算差值,再通过卡尔曼滤波进行最优估计,将估计后的系统误差进行反馈。这种组合方式选择各个子系统输出的导航参数误差矢量作为组合导航系统的状态矢量,可以将被估计的误差状态矢量进行直接输出,校正输出的导航参数;也可以将估计误差进行反馈校正,进而校正导航系统,此时需要建立各个子系统的误差模型。

直接法直接将组合的各个子系统的测量值作为状态值,理论上可以真实地反映运载体的运行状态,但是在载体的实际运动过程中一般都是非线性的随机运动状态,此时对卡尔曼滤波方法的选择就需要采用广义的滤波方法进行处理,涉及非线性模型线性化的过程,对于高阶量的忽略有时会引入较大误差,工程实现上也较为复杂。间接法进行状态方程的选择时采用的是各个子系统导航参数的状态误差值,虽然不能直接反映载体的运动状态,但是采用这种方法获得的状态方程是线性化的方程,工程实现更为简单,同时也不会引入非线性模型线性化过程的误差。因此本节主要介绍间接法,而间接法需要各个子系统的误差模型,所以接下来先介绍多普勒测速原理,再分别介绍多普勒测速仪(DVL)误差模型和SINS误差模型,最后介绍卡尔曼滤波的融合过程。

1. 多普勒测速原理

多普勒测速仪是利用多普勒效应,测量安装在载体上的发射器向水底发射并返回的超声波频移,计算载体运动速度的仪器。多普勒测速仪有着有效测速射程,在有效测速射程内,多普勒测速仪提供的是载体对地速度,超出了有效测速射程,即提供的是载体相对于水流的速度。此时还需要水流的速度,才能得到载体的对地速度。

要介绍多普勒测速仪,首先要介绍多普勒效应。多普勒效应反映了波源和接收者的相对运动对接收者收到的波源波长产生的影响。假设波源波长为λ_0,波速为v_0,频率为f_0,接收者的波长为λ_1,波速为v_1,频率为f_1,那么可以将波源和接收者的相对运动分为以下三种情况。

① 波源不动,接收者朝着波源以速度v运动,产生的波长和频率的影响为

$$\lambda_1 = \frac{v_0}{v_0+v}\lambda_0 \tag{5.81}$$

$$f_1 = \frac{v_0+v}{v_0}f_0 \tag{5.82}$$

② 接收者不动,波源朝着接收者以速度u运动,产生的波长和频率的影响为

$$\lambda_1 = \frac{v_0+u}{v_0}\lambda_0 \tag{5.83}$$

$$f_1 = \frac{v_0}{v_0+u}f_0 \tag{5.84}$$

③ 接收者朝着波源以速度v运动,波源朝着接收者以速度u运动,产生的波长和频率的影响为

$$\lambda_1 = \frac{v_0+u}{v_0+v}\lambda_0 \tag{5.85}$$

$$f_1 = \frac{v_0+v}{v_0+u}f_0 \tag{5.86}$$

式(5.81)~(5.86)中的相对速度可以是正也可以是负,正代表相向而行,负表示相背而行。

(1) 单波束DVL测速原理。

图5.7所示为单波束DVL测速原理图。设DVL安装在载体O点,声波信号的发射

频率为 f_0,超声波波速为 c_0,超声波和船体夹角为 α,需要测量船水平方向运动速度 v_x。

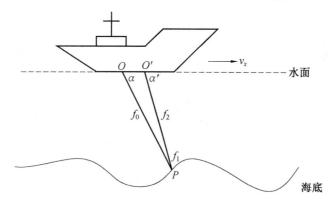

图 5.7 单波束 DVL 测速原理图

根据多普勒原理,可求得 P 点接收到的声波频率 f_1 为

$$f_1 = \frac{c_0}{c_0 - v_x \cos\alpha} f_0 \tag{5.87}$$

从 P 点反射的声波到达 DVL 接收端 O',O' 接收到的频率 f_2 为

$$f_2 = \frac{c_0 + v_x \cos\alpha'}{c_0} f_1 = \frac{c_0 + v_x \cos\alpha'}{c_0 - v_x \cos\alpha} f_0 \tag{5.88}$$

由于船在水中运动,v_x 远小于 c_0,且 $\alpha' \approx \alpha$,因此可得

$$f_d = \frac{2v_x \cos\alpha}{c_0} f_0 \tag{5.89}$$

由式(5.89)可得船速为

$$v_x = \frac{c_0 f_d}{2 f_0 \cos\alpha} \tag{5.90}$$

(2)双波束 DVL 测速原理。

双波束是指 DVL 在船纵轴方向分别在船头、船尾安装超声波发射器,且两个发射器能同时、同角度发射波束,使得两个波束对称于载体垂线方向。此种工作方式能够消除载体在纵摇方向的小幅度摇摆对测速的影响,从而提高测速精度。图 5.8 所示为双波束 DVL 测速原理图。

前后波束的发射频率都是 f_0,由式(5.89)可得,前后波束的频移为 f_{d1}、f_{d2},且两者满足:

$$f_{d1} = \frac{2v_x \cos\alpha}{c_0} f_0 \tag{5.91}$$

$$f_{d2} = \frac{-2v_x \cos\alpha}{c_0} f_0 \tag{5.92}$$

$$f_d = f_{d1} - f_{d2} = \frac{4v_x \cos\alpha}{c_0} f_0 \tag{5.93}$$

由式(5.93)可求得船速为

$$v_x = \frac{c_0 f_d}{2 f_0 \cos\alpha} \tag{5.94}$$

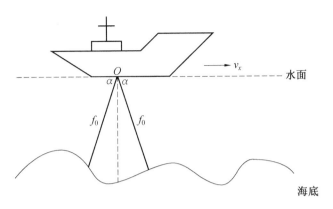

图 5.8 双波束 DVL 测速原理图

船在水面运动时,会因水浪的作用发生摇晃,导致 DVL 发射的波束倾角产生变化,从而带来测速误差。波束倾角一般指声波波束与水面的夹角,而双波束则能有效抑制这种误差。

(3) 四波束 DVL 测速原理。

在实际中,为了测量船纵向和横向的速度,通常采用四波束 DVL,即在双波束的基础上,再在横向加一对发射器,可以抑制横轴或纵轴小幅度摇摆而带来的速度误差。图 5.9 所示为四波束 DVL 测速原理图。

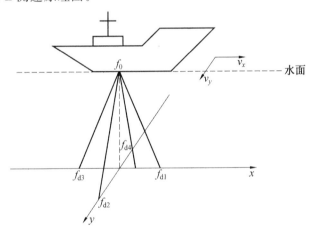

图 5.9 四波束 DVL 测速原理图

设 f_{d1}、f_{d2}、f_{d3}、f_{d4} 分别为四个波束的多普勒频移,v_x、v_y、v_z 为船在三个轴向上的速度,由双波束的测速原理可求得三个轴上的速度分别为

$$v_x = \frac{c_0 f_{d1} - f_{d3}}{4 f_0 \cos \alpha} \tag{5.95}$$

$$v_y = \frac{c_0 f_{d2} - f_{d4}}{4 f_0 \cos \alpha} \tag{5.96}$$

$$v_z = -\frac{c_0 (f_{d1} + f_{d2} + f_{d3} + f_{d4})}{8 f_0 \cos \alpha} \tag{5.97}$$

这里注意四波束 DVL 测得的速度为载体坐标系下船的对地速度,因此计算时需要

转换到导航坐标系下。同时根据式(5.97)还可以得到运载体对于水流的偏流角 β 为

$$\beta = \arctan \frac{v_x}{v_y} \tag{5.98}$$

2. DVL/SINS 导航子系统误差模型

(1) DVL 误差模型。

根据上面的分析,组合式导航系统通常采用四波束 DVL 进行测速,所以 DVL 的误差来源主要有三项,分别是刻度系数误差 δC、速度偏移误差 δv_d 及偏流角误差 $\delta \Delta$。

DVL 测量得到的速度为 v_d',其在东向和北向上的速度分量为

$$\begin{cases} v_{dx}' = (1+\delta C)(v_d + \delta v_d)\sin(K_v + \varphi_z + \delta\Delta) \\ v_{dy}' = (1+\delta C)(v_d + \delta v_d)\cos(K_v + \varphi_z + \delta\Delta) \end{cases} \tag{5.99}$$

式中,φ_z 为方位失准角;$\delta\Delta$ 为偏流角误差;Δ 为偏流角;K_v 为航迹角。

因为 δC、δv_d、$\delta\Delta$ 及 φ_z 均为小值,所以式(5.99)可以展开为

$$\begin{cases} v_{dx}' = v_d \sin K_v + v_d \cos K_v (\varphi_z + \delta\Delta) + \delta C v_d \sin K_v + \delta v_d \sin K_v \\ v_{dy}' = v_d \cos K_v - v_d \sin K_v (\varphi_z + \delta\Delta) + \delta C v_d \cos K_v + \delta v_d \cos K_v \end{cases} \tag{5.100}$$

式中

$$\begin{cases} v_d \sin K_v = v_x, \quad v_d \cos K_v = v_y \\ \delta v_d \sin K_v = \delta v_{dx}, \quad \delta v_d \cos K_v = \delta v_{dy} \end{cases} \tag{5.101}$$

δC 为随机常数,对 δv_d、$\delta\Delta$ 采用一阶马尔可夫过程建模,有

$$\begin{cases} \delta \dot{V}_d = \beta_d^{-1} \delta v_d + \omega_d \\ \delta \dot{\Delta} = \beta_\Delta^{-1} \delta\Delta + \omega_\Delta \\ \delta \dot{C} = 0 \end{cases} \tag{5.102}$$

式中,β_d^{-1}、β_Δ^{-1} 为 δv_d、$\delta\Delta$ 的马尔可夫相关时间;ω_d、ω_Δ 为系统的激励白噪声。

(2) SINS 误差模型。

捷联式惯导系统的误差类型主要有以下几种。

①数学模型近似性引起的误差。在推导捷联式惯导系统的数学模型时,会采取一些简化方法,使简化后的模型与实际模型存在一定差异,影响捷联式惯导系统的精度。模型的选取与航行器所处的地理位置及所需定位精度有关。在推导模型时,应充分考虑导航计算设备性能,在精度允许的范围内,减少计算机负担。

②惯性器件自身误差。惯性器件由于原理、加工方面等因素,对外输出信号时会存在一定的误差。此外,惯性器件作为捷联式惯导系统中的一部分安装在运载体上,还会受到运载体运动带来的影响。

③算法误差。计算机解算平台还会存在一定的误差,这项误差在计算机技术不是很发达时,曾经制约了导航系统的发展,也是捷联式惯性导航系统中的重要误差来源之一。随着现在计算设备的快速发展及四元数法的采用,该项误差基本为 0。

④初始对准误差。在惯性导航系统中,初始对准技术是很重要的。其好坏与惯性设备的自身精度及启动时间相关,如果初始对准中存在一定误差将直接影响导航系统的精度。

综上所述,捷联式惯导系统的误差来源十分复杂,为了便于通过卡尔曼滤波融合数据,需要对捷联式惯导系统建立数学误差模型,将捷联式惯导系统的误差模型简化为加速度计误差、陀螺误差、速度误差和姿态角误差等。接下来分别进行介绍。

① 加速度计误差。通过采取精度较高、性能稳定的加速度计,可以将误差模型简化为

$$\nabla^b = \nabla_b + \omega_g \tag{5.103}$$

式中,∇^b 为载体坐标系下加速度计的误差;∇_b 为常值漂移;ω_g 为高斯白噪声。

这里注意,由于是捷联式惯导系统,加速度计直接与运载体固连,所以测量的是载体坐标系下的误差 ∇^b,还需要进行坐标转换才能得到导航坐标系下的加速度计误差。

$$\nabla^n = \boldsymbol{C}_b^n \nabla^b \tag{5.104}$$

式中,$\boldsymbol{C}_b^n$ 是载体坐标系 b 系至导航坐标系 n 系的姿态变换矩阵。

② 陀螺误差。同时也可以把陀螺仪的误差作为常值误差和白噪声的组合,即

$$\varepsilon^b = \varepsilon_b + \varepsilon_g \tag{5.105}$$

式中,ε^b 为载体坐标系下陀螺的误差;ε_b 为常值漂移;ε_g 为高斯白噪声。

同样的 ε^b 也需要进行坐标转换,即

$$\varepsilon^n = \boldsymbol{C}_b^n \varepsilon^b \tag{5.106}$$

③ 姿态角误差。通过捷联式惯导系统解算出运载体在导航坐标系中的姿态角分别为 φ_x、φ_y、φ_z,相应的姿态角误差方程为

$$\dot{\varphi}_x = \varphi_y \left(\omega_{ie} \sin L + \frac{V_x}{R_N + h} \tan L \right) - \varphi_z \left(\omega_{ie} \cos L + \frac{V_x}{R_N + h} \right) - \frac{\delta V_y}{R_M + h} + \delta h \frac{V_y}{(R_M + h)^2} - \varepsilon_x \tag{5.107}$$

$$\dot{\varphi}_y = -\varphi_x \left(\omega_{ie} \sin L + \frac{V_x}{R_N + h} \tan L \right) - \varphi_z \frac{V_y}{R_M + h} - \delta L \omega_{ie} \sin L + \frac{\delta V_x}{R_N + h} - \delta h \frac{V_x}{(R_N + h)^2} - \varepsilon_y \tag{5.108}$$

$$\dot{\varphi}_z = \varphi_x \left(\omega_{ie} \cos L + \frac{V_x}{R_N + h} \right) + \varphi_N \frac{V_y}{R_M + h} + \delta L \left(\omega_{ie} \cos L + \frac{V_x}{R_N + h} \sec^2 L \right) + \frac{\delta V_x}{R_N + h} \tan L - \delta h \frac{V_x \tan L}{(R_N + h)^2} - \varepsilon_z \tag{5.109}$$

式中,ω_{ie} 表示地球自转角速度;L 表示捷联式惯导系统解算出的运载体纬度;h 表示捷联式惯导系统解算出的运载体高度;δL、δh 是对应 L、h 的误差量;V_x、V_y、V_z 分别是捷联式惯导系统在导航坐标系下解算出的 x、y、z 轴的运载体速度分量;δV_x、δV_y 是对应 V_x、V_y 的误差量;ε_x、ε_y、ε_z 分别是陀螺在载体坐标系下 x、y、z 轴的误差分量;R_M 是当地子午面内主曲率半径;R_N 是当地卯酉圈内曲率半径。

④ 速度误差。

$$\delta \dot{V}_x = \varphi_z f_y - \varphi_y f_z + \delta V_x \frac{V_y \tan L - V_z}{R_N + h} + \delta V_y \left(2\omega_{ie} \sin L + \frac{V_x}{R_N + h} \tan L \right) - \delta V_z \left(2\omega_{ie} \cos L + \frac{V_x}{R_N + h} \right) +$$

$$\delta L \left[2\omega_{ie}(V_z \sin L + V_y \cos L) + \frac{V_x V_y}{R_N + h} \sec^2 L \right] +$$

$$\delta h \frac{V_x V_z - V_x V_y \tan L}{(R_N + h)^2} + \nabla_x \tag{5.110}$$

$$\delta \dot{V}_y = -\varphi_z f_x + \varphi_x f_z - \delta V_x \cdot 2\left(\omega_{ie} \sin L + \frac{V_x}{R_N + h} \tan L\right) - \delta V_y \frac{V_z}{R_M + h} - \delta V_z \frac{V_y}{R_M + h} -$$

$$\delta L \left(2 V_x \omega_{ie} \cos L + \frac{V_x^2}{R_N + h} \sec^2 L \right) + \delta h \left[\frac{V_y V_z}{(R_M + h)^2} + \frac{V_x^2 \tan L}{(R_N + h)^2} \right] + \nabla_y \tag{5.111}$$

$$\delta \dot{V}_z = \varphi_y f_x - \varphi_x f_y + \delta V_x \cdot 2\left(\omega_{ie} \cos L + \frac{V_x}{R_N + h}\right) + \delta V_y \frac{2V_z}{R_M + h} -$$

$$\delta L \cdot 2V_x \omega_{ie} \sin L - \delta h \left[\frac{V_y^2}{(R_M + h)^2} + \frac{V_x^2}{(R_N + h)^2} \right] + \nabla_z \tag{5.112}$$

式中，f_x、f_y、f_z 分别是经过姿态转换后加速度计在导航坐标系下 x、y、z 轴的测量分量；∇_x、∇_y、∇_z 分别是经过坐标转换后加速度计在导航坐标系下的误差。

(5) 位置误差。

$$\delta \dot{L} = \frac{\delta V_y}{R_M + h} - \delta h \frac{V_y}{(R_M + h)^2} \tag{5.113}$$

$$\delta \dot{\lambda} = \frac{\delta V_x}{(R_N + h)\cos L} + \delta L \frac{V_x \tan L}{(R_N + h)\cos L} - \delta h \frac{V_x}{(R_N + h)^2 \cos L} \tag{5.114}$$

$$\delta \dot{h} = \delta V_z \tag{5.115}$$

式中，δL、$\delta \lambda$、δh 是捷联式惯导系统解算纬度、经度、高度时的误差量。

3. DVL/SINS 组合导航系统

通常情况下，组合导航系统的内部参数估计需要用到卡尔曼滤波。滤波是一种从抑制噪声等干扰信号进而提取有用信号的技术。R. E. Kalman 和 R. S. Bucy 等人于 20 世纪 60 年代把控制系统中的状态空间模型应用到随机估计理论里，创建了卡尔曼滤波理论。该理论从时域角度出发，通过构造状态空间模型，对上一时刻的数据进行分析处理用于当前时刻的状态估计。卡尔曼滤波是一种在多维平稳、非平稳过程均可应用的递推算法，因此在通信、航空航天、自动化等诸多领域均取得了成功的应用。在卡尔曼滤波诞生的初期只能对纯线性系统进行估计，后来它发展出很多改进和推广形式，各国科学家先后提出了扩展卡尔曼滤波、无迹卡尔曼滤波、容积卡尔曼滤波等，使得卡尔曼滤波可以应用在非线性领域。

对多个导航系统进行信息融合时可以采用集中式卡尔曼滤波或者联邦卡尔曼滤波。集中式卡尔曼滤波进行数据融合时对数据进行统一计算，实现对状态的最优估计。但其系统的维数较高，计算量较大，导致系统的实时性不高。当某一系统出现故障时，其他系统的状态信息受到污染，导致系统的信息不准确，容错性能变差。联邦卡尔曼滤波是分散卡尔曼滤波的改进，其采用主滤波器和局部滤波器两级结构，具有计算量小、设计简单的特点，可以实现对状态的全局次优估计。

联邦卡尔曼滤波虽然是一种全局次优估计，但对于工作在复杂环境中的水下自主式航行器，导航系统的稳定性和抗干扰能力比导航精度更加重要。这里介绍采用无重启结构设计的 DVL/SINS 组合式导航系统。

假设某系统 $k-1$ 时刻的状态变量为 X_{k-1}，那么 k 时刻的状态方程和量测方程（也称为输出方程）表示为

$$X_k = \boldsymbol{\Phi}_{k|k-1} X_{k-1} + \boldsymbol{\Gamma}_{k-1} W_{k-1} \tag{5.116}$$

式中，$\boldsymbol{\Phi}_{k|k-1}$ 表示 k 时刻到 $k-1$ 时刻的状态转移矩阵；$\boldsymbol{\Gamma}_{k-1}$ 表示 $k-1$ 时刻的噪声驱动矩阵，W_{k-1} 表示 $k-1$ 时刻的驱动噪声矩阵。

式(5.116)表示通过 $k-1$ 时刻的状态变量 X_{k-1} 估计 k 时刻的状态变量 X_k，$\boldsymbol{\Gamma}_{k-1} W_{k-1}$ 表示 $k-1$ 时刻的过程噪声。

$$Z_k = H_k X_k + V_k \tag{5.117}$$

式中，Z_k 表示 k 时刻的观测矢量，H_k 表示 k 时刻的量测矩阵，X_k 表示 k 时刻的状态变量，V_k 表示量测噪声。

式(5.117)表示通过 k 时刻的状态变量 X_k 与量测矩阵 H_k 及量测噪声 V_k 得到观测矢量 Z_k。

Kalman 滤波算法的基本思想是利用前一时刻的估计值通过当前量测进行一次修正得到当前时刻的估测值，本质是线性最小均方误差估计，具体划分为 5 个基本公式如下。

(1) 状态一步预测为

$$\hat{X}_{k|k-1} = \boldsymbol{\Phi}_{k|k-1} \hat{X}_{k-1} \tag{5.118}$$

通过 $k-1$ 时刻的状态估计 $\hat{X}_{k-1}$ 与状态转移矩阵 $\boldsymbol{\Phi}_{k|k-1}$ 来得到 k 时刻的状态预测 $\hat{X}_{k|k-1}$。

(2) 状态一步预测均方误差为

$$P_{k|k-1} = \boldsymbol{\Phi}_{k|k-1} P_{k-1} \boldsymbol{\Phi}_{k|k-1}^{\mathrm{T}} + \boldsymbol{\Gamma}_{k-1} Q_{k-1} \boldsymbol{\Gamma}_{k-1}^{\mathrm{T}} \tag{5.119}$$

式中，$P_{k|k-1}$ 表示 k 时刻的状态估值 X_k 与 $k-1$ 时刻到 k 时刻状态预测 $\hat{X}_{k|k-1}$ 的方差矩阵，也就是 $E[(X_k - \hat{X}_{k|k-1})(X_k - \hat{X}_{k|k-1})^{\mathrm{T}}]$，用来衡量预测精度；$Q_{k-1}$ 表示 $k-1$ 时刻过程噪声的方差矩阵。

(3) 滤波增益为

$$K_k = P_{k|k-1} H_k^{\mathrm{T}} (H_k P_{k|k-1} H_k^{\mathrm{T}} + R_k)^{-1} \tag{5.120}$$

这里需要 k 时刻的观测矢量 Z_k 来修正 $k-1$ 时刻到 k 时刻的状态预测 $\hat{X}_{k|k-1}$，并以此得到 k 时刻的状态估值 $\hat{X}_k$；K_k 是滤波增益，用来表示观测矢量 Z_k 的修正增益。R_k 表示量测噪声 V_k 的方差矩阵。

(4) 状态估计为

$$\hat{X}_k = \hat{X}_{k|k-1} + K_k (Z_k - H_k \hat{X}_{k|k-1}) \tag{5.121}$$

得到 k 时刻的状态预测 $\hat{X}_{k|k-1}$ 后，通过之前计算的滤波增益 K_k 及 k 时刻的量测方程 Z_k 和 k 时刻的观测矩阵 H_k 来估计 k 时刻的状态估计 $\hat{X}_k$，也就是基本思想中的量测修正。

(5) 状态估计均方误差为

$$P_k = (I - K_k H_k) P_{k|k-1} \tag{5.122}$$

与状态一步预测均方误差方程表示的意义类似,即 $P_k = E[(X_k - \hat{X}_k)(X_k - \hat{X}_k)^T]$,用来衡量估计精度,$I$ 为单位矩阵。

通过这 5 个基本公式,Kalman 滤波完成对导航数据的融合,因为采用间接法,所以要融合的数据就是两个导航子系统提供的误差模型。

在该组合导航系统中,因为 SINS 可以进行自主导航,且可以提供全面的导航参数,所以将其作为主导航系统,DVL 系统作为辅助导航系统。联邦卡尔曼滤波结构如图 5.10 所示,图中 SINS/DVL 作为局部滤波器。

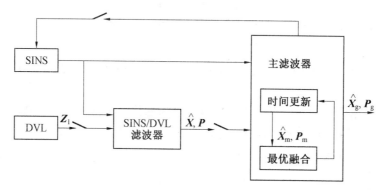

图 5.10 联邦卡尔曼滤波结构

根据 5.5.1 节建立的 DVL、SINS 系统误差模型,选取 ε_x、ε_y、ε_z、∇_x、∇_y、∇_z、δV_x、δV_y、δV_z、φ_x、φ_y、φ_z、δL、$\delta \lambda$、δh、δv_d、$\delta \Delta$、δC 作为系统的状态矢量 X,选取 ω_{gx}、ω_{gy}、ω_{gz}、ε_{gx}、ε_{gy}、ε_{gz}、ω_d、ω_Δ 作为系统的噪声变量,可以得到系统的状态方程如下:

$$\hat{X} = \Phi X + \Gamma W \tag{5.123}$$

式中,Φ 为系统的状态转移矩阵;Γ 为噪声驱动矩阵;W 为系统噪声矩阵。

整个状态方程其实就是将 5.5.1 节的误差模型方程列写在一起改写成矩阵形式,5.5.1 节介绍的 DVL 子系统、SINS 子系统误差模型其实就是 Kalman 滤波状态方程的每一个分量的具体形式。由于已经给出每一个分量的形式,这里就不再列写状态转移矩阵 Φ 和噪声驱动矩阵 Γ。

系统的量测量为

$$Z_\mathrm{p} = [\delta V_x - \delta v_{dx} \quad \delta V_y - \delta v_{dy} \quad \delta V_z - \delta v_{dz}]^T \tag{5.124}$$

系统的量测量是 SINS 子系统和 DVL 子系统误差量的差值,但是实际的系统量测方程还需要考虑量测噪声的影响,量测方程为

$$Z = HX + V \tag{5.125}$$

得到系统的状态方程和量测方程后,通过 5 个基本公式更新 Kalman 滤波的估计值,并反馈给 SINS 系统,修正 SINS 系统的导航解算值。$\hat{X}$ 和 P 分别对应状态估计和误差协方差。在主滤波器中将局部滤波器的输入信息和主惯导的量测进行信息融合得到全局最优状态估计 $\hat{X}_\mathrm{g}$ 和误差协方差 P_g,然后利用全局最优估值 $\hat{X}_\mathrm{g}$ 对主惯导进行误差校正。

5.5.2 水声基线/惯导组合式水下导航定位系统

通过之前的章节可以了解到水声定位导航系统根据定位所用的水听器之间的距离分为长基线(LBL)水声定位系统、短基线(SBL)水声定位系统、超短基线(USBL)水声定位系统三种。这里介绍一种采用长基线(LBL)水声定位系统与捷联式惯性导航系统(SINS)组合,并运用联邦卡尔曼滤液进行数据融合的 LBL/SINS 组合式导航系统。

LBL 水声定位系统常用定位算法有到达时间(TOA)定位算法和到达时间差(TDOA)定位算法,TOA 定位算法的原理为通过测量载体声源发射的声信号到达水听器的时间与声速的乘积,再利用几何位置关系求解出载体位置。这种方法实现简单,但要求声源与水听器之间的时钟保持严格的同步,才能测量出比较精确的 TOA 值,这点在工程中难以实现。而 TDOA 得到的是两个水听器接收到的声信号的时间之差,而不是声源传播至水听器的绝对时间,这样就避免了由于声源与水听器之间的时间同步造成的误差,因此本节介绍的 LBL 系统采用基于 TDOA 的 LBL 系统模型,辅助 SINS 进行定位。

在 LBL/SINS 组合式导航系统中,SINS 输出运载体的姿态信息、速度信息和位置信息,LBL 系统通过解算得到运载体的位置信息。选择基于 SINS 解算的位置信息与基于 LBL 解算的位置信息之差作为外部观测量,输入到 Kalman 滤波中,滤波的状态估计值为导航信息误差的估计值。利用状态估计值对 SINS 的导航信息进行修正,最后得到组合导航系统的导航信息。接下来介绍 LBL 误差模型,为后面的数据融合提供理论基础。

1. LBL 导航子系统误差模型

LBL 系统的定位精度受到很多方面的影响,如海洋中的噪声影响、设备工作环境的影响、设备安装误差及算法选择等,大致可以分为系统误差和随机误差两类。系统误差是按照一定规律变化的因素或者某些固定因素造成的,可以通过建立相关函数模型进行修正。随机误差是在测定过程中的一些不确定因素引起的误差,可以通过多次测量找出随机误差的统计规律。

系统误差包括时钟误差、声速测量误差、海底应答器基阵绝对位置的测量误差、声线弯曲引起的测距误差、定位算法的缺陷导致的误差等,在实际工作中会采取各种方法来尽量消除系统误差。如通过声线修正和声速修正等方式来削弱声线弯曲和声速测量引起的误差。

随机误差包括时间测量和时间差测量引起的随机误差。由于海底环境复杂多变,因此海底声信道情况也十分复杂。如在陆地上电磁波通信中常遇到的多径效应也会出现在海底声信道中,即声源发出的声信号在到达应答器的过程中会经过一系列的反射和折射,导致应答器收到的声信号是多路信号叠加产生的结果。同时声信号的传播也会受到海洋声信号噪声的影响,导致 LBL 定位精度的下降。

由于误差产生原因的复杂性,因此不可能将每一项误差作为卡尔曼滤波的输入,所以只需要建立 LBL 导航系统的定位误差模型,即

$$\begin{cases} \delta \dot{L}_L = -\dfrac{1}{\tau_L}\delta L_L + w_L \\ \delta \dot{\lambda}_L = -\dfrac{1}{\tau_\lambda}\delta \lambda_L + w_\lambda \\ \delta \dot{h}_L = -\dfrac{1}{\tau_h}\delta h_L + w_h \end{cases} \quad (5.126)$$

LBL 定位系统的定位结果误差可以被近似为一阶马尔可夫过程，$\delta \dot{L}_L$、$\delta \dot{\lambda}_L$、$\delta \dot{h}_L$ 分别是 LBL 定位系统的纬度、经度、高度定位误差，τ_L、τ_λ、τ_h 是一阶马尔可夫过程的相关时间，w_L、w_λ、w_h 是激励白噪声。

2. LBL/SINS 组合式导航系统

在 LBL/SINS 组合式导航系统中，因为 SINS 可自主导航并提供全面的导航参数，所以将 SINS 作为主导航系统，LBL 作为辅助导航系统，采用间接法无重置联邦卡尔曼滤波。状态变量和量测方程的选取与 5.5.1 节类似，根据 5.5.1 节介绍过的 SINS 误差模型和本节介绍的 LBL 误差模型，选取 ε_x、ε_y、ε_z、∇_x、∇_y、∇_z、δV_x、δV_y、δV_z、φ_x、φ_y、φ_z、δL、$\delta \lambda$、δh、δL_L、$\delta \lambda_L$、δh_L 作为系统的状态矢量 $\boldsymbol{X}$，选取 ω_{gx}、ω_{gy}、ω_{gz}、ε_{gx}、ε_{gy}、ε_{gz}、w_L、w_λ、w_h 作为系统的噪声变量，得到系统的状态方程。系统的量测量如下：

$$\boldsymbol{Z}_p = [\delta L - \delta L_L \quad \delta \lambda - \delta \lambda_L \quad \delta h - \delta h_L]^T \quad (5.127)$$

考虑量测噪声后得到系统的量测方程。就形式而言 LBL/SINS 组合式导航系统与 DVL/SINS 组合式导航系统基本一致，只是状态变量选取的变量及量测方程的观测量不同，这里换成了 LBL 定位解算出的运载体的经度、纬度、高度信息。根据选取的状态方程和量测方程及 Kalman 滤波 5 个基本公式，更新 Kalman 滤波的估计值，并以此修正 SINS 系统的结算过程得到最终的导航数据，LBL/SINS 组合导航系统如图 5.11 所示。

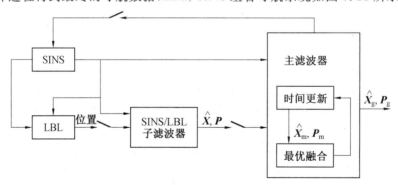

图 5.11 LBL/SINS 组合导航系统

整个滤波器由一个主滤波器和 SINS/LBL 子滤波器组成，主滤波器对子滤波器送来的结果进行融合，并保留融合后的结果直至下一融合时刻。SINS/LBL 作为局部滤波器，$\hat{\boldsymbol{X}}$ 和 $\boldsymbol{P}$ 分别对应其状态估计和误差协方差。在主滤波器中将局部滤波器的输入信息和主惯导的量测进行信息融合得到全局最优状态估计 $\hat{\boldsymbol{X}}_g$ 和误差协方差 $\boldsymbol{P}_g$，然后利用全局最优估值 $\hat{\boldsymbol{X}}_g$ 对主惯导进行误差校正。

5.5.3 地磁匹配/惯导组合式水下导航定位系统

地球本身就是一个巨大的磁场,地磁场是地球的基本物理场,是一个带有大小和梯度的向量场,可以视为导航信息的可靠来源,这点早在古代就被人们发现并拿来导航,如中国的四大发明之一——司南,就是利用地球的磁场来辨别南北。到了现代,虽然科技发展的程度已经与古代有很大不同,但是磁罗经与司南却有着异曲同工之妙。电子磁罗盘(Magnetic Compass,MCP)也称磁罗经就是利用地球磁场来进行定位导航的。

用 H_g 来表示地球磁场强度,地磁场的水平分量为 H_0,方向指向磁北极,地磁场与当地水平面的夹角为 α,称为磁倾角。地磁场水平分量与 x 轴的夹角便是磁航向角 Ψ。只要确定了地磁场水平分量在 x 轴和 y 轴上的投影分量,便可以求得磁航向角。

在 MCP/SINS 组合式导航系统中,SINS 可以持续输出全面且稳定的导航信息,可作为主导航系统,但是 SINS 的误差会随着时间而累积。而 MCP 通过测量地球磁场可以提供较精确的航向角信息,同时 MCP 的导航精度不受时间的影响,所以通过卡尔曼滤波融合 MCP 系统与 SINS 系统的导航信息从而提高整个导航系统的导航精度。

MCP/SINS 组合式导航系统依然采用间接法,需要 MCP/SINS 的误差模型,接下来将进行介绍。

1. MCP/SINS 导航子系统误差模型

MCP 的误差源有很多,大致可归为制造误差、安装误差、姿态误差、罗差等。通过工程技术可以尽量减小安装误差和姿态误差,所以 MCP 的主要误差源是制造误差和罗差。其中制造误差包括零位误差、灵敏度误差、正交误差。传感器和 A/D 转换零点不一致引起零位误差;各传感器灵敏度不同引起灵敏度误差;制造时无法保证三个传感器测量轴正交引起正交误差。罗差是因磁传感器周围的铁磁材料影响而造成的航向角误差,又细分为软磁材料和硬磁材料引起的罗差,软磁误差属于制造误差范围,而硬磁误差归于零位误差范畴。硬磁误差可通过椭圆拟合进行补偿,采用相关补偿算法加以消除。

由于以上各种原因的影响,MCP 系统输出的磁航向角存在误差,可用一阶马尔可夫过程描述 MCP 的磁航向角输出误差,即

$$\delta \dot{\varphi}_{\mathrm{M}} = -\frac{1}{\tau_{\mathrm{MCP}}} \delta \varphi_{\mathrm{M}} + w_{\mathrm{M}} \tag{5.128}$$

式中,τ_M 表示一阶马尔可夫相关过程时间,载体运动角速度越大,取值越小,经验取值范围为数十秒到数百秒;w_M 为系统的激励白噪声。

2. MCP/SINS 组合导航系统

采用无重置结构的联邦卡尔曼滤波,选取 ε_x、ε_y、ε_z、∇_x、∇_y、∇_z、δV_x、δV_y、δV_z、φ_x、φ_y、φ_z、δL、$\delta \lambda$、δh、$\delta \varphi_{\mathrm{M}x}$、$\delta \varphi_{\mathrm{M}y}$、$\delta \varphi_{\mathrm{M}z}$ 作为状态矢量 $\boldsymbol{X}$,选取 ω_{gx}、ω_{gy}、ω_{gz}、ε_{gx}、ε_{gy}、ε_{gz}、$w_{\mathrm{M}x}$、$w_{\mathrm{M}y}$、$w_{\mathrm{M}z}$ 作为系统噪声,得到系统的状态方程。系统的量测量如下:

$$\boldsymbol{Z}_\mathrm{p} = [\varphi_x - \delta \varphi_{\mathrm{M}x} \quad \varphi_y - \delta \varphi_{\mathrm{M}y} \quad \varphi_z - \delta \varphi_{\mathrm{M}z}]^\mathrm{T} \tag{5.129}$$

考虑量测噪声后得到系统的量测方程。得到系统的状态方程和量测方程后,根据 Kalman 滤波 5 个基本方程得到 Kalman 滤波估计值,将估计值反馈给 SINS 系统修正 SINS 输出的导航信息。与之前的组合式导航系统类似,不同的是 MCP 子系统输出的是

航向角信息，通过 Kalman 滤波估计 MCP 与 SINS 子系统的误差量反馈到 SINS 系统中修正输出的导航信息。整个系统由 SINS 子系统和 MCP 子系统组成，首先由惯性导航系统提供大致的地理位置，便于地磁匹配的初始定位，然后分别将 SINS 子系统和 MCP 子系统的姿态角信息的误差量输入 Kalman 滤波，然后通过 Kalman 滤波输出估计值修正 SINS 系统的导航信息及系统的输出信息，MCP/SINS 组合式水下导航定位系统如图 5.12 所示。

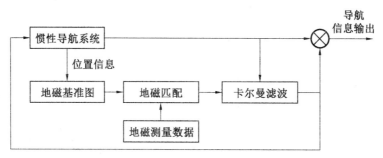

图 5.12　MCP/SINS 组合式水下导航定位系统

上述介绍的三种组合式导航定位系统本质上其实是一样的，都采用间接法的无重置联邦卡尔曼滤波进行子系统的信息融合，所以状态方程和量测方程的选取也十分相似。不同的是融合的信息不同，DVL/SINS 组合式水下导航定位系统融合的是运载体的速度信息，LBL/SINS 组合式水下导航定位系统融合的是运载体的位置信息，而 MCP/SINS 组合式水下导航定位系统融合的是运载体的航向角信息。通过 Kalman 滤波融合两个子系统的误差量，输出估计值用来修正 SINS 系统和总输出，以此克服单一导航系统的不足，提升系统的导航精度。

可以看出，既然融合的是多个导航子系统的导航信息，那么组合就是多种多样的，也可以将 DVL、LBL、MCP 与 SINS 组合起来，更进一步提升系统的导航精度。本章只是简单介绍了采用松组合方式，使用间接法的无重置联邦卡尔曼滤波融合两个导航子系统的组合式导航系统，除此以外还有紧组合耦合方式的组合式导航系统，相比于松组合导航系统，系统的复杂度自然更进一步，这里就不进行详细介绍了。除了 Kalman 滤波算法外，还有其他的数据融合算法，接下来将简单介绍一些采用其他数据融合算法的组合式水下导航定位系统。

5.5.4　其他组合式水下导航定位系统

（1）抗野值匹配算法的 MCP/SINS 组合式水下导航定位系统。

常见匹配算法没有考虑到捷联式惯导系统生成轨迹与真实轨迹之间的伸缩和角度误差，因而导致匹配结果误差较大甚至可能发生误匹配，所以有学者针对性地提出了基于仿射变换的地磁匹配定位算法，来针对捷联式惯导轨迹匹配定位。

在进行定位解算时首先得到捷联式惯导测量系统的定位信息，作为解算的参考轨迹 Rf，由于惯性器件的测量数据存在误差，捷联式惯导系统所输出的参考轨迹 Rf 与地磁匹配解算的匹配轨迹 Rf' 之间存在 α 度的固定角度误差记作角度误差，还存在初始位移误差和伸缩误差,通过仿射变换建立起参考轨迹与匹配轨迹之间的变换模型,由此可以建立起两者的总误差指标函数,求解使得误差指标函数取得最小值,此时根据最小的误差指标函数得到的参考轨迹到匹配轨迹的映射就是真实轨迹。这种仿射变换算法本质上是一种最小二乘法,利用参考轨迹和匹配轨迹的数据来拟合真实轨迹,真实轨迹就是最小二乘问题的解。

求解的同时要注意到在导航过程中地磁传感器实时测量数据中的野值数据实际上是不能忽略的,因为地磁场存在短暂冲击现象,会在短时间内出现剧烈的幅值变化,影响到传感器的测量结果,除此以外,传感器周围随时可能出现的金属器件对测量结果也会有巨大影响。所以还要对仿射变换的算法进行抗野值数据的稳健化处理,包括抗差估计、抗野值匹配等方法。图 5.13 所示为抗野值匹配示意图。

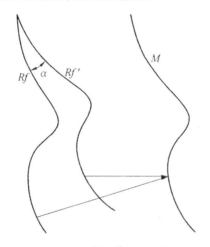

图 5.13 抗野值匹配示意图

研究表明,统计学中的最小二乘法在观测数据中存在 0.15% 的野值数据时,它就可能不再是最优的,但在实际的测量中存在 0.15% 的野值数据是十分正常的,所以需要对位置参数进行稳健估计,也就是抗差估计。抗差估计的含义就是要在抗野值能力和估值最优性之间寻求平衡,实质上也就是牺牲最小二乘估计的最优性来达到抗野值的目的,一般要求其效率要达到最小二乘估计的 90%。常用的抗差估计法有秩校验估计(R 估计)、排序统计量线性组合估计(L 估计)及广义极大似然估计(M 估计),可以选取广义极大似然估计对上述仿射变换求解过程进行抗差处理,由此得到非最优性的最小二乘估计,这也就是抗野值匹配算法的 MCP/SINS 组合式水下导航定位系统。

(2) 虚拟传感器辅助组合式导航定位系统。

前面介绍过 DVL/SINS 组合式水下导航定位系统,利用 DVL 测量运载体速度辅助SINS 系统进行定位解算。但是当水下运载体拐弯时多普勒测得的数据准确度就会明显降低;或者是下潜深度较小时 DVL 距离水底的距离过近,超出测量范围,发射的声波无法返回;又或者是水底存在淤泥等强吸波物时,DVL 测速发射的声波就无法返回;出现这些情况及一些其他情况时 DVL 可能就会失效,无法得到准确的运载体速度信息,此时的DVL/SINS 组合式水下导航定位系统的导航精度就会受到极大影响甚至无法工作。对此有学者提出了在不增加新的硬件传感器的前提下,通过增加虚拟传感器的量测来代替 DVL 提供速度信息,也就是虚拟传感器辅助的组合式水下导航定位系统。

当 DVL 因为某些原因无法正常工作时,考虑采用 AUV 动力学模型来充当虚拟传感器辅助导航。AUV 在水下根据控制指令正常工作后就可以启动动力学模型,根据作用在其上的外力来实时估计运载体的速度信息。AUV 动力学模型主要包括水动力、静力、舵力、推进器助力。水动力是指 AUV 在水中运动时对周围的水产生作用力后受到的水对 AUV 的反作用力,主要涉及舵和推进器的艇体水动力及流体黏性力和惯性力等;静力包括重力和浮力;舵力是指由 AUV 舵施加在水上使得水产生相应的反作用力,包括垂直方向上的舵力和水平方向上的舵力;推进器助力指的就是 AUV 的推进器产生的推力。根据 AUV 所受外力,建立运动方程,由此可以解得 AUV 的速度、姿态等信息。图 5.4 所示为 AUV 辅助导航原理图。

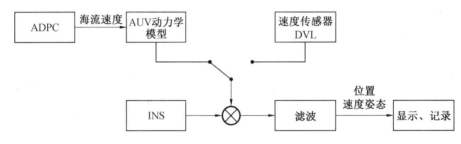

图 5.14　AUV 辅助导航原理图

这里需要注意,动力学模型实时估计的是 AUV 相对于水流的相对速度,因此还需要获取当前情况下的水流速度,水流速度可以通过声学多普勒流速剖面仪(Acoustic Doppler Current Profiler,ADCP)或者流场信息数据库得到,得到水流速度后根据 AUV 动力学模型测得的运载体相对速度来得到绝对速度。在组合导航系统开始工作时,SINS 系统作为主系统连续提供导航信息,DVL 和 AUV 动力学模型同时运行,当 DVL 未出现故障时主要采用 DVL 辅助 SINS 系统进行导航解算,当 DVL 系统出现故障时采用 AUV 动力学模型替代 DVL 来辅助 SINS 系统进行导航解算。

5.6　本章小结

本章主要介绍水下惯性导航技术,首先介绍了惯性导航技术的基本原理,即惯性导航解算所需用到的基本方程。包括当地重力加速度的计算及极坐标系与直角坐标系之间的坐标转换方程,还有如何利用运载体的经纬度信息得到相应的直角坐标系下的坐标。除了坐标系之间的转换关系,还介绍了惯性导航解算中最重要的基本方程,即比力方程,用于消除重力加速度对加速度计的影响。介绍了惯性导航解算所需的基本方程后,根据是否直接将加速度计固连在运载体上又将惯性导航系统分为平台式惯导系统与捷联式惯导系统。平台式惯导系统通过设置物理平台隔绝重力加速度的影响,简化惯性导航的算法复杂度,缺点是物理平台会严重限制导航的精度与性能。随着计算机技术的发展,出现了算法复杂度大大提升的捷联式惯导系统,通过直接将加速度计固连在运载体上从而省去物理平台,通过对算法的不断优化得到了更高导航精度的惯导系统。但是传统惯导系统的误差会随着时间而累积,要将惯导系统应用于水下,就必须要考虑到惯导的误差累积问题,由此出现了各种基于惯导的组合式水下导航定位系统。根据本书的内容,本章主要介绍了多普勒/惯导、水声基线/惯导、地磁匹配/惯导的组合式水下导航定位系统,利用卡尔曼滤波技术融合了惯导与其他导航系统的导航信息,由此得到更高定位精度的组合式水下导航定位系统。除了前面提到的导航技术,还有其他的导航技术和导航组合方式,本章最后分别简单介绍了不利用卡尔曼滤波技术的组合式水下导航定位系统及利用 AUV 动力学模型辅助导航的组合式水下导航定位系统,感兴趣的读者可以去了解更多的组合式水下导航定位系统,本章不再过多介绍。

本章参考文献

[1] 秦永元. 惯性导航[M]. 北京:科学出版社. 2006.

[2] 夏冰. 基于 MEMS 的水下惯性导航系统的研究与设计[D]. 杭州:杭州电子科技大学,2017.

[3] BORTZ J E. A new mathematical formulation for strapdown inertial navigation[J]. IEEE Transactions on Aerospace and Electronic Systems,1971,7(1):61-66.

[4] GILMORE J P. Modular strapdown guidance unit with embedded microprocessors[J]. Journal of Guidance,Control and Dynamics,1980,3(1):201-205.

[5] MILLER R B. A new strapdown attitude algorithm[J]. Journal of Guidance,Control and Dynamics,1983,6(4):287-291.

[6] LCE J G,YOON Y J. Extension of strapdown attitude algorithm for high frequency base motion[J]. Journal of Guidance,Contrlo and Dynamics,1990,13(4):738-743.

[7] JIAN Y E,LIN Y P. Improved strapdown coning algorithms[J]. IEEE Trans. on AES,1992,28(2):484-489.

[8] MUSOLF H,MURPHY J H. Study of strapdown navigation attitude algorithms[J]. Journal of Guidance,Control and Dynamics,1995,18(2):287-290.

[9] SAVAGC P G. Strapdown inertial navigation integration algorithm design[J]. Journal of Guidance,Control and Dynamics,1998,21(2):208-229.

[10] 石宏飞. 基于 SINS/LBL 紧组合的 AUV 组合导航技术研究[D]. 南京:东南大学,2016.

[11] 潘学松. 基于 SINS/DVL/GPS 的 AUV 组合导航系统关键技术研究[D]. 青岛:中国海洋大学,2011.

[12] 宋江波. 基于 SINS/LBL 组合的水下 AUV 导航算法研究[D]. 济南:山东大学,2020.

[13] 张国良. 基于大深度的 SINS/DVL/USBL 组合导航技术研究[D]. 哈尔滨:哈尔滨工程大学,2019.

[14] 郝芮. 水下潜航器 SINS/USBL/DVL 组合导航算法研究[D]. 哈尔滨:哈尔滨工程大学,2018.

[15] 李亮. SINS/DVL 组合导航技术研究[D]. 哈尔滨:哈尔滨工程大学,2009.

[16] 徐文. FOG SINS/DVL 组合导航算法研究[D]. 哈尔滨:哈尔滨工程大学,2012.

[17] 黄莺. 基于 CKF 的 SINS/DVL 组合导航系统设计与仿真[D]. 哈尔滨:哈尔滨工程大学,2013.

[18] 王卿. 平台式惯导系统稳定回路控制半实物仿真研究[D]. 长春:长春理工大学,2018.

[19] 吕召鹏. SINS/DVL 组合导航技术研究[D]. 长沙:国防科学技术大学,2011.

[20] 黄勇,方海斌. 三种平台式惯导系统方案的性能分析[J]. 现代电子技术,2009,32(11):1-4.

[21] 宋文瑰,康杰,朱天辉,等. 基于参数补偿技术的平台式惯导[J]. 技术与市场,2018,25(2):87-88.

[22] 方海斌. 平台式惯导系统仿真软件的设计[D]. 哈尔滨:哈尔滨工程大学,2009.

[23] 张永昌. 半潜式浮台 SINS/GPS 组合导航系统算法研究与仿真实现[D]. 哈尔滨:哈尔滨工业大学,2019.

[24] 范欣,张福斌,张永清,等. 多传感器信息融合的水下航行器组合导航方法[J]. 火力与指挥控制,2011,36(3):78-81.

[25] 陈立平. 基于 SINS/LBL 交互辅助定位的 AUV 导航技术研究[D]. 南京:东南大学,2016.

[26] 郝晟功. 基于长航时的 SINS/DVL 水下组合导航研究[D]. 哈尔滨:哈尔滨工程大学,2019.

[27] 钟启林. 基于非线性滤波的组合导航方法研究[D]. 南昌:南昌大学,2020.

[28] 刘东东. 基于粒子滤波的海底地形辅助导航技术研究[D]. 哈尔滨:哈尔滨工程大学,2021.

[29] 欧超. 惯性/地磁组合导航方法研究[D]. 哈尔滨:哈尔滨工业大学,2020.

[30] 汤郡郡,胡伟,刘祥水,等. 基于 SINS/TAN/ADS/MCP 的无人机组合导航系统[J]. 中国惯性技术学报,2018,26(1):33-38.

[31] 黄黎平. 惯性/地磁组合导航匹配算法研究[D]. 哈尔滨:哈尔滨工业大学,2017.

[32] 谢连妮. 基于水下航行器的 SINS/DVL 组合导航技术研究[D]. 哈尔滨:哈尔滨工程大学,2014.

第 6 章 水下多源融合定位理论与方法

6.1 概 述

多源融合是指根据多个信息源和某个特定的标准进行融合,获得被测对象的一致性解释或者描述,并使得该信息系统具有更好的性能。在实际情况中,可以根据信息源数据特征的差异,单独采用不同层次的融合方法或组合某两个层次的递进融合方法,从而得到使系统性能较优的融合方案。多源融合定位是一种基于信息融合策略的技术,能够将包括卫星定位、声波定位及传感器定位等相关定位技术进行融合,从而得到最佳的融合定位结果。在多源融合定位系统中,首先对融合定位源进行定位信息的采集,然后将定位信息传输到融合中心完成进一步的处理。融合中心再采用有效的融合定位算法对各类融合信息源进行融合,从而得到最佳的融合定位结果。与单一的融合源相比,多源融合定位系统不仅可以提高定位精度,还能提高定位系统的可靠性及鲁棒性等性能。同时,如果将多源融合定位系统的融合结果进行反馈和再处理,可以对融合算法进行自适应的更新。在水下,由于电磁波在水下传播距离极短,传统的基于电磁波的通信及定位技术在水下不能直接应用,从而导致 GPS 无法正常工作。水下多源融合定位技术是对全球卫星导航系统的有效补充,可以在水下提供定位与导航服务。本章节基于这一研究背景,旨在介绍水下多源融合定位的理论及方法。

6.2 多传感器数据融合技术

本节介绍多传感器数据融合,多传感器数据融合通过将多个传感器或信息源的数据和其他相关数据的信息进行相互结合,充分利用所有融合源的各个类型的原始信息,再通过一定的优化准则实现信息的高效利用,进而实现比单独使用一个传感器或信息源所能实现的更高精度、更高准确率和更具体的融合结果。多传感器数据融合是水下多源融合定位的基础。同时,水下多源融合定位的核心是如何高效并且可靠地融合不同定位传感器的数据源,提高定位精度及系统的鲁棒性和可靠性。

6.2.1 多传感器数据融合的一般概念

多传感器数据融合又称数据融合或信息融合,它是一种用于将传感器数据或从传感器数据导出的数据组合成一种通用表达形式的理论、技术和工具。多传感器数据融合旨在合并来自多个传感器的数据,以测量单个传感器可能无法单独测量的变量,从而降低信号不确定性并提高测量的准确性。多传感器数据融合的一般概念类似于人类或动物结合多种感官、经验和推理能力来提高生存机会的方式。尽管概念上很简单,但与其他科学领域不同,多传感器数据融合吸收并结合了传统课程中通常单独讲授的理论和技术,所以多传感器数据融合研究的提出和发展具有相当独特的挑战。

6.2.2 数据融合理论分析

数据融合这一概念是在20世纪70年代提出的,当时并未引起人们足够的重视。但是,随着科学技术的迅猛发展及军事、工业等领域中不断增长的复杂度,使得军事指挥和工业控制等面临着数据量大、信息超载的严重问题,这就需要新的技术途径对过多的信息进行消化、解释和评估,从而使人们越来越认识到数据融合的重要性。目前要给出数据融合的一般概念是非常困难的,这种困难是由所研究内容的广泛性和多样性带来的。数据融合是一种多层次的、多方面的处理过程,这个过程是对多源数据进行检测、结合、相关、估计和组合以达到精确的状态估计或者属性估计。

与单个传感器相比,数据融合具有以下几个主要优点。

① 扩展空间及时间的覆盖范围。单个传感器无论是在检测范围还是在检测对象上,都有一定的限制。而多传感器可以互相结合,弥补单个传感器不能观测到的地方或对象,在空间和时间上的覆盖范围更大。

② 较强的系统鲁棒性。多个传感器系统的量测信息会有交叉重叠,若其中某个传感器受到干扰,其他的传感器就可以提供所需信息,进而降低影响,提高系统的容错能力。

③ 较高的系统可靠性。多个传感器对同一对象进行观测,获得的信息比单一传感器获得的信息更有深度,也更可靠。

图6.1所示为数据融合的示意图,从图中可以看出,在数据融合过程中,来自不同融合源的可靠/非可靠、模糊/确定、时变/非时变等具有不同属性的信息源在融合中心进行融合。

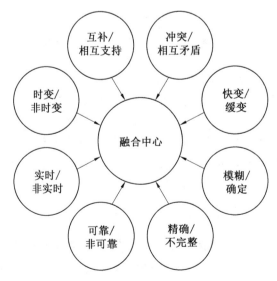

图 6.1 数据融合的示意图

数据融合按照数据抽象层次的不同可以分为数据层融合、特征层融合及决策层融合。

(1) 数据层融合。

数据层融合示意图如图 6.2 所示,数据层融合对传感器的原始数据及预处理各阶段上产生的信息分别进行融合处理。然后基于融合后的结果进行特征提取再进行判断决策。通常要求传感器是同质的(传感器观测的是同一物理现象),如果多个传感器是异质的(观测的不是同一个物理量),那么数据只能在特征层或决策层进行融合。数据层融合是最低层次的融合,可以尽可能多地保持原始信息,能够提供其他两个层次融合所不具有的细微信息。但这种融合方式有一定的局限性,由于所要处理的传感器信息量大,故使用这种融合方式的处理代价高;此外融合是在信息最低层进行的,由于传感器原始数据的不确定性、不完全性和不稳定性,要求在融合时有较高的纠错能力。

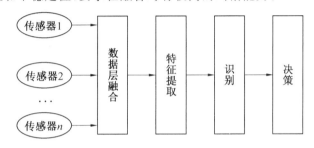

图 6.2 数据层融合示意图

(2) 特征层融合。

特征层融合先从每个传感器抽象出自己的特征矢量,再利用从各个传感器原始数据中提取的特征信息,进行综合分析和处理,最后由融合中心完成融合处理,特征层融合示意图如图 6.3 所示。特征层融合是中间层次上的融合,它对信源配准要求不像数据层融合那样要求严格。这种融合方法进行了数据压缩,对通信带宽的要求低,利于实时处理,但对比数据层融合,特征层融合存在信息损失,而且融合性能降低。特征层融合可划分为目标状态和目标特征信息融合两类。特征层融合主要包括两个步骤。

① 提取特征,提取的特征信息应是原始信息的充分表示量或充分统计量。

② 对提取的特征进行融合,在进行融合处理时,所关心的主要特征信息的具体形式和内容与多源融合的应用目的和场合密切相关。

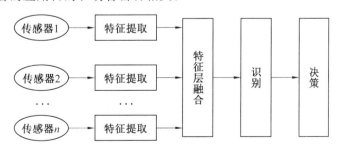

图 6.3 特征层融合示意图

(3) 决策层融合。

决策层融合是在信息表示的最高层次上进行的融合处理。决策层融合是指不同类型的传感器观测同一个目标,对每个传感器的特征信息进行分类、特征提取或者判断等处理,形成了相应的结果后,进行进一步的融合过程,最终的决策结果是全局最优决策。决策层融合是一种更高层次的信息融合,其结果将为各种控制或决策提供依据。为此,决策层融合需要结合具体的应用及需求特点,有选择地利用特征层融合所抽取或测量的有关目标的各类特征信息。由于输入为各种特征信息,而结果为决策描述,因此决策层融合数据量最小,抗干扰能力强。决策层融合的主要优点可概括为:数据最少,通信及传输要求低;容错性高,对于一个或若干个信源的数据干扰,可以通过适当的融合方法予以消除;数据要求低,信源可以是同质或异质,对信源的依赖性和要求降低;分析能力强,能全方位有效反映目标及环境的信息,满足不同应用的需要。图6.4所示为决策层融合示意图。

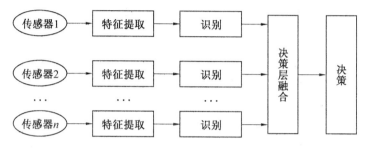

图6.4 决策层融合示意图

这三种融合方式各有优缺点,它们之间的对比见表6.1。

表6.1 三种融合方式优缺点对比

融合模型	计算量	容错性	信息损失量	精度	抗干扰性	融合方法	传感器同质性	通信数据量	实时性	融合水平
数据层	大	差	小	高	差	难	大	大	差	低
特征层	中	中	中	中	中	中	中	中	中	中
决策层	小	好	大	低	好	易	小	小	好	高

在整个融合处理流程中,依照实现融合处理的场合不同,数据融合可以分为集中式结构、分布式结构及混合式结构。不同处理结构针对不同的加工对象。集中式结构加工的是传感器的原始数据;分布式结构加工的是经过预处理的局部数据;混合式结构加工的既有原始数据,又有预处理过的数据。

图6.5所示为多源信息融合结构图。从图6.5中可以看出,集中式融合是最简单直接的融合方式,所有融合源信息全部直接传输到唯一的融合中心;分布式融合是一种更复杂的融合方式,首先将融合源信息传递到多个并行的二级融合源,在二级融合源完成初步融合以后,将融合信息传递到融合中心完成最终的融合;混合式融合则是将集中式融合与分布式融合两种结构联合使用,部分融合源信息先经过二级融合中心的初步融合再传递到融合中心,其他融合源则是直接将信息传递到融合中心。三种融合结构各有优势,集中式融合简单易操作;分布式融合能够实现信息的二次处理,增强信息处理能力;混合式融合则兼具前两者的优点,但是相应的系统复杂度也更高。在实际应用中需要根据融合情景的不同选择相应的融合结构。目前定位技术的应用愈发广泛,用户对定位系统的准确度与可靠性需求愈发强烈,传统的单一定位技术很难满足实际发展需求,采用数据融合技

术,综合利用多种定位源的多源融合定位是未来的主要发展方向。

此外,按照融合目的分类,数据融合还可以分为估计融合、检测融合和属性融合,下面将详细讲解这三种融合方式。

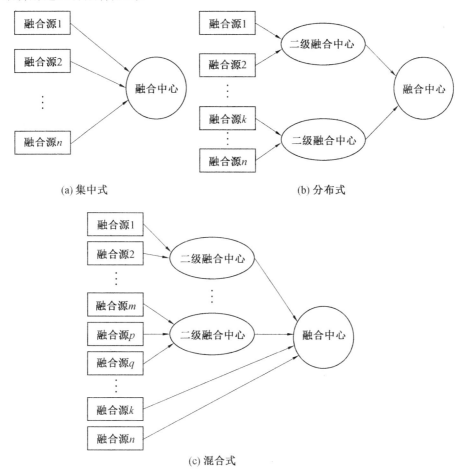

图 6.5 多源信息融合结构图

6.2.3 估计融合

本小节讨论估计融合问题。估计融合算法早在 20 世纪 70 年代就有了萌芽,估计融合理论是多传感器数据融合理论中的一个非常重要的分支,自诞生以来,得到了广泛的应用。估计融合从狭义上讲,是指各传感器在本地已经完成局部估计的基础上,实现对各局部估计结果的综合,以期获得更为准确可靠的全局性估计结果。更广义上讲,就是面向估计问题的数据融合。即研究在估计未知量的过程中,如何最佳利用多个数据集合中所包含的有用信息。这些数据集合通常来自多个信息源(大多数情况是多个传感器)。估计融合的主要目的是利用多传感器检测信息对目标进行估计。利用单个传感器的估计可能难以得到比较准确的估计结果,需要多个传感器共同估计,并利用多个估计信息进行融合,以最终确定目标的准确估计。

在实际应用中,为了确定来自不同传感器的哪些量测数据属于同一目标,大多数数据融合系统在进行估计融合之前,都需要进行关联。这是因为只有同源数据才有估计融合的必要,本章假定多传感器的量测和估计来自同一个目标。估计融合算法都与融合结构密切相关,估计融合结构大致分为集中式、分布式和混合式三类。

1. 集中式估计融合

集中式估计融合也称为中心式融合,集中式估计融合是将系统中所有传感器的量测数据都传送到中心处理器进行统一、集中处理。集中式估计融合结构如图 6.6 所示,在集中式估计融合结构中,融合中心直接利用所有传感器的原始量测数据,没有任何信息的损失,因而融合结果是最优的。一方面,集中式估计融合可以作为各种分布式和混合式融合算法性能比较的参照;另一方面,由于原始数据量大,这种结构通常需要频带很宽的数据传输链路来传输原始数据,并且中心处理器计算负担重,这就要求中心处理器的处理能力要很强大,所以工程上实现起来较为困难。

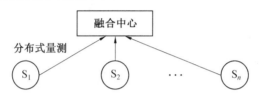

图 6.6 集中式估计融合结构

为了讨论问题的方便,本节只讨论过程与测量噪声是相互独立,系统模型中不含控制项,且各传感器位于同一地理位置的情况。在多传感器融合系统中,假设系统中存在 n 个独立传感器,则状态方程和传感器 i 的量测方程分别表示为

$$\boldsymbol{X}(k) = \boldsymbol{\Phi}(k)\boldsymbol{X}(k-1) + \boldsymbol{\Gamma}(k-1)\boldsymbol{W}(k-1) \tag{6.1}$$

式中,$\boldsymbol{\Phi}(k)$ 为状态转移矩阵;$\boldsymbol{X}(k)$ 为状态量;$\boldsymbol{\Gamma}(k-1)$ 为过程噪声驱动矩阵;$\boldsymbol{W}(k-1)$ 为系统噪声。

$$\boldsymbol{Z}_i(k) = \boldsymbol{H}_i(k)\boldsymbol{X}(k) + \boldsymbol{V}_i(k), \quad i=1,2,\cdots,n \tag{6.2}$$

式中,$\boldsymbol{Z}_i(k)$ 为量测值;$\boldsymbol{H}_i(k)$ 为观测矩阵;$\boldsymbol{V}_i(k)$ 为量测噪声。

对于上述运动状态方程和多传感器量测方程,常用的集中式融合算法有并行滤波、数据压缩滤波等。

(1) 并行滤波。

并行滤波的系统观测方程成为

$$\boldsymbol{Z}(k) = \boldsymbol{H}(k)\boldsymbol{X}(k) + \boldsymbol{V}(k) \tag{6.3}$$

式中,

$$\boldsymbol{Z}(k) = \begin{bmatrix} \boldsymbol{Z}_0^{\mathrm{T}}(k) & \boldsymbol{Z}_1^{\mathrm{T}}(k) & \cdots & \boldsymbol{Z}_{n-1}^{\mathrm{T}}(k) \end{bmatrix}^{\mathrm{T}} \tag{6.4}$$

$$\boldsymbol{H}(k) = \begin{bmatrix} \boldsymbol{H}_0^{\mathrm{T}}(k) & \boldsymbol{H}_1^{\mathrm{T}}(k) & \cdots & \boldsymbol{H}_{n-1}^{\mathrm{T}}(k) \end{bmatrix}^{\mathrm{T}} \tag{6.5}$$

$$\boldsymbol{V}(k) = \begin{bmatrix} \boldsymbol{V}_0^{\mathrm{T}}(k) & \boldsymbol{V}_1^{\mathrm{T}}(k) & \cdots & \boldsymbol{V}_{n-1}^{\mathrm{T}}(k) \end{bmatrix}^{\mathrm{T}} \tag{6.6}$$

也就是说,并行滤波把所有传感器的观测矢量 $\boldsymbol{Z}_i$ 的每一维看作系统观测空间的一个独立维度,将所有传感器量测集中起来,形成一个更高维的观测矢量 $\boldsymbol{Z}(k)$ 为系统观测矢量。

按照新的系统观测方程用卡尔曼滤波方法就可以实现并行的集中式融合估计。并行滤波的使用比较灵活,对各传感器的观测方程形式没有特殊要求;但需要把所有传感器的观测量集中到一起,使得观测矩阵与观测误差协方差矩阵的维数大大增加,所以在滤波时需要进行高维矩阵的乘法和求逆运算,计算量较大。

(2)数据压缩滤波。

数据压缩融合算法的关键在于数据压缩,即将 n 个传感器的量测信息依据一定的融合规则进行压缩处理,将多个传感器的观测融合到一个等效的传感器上,得到一个伪量测方程,然后利用卡尔曼滤波算法进行状态估计。等效传感器的量测方程为

$$\bm{Z}(k)=\bm{H}(k)\bm{X}(k)+\bm{V}(k) \tag{6.7}$$

等效传感器的量测值为

$$\bm{Z}(k)=\sum w_i \bm{Z}_i(k-1) \tag{6.8}$$

对比并行滤波方法,数据压缩滤波与并行滤波具有相同的估计精度。这种方法计算量小,但要求传感器观测矩阵有相同的维数才能进行数据压缩,不够灵活,因而使用受限。

2. 分布式估计融合

分布式估计融合也称为传感器级融合或自主式融合。在这种结构中,每个传感器都会进行一些预处理,然后把中间结果送到中心节点,中心节点再进行融合处理。这种融合结构相比集中式融合结构,没有那么大的数据传输量,因此对数据传输信道容量的要求较低,工程上易于实现等,再加上其生命力比集中式融合系统强,现已受到广泛关注,成为当前信息融合研究的重点。分布式估计融合主要有无反馈和有反馈两种融合结构。

(1)无反馈分布式融合结构。

无反馈分布式融合结构如图 6.7 所示。各传感器节点把各自的局部估计全部传送到中心节点以形成全局估计,这是最常见的分布式融合结构。

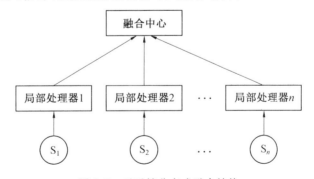

图 6.7 无反馈分布式融合结构

无反馈分布式融合算法主要有以下两步。

①每个传感器所对应的局部处理器利用自己的量测信息对系统状态进行估计,设 $\hat{\bm{x}}_{k|k}^i$ 和 $\bm{P}_{k|k}^i$ 为局部处理器 i 在第 k 时刻的局部状态估计值和估计误差协方差阵,$\bm{\Phi}_{k+1|k}^{\mathrm{T}}$ 为状态转移矩阵,$\bm{\Gamma}_k$ 为驱动矩阵,那么则有

$$\begin{cases} \hat{x}^i_{k+1|k} = \boldsymbol{\Phi}_{k+1|k}\hat{x}^i_{k|k} \\ \boldsymbol{P}^i_{k+1|k} = \boldsymbol{\Phi}_{k+1|k}\boldsymbol{P}^i_{k|k}\boldsymbol{\Phi}^{\mathrm{T}}_{k+1|k} + \boldsymbol{\Gamma}_k\boldsymbol{Q}_k\boldsymbol{\Gamma}^{\mathrm{T}}_k \\ \hat{x}^i_{k+1|k+1} = \hat{x}^i_{k+1|k} + \boldsymbol{P}^i_{k+1|k+1}(\boldsymbol{H}^i_{k+1})^{\mathrm{T}}(\boldsymbol{R}^i_{k+1})^{-1}(z^i_{k+1} - \boldsymbol{H}^i_{k+1}\hat{x}^i_{k+1|k}) \\ (\boldsymbol{P}^i_{k+1|k+1})^{-1} = (\boldsymbol{P}^i_{k+1|k})^{-1} + (\boldsymbol{H}^i_{k+1})^{\mathrm{T}}(\boldsymbol{R}^i_{k+1})^{-1}\boldsymbol{H}^i_{k+1} \end{cases} \quad (6.9)$$

②中心处理器对各个局部处理器的局部估计进行融合,获取全局估计,令第 k 时刻的全局估计值和估计误差协方差阵为 $\hat{x}^{k/k}$ 和 $\boldsymbol{P}^{k/k}$,那么则有

$$\begin{cases} \hat{x}^i_{k+1|k} = \boldsymbol{\Phi}_{k+1|k}\hat{x}^i_{k|k} \\ \boldsymbol{P}_{k+1|k} = \boldsymbol{\Phi}_{k+1|k}\boldsymbol{P}_{k|k}\boldsymbol{\Phi}^{\mathrm{T}}_{k+1|k} + \boldsymbol{\Gamma}_k\boldsymbol{Q}_k\boldsymbol{\Gamma}^{\mathrm{T}}_k \\ \boldsymbol{P}^{-1}_{k+1|k+1}\hat{x}_{k+1|k+1} = \boldsymbol{P}^{-1}_{k+1|k}\hat{x}_{k+1|k} + \sum_{i=1}^{N}\left[(\boldsymbol{P}^i_{k+1|k+1})^{-1}\hat{x}^i_{k+1|k+1} - (\boldsymbol{P}^i_{k+1|k})^{-1}\hat{x}^i_{k+1|k}\right] \\ \boldsymbol{P}^{-1}_{k+1|k+1} = \boldsymbol{P}^{-1}_{k+1|k} + \sum_{i=1}^{N}\left[(\boldsymbol{P}^i_{k+1|k+1})^{-1} - (\boldsymbol{P}^i_{k+1|k})^{-1}\right] \end{cases} \quad (6.10)$$

从式(6.9)和式(6.10)可以看出,该融合算法是并行的集中式滤波算法通过变量替换得到的,所以是全局最优的。

(2)有反馈分布式融合结构。

有反馈分布式融合结构如图6.8所示。可以看出,有反馈分布式融合算法是在无反馈分布式融合算法的基础上加入了反馈环节。在这种结构中,每次融合中心融合完局部估计后,得到的全局融合结果可以反馈给各局部节点。当检测出某个局部节点的估计结果很差时,可以根据融合中心反馈的全局融合结果来修正局部节点的状态,而不必把它排斥于系统之外。在融合过程中引入反馈的主要优势在于减小了局部的估计误差,所以它具有容错的优点。这样既改善了局部节点的信息,又可继续利用该节点的信息。

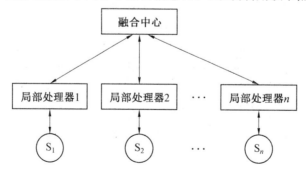

图6.8 有反馈分布式融合结构

3. 混合式估计融合

对于混合式估计融合,典型的混合式估计融合结构如图6.9所示,融合中心估计得到的可能是原始量测数据,也可能是局部节点处理过的数据。混合式估计融合是将集中式估计融合算法和分布式估计融合算法相结合从而得到的融合算法。混合式估计融合结构集合了两种结构的优点,具有适应能力强、容错性能好等优点。但是该结构同时也无法避

免两种系统结构的缺点,结构复杂,运行难度高,需要保持各方的平衡,加大了数据处理的难度,总融合中心的数据处理能力要比较高,实际应用中很难实现,所以这里不过多阐述了。

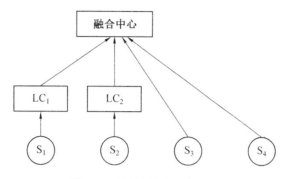

图 6.9 混合式估计融合结构

4. 联邦卡尔曼滤波

除了估计融合算法外,应用比较广泛的还有一种简单的凸组合融合算法。这种融合算法与无反馈分布式融合算法相似,只是将式(6.10)中的中心处理器对各局部估计的融合变为

$$\begin{cases} \boldsymbol{P}^{-1}_{k+1|k+1}\hat{\boldsymbol{x}}_{k+1|k+1} = \sum_{i=1}^{N}(\boldsymbol{P}^{i}_{k+1|k+1})^{-1}\hat{\boldsymbol{x}}^{i}_{k+1|k+1} \\ \boldsymbol{P}^{-1}_{k+1|k+1} = \sum_{i=1}^{N}(\boldsymbol{P}^{i}_{k+1|k+1})^{-1} \end{cases} \quad (6.11)$$

从式(6.11)可以看出,该融合算法与无反馈分布式融合算法的区别在于后者有效利用了状态估计的先验信息,而前者没有。当系统没有系统噪声,且各局部估计的估计误差彼此不相关时,这两种融合算法等价,即简单的凸组合融合算法是全局最优的。

基于凸组合融合的一个经典算法,即联邦卡尔曼滤波(Federated Kalman Filter,FKF)算法。它是由若干子滤波器和一个主滤波器组成的分散化的滤波方法。子滤波器对来自不同的传感器发出的信号进行处理,独立地进行时间更新和量测更新,然后传递到主滤波器。主滤波器无量测,只对状态量进行时间更新和对各子滤波器的状态估计结果的融合。融合后的结果可反馈到各个滤波器,作为下一个处理周期的初值。联邦卡尔曼滤波的结构如图 6.10 所示,先按照子系统进行分散处理,然后再全局融合,最后得到基于所有观测量的全局估计。

$\xi_i(i=1,2,\cdots,N)$ 为信息分配系数,采用不同的信息分配原则可以得到不同结构和特性的滤波器。假设联邦卡尔曼滤波主滤波状态变量从时刻 $k-1$ 到时刻 k 的表达式为

$$\boldsymbol{X}_k = \boldsymbol{F}_{k|k-1}\boldsymbol{X}_{k-1} + \boldsymbol{W}_{k-1} \quad (6.12)$$

则第 i 个子系统观测方程为

$$\boldsymbol{Z}_{ik} = \boldsymbol{H}_{ik}\boldsymbol{X}_{ik} + \boldsymbol{V}_{ik} \quad (6.13)$$

假设这 N 个子系统的局部滤波估计值为 $\hat{\boldsymbol{X}}_1, \hat{\boldsymbol{X}}_2, \cdots, \hat{\boldsymbol{X}}_N$,相应的估计方差矩阵为 $\boldsymbol{P}_1$,

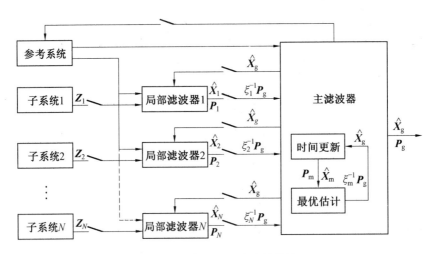

图 6.10 联邦卡尔曼滤波的结构

$P_2, \cdots, P_N$，噪声协方差阵为 $Q_1, Q_2, \cdots, Q_N$。主滤波器的时间更新值为 $\hat{X}_m$、估计误差方差矩阵 P_m，协方差矩阵 Q_m，系统全局最优估计可由式(6.14)~(6.16)得到

$$P_g^{-1}\hat{X}_g = P_1^{-1}\hat{X}_1 + P_2^{-1}\hat{X}_2 + \cdots + P_N^{-1}\hat{X}_N + P_m^{-1}\hat{X}_m \quad (6.14)$$

$$Q_g^{-1} = Q_1^{-1} + Q_2^{-1} + \cdots + Q_N^{-1} + Q_m^{-1} \quad (6.15)$$

$$P_g^{-1} = P_1^{-1} + P_2^{-1} + \cdots + P_m^{-1} \quad (6.16)$$

反馈给子系统局部滤波的值，按照以下规则进行分配：

$$\hat{X}_i = \hat{X}_g \quad (6.17)$$

$$Q_i^{-1} = \xi_i Q_g^{-1} \quad (6.18)$$

$$P_i^{-1} = \xi_i P_g^{-1} \quad (6.19)$$

$$\sum_{i=1}^{N}\xi_i + \xi_m = 1, \quad 0 \leqslant \xi_i \leqslant 1; 0 \leqslant \xi_m \leqslant 1 \quad (6.20)$$

联邦卡尔曼滤波算法主要有局部滤波估计和全局滤波估计。图 6.10 中的局部滤波器输出的结果是局部估计值，然后局部估计值传递给主滤波器，主滤波器根据这些局部估计和参考系统输出的直接定位信息进行融合，得到全局最优估计结果。联邦卡尔曼滤波根据主滤波器是否对局部滤波器有反馈，可以分为无反馈方式和有反馈方式两种类型。

(1)无反馈方式。

无反馈方式联邦卡尔曼滤波算法结构如图 6.11 所示，在这种模式下，信息分配系数相等且为 1/N，主滤波器只对子系统滤波传递来的局部估计值进行简单融合，不将主滤波器的全局估计值反馈给各子系统，因此各子滤波器独立工作，容错能力强。此时系统的估计值和子系统中最优的估计值几乎相同，这种结构计算简单，工程实现比较容易。

(2)有反馈方式。

有反馈方式联邦卡尔曼滤波算法结构如图 6.12 所示，该结构引入了反馈机制，将主滤波器的全局估计值反馈给各子滤波器。由于主滤波器对各子滤波器的重置作用，精度较低的子滤波器因得到了精度较高的子滤波器的信息而使其精度提高了。在这种结构

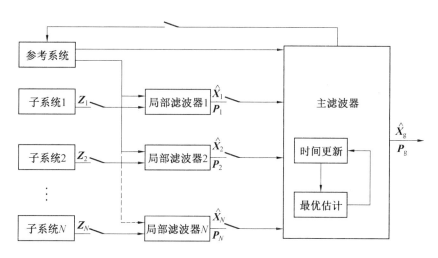

图 6.11　无反馈方式联邦卡尔曼滤波算法结构

中,子滤波器必须等到主滤波器的融合结果反馈回来后才能进行下一步的滤波。此外,用全局滤波和局部滤波的信息可以很好地进行故障检测。在某个传感器故障被隔离后,其他运行良好的局部滤波器的估计可以重新在主滤波器合成,进行滤波估计。但是,在故障传感器被隔离前,可能会通过全局滤波的重置使其他无故障的传感器的局部滤波受到坏的影响,使得系统的容错能力下降。遇到这种情况,局部滤波器要重新初始化,其滤波值要经过一段过渡时间后才能使用,导致整个系统的故障恢复能力下降。

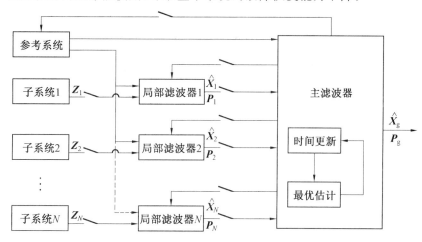

图 6.12　有反馈方式联邦卡尔曼滤波算法结构

5. 异步估计融合

同步估计融合是指各传感器同步地对目标进行测量,并且同步地传送到融合中心;相对的异步估计融合是指因不同采样率、不同的传感器滞后、不同的通信延迟而导致到达融合中心不同步。前面所讨论的估计融合方法都是建立在各传感器信息同时测量并同时到达的假设基础上。在实际动态多传感器系统中,由于传感器种类的不同或任务的不同,使得各传感器采样速率也并不一致。此外传感器系统存在不同的观测时间和通信中不同的延迟,这种同步的假设实际上有时是难以保证的。由于传感器本身和通信延迟的原因,异步估计融合问题的研究比同步估计融合的研究更实用。

本小节主要讨论顺序量测(In Sequence Measurement,ISM)异步估计融合和非顺序量测(Out Of Sequence Measurement,OOSM)异步估计融合问题。顺序量测是指各传感器获得量测数据的时间顺序与到达融合中心的顺序一致;非顺序量测是指各传感器获得量测数据的时间顺序与到达融合中心的顺序不一致。下面对这两种情况分别进行讨论。

(1) 顺序量测异步估计融合。

解决顺序量测异步估计融合常用的算法是序贯滤波算法。序贯融合是依次利用传感器量测数据对状态进行量测更新。首先对其中一个传感器量测进行正常的卡尔曼滤波,然后将得到的状态后验估计作为下一个量测更新的状态先验值。把其他传感器量测滤波的外推时间设置为零,然后进行当前时刻目标状态的重复更新。每次量测更新只利用一个传感器的量测。对于 N 个不同传感器的量测集,该方法要经过 N 次递推滤波,在每次滤波过程中,滤波方程中对应的量测矩阵和量测误差协方差随着传感源的不同而自适应地变化。

假设已知融合中心在 k 时刻对于目标运动状态的融合估计为 $\hat{X}(k-1,k-1)$,相应的误差协方差阵为 $P(k-1,k-1)$,则融合中心对于目标运动状态的一步预测为

$$\hat{X}(k,k-1) = \boldsymbol{\Phi}(k)\hat{X}(k-1,k-1) \tag{6.21}$$

$$P(k,k-1) = \boldsymbol{\Phi}(k)P(k-1,k-1)\boldsymbol{\Phi}^{\mathrm{T}}(k) + \boldsymbol{\Gamma}\boldsymbol{Q}(k)\boldsymbol{\Gamma}^{\mathrm{T}} \tag{6.22}$$

其中第一个传感器量测对于融合中心状态估计值的更新为

$$K_1(k) = P(k,k-1)\boldsymbol{H}_1^{\mathrm{T}}(k)[\boldsymbol{H}_1(k)P(k,k-1)\boldsymbol{H}_1^{\mathrm{T}}(k) + R_1(k)]^{-1} \tag{6.23}$$

$$\hat{X}_1(k,k) = \hat{X}_1(k,k-1) + K_1(k)[Z_1(k) - H_1(k)\hat{X}(k,k-1)] \tag{6.24}$$

$$P_1(k,k) = [I - K_1(k)H_1(k)]P(k,k-1) \tag{6.25}$$

类似地,第 i 个传感器的量测对于融合中心状态估计值的更新为

$$K_i(k) = P_{i-1}(k,k-1)\boldsymbol{H}_i^{\mathrm{T}}(k)[\boldsymbol{H}_i(k)P_{i-1}(k,k-1)\boldsymbol{H}_i^{\mathrm{T}}(k) + R_i(k)]^{-1} \tag{6.26}$$

$$\hat{X}_i(k,k) = \hat{X}_{i-1}(k,k) + K_i(k)[Z_i(k) - H_i(k)\hat{X}_i(k,k)], \quad i=2,\cdots,N \tag{6.27}$$

$$P_i(k,k) = [I - K_i(k)H_i(k)]P_{i-1}(k,k-1) \tag{6.28}$$

最后,融合中心最终的估计状态为

$$\hat{X}(k,k) = \hat{X}_N(k,k) \tag{6.29}$$

$$P(k,k) = P_N(k,k) \tag{6.30}$$

序贯滤波法对各传感器的量测方程在形式上没有任何限制,但由于融合中心对每一批传感器量测都进行一次滤波处理,所以当单位时间内融合中心接收的传感器量测较多时,滤波器消耗的计算资源将很大。此外由于相应的协方差矩阵的维数相当高,所以该算法的计算复杂度也非常高,这也要求融合中心需要有强大的处理能力。

(2) 非顺序量测异步融合。

通常从不同的传感器传送到中心时,由于数据率较高,通信传输存在随机的时间滞后,而且各传感器量测预处理时间有所不同,所以会导致负时间量测更新问题,也就是进行滤波时量测值还没到达,这就是非顺序量测(OOSM)的情形。出现这种情况时标准滤波算法是不能用的,目前处理这种情况的算法主要有以下几种。

①重新滤波法。存储过去一段时间的量测数据与部分中间结果,当接收到滞后到达的量测时,将滤波时刻返回到该时刻,并重新开始滤波。重新滤波法可以取得与处理有序量测下卡尔曼滤波算法相同的滤波精度,但这种算法的滤波器存储量变大,而且会有大量重复滤波,使得滤波器计算资源消耗变大。

②数据缓存法。这种算法先存储一段时间的各传感器量测,再对这段时间的量测按探测时间排序,最后再滤波;这种算法增加了排序运算的计算量,但相对于重新滤波算法避免了大量的重复滤波,它的计算精度也与有序量测的卡尔曼滤波算法计算精度相同,但这种算法需要较大的存储空间,来缓存过去最大滞后时间以内的传感器量测数据。

③丢弃滞后量测法。这种算法直接丢弃滞后到达的量测,即后到达的量测不参与本次状态更新。这种算法舍弃了滤波精度使得计算量和存储量都很小,而且输出没有滞后。

④直接更新法。这种算法利用滞后的量测直接对当前时刻的状态进行更新,得到新的状态估计。直接更新法的存储量和计算量较小,且滤波输出没有滞后,具有潜在的高精度滤波性能,是目前国内外学者重点研究的非顺序量测滤波算法。

OOSM 融合处理方法对比见表 6.2。

表 6.2 OOSM 融合处理方法对比

处理方法	重新滤波法	数据缓存法	丢弃滞后量测法	直接更新法
滤波精度	最高	最高	低	高
时间复杂度	最大	小	最小	较小
空间复杂度	最小	较小	最小	小
输出滞后性	无	有	无	无

6.2.4 检测融合

在许多实际应用中,传感器往往配置在一个很宽广的地理范围之上,综合多传感器的信息,在空间域进行多传感器数据融合,这么做可以提高系统的可靠性和生存能力。本节介绍多传感器融合中的检测融合,检测融合的主要目的是利用多传感器进行数据融合处理。由于利用单个传感器进行检测时,缺乏对多源多维信息的综合利用,也未能充分考虑被检测对象的系统性和整体性,因而在可靠性、准确性和实用性方面都存在着不同程度的缺陷,因此需要利用多个传感器进行协同检测,并利用多个检测信息进行融合。

1. 检测融合基本概念

多传感器数据融合理论的一个重要研究内容是多传感器检测融合。检测融合就是将来自多个不同传感器的观测数据或判决结果进行综合,从而形成一个关于同一检测目标的更完全或者更准确的判决。检测融合的结构主要有集中式检测融合和分布式检测融合两种。本节主要介绍分布式检测融合。分布式检测融合是分布式融合的重要内容之一,这种融合方式是为了判断目标是否存在,它属于检测级融合的范畴。在分布式检测融合中,各局部检测器向系统融合中心提供目标是否存在的局部信息,依据各个局部检测器向融合中心提供信息的层次,分布式检测融合可以在数据级、特征级或决策级进行。

(1)集中式检测融合。

集中式检测融合形式比较简单,就是将每个传感器或子系统的量测直接传送到信息融合中心。然后信息融合中心借助一定的准则和算法对全部初始信息进行融合处理,再进行检测,集中式检测融合框图如图6.13所示,这种方法虽然没有信息丢失,而且最后的融合结果置信度较高,但传输数据量大、处理时间长、融合中心计算负担重,会影响整个系统的响应能力,进而使得系统的生存能力较差。

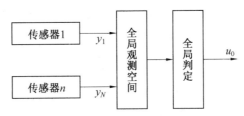

图6.13 集中式检测融合框图

(2)分布式检测融合。

与集中式检测融合结构相比,分布式检测融合结构先由每个传感器对原始观测数据进行初步分析处理,做出本地判决结论后只向信息融合中心传输信息。然后再由信息融合中心根据这些判决结果进行假设检验,最后形成系统判决,分布式检测融合框图如图6.14所示。

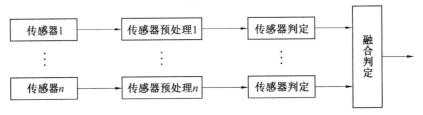

图6.14 分布式检测融合框图

分布式检测融合结构传输数据量相比于集中式检测融合结构要少得多,而且对传输网络的要求低,信息融合处理时间也短,提高了系统的可行性。这使得在当前检测环境日趋复杂,数据量日益增大的情况下,分布式检测融合结构成为传感器检测融合的主要结构。因此下面主要讨论分布式检测融合系统及分布式检测融合策略。分布式检测融合系统有多种拓扑结构,只要拓扑结构有利于提高系统的检测性能、便于对系统性能进行优化和分析就是可以接受的,分布式检测融合系统常用的拓扑结构有并行、串行和树形三种。后续各小节将分别讨论这三种分布式检测融合系统。

①并行结构。假设分布式并行检测融合系统由一个融合中心及N个局部传感器构成,并行结构框图如图6.15所示。N个局部传感器根据观测数据$Y_i(i=1,2,\cdots,N)$,独立进行处理,由局部传感器得到局部检测结果$U_i(i=1,2,\cdots,N)$。得到局部检测结果后,再将这些局部结果$U_i(i=1,2,\cdots,N)$传送到融合中心,最后由融合中心融合这些局部检测结果,进行处理判决,并给出系统的最终判决结果U_0。

②串行结构。与并行结构相对应,融合系统可以采用的另外一种拓扑结构为串行结构(图6.16)。串行结构与并行结构的区别在于,串行融合系统的融合过程是以分布式的方式由各个传感器共同完成的,而不是由一个融合中心对各个传感器的判决进行融合。最后的判决结果由一个指定的传感器给出。如图6.16所示,N个观测数据$Y_i(i=1,2,\cdots,N)$传输到各自的局部传感器,先由传感器1做出局部的检测判决U_1,之后将它传

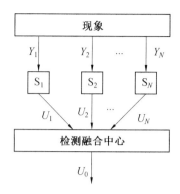

图 6.15 并行结构框图

递给下一个传感器;传感器 2 将自己的观测数据与接收到的上一个传感器的局部判决 U_1 进行融合,形成判决 U_2,再传送给下一个传感器,不断向下一层传递直到指定的传感器 N。第 i 个传感器的融合判决实际上是对自身观测 Y_i 与 U_{i-1} 的融合过程,最后传感器 N 给出融合系统的最终判决 U_0。

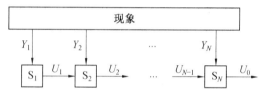

图 6.16 串行结构框图

③树状结构。并行结构和串行结构是融合系统可以采用的两种最基本的拓扑结构。树状结构检测系统是串行结构与并行结构的推广,在特定条件下,可以简化为并行或串行结构,各个传感器也可以具有不同的处理结构。树状结构框图如图 6.17 所示,在 5 个传感器构成的树状分布式检测融合系统中,传感器 1、2、3 只需要处理直接观测数据 Y_k($k=1,2,3$);传感器 4 不仅需要处理直接观测数据 Y_4,还要处理传感器 1 和传感器 2 的判决结果,得到判决结果后传输给传感器 5;由传感器 5 融合处理传感器 4 和传感器 3 的判决结果,得到最终的判决结果。

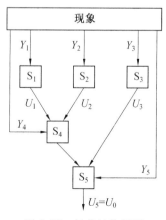

图 6.17 树状结构框图

集中式检测融合和分布式检测融合各有优缺点,它们之间的优缺点对比见表 6.3。

表 6.3 集中式检测融合和分布式检测融合优缺点对比

	集中式检测融合	分布式检测融合
优点	(1)融合中心数据全面 (2)最终判决结果理论置信度高	(1)数据传输量小,通信带宽要求低 (2)分布式计算,融合效率高 (3)融合中心负荷小
缺点	(1)数据量大,通信带宽要求高 (2)信息处理时间长 (3)融合中心负荷大	(1)缺乏相互之间的关联 (2)数据损失大

2. 检测融合系统

目标检测实际上属于二元假设检验问题。首先,给定一组假设 $H_i(i=0,1,\cdots,m-1)$,通过对已有的数据集 y 进行处理,确定当前哪一个假设 H_i 成立,从而做出决策 D_j,对于只存在两种假设(H_0,H_1)的检测问题,称为二元假设检验问题。例如,在雷达信号检测问题中,假设有"目标不存在"和"目标存在"两种假设,分别用 H_1 和 H_0 表示。对于多假设问题,如何根据已有数据集 y 得到的最优决策结果 D_x,称为最优决策策略问题。

采用假设检验进行检测时,主要包含如下四步。

(1)给出所有可能的假设。分析所有可能出现的结果,并分别给出一种假设。如果是二元假设检验问题则可以省略这一步骤。

(2)选择最佳判决准则。根据实际问题,选择合适的判决准则。

(3)获取所需的数据材料。统计判决所需要的数据资料包括观测到的数据、假设的先验概率及在各种假设下接收样本的概率密度函数等。

(4)根据给定的最佳准则,利用接收样本进行统计判决。

对应于各种假设,假设数据级是按照某一概率规律产生的随机变量。统计假设检验的任务就是根据数据级 y 的测量结果,来判决哪个假设为真。

首先考虑最简单的并行分布式二元假设检验问题,分布式并行检测融合系统结构框图如图 6.18 所示。

它由 N 个传感器及融合中心及构成。每一个局部传感器根据自己的观测值 y_i 做出局部决策,之后将决策值 u_i 传送到融合中心。融合中心根据接收到的局部决策,利用最优融合规则,做出最终决策 u_0。

以雷达监视区内是否存在目标为例,假设每个传感器的局部决策值 u_i 为二元值,定义如下:

$$u_i = \begin{cases} 0, & \text{假设 } H_0 (\text{判定无目标}) \\ 1, & \text{假设 } H_1 (\text{判定有目标}) \end{cases} (i=1,2,\cdots,N) \quad (6.31)$$

式(6.31)中,$P(H_0)=P_0$ 和 $P(H_1)=P_1$ 分别为 H_0 和 H_1 出现的先验概率,且 $P_0+P_1=1$。

将所有雷达的局部判决结果 $u_i(i=0,1,\cdots,n)$ 输入融合中心,由融合中心做出最后判决 u_0,则

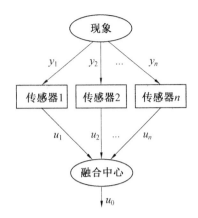

图 6.18 分布式并行检测融合系统结构框图

$$u_0 = \begin{cases} 0, & \text{假设 } H_0(\text{判定无目标}) \\ 1, & \text{假设 } H_1(\text{判定有目标}) \end{cases} \quad (6.32)$$

考虑最终判决结果 u_0 是否正确,显然有四种可能,如下:

$$\begin{cases} (1) H_0 \text{ 为真,判决 } u_0 = 0 \\ (2) H_1 \text{ 为真,判决 } u_0 = 1 \\ (3) H_0 \text{ 为真,判决 } u_0 = 1 \\ (4) H_1 \text{ 为真,判决 } u_0 = 0 \end{cases} \quad (6.33)$$

对于前两种情况,判决结果是正确的,后面两种判决结果是错误的。正确的判决结果用 P_d 表示,称为检测概率,第一种错误结果的概率称为虚警概率,用 P_f 表示,第二种错误结果的概率称为漏检概率,用 P_m 表示。

虚警概率为

$$P_f = P(u=1/H_0) \quad (6.34)$$

漏检概率为

$$P_m = P(u=0/H_1) \quad (6.35)$$

检测概率为

$$P_d = P(u=1/H_1) \quad (6.36)$$

实际上,多传感器检测融合的目的就是使降低漏检率和虚警率尽可能低,而使检测概率尽可能高。对于一般的多源检测数据融合问题,数据集 y 可能是标量或多维矢量。但不管是哪种情况,可以将数据空间划分为如下两个区域。

① R_0:接受区,认为假设 H_0 成立而做出决策 D_0。

② R_1:拒绝区,认为假设 H_1 成立而做出决策 D_1。

区域 R_0、R_1 必须二分整个数据空间。也就是说,无论如何都会给出决策 D_0 或者 D_1。如果假设 H_0 成立,然而做出的决策是 D_1,会产生第一类错误;而若假设 H_1 成立,做出的决策却是 D_0,则会产生第二类错误。因此所得概率为

$$P_f = P(D_1/H_0) \quad (6.37)$$

$$P_m = P(D_0/H_1) \quad (6.38)$$

$$P_d = P(D_1/H_1) = 1 - P(D_0/H_1) = 1 - P_m \quad (6.39)$$

假设 $p_0(y)$、$p_1(y)$ 分别为 y 关于 H_0 和 H_1 的条件概率密度,则虚警和漏检概率分别为

$$P(D_1/H_0) = \int_{R_1} p_0(y) \mathrm{d}y \tag{6.40}$$

$$P(D_0/H_1) = \int_{R_0} p_1(y) \mathrm{d}y \tag{6.41}$$

假如式(6.40)和式(6.41)都满足高斯分布,且均值分布为 $m_0=0, m_1=l$,则它们的二元假设检验的条件概率密度函数如图 6.19 所示,图中斜线部分 1 和 2 表示了第一类错误概率 $P(D_1/H_0)$ 和第二类错误概率 $P(D_0/H_1)$。

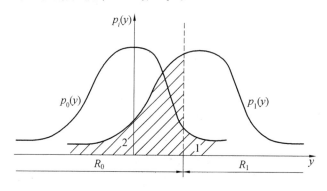

图 6.19 概率密度函数

3. 检测融合策略

检测融合的目的是让融合中心根据各传感器的决策值得到最终决策结果。在分布式多传感器检测系统中,如何根据各传感器的决策值得到融合中心的决策值,有许多种准则,如"与"检测融合准则、表决检测融合准则、最小误差概率准则等。假设系统中有 N 个传感器,其中第 i 个传感器的检测概率为 P_d^i,虚警概率为 P_f^i,漏检概率为 P_m^i。第 i 个传感器的决策值用 u_i 表示。u_0 为按照各种融合策略得到的全局最优决策。以下分别介绍这些准则。

(1)"与"检测融合准则。

"与"检测融合准则为

$$u_0 = \begin{cases} 0, & \text{存在判决为 0 的传感器} \\ 1, & \text{所有传感器判决为 1} \end{cases} \tag{6.42}$$

经过检测融合后,"与"检测融合准则的检测概率和虚警概率分别为

$$P_\mathrm{d} = \prod_{i=1}^N P_\mathrm{d}^i \tag{6.43}$$

$$P_\mathrm{f} = \prod_{i=1}^N P_\mathrm{f}^i \tag{6.44}$$

当使用这种准则时,系统的检测概率会得到很大的提高,但系统的虚警概率也会随之提高很多。

(2)"或"检测融合准则。

"或"检测融合准则为

$$u_0 = \begin{cases} 0, & \text{所有传感器判决为 } 0 \\ 1, & \text{存在判决为 } 1 \text{ 的传感器} \end{cases} \quad (6.45)$$

系统的检测概率和虚警概率分别为

$$P_d = 1 - \prod_{i=1}^{N}(1 - P_d^i) \quad (6.46)$$

$$P_f = 1 - \prod_{i=1}^{N}(1 - P_f^i) \quad (6.47)$$

同"与"检测融合准则情况相似,选择"或"检测融合准则时,系统的检测概率会得到很大的提高,但系统的虚警概率也会大大提高。

(3) 表决检测融合准则。

表决检测融合准则是指在具有 n 个传感器的检测网络中,设定一个阈值 k,当存在 k 个以上的传感器支持某一假设时,则判定该假设成立。实际上,表决检测融合准则融合包括了"与"检测融合准则和"或"检测融合准则,表决检测融合准则为

$$u_0 = \begin{cases} 0, & \sum_{i=1}^{N} u_i \geqslant k \\ 1, & \sum_{i=1}^{N} u_i < k \end{cases} \quad (6.48)$$

其中 $1 \leqslant k \leqslant n$,$k$ 是决定系统融合性能的重要参数。特别地,当 $k=n$ 时,表决检测融合准则变为"与"检测融合准则;当 $k=1$ 时,则变为"或"检测融合准则。

可以得到系统的检测概率和虚警概率分别为

$$P_d = \sum_{j=k}^{n} \sum_{\sum u_i = j} \prod_i P_d^{u_i}(1 - P_d^i)^{1-u_i} \quad (6.49)$$

$$P_f = \sum_{j=k}^{n} \sum_{\sum u_i = j} \prod_i P_f^{u_i}(1 - P_f^i)^{1-u_i} \quad (6.50)$$

当固定 n 时,k 取不同的值会产生不同的检测结果,k 取值比较小时能够提高检测率,但同时也增大了虚警概率;k 取值比较大时虚警概率较低,但同时检测率也较低。因此 k 的取值很关键,应该根据实际情况,在满足一定虚警概率的前提下尽可能提高检测率,或者在两者之间进行权衡。以上检测融合准则都比较简单,但没有考虑各个假设出现的概率和各个传感器的概率特性,因此在实际情况中,这几种检测融合准则并不常用。

(4) 最大后验概率检测融合准则。

最大后验概率检验是检测融合中最为常见的方法。它通过最大化似然函数可以得到最大似然估计。它的原理是根据已有数据,选择最有可能产生该数据的假设。令 $P(H_j/u)$ 表示在给定全局观测 u 的前提下,H_j 为真的概率,是取使得 $\max P(H_j/u)$ 的一个假设。也就是说,最大后验概率检验就是取两个概率中较大者所对应的假设。根据上述规则可写检测融合规则为

$$\frac{P(H_1/u)}{P(H_0/u)} > 1, \quad H_1 : H_0 \quad (6.51)$$

两边取对数可得

$$\log \frac{P(H_1/u)}{P(H_0/u)} > 0, \quad H_1 : H_0 \tag{6.52}$$

应用贝叶斯法则可得

$$P(H_i/u) = \frac{P(u/H_i)P(H_i)}{P(u)}, \quad i = 0,1 \tag{6.53}$$

$P(u/H_i)$ 为似然函数，似然函数能够反映出在 H_i 的条件下，参数取某个值的可能性大小。$P(H_i)$ 为先验概率，有

$$\frac{P(H_1/u)}{P(H_0/u)} = \frac{P(u/H_1)P(H_1)}{P(u/H_0)P(H_0)} \tag{6.54}$$

可以看出，最大后验概率检测融合准则可写为

$$\frac{P(u/H_1)}{P(u/H_0)} > \frac{P(H_0)}{P(H_1)}, \quad H_1 : H_0 \tag{6.55}$$

定义似然比为

$$\lambda(u) = \frac{P(u/H_1)}{P(u/H_0)} \tag{6.56}$$

可以写为

$$\lambda(u) > \lambda_0, \quad H_1 : H_0 \tag{6.57}$$

式(6.57)中 $\lambda_0 = \dfrac{P(H_0)}{P(H_1)}$，此式也称为似然比检验。

似然比是假设检验理论中的重要概念，无论采用哪种优化准则，似然比计算或它的等效形式几乎是所有检测系统的基本环节。最优处理器由两个基本部分组成，一是似然比计算装置，二是门限装置。由式(6.56)组成的似然比检验检测系统如图 6.20 所示。

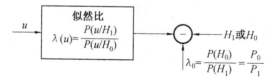

图 6.20　似然比检验检测系统

以上给出的是最大后验概率准则的一般原理，最大后验概率准则是许多其他最优决策准则的基础。下面推导分布式多传感器检测系统中基于最大后验概率准则的检测融合原理。似然比可表示为

$$\begin{aligned}
\lambda(u) &= \frac{P(u/H_1)}{P(u/H_0)} \\
&= \frac{\prod\limits_{R_1} P(u_i = 1/H_1) \prod\limits_{R_0} P(u_i = 0/H_1)}{\prod\limits_{R_1} P(u_i = 1/H_0) \prod\limits_{R_0} P(u_i = 0/H_0)} \\
&= \frac{\prod\limits_{R_1}(1 - P_m^i) \prod\limits_{R_0} P_m^i}{\prod\limits_{R_1} P_f^i \prod\limits_{R_0}(1 - P_f^i)}
\end{aligned} \tag{6.58}$$

对式(6.58)两边取对数，将以上连乘式转换为连加式得

$$\log \lambda(u) = \sum_{R_1} \frac{1-P_{\mathrm{m}}^i}{P_{\mathrm{f}}^i} + \sum_{R_0} \frac{P_{\mathrm{m}}^i}{1-P_{\mathrm{f}}^i} \tag{6.59}$$

最后,得到 N 个传感器融合的最大后验概率检测融合准则为

$$\sum_{i=1}^{N} w_i > \log \frac{P_0}{P_1}, \quad H_1:H_0 \tag{6.60}$$

式(6.60)中 w_i 为

$$w_i = \begin{cases} \log \dfrac{1-P_{\mathrm{m}}^i}{P_{\mathrm{f}}^i}, & u_i = 1 \\ \log \dfrac{P_{\mathrm{m}}^i}{1-P_{\mathrm{f}}^i}, & u_i = 0 \end{cases} \tag{6.61}$$

(5)Neyman-Pearson 检测融合准则。

Neyman-Pearson 检测融合是目标检测中很重要的一个策略。由于在许多重要应用领域,先验概率或者实际成本很难确定,在这种情况下,一个可行的选择就是采用 Neyman-Pearson 检测融合准则。Neyman-Pearson 检测融合准则是在假定虚警概率不超过某个特定上限的前提下,使检测概率最大。即通过选择 y 空间的 R_1 区来解决以下问题:

$$\max P(D_1/H_1) = \max \int_{R_1} p_1(y) \mathrm{d}y \tag{6.62}$$

$$P(D_1/H_0) = \int_{R_0} p_0(y), \quad \mathrm{d}y \leqslant P_{\mathrm{f}} \tag{6.63}$$

对于二元假设检验问题,两个假设分别为 H_0 和 H_1,已知其密度 $p_0(y)$ 和 $p_1(y)$。那么对于虚警概率 $P(D_1/H_0) \leqslant P_{\mathrm{f}}(P_{\mathrm{f}} > 0)$,具有最大检验概率 P_{d} 的区域 R_1 可由似然比检验得到

$$\frac{p_1(y)}{p_0(y)} > \lambda_0, \quad H_1:H_0 \tag{6.64}$$

式(6.64)中 λ_1 是 P_{f} 的函数。在非实际情况下,如果 $P_{\mathrm{f}} = 0$,那么总是选择 H_0,除非当 $p_0(y) = 0$ 时,才选择 H_1。

对于给定值 P_{f},应满足

$$P(D_1/H_0) = P[p_1(y) > \lambda_0 p_0(y)/H_0] = P_{\mathrm{f}} \tag{6.65}$$

显然,Neyman-Pearson 检测融合准则不需要各个假设的先验概率。

(6)贝叶斯检测融合准则。

在最大后验概率检测融合准则中,假定虚警和漏检这两类错误是同等危险的,没有特殊加权。贝叶斯检测融合准则是对漏检和虚警这两类错误分配不同的代价值。根据概率和分配的代价值可以得出平均总代价,使这个平均总代价最小就是贝叶斯检测融合的准则。

令 C_{ij} 表示当假设 H_j 成立时做出决策 D_i 的代价,假设错误决策的代价大于正确决策的代价,即满足

$$C_{i \neq j,j} - C_{jj} > 0 \tag{6.66}$$

那么平均总代价为

$$C = P_0[C_{00}P(D_0/H_0) + C_{10}P(D_1/H_0)] + P_1[C_{01}P(D_0/H_1) + C_{11}P(D_1/H_1)] \tag{6.67}$$

由于

$$P(D_1/H_0) = \int_{R_1} p_0(y) dy \tag{6.68}$$

$$P(D_1/H_1) = \int_{R_1} p_1(y) dy \tag{6.69}$$

式(6.69)中 R_1 和 R_0 分别是数据空间的接受区和拒绝区,又因为

$$P(D_0/H_0) = 1 - P(D_1/H_0) \tag{6.70}$$

$$P(D_0/H_1) = 1 - P(D_1/H_1) \tag{6.71}$$

代入式(6.72)可得平均代价函数,有

$$C = P_0 C_{00} + P_1 C_{01} + \int_{R_1} [P_0(C_{10} - C_{00})p_0(y) - P_1(C_{01} - C_{11})p_1(y)] dy \tag{6.72}$$

根据假设条件,要使积分值最小,应使积分项小于0,即满足

$$P_0(C_{10} - C_{00})p_0(y) < P_1(C_{01} - C_{11})p_1(y) \tag{6.73}$$

根据式(6.73)可以得到贝叶斯判决准则为

$$\frac{p_1(y)}{p_0(y)} > \frac{P_0(C_{10} - C_{00})}{P_1(C_{01} - C_{11})}, \quad H_1 : H_0 \tag{6.74}$$

所以可以得到,给定 n 个传感器,贝叶斯检测融合准则为

$$\sum_{i=1}^{N} \omega_i > \log \frac{P_0(C_{10} - C_{00})}{P_1(C_{01} - C_{11})}, \quad H_1 : H_0 \tag{6.75}$$

式(6.75)中 ω_i 为

$$\omega_i = \begin{cases} \log \dfrac{1 - P_m^i}{P_f^i}, & u_i = 1 \\ \log \dfrac{P_m^i}{1 - P_f^i}, & u_i = 0 \end{cases} \tag{6.76}$$

对于门限的设置,有以下几条规则。

①按贝叶斯检测融合准则与按最大后验概率检测融合准则得到的检测系统只是门限不同,而当代价的选取满足 $C_{10} - C_{00} = C_{01} - C_{11}$ 时,最大后验概率检测融合准则是贝叶斯检测融合准则的特例。

②当 $C_{10} - C_{00}$ 大,即虚警引起的损失大时,门限应取大一些,使虚警出现的可能性小一点;反之亦然。

③当 $C_{01} - C_{11}$ 大,即漏警引起的损失大时,门限应取小一些,使漏警出现的可能性小一点;反之亦然。

(7)最小误差概率检测融合准则。

在某些特殊情况下,可以不区分两类错误。最小误差概率检测融合准则就是在不区分两类错误的前提下,令所有误差的代价函数最小。即令

$$C_{00} = C_{11} = 0, C_{10} = C_{01} = c \tag{6.77}$$

那么代价函数式变为

$$C = c[P_0 P(D_1/H_0) + P_1 P(D_0/H_1)] = cP_e \tag{6.78}$$

式中，P_e 为误差概率。

所以可以得到最小误差概率检测融合准则为

$$\frac{p_1(y)}{p_0(y)} > \frac{P_0}{P_1}, \quad H_1:H_0 \tag{6.79}$$

这也与最大后验概率检测融合准则表达式完全相同。

6.2.5 属性融合

在利用多传感器完成目标检测和定位之后，更感兴趣的是这些目标都是哪一类目标、具体是个什么样的目标，对观测实体属性的识别与判断是多传感器数据融合系统的一个非常重要的任务，也是采用多传感器的意图之一。由于属性的表达形式复杂多样，有可度量的形式，也有不可度量的形式，因此检测方法各不相同。属性识别的困难在于许多实体的特征空间互相有所覆盖，这种模糊就使得很难依据基本观测特征给出一个唯一的属性。属性识别处理需要运用模式识别技术，如相似系数法、统计识别法、模板法、聚类分析、神经网络或基于知识的识别技术等。本小节先简单介绍属性融合基本概念及算法分类，然后介绍两种常用的属性融合算法。

1. 属性融合基本概念

属性即事物本身所固有的性质，是物质必然的、基本的、不可分离的特性，是事物某个方面质的表现。属性融合的主要目的是利用多传感器检测信息对目标属性、类型进行判断。确切地说，属性融合就是根据各个传感器给出的带有不确定性的属性报告或说明，进一步进行信息融合处理，对所观测的实体给出联合的属性判断。这个过程实际上是对已知信息进行分类与识别处理的过程，最后给出观测实体的类别与属性。而多属性融合是利用多传感器检测信息对目标的属性和类型进行判断。从理论上讲，多属性报告要比每个单传感器给出的属性报告更准确、更具体、更完备。由于变量比较多，多属性融合要比单属性融合更复杂，所涉及的领域也更广泛。

2. 属性融合算法分类

在数据融合中对属性融合不存在精确的和唯一的算法进行分类。属性融合算法分类框图如图 6.21 所示，在属性融合领域中常见的算法有统计算法、经典推理、贝叶斯推理、模板法、表决法及自适应神经网络等。它们大致可以归纳为物理模型、参数分类技术和基于知识的模型三种类型。

(1) 物理模型。

建立属性报告的直接方法是使用物理模型。物理模型模拟出可以观测或可以计算的数据，然后把观测数据与预先存储的目标特征或根据物理模型对观测对象进行预测所得出的模拟特征进行比较。比较过程涉及计算预测数据和实测数据的相关关系。如果相关系数超过一个预先规定的阈值，则认为两者存在匹配关系。这类方法包括模拟技术和估计技术，如卡尔曼滤波技术等。尽管利用经典估计技术可以实现目标的属性估计，但属性物理模型的构造并不容易。物理模型的处理过程如图 6.22 所示。

预测一个实体特征的物理模型必须建立在被识别目标的物理特征基础上。对于每一种（类）被识别物体，都需要建立一个（组）物理模型。因此，在实际应用中，物理模型可能

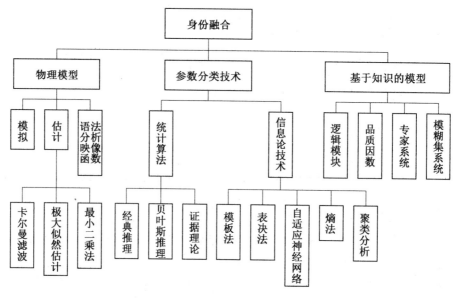

图 6.21 属性融合算法分类框图

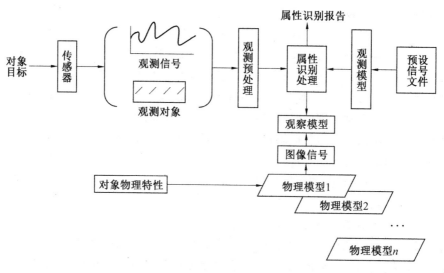

图 6.22 物理模型的处理过程

十分复杂,因而需要设计庞大的软件程序。即使物理模型相对简单或已有先验特征数据的情况下,其观测模型和信息处理过程的运算量也非常庞大。物理模型的缺点是可能很复杂,如遥感图像就是如此。为了将观测数据与预测的模型进行匹配,需要进行大量的工作,可能包括各种校对、补偿和功能调整等。尽管由此受到一些限制,但物理模型在非实时研究中还是非常有价值的。

(2)参数分类技术。

参数分类技术是依据参数数据获得属性报告,它不使用物理模型,而是直接在属性数据和属性报告之间进行映射。基于参数分类的属性融合分成两大类,即统计算法和信息论技术。统计算法需要属性数据的先验知识,如它的分布和各阶矩等;信息论技术则不需要这些先验知识。统计算法包括基于统计原理的经典推理、贝叶斯推理、证据推理等；信息论技术包括自适应神经网络、模板法和表决法等。

经典推理技术在给定先验前提假设下，计算一个观测的概率，其缺点是一次仅能估计两个假设，对于多变量，由于数据复杂度高，不能直接使用先验似然估计。贝叶斯推理在目标属性估计中的缺点是定义先验似然函数比较困难；当存在多个可能假设和多条相关事件时复杂度高，需要对应的互不相容的假设，缺乏分配总的不确定性的能力。证据理论方法是一种较新的属性融合方法，是经典概率论的扩展，是一种不确定性推理方法，为不确定信息的表达和合成提供了强有力的方法，特别适用于决策级信息融合。但其在计算上的复杂度比较高。

(3) 基于知识的模型。

属性融合算法的第三种主要方法是基于知识的模型。基于知识的模型，也可以说是人工智能方法。如专家系统和逻辑模块等可以用来进行属性报告的处理和形成。基于知识的模型属性识别原理如图 6.23 所示，这些方法避开了物理模型，模仿人类在进行目标身份识别时所使用的认识途径和推理方法。基于知识的模型可以利用原始传感器数据，也可以利用抽象出来的特征信息。基于知识方法的核心是知识的表示和推理方法。先验知识库包括语法规则、框架和逻辑模板。基于知识的模型要有一个预先建立的知识库、数据库和一些推理技术，以完成属性报告处理。所使用的推理技术包括布尔逻辑、决策树、模糊逻辑等。

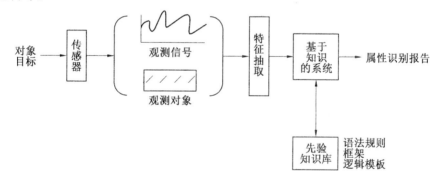

图 6.23　基于知识的模型属性识别原理

3. 常用属性融合算法

本节概要介绍属性融合的经典方法，包括经典推理和贝叶斯推理，这些技术都利用观测过程的先验知识进行识别推理。

(1) 经典推理。

经典推理方法中经常采用的是二值假设检验，它是在已知先验概率的条件下对事件存在与否进行判别的。该技术是从样本出发，根据样本的量测值制定一个规则(阈值)。因此，当使用这种方法时，只要知道事件的量测值，就可以利用这一规则做出判定。假定：

① H_0 表示观测数据不是属性为 N 引起的事件，有概率密度函数 $f(x/H_0)$。

② H_1 表示观测数据是属性为 N 引起的事件，有概率密度函数 $f(x/H_1)$。

有四种可能的情况：

$$\begin{cases} p_d = \int_T^\infty f(x/H_1)\mathrm{d}x \\ \beta = \int_0^T f(x/H_1)\mathrm{d}x \\ \alpha = p_f = \int_T^\infty f(x/H_0)\mathrm{d}x \\ p_2 = \int_0^T f(x/H_0)\mathrm{d}x \end{cases} \tag{6.80}$$

式中，p_d 为识别概率，是有属性为 N 的目标存在的情况下，正确识别目标的概率，在信号检测中称为检测概率；β 为漏检概率，是有属性为 N 的目标存在的情况下，没有正确识别出目标的概率；α 为虚警概率，是没有属性为 N 的目标存在的情况下，识别出有属性为 N 的目标的概率，这种也是错误识别概率；p_2 为没有属性为 N 的目标存在的情况下，正确识别没有属性为 N 的目标存在的概率。

举例介绍利用经典推理技术识别不同雷达发射机。假定在观测区域内有两部相位编码脉冲压缩雷达轮流工作，它们采用的相位码为超长 m 序列二相码。这两部雷达均采用码捷变的方式进行工作，且捷变规律均服从正态分布，雷达 1 的平均值为 E_1，雷达 2 的平均值为 E_2，两种雷达发射机概率密度函数如图 6.24 所示。

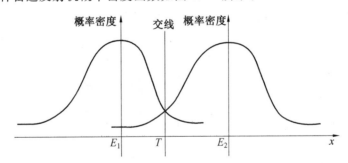

图 6.24 两种雷达发射机概率密度函数

图 6.24 中给出了两个使用码捷变的雷达发射机所具有的高斯分布的概率密度函数，分别为 $N(x,E_1,\sigma_1^2)$ 和 $N(x,E_2,\sigma_2^2)$。利用经典推理，首先需要按某种准则确定一个门限值 T，若观测值 x 大于门限值 T，即 $x>T$，就应当接受该发射机是第二部发射机的假设，否则就应当接受该发射机是第一部发射机的假设。需要注意的是，所做出的判断可能发生两类错误，即把第一部发射机判断为第二部发射机的错误概率：

$$\alpha = \int_T^\infty f(x/H_0)\mathrm{d}x \tag{6.81}$$

和把第二部发射机判断为第一部发射机的错误概率：

$$\beta = \int_{-\infty}^T f(x/H_1)\mathrm{d}x \tag{6.82}$$

正确识别第一部发射机和第二部发射机的概率分别为

$$P_{I1} = \int_{-\infty}^T f(x/H_0)\mathrm{d}x \tag{6.83}$$

$$P_{I2} = \int_T^\infty f(x/H_1)\mathrm{d}x \tag{6.84}$$

虽然选择合适的 T 可以使漏检概率和虚警概率达到最小,但始终存在一个有限的错误识别概率。

经典推理就是要证实或拒绝所提出的属性假设。在这个例子里,需要确定观测到的信号是哪部雷达发射机的信号。

此外,雷达信号的二进制检测也可以利用经典推理进行目标识别。它所识别的对象是目标的有无。它也是根据先验知识,即先验概率密度函数进行识别的。当监视空域没有目标存在时,雷达接收机的输出为纯噪声,输出信号 x 服从瑞利分布;当有目标存在时,接收机输出为信号加噪声,输出信号 z 服从广义瑞利分布,即莱斯分布。

经典推理技术的优点是能提供判定错误概率的一个度量值。原则上讲,可以把经典推理推广到多传感器多源数据情况,但需要先验知识并计算多维概率密度函数。除了高斯分布和二维瑞利分布外,要获得多维概率密度函数是比较困难的。因此经典推理存在的不足之处就是它同时只能处理两个假设,对多变量数据处理无能为力,这对实际应用是个严重的缺陷。

(2) 贝叶斯推理。

本小节介绍多传感器数据融合的贝叶斯推理方法。贝叶斯统计的基本前提是所有未知数都被视为随机变量,并且这些量的知识通过概率分布进行总结。

首先考察一个随机实验,实验中 $H_1, H_2, \cdots, H_n$ 为 n 个互不相容的事件,它们出现的可能性大小(先验信息)为 $P(H_1), P(H_2), \cdots, P(H_n)$。在实验中观测到事件 E 发生了,由于这个新情况的出现,对事件 $H_1, H_2, \cdots, H_n$ 的可能性有了新的认识,即有后验信息 $P(H_1/E), P(H_2/E), \cdots, P(H_n/E)$:

$$P(H_j/E) = \frac{P(E/H_j)P(H_j)}{\sum_j P(E/H_j)P(H_j)}, \quad j = 1, 2, \cdots, 3 \tag{6.85}$$

$$\sum_j P(H_j) = 1 \tag{6.86}$$

式(6.85)中 $P(H_j/E)$ 为给定证据 E 条件下,假设 H_j 为真的后验概率;$P(H_j)$ 为假设 H_j 为真的先验概率;$P(E/H_j)$ 为给定 H_j 为真的条件下,观测到的证据 E 的概率。

式(6.85)就是数学上著名的贝叶斯公式。首先构造先验概率,再使用一个新的证据 E 来改善对事件的先验假设。贝叶斯公式的特征就是由先验信息到后验信息的转换过程。

图 6.25 给出了应用贝叶斯公式进行属性识别的推理过程。

图 6.25 中,$E_i(i=1,2,\cdots,n)$ 为 n 个传感器所给出的证据或属性假设,$H_j(j=1, 2,\cdots,m)$ 是可能的 m 个目标。假设 n 个传感器同时对一个未知实体或目标进行观测。可以得到融合步骤如下。

① 每个传感器把观测空间的数据转换为属性报告,输出一个未知实体的证据或属性假设 $E_i(i=1,2,\cdots,n)$。

② 对每个假设计算概率 $P(E_i/H_j)(i=1,2,\cdots,n; j=1,2,\cdots,m)$。

③ 利用贝叶斯公式计算:

$$P(H_j \mid E_1, \cdots, E_n) = \frac{P(E_1, \cdots, E_n \mid H_j)P(H_j)}{P(E_1, \cdots, E_n)} \tag{6.87}$$

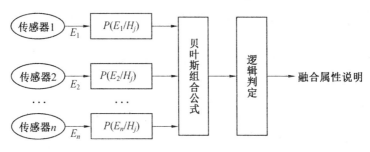

图 6.25 贝叶斯推理过程

④应用判定逻辑进行决策,其准则为选取 $P(H_j \mid E_1, E_2, \cdots, E_n)$ 的极大值作为输出。

因为贝叶斯定理能够在给出证据的情况下直接确定假设为真的概率,同时容许使用假设确实为真的似然性的先验知识,允许使用主观概率作为假设的先验概率和给出假设条件下的证据概率。所以贝叶斯定理可以解决使用经典推理方法感到困难的一些问题。它不需要概率密度函数的先验知识,能够迅速实现贝叶斯推理运算。

6.3 水下多源融合定位算法

水下多源融合定位是一种基于数据融合策略的水下定位技术。高精度的定位是 AUV 执行水下任务的重要保障。捷联式惯导系统(SINS)不依靠任何外部信息,它是一种无框架系统,由三个速率陀螺、三个线加速度计和微型计算机组成,是一种独立的全天候定位系统,可以提供 AUV 准确的三维姿态、速度和位置信息,因而在 AUV 中得到了广泛的应用。但由于 SINS 的定位误差总是随着时间而累积,很难满足 AUV 长时间和远距离定位的需求。因此需要利用其他的辅助定位传感器如 DVL、GNSS、IMU、深度计等来提高 AUV 定位的精度。DVL 可以提供较准确的 AUV 速度信息,GNSS 可以在水面附近区域对 AUV 的速度和位置进行校正,IMU 可以提供 AUV 的航向信息及加速度信息等,深度计可以提供准确的 AUV 的深度位置信息。以上传感器具有各自的优点,但同时也都存在各自的不足。故需要进行组合定位,充分发挥各传感器的优势,扬长避短,实现 AUV 的高精度定位。目前 AUV 大多采用多种传感器进行组合定位。

6.3.1 水下多源融合定位系统架构

为了对水下多源融合定位技术进行全面的研究,本节首先介绍一种水下多源融合定位系统总体框架,其架构图如图 6.26 所示,本节后续工作基于此总体框架,对水下多源融合定位中的各个关键技术进行深入分析与研究。

从图 6.26 中可以看到,水下多源融合定位系统首先从不同的融合源处收集定位信息,继而对定位信息进行数据预处理。针对融合定位源的不同特点,定位信息在融合中心采用不同的融合算法进行融合,从而得到融合定位结果。最后,通过效能评估将输出结果反馈到融合中心,对融合算法进行自适应的更新,从而提高融合定位性能。

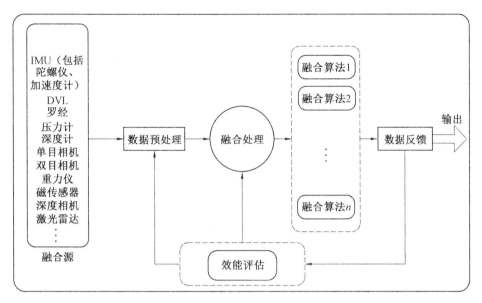

图 6.26 水下多源融合定位系统架构图

6.3.2 基于图论的水下多源融合定位

在水下多源融合定位系统中，水下多源融合定位算法是实现高效的水下多源融合定位的重要保障。近几年，图论中的因子图理论由于融合性能高且计算复杂度低等特点，在多源融合领域中的应用越来越广泛。因子图的应用范围非常广泛，各种数学模型的分析处理都可以用到它，这种应用同时也适用于水下环境。图论是离散数学的一个分支，其以图为研究对象，不同情形具有不同的算法。图论起源于一个著名的数学问题——柯尼斯堡问题。1738 年，瑞典数学家 Eular 解决了这个问题，他也成了图论的创始人。图是由若干给定的顶点及连接两顶点的边所构成的图形，这种图形通常用来描述某些事物之间的某种特定关系。顶点用于代表事物，连接两顶点的边则用于表示两个事物间具有这种关系。因子图是指将一个具有多变量的全局函数因子分解，得到几个局部函数的乘积，以此为基础得到的一个双向图。下面将介绍基于因子图的水下多源融合算法。

6.3.3 因子图

因子图是概率图的一种，概率图有很多种，最常见的就是贝叶斯网络和马尔可夫随机场。在因子图融合算法中，可以通过和积算法不断迭代计算函数节点与变量节点传递的软消息，从而得到定位结果的均值和方差。本小节将因子图融合应用于水下，可以实现在较低复杂度前提下的高精度融合定位。

1. 因子图基本原理

因子图是一种概率图模型，其可以将复杂的变量关系用直观易懂的形式展现出来。因子图是一种基于贝叶斯网络或者马尔可夫随机游走模型的双向图，其将全局函数通过因式分解的形式分解为函数节点的乘积。假设全局函数为 $F(x_1, x_2, x_3, x_4, x_5)$，可以将其分解为 5 个局部函数乘积的形式，即

$$F(x_1,x_2,x_3,x_4,x_5)=f_A(x_1)f_B(x_2)f_C(x_1,x_2,x_3)f_D(x_3,x_4)f_E(x_3,x_5) \quad (6.88)$$

因子图由变量节点和函数节点共同组成。将式(6.88)采用因子图的形式表达,可得到图 6.27 所示的用变量和局部函数表示的因子图。从图中可以看到,5 个全局函数自变量 x_1、x_2、x_3、x_4、x_5 对应因子图中的 5 个变量节点 f_A、f_B、f_C、f_D、f_E,5 个局部函数对应因子图中的 5 个函数节点。变量节点与函数节点之间的连线称为边线,只有与局部函数相关的变量节点才会被边线连接到相应的函数节点。

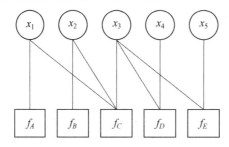

图 6.27 用变量和局部函数表示的因子图

为了更直观的体现变量节点与函数节点的关系,采用下标和分划子集的形式对式(6.88)进行描述,如图 6.28 所示。

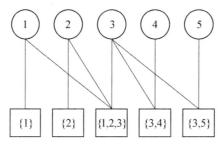

图 6.28 用下标和分划子集表示的因子图

2. 和积算法

因子图中的核心问题之一是如何求解变量节点与函数节点之间传递的消息,即边线上的软消息。软消息分为两种,分别是从变量节点到函数节点传递的消息和从函数节点到变量节点传递的消息。软消息的计算方法通常采用和积算法,和积算法也称置信传播算法,是因子图中解算软消息的核心算法。和积算法的基本准则是变量节点传递到函数节点的软消息等于除此函数节点外所有其他节点传递到此变量节点软消息的乘积。在两类软消息的计算中均涉及求和与求积的运算,因此称和积算法。基于因子图模型的和积算法消息传递示意图如图 6.29 所示,图中 x 表示变量节点,f 表示函数节点;H 表示所有与 x 相连的节点的集合,H/f 表示所有与 x 相连的节点中除去 f 的节点集合;Y 表示所有与 f 相连的节点的集合,Y/x 表示所有与 f 相连的节点中除去 x 的节点集合。$\mu_{x\to f}(x)$ 表示变量节点到函数节点 f 边线上传递的软消息,$\mu_{f\to x}(x)$ 表示函数节点 f 到变量节点边线 x 上传递的软消息;$\mu_{y_1\to f}(y_1)$ 表示变量节点 y_1 到函数节点 f 边线上传递的软消息,$\mu_{h_1\to x}(x)$ 表示函数节点 h_1 到变量节点 x 边线上传递的软消息。软消息 $\mu_{x\to f}(x)$ 与 $\mu_{f\to x}(x)$ 的计算方法为

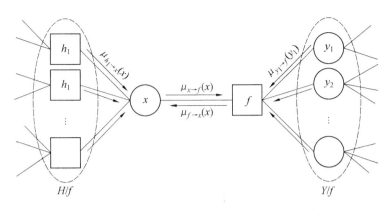

图 6.29 基于因子图模型的和积算法消息传递示意图

$$\begin{cases} \mu_{f_C \to x_3}(x_3) = \sum_{\sim x_3} \mu_{x_1 \to f_C}(x_1)\mu_{x_2 \to f_C}(x_2) f_C(x_1,x_2,x_3) \\ \mu_{x_3 \to f_C}(x_3) = \mu_{f_D \to x_3}(x_3)\mu_{f_E \to x_3}(x_3) \end{cases} \quad (6.89)$$

式中，$\sim x$ 表示除去 x 节点外所有与 f 节点相连接的节点。

下面对一个具体的因子图模型进行和积算法的解算，基于因子图模型的和积算法消息传递规则如图 6.30 所示。

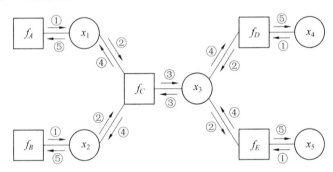

图 6.30 基于因子图模型的和积算法消息传递规则

将图 6.29 中的变量节点与函数节点进行重新规划，并且将边线上传递的软消息进行分类，如图 6.30 所示。图中所示 5 类边线软消息的计算方法分别为

$$\begin{cases} \mu_{f_A \to x_1}(x_1) = \sum_{\sim x_1} f_A(x_1) = f_A(x_1) \\ \mu_{f_B \to x_2}(x_2) = \sum_{\sim x_2} f_B(x_1) = f_B(x_2) \\ \mu_{x_4 \to f_D}(x_4) = 1 \\ \mu_{x_5 \to f_E}(x_5) = 1 \end{cases} \quad (6.90)$$

$$\begin{cases}\mu_{x_1\to f_C}(x_1)=\mu_{f_A\to x_1}(x_1)\\ \mu_{x_2\to f_B}(x_2)=\mu_{f_C\to x_2}(x_2)\\ \mu_{f_D\to x_3}(x_3)=\sum_{\sim x_3}\mu_{x_4\to f_D}(x_4)f_D(x_3,x_4)\\ \mu_{f_E\to x_3}(x_3)=\sum_{\sim x_5}\mu_{x_5\to f_E}(x_5)f_D(x_3,x_5)\end{cases} \quad (6.91)$$

$$\begin{cases}\mu_{f_C\to x_3}(x_3)=\sum_{\sim x_3}\mu_{x_1\to f_C}(x_1)\mu_{x_2\to f_C}(x_2)f_C(x_1,x_2,x_3)\\ \mu_{x_3\to f_C}(x_3)=\mu_{f_D\to x_3}(x_3)\mu_{f_E\to x_3}(x_3)\end{cases} \quad (6.92)$$

$$\begin{cases}\mu_{f_C\to x_1}(x_1)=\sum_{\sim x_1}\mu_{x_3\to f_C}(x_3)\mu_{x_2\to f_C}(x_2)f_C(x_1,x_2,x_3)\\ \mu_{f_C\to x_2}(x_2)=\sum_{\sim x_2}\mu_{x_3\to f_C}(x_3)\mu_{x_1\to f_C}(x_1)f_C(x_1,x_2,x_3)\\ \mu_{x_3\to f_D}(x_3)=\mu_{f_C\to x_3}(x_3)\mu_{f_E\to x_3}(x_3)\\ \mu_{x_3\to f_E}(x_3)=\mu_{f_C\to x_3}(x_3)\mu_{f_D\to x_3}(x_3)\end{cases} \quad (6.93)$$

$$\begin{cases}\mu_{x_1\to f_A}(x_1)=\mu_{f_C\to x_1}(x_1)\\ \mu_{x_2\to f_B}(x_2)=\mu_{f_C\to x_2}(x_2)\\ \mu_{f_D\to x_4}(x_4)=\sum_{\sim x_4}\mu_{x_3\to f_D}(x_3)f_D(x_3,x_4)\\ \mu_{f_E\to x_5}(x_5)=\sum_{\sim x_5}\mu_{x_3\to f_E}(x_3)f_E(x_3,x_5)\end{cases} \quad (6.94)$$

继而可以得到每一个变量节点软消息的表达形式为

$$\begin{cases}F_1(x_1)=\mu_{f_A\to x_1}(x_1)\mu_{f_C\to x_1}(x_1)\\ F_2(x_2)=\mu_{f_B\to x_2}(x_2)\mu_{f_C\to x_2}(x_2)\\ F_3(x_3)=\mu_{f_C\to x_3}(x_3)\mu_{f_D\to x_3}(x_3)\mu_{f_E\to x_3}(x_3)\\ F_4(x_4)=\mu_{f_D\to x_4}(x_4)\\ F_5(x_5)=\mu_{f_E\to x_5}(x_5)\end{cases} \quad (6.95)$$

采用式(6.90)~(6.95)可以实现对图 6.30 中的函数节点和变量节点之间传递的软消息的解算,从而确定因子图中的信息流。前面介绍了因子图的模型、因子图基本原理和如何利用和积算法计算因子图的软消息。下面介绍基于因子图的水下融合定位算法。

3. 基于因子图的水下融合定位算法

基于前述内容,本小节介绍一种因子图水下多源融合定位算法。这里,因子图的融合源可以是压力传感器、多普勒测速仪(DVL)、声呐、惯性测量单元等水下定位源。由于因子图中函数节点与变量节点之间信息具有互相转换的关系,因此在水下多源融合定位中,按照因子图软消息传递规则,可以根据不同融合源的特点赋予其相对应的权值比重,从而获得更精确的融合定位结果。根据信息融合结构的不同,因子图融合模型可以分为分布式因子图融合模型与集中式因子图融合模型,下面对基于这两种融合模型的水下融合定位算法进行介绍。

(1) 分布式因子图水下融合定位算法。

假设定位目标在 $k-1$ 时刻的位置坐标为 $F_{k-1}=\{x_k,y_k,z_k\}$，根据因子图水下融合算法估计定位目标在 k 时刻的位置坐标 F_k。分布式因子图水下融合定位算法如图 6.31 所示，考虑到水下定位系统的实时性，在多源融合定位系统中采用单向的和积算法进行因子图中软消息的计算。

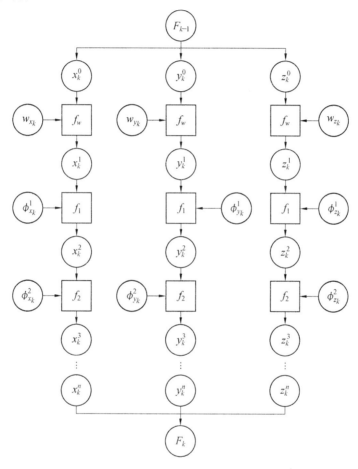

图 6.31　分布式因子图水下融合定位算法

在图 6.31 中，以 x 方向坐标为例，$x_k^1,x_k^2,\cdots,x_k^n$ 代表 k 时刻在 x 坐标方向上定位目标在 n 个不同融合阶段的变量节点；w_{x_k} 表示量测噪声；$\phi_{x_k}^1,\phi_{x_k}^2,\cdots,\phi_{x_k}^n$ 表示在不同融合节点加入的融合定位源；$f_w,f_1,f_2,\cdots,f_{n-1}$ 表示融合函数节点，在函数节点上融合不同的变量节点。得益于因子图的即插即用性，在整个融合过程中融合定位源可以随时添加和删除。通过一系列软消息的计算，得到 x 方向上的融合结果 x_k^n。通过同样的方式可以计算得到 y_k^n 与 z_k^n。最后，把 x_k^n、y_k^n 及 z_k^n 融合得到定位目标在 k 时刻的定位结果 F_k。

下面阐述在融合过程中，软消息是如何计算的。假设传输的量测信息满足高斯分布，其期望为 m，方差为 σ^2，软消息定义为

$$I=m_I,\sigma_I^2 \tag{6.96}$$

由于满足高斯概率分布的函数的乘积依然满足高斯分布,可以得到

$$\prod_{i=1}^{n} N(x, m_i, \sigma_i^2) \propto N(x, m_\Omega, \sigma_\Omega^2) \tag{6.97}$$

式中,期望与方差的变换关系为

$$\begin{cases} \dfrac{1}{\sigma_\Omega^2} = \sum_{i=1}^{n} \dfrac{1}{\sigma_i^2} \\ m_\Omega = \sigma_\Omega^2 \sum_{i=1}^{n} \dfrac{m_i}{\sigma_i^2} \end{cases} \tag{6.98}$$

假设初始消息的期望为 m_0,方差为 σ_0,则初始软消息为 $I_{x_k^0} = I_{x_k^0} = \{m_{x_k^0}, \sigma_{x_k^0}^2\}$,根据图 6.31 可知,定位目标在 k 时刻的初始状态为可以由 $k-1$ 时刻的状态 F_{k-1} 得到。并且初始方差 σ_0 越小,则初始值的价值越大。$I_{w_k} = \{m_{w_k}, \sigma_{w_k}^2\}$ 表示模型的不确定性。聚集在节点的信息可以是变化很大的、局部的甚至是无用的,在这里,信息联合和传播的规则可以保证信息被最优化地利用。

采用和积算法规则,根据图 6.31 的模型结构,在每一个融合节点计算加入新的融合源之后的变量节点信息,得到 x 坐标上各个节点传输的软消息为

$$\begin{cases} I_{x_k^1} = \{m_{x_k^0} + m_{w_{x_k}}, \sigma_{x_k^0}^2 + \sigma_{w_{x_k}}^2\} \\ I_{x_k^2} = \left\{ \dfrac{1}{1/\sigma_{x_k^1}^2 + 1/\sigma_{\phi_{x_k^1}}^2} \left(\dfrac{m_{x_k^1}}{\sigma_{x_k^1}^2} + \dfrac{m_{\phi_{x_k^1}}}{\sigma_{\phi_{x_k^1}}^2} \right), \dfrac{1}{1/\sigma_{x_k^1}^2 + 1/\sigma_{\phi_{x_k^1}}^2} \right\} \\ I_{x_k^3} = \left\{ \dfrac{1}{1/\sigma_{x_k^2}^2 + 1/\sigma_{\phi_{x_k^2}}^2} \left(\dfrac{m_{x_k^2}}{\sigma_{x_k^2}^2} + \dfrac{m_{\phi_{x_k^2}}}{\sigma_{\phi_{x_k^2}}^2} \right), \dfrac{1}{1/\sigma_{x_k^2}^2 + 1/\sigma_{\phi_{x_k^2}}^2} \right\} \\ I_{x_k^n} = \left\{ \dfrac{1}{\dfrac{1}{\sigma_{\phi_{x_k^{n-1}}}^2} + 1/\sigma_{x_k^{n-1}}^2} \left(\dfrac{m_{x_k^{n-1}}}{\sigma_{x_k^{n-1}}^2} + \dfrac{m_{\phi_{x_k^{n-1}}}}{\sigma_{\phi_{x_k^{n-1}}}^2} \right), \dfrac{1}{1/\sigma_{x_k^{n-1}}^2 + 1/\sigma_{\phi_{x_k^{n-1}}}^2} \right\} \end{cases} \tag{6.99}$$

m_{w_k} 为 x 方向上的融合结果,将其表示为 x_k,即在 k 时刻 x 坐标方向的融合结果,即

$$x_k = \dfrac{1}{1/\sigma_{x_k^{n-1}}^2 + 1/\sigma_{\phi_{x_k^{n-1}}}^2} \left(\dfrac{m_{x_k^{n-1}}}{\sigma_{x_k^{n-1}}^2} + \dfrac{m_{\phi_{x_k^{n-1}}}}{\sigma_{\phi_{k_k^{n-1}}}^2} \right) \tag{6.100}$$

同理,在图 6.31 中,可以计算得到 y 和 z 坐标方向上各个节点传输的软消息为

$$\begin{cases} I_{y_k^1} = \{m_{y_k^0} + m_{w_{y_k}}, \sigma_{y_k^0}^2 + \sigma_{w_{y_k}}^2\} \\ I_{y_k^2} = \left\{ \dfrac{1}{1/\sigma_{y_k^1}^2 + 1/\sigma_{\phi_{y_k^1}}^2} \left(\dfrac{m_{y_k^1}}{\sigma_{y_k^1}^2} + \dfrac{m_{\phi_{y_k^1}}}{\sigma_{\phi_{y_k^1}}^2} \right), \dfrac{1}{1/\sigma_{y_k^1}^2 + 1/\sigma_{\phi_{y_k^1}}^2} \right\} \\ I_{y_k^3} = \left\{ \dfrac{1}{1/\sigma_{y_k^2}^2 + 1/\sigma_{\phi_{y_k^2}}^2} \left(\dfrac{m_{y_k^2}}{\sigma_{y_k^2}^2} + \dfrac{m_{\phi_{y_k^2}}}{\sigma_{\phi_{y_k^2}}^2} \right), \dfrac{1}{1/\sigma_{y_k^2}^2 + 1/\sigma_{\phi_{y_k^2}}^2} \right\} \\ I_{y_k^n} = \left\{ \dfrac{1}{\dfrac{1}{\sigma_{\phi_{y_k^{n-1}}}^2} + 1/\sigma_{y_k^{n-1}}^2} \left(\dfrac{m_{y_k^{n-1}}}{\sigma_{y_k^{n-1}}^2} + \dfrac{m_{\phi_{y_k^{n-1}}}}{\sigma_{\phi_{y_k^{n-1}}}^2} \right), \dfrac{1}{1/\sigma_{y_k^{n-1}}^2 + 1/\sigma_{\phi_{x_k^{n-1}}}^2} \right\} \end{cases} \tag{6.101}$$

$$\begin{cases} I_{z_k^1} = \{ m_{z_k^0} + m_{w_{z_k}}, \sigma_{z_k^0}^2 + \sigma_{w_{z_k}}^2 \} \\ I_{z_k^2} = \left\{ \dfrac{1}{1/\sigma_{z_k^1}^2 + 1/\sigma_{\phi_{z_k^1}}^2} \left(\dfrac{m_{z_k^1}}{\sigma_{z_k^1}^2} + \dfrac{m_{\phi_{z_k^1}}}{\sigma_{\phi_{z_k^1}}^2} \right), \dfrac{1}{1/\sigma_{z_k^1}^2 + 1/\sigma_{\phi_{z_k^1}}^2} \right\} \\ I_{z_k^3} = \left\{ \dfrac{1}{1/\sigma_{z_k^2}^2 + 1/\sigma_{\phi_{z_k^2}}^2} \left(\dfrac{m_{z_k^2}}{\sigma_{z_k^2}^2} + \dfrac{m_{\phi_{z_k^2}}}{\sigma_{\phi_{z_k^2}}^2} \right), \dfrac{1}{1/\sigma_{z_k^2}^2 + 1/\sigma_{\phi_{z_k^2}}^2} \right\} \\ I_{z_k^n} = \left\{ \dfrac{1}{\frac{1}{\sigma_{\phi_{z_k^{n-1}}}^2} + 1/\sigma_{z_k^{n-1}}^2} \left(\dfrac{m_{z_k^{n-1}}}{\sigma_{z_k^{n-1}}^2} + \dfrac{m_{\phi_{z_k^{n-1}}}}{\sigma_{\phi_{z_k^{n-1}}}^2} \right), \dfrac{1}{1/\sigma_{z_k^{n-1}}^2 + 1/\sigma_{\phi_{z_k^{n-1}}}^2} \right\} \end{cases} \quad (6.102)$$

继而得到在 k 时刻 y 和 z 坐标方向的融合结果,即

$$y_k = \dfrac{1}{1/\sigma_{y_k^{n-1}}^2 + 1/\sigma_{\phi_{y_k^{n-1}}}^2} \left(\dfrac{m_{y_k^{n-1}}}{\sigma_{y_k^{n-1}}^2} + \dfrac{m_{\phi_{y_k^{n-1}}}}{\sigma_{\phi_{y_k^{n-1}}}^2} \right) \quad (6.103)$$

$$z_k = \dfrac{1}{1/\sigma_{z_k^{n-1}}^2 + 1/\sigma_{\phi_{z_k^{n-1}}}^2} \left(\dfrac{m_{z_k^{n-1}}}{\sigma_{z_k^{\eta-1}}^2} + \dfrac{m_{\phi_{z_k^{n-1}}}}{\sigma_{\phi_{k}^{n-1}}^2} \right) \quad (6.104)$$

至此,基于定位目标在 $(k-1)$ 时刻的状态及计算各个变量节点软消息,结合式(6.100)、式(6.103)和(6.104),可以得到 k 时刻定位目标的定位结果 $F_k = (x_k, y_k, z_k)$。以此类推,可以得到 $(k+1), (k+2), \cdots$ 等时刻的状态,最终得到融合定位结果。

(2) 集中式因子图水下融合定位算法。

除了分布式因子图水下融合定位算法外,还有集中式因子图水下融合定位算法。集中式因子图结构与分布式因子图结构的主要区别在于变量节点的软消息计算不是在分开的函数节点计算,而是集中在一个函数节点进行计算。以 x 坐标方向为例,集中式因子图水下融合定位算法如图 6.32 所示。

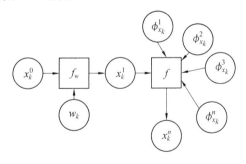

图 6.32 集中式因子图水下融合定位算法

在集中式因子图融合结构中,同样地采用和积算法,可以得到融合结果为

$$x_k' = \dfrac{1}{1/\sigma_{x_k^1}^2 + 1/\sigma_{\phi_{x_k^1}}^2 + \cdots + 1/\sigma_{\phi_{x_k}^{n-1}}^2} \left(\dfrac{m_{x_k^1}}{\sigma_{x_k^1}^2} + \dfrac{m_{\phi_{x_k}^1}}{\sigma_{\phi_{x_k}^1}^2} + \cdots + \dfrac{m_{\phi_{x_k}^{n-1}}}{\sigma_{\phi_{x_k}^{n-1}}^2} \right) \quad (6.105)$$

$$y_k' = \dfrac{1}{1/\sigma_{y_k^1}^2 + 1/\sigma_{\phi_{y_k^1}}^2 + \cdots + 1/\sigma_{\phi_{y_k}^{n-1}}^2} \left(\dfrac{m_{y_k^1}}{\sigma_{y_k^1}^2} + \dfrac{m_{\phi_{y_k}^1}}{\sigma_{\phi_{y_k}^1}^2} + \cdots + \dfrac{m_{\phi_{y_k}^{n-1}}}{\sigma_{\phi_{y_k}^{n-1}}^2} \right) \quad (6.106)$$

$$z'_k = \frac{1}{1/\sigma_{z_k^1}^2 + 1/\sigma_{\phi_{z_k}^1}^2 + \cdots + 1/\sigma_{\phi_{z_k}^{n-1}}^2} \left[\frac{m_{z_k^1}}{\sigma_{z_k^1}^2} + \frac{m_{\phi_{z_k}^1}}{\sigma_{\phi_{z_k}^1}^2} + \cdots + \frac{m_{\phi_{z_k}^{n-1}}}{\sigma_{\phi_{z_k}^{n-1}}^2} \right] \quad (6.107)$$

通过以上计算,可以得到 k 时刻集中式因子图水下融合定位结果为 $F'_k = (x'_k, y'_k, z'_k)$。

4. 应用实例

在水下定位中,除了惯性传感器还需要很多其他的定位传感器参与进来,如多普勒测速仪、磁力计、长基线水声定位系统、短基线水声定位系统、超短基线水声定位系统、重力仪、摄像头、声呐等。除了 IMU 因子的结构比较特殊,其他传感器对应的因子相对简单一些,由于不同的传感器对应着不同的因子节点,另外由于 IMU 的输出频率过高,或者需要处理的定位数据量较大时,都会影响因子图优化的实时性。针对这些问题,在前两小节给出的内容基础上,本小节选了几种水下常见的定位源分别建立相应的因子图模型。

① IMU 因子。可以用连续非线性微分方程来表示 AUV 随时间变换的定位状态:

$$\dot{x} = h_c(x, \alpha, a, \omega) \quad (6.108)$$

式中,a 是惯性传感器得到的 AUV 的加速度信息;ω 是惯性传感器得到的 AUV 的角速度信息;α 是用来修正惯性传感器测量误差的误差模型,通常 α 受定位状态的估计量影响。

在定位系统中,α 可以用一些非线性模型来描述,例如加速度计的随机漂移可以用如下的模型来表述:

$$\dot{\alpha} = g_a(\alpha) \quad (6.109)$$

式中,g_a 是非线性模型,为了方便,用 $z_k^{\text{IMU}} = \{a, \omega\}$ 来表示 IMU 的量测信息,将上述非线性方程离散化,即用两个连续的时间 t_k 和 t_{k+1} 来连接相邻的两个定位状态 x_k 和 x_{k+1},可以得到

$$x_{k+1} = h(x_k, \alpha_k, z_k) \quad (6.110)$$

$$\alpha_{k+1} = g(\alpha_k) \quad (6.111)$$

式(6.110)和式(6.111)分别定义了 IMU 因子图中连接相关变量节点的因子,偏差因子节点 f^{bias} 用来连接相邻偏差变量节点 α_k、α_{k+1},IMU 因子节点 f^{IMU} 连接定位状态的变量节点 x_k、x_{k+1} 和偏差变量节点 α_k。IMU 量测信息 z_k^{IMU} 和当前时刻的估计 x_k、α_k 用来预测下一时刻的状态 x_{k+1}。下一时刻的状态预测与下一时刻状态 x_{k+1} 之间的差值称为 IMU 因子所表示的代价函数,代价函数表达如下:

$$f^{\text{IMU}}(x_{k+1}, x_k, \alpha_k) = d(x_{k+1} - h(x_k, \alpha_k, z_k)) \quad (6.112)$$

式(6.112)所包含的未知变量 x_k、x_{k+1} 和 α_k 均由变量节点来表示,而 IMU 因子与这些变量节点相连接。当向因子图中添加一个新的节点 x_{k+1} 时,需要一个合理的初始值,这个初始值可以从预测 $h(x_k, \alpha_k, z_k)$ 中得到。类似地,可以给出与 IMU 误差计算模型相关的偏差因子节点:

$$f^{\text{bias}}(\alpha_{k+1}, \alpha_k) = d(\alpha_{k+1} - g(\alpha_k)) \quad (6.113)$$

式中,α_{k+1}、α_k 在因子图中表示变量节点,偏差因子节点 f^{bias} 用来连接 α_{k+1} 和 α_k 这两个变量节点。

根据以上的分析,可以推断出水下定位系统中 IMU 的因子图结构,因子节点的引入

频率不同的 IMU 因子如图 6.33 所示,这里把 IMU 因子节点引入频率设置成了偏差因子节点引入频率的两倍,也可以根据实际情况利用因子图的灵活性把 IMU 因子节点的引入频率和偏差因子节点的引入频率设置成不同值。

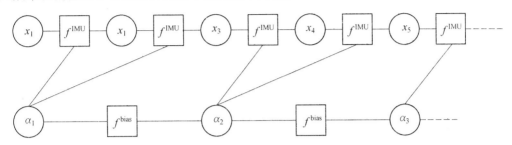

图 6.33 因子节点的引入频率不同的 IMU 因子

②声学多普勒测速仪(DVL)因子。声学 DVL 是一种测量相对于水底速度的声呐设备,它可以通过声波的多普勒效应来计算 AUV 的航行速度,多普勒效应是由于声源与观测者之间存在着相对运动,使观测者听到的声音频率不同于声源所发出声音频率的现象。DVL 利用多普勒效应确定载体的速度信息。DVL 的量测方程可以表示为

$$z_k^{\mathrm{DVL}}=h^{\mathrm{DVL}}(x_k)+n_{\mathrm{DVL}} \tag{6.114}$$

式中,h^{DVL} 表示 DVL 的观测函数;n_{DVL} 表示 DVL 的量测噪声。

通过 DVL 的观测方程,可以得到 DVL 的因子节点的代价函数,表示为

$$f^{\mathrm{DVL}}(x_k)=d(z_k^{\mathrm{DVL}}-h^{\mathrm{DVL}}(x_k)) \tag{6.115}$$

从式(6.115)可以看出,由于 $f^{\mathrm{DVL}}(x_k)$ 只与当前时刻的状态变量 x_k 有关,而与相邻时刻的状态变量无关,所以不同时刻的 DVL 因子节点和不同时空的变量节点是分开的,只有同一时刻的因子节点和变量节点相关,DVL 因子图如图 6.34 所示。

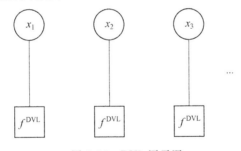

图 6.34 DVL 因子图

③长基线(LBL)因子。LBL 水声定位利用测距定位技术,通过时间测量得到目标与每个水声换能器之间的距离,再通过球面交汇的原理计算确定目标的相对位置。长基线定位系统是水下水声定位常用的定位方式之一,采用高精度的时延估计和测量技术,实现水下高精度三维定位。长基线水声定位系统的观测方程为

$$z_k^{\mathrm{LBL}}=h^{\mathrm{LBL}}(x_k)+n_{\mathrm{LBL}} \tag{6.116}$$

式中,$h^{\mathrm{LBL}}(x_k)$ 表示 LBL 的观测函数;n_{LBL} 表示 LBL 的量测噪声。

通过 LBL 的观测方程,LBL 因子节点代价函数可以表示为

$$f^{\mathrm{LBL}}(x_k)=d(z_k^{\mathrm{LBL}}-h^{\mathrm{LBL}}(x_k)) \tag{6.117}$$

从式(6.117)可以看出，$f^{\mathrm{LBL}}(x_k)$ 只与当前时刻的状态变量 x_k 有关，而与相邻时刻的状态变量无关，与 DVL 的情况相似，LBL 因子图如图 6.35 所示，SBL 因子、USBL 因子也与 LBL 因子有相似的因子图结构。

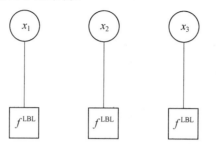

图 6.35　LBL 因子图

④水下地磁定位(Mag)因子。惯性导航存在时间累积误差，无法满足水下航行器长航时的高精度需求。地磁定位由于具有自主性、隐蔽性、全天候、全地域、无累积误差等优点，可以辅助定位修正惯导系统的累积误差。其基本原理是将预先选定区域地磁场某种地磁场特征值，制成参考图并储存在 AUV 上的计算机中，当 AUV 通过这些地区时，地磁传感器实时测量地磁场的有关特征值，并构成实时图，同时根据惯导系统提供的位置信息，可以从地磁特征图中读取数据，将这两种数据送给 AUV 上的匹配解算计算机进行匹配解算，确定实匹配点，从而确定出 AUV 的实时位置。水下地磁定位的观测方程可以表示为

$$z_k^{\mathrm{Mag}} = h^{\mathrm{Mag}}(x_k) + n_{\mathrm{Mag}} \tag{6.118}$$

式中，$h^{\mathrm{Mag}}(x_k)$ 表示地磁匹配的观测函数；n_{Mag} 表示磁力计的量测噪声。

Mag 的因子节点表示为

$$f^{\mathrm{Mag}}(x_k) = d(z_k^{\mathrm{Mag}} - h^{\mathrm{Mag}}(x_k)) \tag{6.119}$$

由于 $f^{\mathrm{Mag}}(x_k)$ 也只与当前时刻的状态变量 x_k 有关，而与相邻时刻的状态变量无关，因此 Mag 因子图如图 6.36 所示。

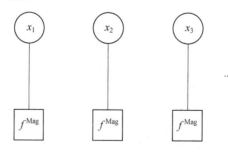

图 6.36　Mag 因子图

⑤水下因子图定位框架。通过以上的分析可以发现，不同传感器对应的因子图框架具有一定的相似性，如 DVL 因子图、LBL 因子图和 Mag 因子图都只与当前时刻的状态变量有关。可以利用它们之间的相似性构建 IMU 因子与其他多种传感器因子的水下因子图定位框架。下面以惯性定位、地磁匹配、多普勒测速仪、长基线水声定位、重力匹配和立体视觉参与的定位方式为例，构建以 IMU 定位为主，多种定位方式为辅的组合定位因

子图框架,水下多源融合定位因子图如图 6.37 所示,注意到除了 IMU 因子节点外,图中的许多因子节点,如 DVL 因子节点并不是每一时刻都存在,这是利用了因子图的"即插即用"的性质,即当有新的传感器接入时,就添加相应的因子节点;同理,当传感器丢失信号时,便从因子图中删除相应的因子节点。此外考虑到实际应用中 IMU 的测量频率比其他定位源的测量频率高得多,所以 IMU 因子节点可以存在于整个因子图框架,而其他因子节点,如 DVL 因子节点只有在它的量测信息更新时,才会在相应的变量节点上添加相应的因子,之后再通过全局优化,得到当前时刻状态变量的最优估计。在实际应用中,可以根据参与组合定位的不同传感器进行替换、添加或删减。随着时间的推移,系统的状态量也会源源不断地增加,多源定位系统对应的因子图框架也会不断地进行扩展。

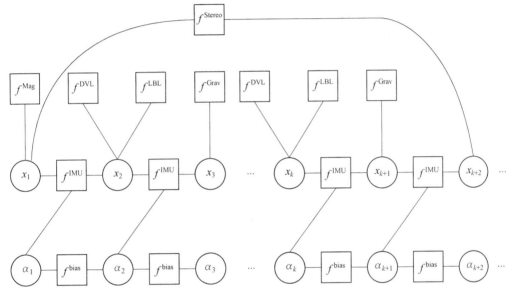

图 6.37　水下多源融合定位因子图

6.3.4　基于滤波的水下多源融合定位

20 世纪 40 年代初,控制系统专家维纳(Wiener)在研究火炮控制系统时提出了著名的维纳滤波理论,奠定了现代估计理论的基础。60 年代,卡尔曼(Kalman)将状态空间概念引入估计理论中,提出了著名的卡尔曼滤波方法,该算法将状态输出过程等价为在高斯白噪声干扰下的线性输出,通过建立量测方程和系统方程来描述系统各变量之间的关系,它们之间的估计过程形成滤波算法,卡尔曼滤波的提出标志着现代估计理论体系的建立。

根据系统模型是否是线性的,可以将水下多源信息融合方法分为线性滤波算法和非线性滤波算法。其中线性滤波算法,包括卡尔曼滤波算法;非线性滤波算法,包括扩展卡尔曼滤波算法、无迹卡尔曼滤波算法、容积卡尔曼滤波算法、联邦卡尔曼滤波算法、粒子滤波算法和基于小波变换算法等。其中卡尔曼滤波算法是应用最广泛的滤波算法之一,它是一种递推线性最小方差估计。利用前一时刻的估计值和当前测量值来计算当前时刻的状态值,获得线性系统的最优估计,状态方程与测量方程均需满足线性条件。但是,现实中绝大多数系统模型都是非线性的,扩展卡尔曼滤波算法是解决非线性问题的一种算法。

扩展卡尔曼滤波算法是线性卡尔曼滤波算法在非线性条件下的一种扩展形式,利用泰勒级数展开将非线性模型转换为线性模型,再利用标准卡尔曼滤波算法进行计算,可以有效地解决非线性目标跟踪问题。但是其只能处理非线性较弱的数学模型,对于非线性强的系统,其线性化会导致较大误差甚至发散。无迹卡尔曼滤波算法基于无迹变换,通过无迹变换来解决非线性过程中协方差和均值传递的问题,有效克服了扩展卡尔曼滤波算法稳定性差、估计精度低的缺点。但无迹卡尔曼滤波算法依然存在一些问题,如在处理高维状态空间矢量时,无迹卡尔曼滤波算法可能出现非正定情况,导致发生滤波不稳定情况。容积卡尔曼滤波与无迹卡尔曼滤波算法类似,用采样点来逼近原来的非线性模型,将非线性滤波转换为非线性函数与高斯概率密度函数乘积的积分求解问题,并利用容积数值积分原则来逼近状态后验分布。目前,随着人工智能相关学科的迅猛发展,机器学习与深度学习方法中的一些理论也被应用到了多传感器的信息融合领域。然而在实际中这些智能算法仍然存在一些问题,需要通过大量的样本来训练模型。下面将主要介绍卡尔曼滤波、扩展卡尔曼滤波、无迹卡尔曼滤波和容积卡尔曼滤波算法。

1. 基于卡尔曼滤波的水下融合定位

卡尔曼滤波是一种递归估计的时域滤波器,通过获知前一时刻信息及当前时刻的测量值就可以推算得到当前时刻状态估计值,而不必采集测量和预测之前的状态信息。作为一种线性系统最优估计方法,卡尔曼滤波采用观测空间与状态空间之间不断迭代的方式,从而实现系统优化。卡尔曼滤波基本原理如图 6.38 所示,状态空间基于前一时刻的状态信息输出当前时刻的状态估计量;观测空间获取观测量,采用观测量对状态空间估计值进行更新。

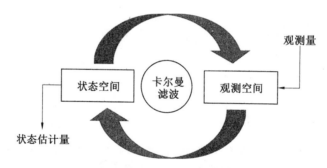

图 6.38　卡尔曼滤波基本原理

卡尔曼滤波的状态空间模型可以表示为

$$x_k = Ax_{k-1} + B\mu_k + w_k \tag{6.120}$$

式中,x_k 表示状态变量,也是卡尔曼滤波的输出结果,表征滤波器对系统状态的估计与预测;μ_k 为驱动输入矢量;A 为状态转移矩阵,表征 $k-1$ 时刻系统状态矢量 x_{k-1} 对 k 时刻系统状态估计 x_k 的影响程度;B 为控制输入矩阵,指示了 k 时刻驱动如何影响 k 时刻的状态;w_k 表示过程噪声。

卡尔曼滤波的观测空间模型可以表示为

$$z_k = Hx_k + v_k \tag{6.121}$$

式中,z_k 表示 k 时刻的系统观测值;x_k 表示 k 时刻系统状态估计值;H 表示 k 时刻系统状态转移观测系数;v_k 表示 k 时刻的测量噪声,它是指测量值与真实值之间的误差。

由以上分析可得,系统的状态空间模型和观测空间模型为

$$\begin{cases} x_k = Ax_{k-1} + B\mu_k + w_k \\ z_k = Hx_k + v_k \end{cases} \tag{6.122}$$

由式(6.122)可见,存在两种方法可以求得目标在 k 时刻的状态。其一是通过状态空间递推,其二是通过测量。卡尔曼滤波便是这样一个通过充分利用测量值和预测值,通过不断的递推,从而求取 k 时刻的状态估计量 x 的过程。

经典的卡尔曼滤波包括以下步骤。

(1) 状态矢量预测为

$$x_{k|k-1} = A \cdot x_{k-1|k-1} \tag{6.123}$$

(2) 状态矢量误差协方差预测为

$$P_{k|k-1} = A \cdot P_{k-1|k-1} \cdot A^{\mathrm{T}} + Q \tag{6.124}$$

(3) 卡尔曼滤波中一个很重要的量——卡尔曼增益预测为

$$K_k = \frac{P_{k|k-1} \cdot H^{\mathrm{T}}}{H \cdot P_{k|k-1} \cdot H^{\mathrm{T}} + R} \tag{6.125}$$

(4) 依据测量信息更新状态矢量为

$$x_{k|k} = x_{k|k-1} + K_k \cdot (z_k - H \cdot x_{k|k-1}) \tag{6.126}$$

(5) 状态矢量误差协方差更新为

$$P_{k|k} = (I - K_k \cdot H) \cdot P_{k|k-1} \tag{6.127}$$

式中,I 是单位矩阵。

在每一次卡尔曼滤波估计过程中,通过结合上一时刻的状态矢量 $x_{k-1|k-1}$ 和当前时刻的测量矢量 z_k,从而获得当前时刻的状态矢量 $x_{k|k}$。

卡尔曼滤波算法适用于线性系统中,即状态转换矩阵 A 和测量矩阵 H 都是时不变的。但是在水下融合定位中,以水下定位中常用的航迹推算为例,由下式可以看出,状态转换矩阵并不一定是时不变的。

$$\begin{cases} x_k = x_{k-1} + l \cdot s_{k-1} \cdot \cos \chi_{k-1} + w_{x_k} \\ y_k = y_{k-1} + l \cdot s_{k-1} \cdot \sin \chi_{k-1} + w_{y_k} \\ s_k = s_{k-1} + w_{s_k} \\ \chi_k = \chi_{k-1} + w_{\chi_k} \end{cases} \tag{6.128}$$

式中,(x_k, y_k)、(x_{k-1}, y_{k-1}) 分别代表 k 时刻和 $k-1$ 时刻的航迹推算定位结果;s_k 表示 k 时刻的步数;χ_k 表示 k 时刻的步行方向;l 表示估计步长;w 表示噪声。

根据式(6.128),得到状态矢量为

$$\begin{cases} x_k = [x_k \quad y_k \quad s_k \quad \chi_k]^{\mathrm{T}} \\ x_{k-1} = [x_{k-1} \quad y_{k-1} \quad s_{k-1} \quad \chi_{k-1}]^{\mathrm{T}} \end{cases} \tag{6.129}$$

由式(6.128)和式(6.129)可知,k 时刻状态矢量 x_k 无法由 $k-1$ 时刻状态矢量 x_{k-1} 线性表示。如果无视上述融合定位过程中的非线性关系,而直接采用线性变换进行融合定位,则会导致 AUV 运动方向对定位目标位置变化造成的影响,继而造成状态转移矩阵

的不准确,最终使得融合定位系统的性能大幅度下降。所以在水下定位的发展历程中,卡尔曼滤波算法通常作为一种基本的滤波方式,经过后续不断的发展改进,进而延伸出了例如扩展卡尔曼滤波的非线性滤波算法,下面将对扩展卡尔曼滤波的算法过程进行阐述。

2. 基于扩展卡尔曼滤波的水下融合定位

卡尔曼滤波是一种递归滤波器,它仅适用于线性系统。然而在实际应用中,系统往往存在非线性问题。扩展卡尔曼滤波算法的基本原理为将非线性系统采用泰勒级数方法进行展开,同时忽略其高阶项,从而得到近似线性系统,继而基于卡尔曼滤波算法理论完成状态估计。在扩展卡尔曼滤波算法中,经典卡尔曼滤波算法的状态转移矩阵与观测矩阵将由状态转移函数与观测函数的雅可比矩阵代替。同时,由于雅可比矩阵是通过求解状态转移函数和观测函数的偏导数获取的,并且在每次迭代过程中,雅可比矩阵是随着离散时间点变化的,每次迭代需要重新计算。因此相对于传统的卡尔曼滤波,扩展卡尔曼滤波的算法复杂度会有所增加。扩展卡尔曼滤波算法作为一种可用于非线性系统的递推算法,在多源融合定位系统中可以发挥重要的作用。例如在融合定位过程中,当某一个融合源是非线性系统时,则整个融合系统都会是非线性的,此时采用扩展卡尔曼滤波算法可以实现非线性融合源的融合定位。基于扩展卡尔曼滤波的水下融合示意图如图 6.39 所示,在多源信息融合过程中,首先选取一种融合源作为状态信息,其他融合源作为观测信息,按照分布式准则逐一对状态空间进行更新。

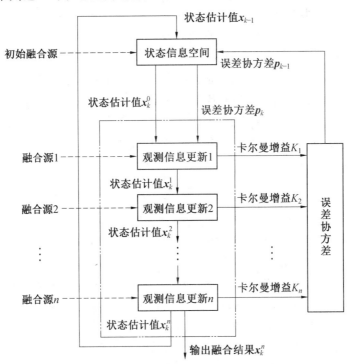

图 6.39 基于扩展卡尔曼滤波的水下融合示意图

参照式(6.122),可以得到多源信息融合中的扩展卡尔曼滤波算法状态空间模型与观测空间模型为

$$\begin{cases} \boldsymbol{x}_k = \boldsymbol{A}\boldsymbol{x}_{k-1} + \boldsymbol{B}\boldsymbol{\mu}_k + \boldsymbol{w}_k \\ \boldsymbol{z}_k^1 = \boldsymbol{H}_k^1 \boldsymbol{x}_k + \boldsymbol{v}_k^1 \\ \boldsymbol{z}_k^2 = \boldsymbol{H}_k^2 \boldsymbol{x}_k + \boldsymbol{v}_k^2 \\ \vdots \\ \boldsymbol{z}_k^n = \boldsymbol{H}_k^n \boldsymbol{x}_k + \boldsymbol{v}_k^n \end{cases} \tag{6.130}$$

式中，$\boldsymbol{H}_k^i$ 表示不同的融合源在 k 时刻的系统状态转移观测系数。

在水下多源融合定位系统中，采用扩展卡尔曼滤波技术实现多源融合定位，首先选取一种可进行状态更新的定位源（如可以采用 IMU 定位源）作为初始融合源，构建状态空间方程；然后将其他定位源（如 DVL、陀螺仪、深度计等）视作观测空间，构建观测方程。继而实现基于扩展卡尔曼滤波的多源融合定位。

与卡尔曼滤波算法不同，扩展卡尔曼滤波算法通过采用非线性函数的线性逼近方法，使得其更适用于非线性问题。对于水下定位，通常要处理的是情况复杂的非线性问题，因此扩展卡尔曼滤波算法相比于卡尔曼滤波算法更加适用于水下的融合定位。在扩展卡尔曼滤波算法中，定义状态矢量与测量矢量为

$$\begin{cases} \boldsymbol{x}_k = \boldsymbol{f}_k(\boldsymbol{x}_{k-1}) + \boldsymbol{w}_k \\ \boldsymbol{z}_k = \boldsymbol{h}_k(\boldsymbol{x}_k) + \boldsymbol{v}_k \end{cases} \tag{6.131}$$

式中，f_k、h_k 分别表示状态矢量和测量矢量在 k 时刻与 $k-1$ 时刻的非线性转换关系函数，转换矩阵通过求取转换函数的偏导数获得。

状态转换矩阵 $\boldsymbol{\Phi}$ 与测量矩阵 $\boldsymbol{\Psi}$ 表达形式为

$$\begin{cases} \boldsymbol{\Phi} = f_k' = \dfrac{\partial f_k}{\partial \boldsymbol{x}} \\ \boldsymbol{\Psi} = h_k' = \dfrac{\partial h_k}{\partial \boldsymbol{x}} \end{cases} \tag{6.132}$$

扩展卡尔曼滤波算法的步骤如下。

（1）状态矢量预测为

$$\boldsymbol{x}_{k|k-1} = f_k(\boldsymbol{x}_{k-1|k-1}) \tag{6.133}$$

（2）状态矢量误差协方差预测为

$$\boldsymbol{P}_{k|k-1} = \boldsymbol{\Phi} \cdot \boldsymbol{P}_{k-1|k-1} \cdot \boldsymbol{\Phi}^{\mathrm{T}} + \boldsymbol{Q} \tag{6.134}$$

（3）卡尔曼增益预测为

$$\boldsymbol{K}_k = \dfrac{\boldsymbol{P}_{k|k-1} \cdot \boldsymbol{\Psi}^{\mathrm{T}}}{\boldsymbol{\Psi} \cdot \boldsymbol{P}_{k|k-1} \cdot \boldsymbol{\Psi}^{\mathrm{T}} + \boldsymbol{R}} \tag{6.135}$$

（4）依据测量信息更新状态矢量为

$$\boldsymbol{x}_{k|k} = \boldsymbol{x}_{k|k-1} + \boldsymbol{K}_k \cdot (\boldsymbol{z}_k - h_k(\boldsymbol{x}_{k|k-1})) \tag{6.136}$$

（5）状态矢量误差协方差更新为。

$$\dot{\boldsymbol{a}}_{\mathrm{e}} = -\dfrac{1}{\tau_{\mathrm{ae}}} \boldsymbol{a}_{\mathrm{e}} + \boldsymbol{w}_{\mathrm{ae}} \tag{6.137}$$

$$\dot{\boldsymbol{a}}_{\mathrm{n}} = -\dfrac{1}{\tau_{\mathrm{an}}} \boldsymbol{a}_{\mathrm{n}} + \boldsymbol{w}_{\mathrm{an}} \tag{6.138}$$

扩展卡尔曼滤波算法是针对非线性系统函数的代表算法。扩展卡尔曼滤波算法先用

泰勒级数将系统方程展开,这也是扩展卡尔曼滤波算法的核心,之后忽略二阶及二阶以上的高阶项,此时非线性系统已接近线性形式,再利用标准卡尔曼滤波算法对系统的状态进行估计。虽然扩展卡尔曼滤波算法继承了卡尔曼滤波算法的完整滤波迭代结构,且计算过程具有清晰的数值,但是在扩展卡尔曼滤波算法线性化过程中两个明显的限制点。首先,对于水下定位,许多非线性系统是得不到雅可比矩阵的,许多非线性系统甚至不能用解析方程来表示。其次,扩展卡尔曼滤波算法对于弱非线性系统有较好的滤波特性,然而由于非线性系统需要展开泰勒级数,还需要忽略非线性中的二阶项和高阶项,对于非线性很强的系统,容易产生严重的振荡,甚至是发散。所以对于高维高非线性系统的滤波,扩展卡尔曼滤波算法滤波效果就不是很好。为能够以较高的精度和较快的计算速度处理非线性高斯系统的滤波问题,Julier 等人提出了一种基于无迹变换(Unscented Transform,UT)来逼近非线性系统状态后验分布的滤波方法,即无迹卡尔曼滤波(Unscented Kalman Filter,UKF)。

3. 基于无迹卡尔曼滤波的水下融合定位

在任何线性系统中,卡尔曼滤波都很适合用于定位和导航。扩展卡尔曼滤波比卡尔曼滤波能够更好地处理非线性系统。但是扩展卡尔曼滤波的框架并不容易表示,其在本质上需要一些高数值项。因此,下面介绍一种更适用于非线性系统的无迹卡尔曼滤波。无迹卡尔曼滤波算法以其对非线性模型无须线性化、计算量与扩展卡尔曼滤波算法的计算量相当的优点常被应用于水下组合定位中。无迹卡尔曼滤波算法的基本思想是把无迹变换与标准卡尔曼滤波体系相结合,通过无迹变换使得非线性系统方程适用于线性假设下的标准卡尔曼体系。在无迹变换的前提下,扩展卡尔曼滤波算法通过对在先验分布中采集到的采样点进行线性回归处理,进一步将系统的非线性函数线性化。标准卡尔曼滤波算法和无迹卡尔曼滤波算法均属于线性最小方差估计,不同之处在于增益矩阵的求取方式不同。在标准卡尔曼滤波算法中,利用均方误差矩阵的一步预测值和测量信息的协方差矩阵计算滤波增益矩阵;而在无迹卡尔曼滤波算法中,除了测量信息的协方差矩阵,还需要计算测量信息和待估计量的协方差矩阵才可以得到滤波增益矩阵。此外,标准卡尔曼滤波算法属于精确的线性最小方差估计,而无迹卡尔曼滤波算法只是一种近似。

无迹卡尔曼滤波算法的基础是无迹变换,无迹变换是从原始状态分布中取一些点代入非线性变换函数中,这些点的均值和协方差要等于相对应原状态变量分布的均值和协方差。为了获得变换后的均值和协方差,可以收集相应得到非线性函数值的点集,这些采样点被称为 Sigma 点。因为获得的函数值没有线性化的特征及不能忽略其中的函数值高阶项,因此得到的均值和协方差的估计值较准确,这一点相比扩展卡尔曼滤波算法更精确,不管系统非线性的程度如何,这些 Sigma 采样点经过非线性变换后,理论上可以至少以二阶泰勒精度逼近任何非线性系统状态的后验均值和协方差。由此推断,无迹卡尔曼滤波算法的滤波精度一般高于扩展卡尔曼滤波算法;同时,无迹卡尔曼滤波算法在滤波过程中无须计算非线性函数的雅可比矩阵,其比扩展卡尔曼滤波算法更容易实现。

(1)无迹变换。

设 x 为 n 维随机矢量,m 维随机矢量 z 为 x 的某一非线性函数。

如果假设 $\hat{x}$ 和 P_x 分别表示随机矢量 x 的均值和协方差,那么可以根据非线性函数

$f(\cdot)$ 求得随机矢量 z 的均值 $\hat{z}$ 和协方差 $\boldsymbol{P}_z$。由于函数 $f(\cdot)$ 的非线性,一般很难精确求解 z 的统计特性,所以只能采用近似的方法求解。无迹变换就是根据 x 的统计特性,设计一系列的 Sigma 点 $\chi_i(i=0,1,\cdots,L)$;对设定的 Sigma 点计算其经过 $f(\cdot)$ 传播所得的结果 $\gamma_i(i=0,1,\cdots,L)$;然后基于 $\gamma_i(i=0,1,\cdots,L)$ 计算 $(\hat{z},\boldsymbol{P}_z)$。

首先要确定使用 Sigma 点的个数、位置及相应的权值,保证在某些性能指标的代价函数满足要求的情况下能准确描述变量 x 的特征分布,这也是 UT 变换算法的重点。目前已有的 Sigma 采样策略有对称采样、单形采样、3 阶矩偏度采样及高斯分布 4 阶矩对称采样等。最常用的采样策略是对称采样,具体的采样过程如下。

对称采样 Sigma 点的数量为 $2n+1$ 个,则对称采样 Sigma 点可以表示为

$$\begin{cases} \chi_0 = \hat{x} \\ \chi_i = \hat{x} + (\sqrt{(n+\kappa)\boldsymbol{P}_x})_i, & i=1,2,\cdots,n \\ \chi_{i+n} = \hat{x} - (\sqrt{(n+\kappa)\boldsymbol{P}_x})_i \end{cases} \quad (6.139)$$

式中,κ 为调节参数,用于控制每个 Sigma 采样点到均值 x 的距离,它仅仅作用于二阶之后,也就是只会影响大于等于二阶的高阶项带来的误差;$(\sqrt{(n+\kappa)\boldsymbol{P}_x})_i$ 为平方根矩阵的第 i 行或列。

对应于 $\chi_i(i=0,1,\cdots,2n)$ 的权值为

$$W_i^m = W_i^c = \begin{cases} \kappa/(n+\kappa), & i=0 \\ 1/2(n+\kappa), & i\neq 0 \end{cases} \quad (6.140)$$

式中,W_i^m 为均值的加权值;W_i^c 为方差的加权值。

由式(6.140)可以看出,在采样的过程中,每个采样点到中心的距离会随着系统维度的增加而变大,这样会产生采样的非局部效应。特别的,如果 κ 为负值时,会造成协方差矩阵变成非正定,对滤波效果产生负面作用。为了消除对称采样策略中的非局部效应及保证协方差的正定性,可以将比例修正算法应用于对称采样中,对采样结果进行一定程度的修正。具体的比例修正算法为

$$\begin{cases} \chi_0' = \hat{x} \\ \chi_i' = \hat{x} + (\sqrt{(n+\lambda)\boldsymbol{P}_x})_i, & i=1,2,\cdots,n \\ \chi_{i+n}' = \hat{x} - (\sqrt{(n+\lambda)\boldsymbol{P}_x})_i \end{cases} \quad (6.141)$$

对应于 $\chi_i'(i=0,1,\cdots,2n)$ 的一阶二阶权系数为

$$W_i^m = \begin{cases} \lambda/(n+\lambda), & i=0 \\ 1/2(n+\lambda), & i\neq 0 \end{cases} \quad (6.142)$$

$$W_i^c = \begin{cases} \lambda/(n+\lambda)+1+\beta-\alpha^2, & i=0 \\ 1/2(n+\lambda), & i\neq 0 \end{cases} \quad (6.143)$$

式中

$$\lambda = \alpha^2(n+\kappa) - n \tag{6.144}$$

式中，κ 仍为调节参数，取值虽没有具体的限制，但应确保后验协方差的半正定性；对于高斯分布的情况，当 x 为单变量时，选择 $\kappa=0$，当 x 为多变量时，一般选择 $\kappa=3-n$；α 为正值的比例缩放因子，其取值范围为 $0\leqslant\alpha\leqslant1$，它控制了 $\hat{x}$ 周围 Sigma 点的分布范围，此外，调整 α 可使高阶项的影响达到最小。当系统非线性程度严重时，通常情况下 α 取一个非常小的正值（如 1×10^{-3}），以避免采样点非局域效应的影响。参数 β 用来描述 x 的先验分布信息，是一个非负的权系数，它可以合并协方差中高阶项的动差，这样就可以把高阶项的影响包含在内，因此调节 β 可以提高协方差的近似精度；对于高斯分布，β 的最佳选择是 $\beta=2$。

无迹变换实现过程描述如下。

① 根据所选择的采样策略，利用 x 的统计特性 $(\hat{x}, \boldsymbol{P}_x)$ 计算 Sigma 采样点及其权系数。设对应于 $\boldsymbol{\chi}_i(i=0,1,\cdots,L)$ 的权值为 W_i^m 和 W_i^c，它们分别为求一阶和二阶统计特性时的权系数。

② 计算 Sigma 点通过非线性函数 $f(\cdot)$ 的传播结果：

$$\boldsymbol{\gamma}_i = f(\boldsymbol{\chi}_i), \quad i=0,1,\cdots,L \tag{6.145}$$

根据式(6.145)可得随机变量 x 经非线性函数 $f(\cdot)$ 传递后的均值 $\hat{z}$、协方差 $\boldsymbol{P}_z$ 及互协方差 $\boldsymbol{P}_{xz}$。

上述无迹变换中，不同采样策略之间的区别仅在于第一步和后续计算 Sigma 点个数 L。

无迹变换(UT)方法的特点总结如下。

① 对非线性函数的概率密度分布进行近似，非线性函数的显式表达式在进行近似时不需要已知。

② 与 EKF 滤波算法具有相同阶次的计算量。

③ 可以处理不可导的非线性函数，因为不需要推导出雅可比矩阵。

④ 非线性函数统计量的精度至少达到二阶，如果采用了特殊采样策略，如偏度采样等，可以达到更高阶精度。

(2) 无迹卡尔曼滤波算法。

无迹卡尔曼滤波算法的关键是通过无迹变换来计算协方差矩阵 $\boldsymbol{P}_z$ 及互协方差矩阵 $\boldsymbol{P}_{xz}$。对于不同时刻的由具有高斯白噪声 $\boldsymbol{w}_k$ 的随机变量 x 和具有 $\boldsymbol{v}_k$ 高斯白噪声的观测变量 z 构成的非线性系统可以表示为

$$\boldsymbol{x}_k = f_{k-1}(\boldsymbol{x}_{k-1}) + \boldsymbol{w}_{k-1} \tag{6.146}$$
$$\boldsymbol{z}_k = h_k(\boldsymbol{x}_k) + \boldsymbol{v}_k \tag{6.147}$$

式(6.146)中 $f(\cdot)$ 是非线性状态方程函数，式(6.147)中 $h(\cdot)$ 是非线性观测方程函数。$\boldsymbol{w}_k$ 和 $\boldsymbol{v}_k$ 互不相关，它们的统计特性为

$$\begin{cases} \mathrm{E}[\boldsymbol{w}_k]=0, \mathrm{cov}[\boldsymbol{w}_k, \boldsymbol{w}_j^{\mathrm{T}}]=\boldsymbol{Q}_k\delta_{kj} \\ \mathrm{E}[\boldsymbol{v}_k]=0, \mathrm{cov}[\boldsymbol{v}_k, \boldsymbol{v}_j^{\mathrm{T}}]=\boldsymbol{R}_k\delta_{kj} \\ \mathrm{cov}[\boldsymbol{w}_k, \boldsymbol{v}_j^{\mathrm{T}}]=0 \end{cases} \tag{6.148}$$

式中，δ_{kj} 为克罗内克(kronecker)δ 函数，可表示为

$$\delta_{kj} = \begin{cases} 0, & i \neq j \\ 1, & i = j \end{cases} \tag{6.149}$$

状态初始值 $\boldsymbol{x}_0$ 与 $\boldsymbol{w}_k$、$\boldsymbol{v}_k$ 彼此相互独立,且也服从高斯分布。

基于非线性系统式(6.146)和式(6.147)的无迹卡尔曼滤波算法递推公式如下。

① 初始状态的统计特性为

$$\begin{cases} \hat{\boldsymbol{x}}_0 = E(\boldsymbol{x}_0) \\ \boldsymbol{P}_0 = \mathrm{cov}(\boldsymbol{x}_0) = \mathrm{E}(\boldsymbol{x}_0 - \hat{\boldsymbol{x}}_0)(\boldsymbol{x}_0 - \hat{\boldsymbol{x}}_0)^{\mathrm{T}} \end{cases} \tag{6.150}$$

② 选择 UT 变换中 Sigma 点采样策略。

③ 时间更新方程。按照②所选择的 Sigma 采样策略,由 $\hat{\boldsymbol{x}}_{k-1}$ 和 $\boldsymbol{P}_{k-1}$ 来计算 Sigma 点 $\boldsymbol{\chi}_{i,k-1}(i=0,1,\cdots,L)$,通过非线性状态函数 $f_{k-1}(\cdot)$ 传播为 $\boldsymbol{\gamma}_{i,k|k-1}$,由 $\boldsymbol{\gamma}_{i,k|k-1}$ 可得一步状态预测 $\hat{\boldsymbol{x}}_{k|k-1}$ 及误差协方差矩阵 $\boldsymbol{P}_{k|k-1}$ 为

$$\boldsymbol{\gamma}_{i,k|k-1} = f_{k-1}(\boldsymbol{\chi}_{i,k-1}), \quad i = 0, 1, \cdots, L \tag{6.151}$$

$$\hat{\boldsymbol{x}}_{k|k-1} = \sum_{i=0}^{L} W_i^{\mathrm{m}} \boldsymbol{\gamma}_{i,k|k-1} = \sum_{i=0}^{L} W_i^{\mathrm{m}} f_{k-1}(\boldsymbol{\chi}_{i,k-1}) \tag{6.152}$$

$$\boldsymbol{P}_{k|k-1} = \sum_{i} W_i^{\mathrm{c}} (\boldsymbol{\gamma}_{i,k|k-1} - \hat{\boldsymbol{x}}_{k|k-1})(\boldsymbol{\gamma}_{i,k|k-1} - \hat{\boldsymbol{x}}_{k|k-1})^{\mathrm{T}} + \boldsymbol{Q}_{k-1} \tag{6.153}$$

④ 量测更新。同理,利用 $\hat{\boldsymbol{x}}_{k|k-1}$ 和 $\boldsymbol{P}_{k|k-1}$ 按照②所选择的采样策略计算 Sigma 点 $\boldsymbol{\chi}_{i,k|k-1}(i=0,1,\cdots,L)$,通过非线性量测函数 $h_k(\cdot)$ 传播为 $\boldsymbol{\xi}_{i,k|k-1}$,由 $\boldsymbol{\xi}_{i,k|k-1}$ 可得到输出预测 $\hat{\boldsymbol{z}}_{k|k-1}$ 及自协方差阵 $\boldsymbol{P}_{\tilde{z}_k}$ 和互协方差阵 $\boldsymbol{P}_{\tilde{x}_k\tilde{r}_k}$,表达式分别为

$$\boldsymbol{\xi}_{i,k|k-1} = h_k(\boldsymbol{\chi}_{i,k|k-1}), \quad i = 0, 1, \cdots, L \tag{6.154}$$

$$\hat{\boldsymbol{z}}_{k|k-1} = \sum_{i=0}^{L} W_i^{\mathrm{m}} \boldsymbol{\xi}_{i,k|k-1} = \sum_{i=0}^{L} W_i^{\mathrm{m}} h_k(\boldsymbol{\chi}_{i,k|k-1}) \tag{6.155}$$

$$\boldsymbol{P}_{z_k} = \sum_{i=0}^{L} W_i^{\mathrm{c}} (\boldsymbol{\xi}_{i,k|k-1} - \hat{\boldsymbol{z}}_{k|k-1})(\boldsymbol{\xi}_{i,k|k-1} - \hat{\boldsymbol{z}}_{k|k-1})^{\mathrm{T}} + \boldsymbol{R}_k \tag{6.156}$$

$$\boldsymbol{P}_{\tilde{x}_k\tilde{r}_k} = \sum_{i=0}^{L} W_i^{\mathrm{c}} (\boldsymbol{\chi}_{i,k|k-1} - \hat{\boldsymbol{x}}_{k|k-1})(\boldsymbol{\xi}_{i,k|k-1} - \hat{\boldsymbol{z}}_{k|k-1})^{\mathrm{T}} \tag{6.157}$$

在获得新的量测 $\boldsymbol{z}_k$ 后,进行滤波量测更新,即

$$\begin{cases} \hat{\boldsymbol{x}}_k = \hat{\boldsymbol{x}}_{k|k-1} + \boldsymbol{K}_k(\boldsymbol{z}_k - \hat{\boldsymbol{z}}_{k|k-1}) \\ \boldsymbol{K}_k = \boldsymbol{P}_{\tilde{x}_k\tilde{z}_k} \boldsymbol{P}^{-1} \\ \boldsymbol{P}_k = \boldsymbol{P}_{k|k-1} - \boldsymbol{K}_k \boldsymbol{P}_{\tilde{z}_k} \boldsymbol{K}_k^{\mathrm{T}} \end{cases} \tag{6.158}$$

式中,$\boldsymbol{K}_k$ 是滤波增益矩阵。

无迹卡尔曼滤波算法具有如下特点。

① 非线函数的概率密度函数是近似的对象,不是非线性函数本身。

② 非线性分布统计量的计算机精度至少可以达到二阶,在特殊采样策略方法下能够达到更高阶的精度。

③不需要计算雅可比矩阵。

④与 EKF 滤波算法具有相同阶次的计算量。

⑤无迹卡尔曼滤波算法是使用状态进行扩维处理,会增加许多 Sigma 粒子,其数量会猛增。因此,计算量会随着维数的增大而增大。

当滤波对象为线性系统时,无迹卡尔曼滤波算法的滤波精度和效率都要低于标准卡尔曼滤波算法。但对于水下而言,严格意义上的线性系统是不存在的,所有的系统都是非线性的甚至是强非线性的。无迹卡尔曼滤波算法与扩展卡尔曼滤波算法的计算量相当,但无迹卡尔曼滤波因为不用忽略泰勒级数展开后的高阶项,所以对于非线性分布统计量的计算精度较高,有效克服了扩展卡尔曼滤波中稳定性差、技术精度低的缺点。在处理高维状态空间矢量时,由于 Sigma 点权值的非正会导致发生滤波不稳定情况。因此无迹卡尔曼滤波算法在处理高维问题中存在困难。

4. 基于容积卡尔曼滤波的水下融合定位

2009 年,Ienkaran Arasaratnam 等人提出的一种非线性滤波算法——容积卡尔曼滤波(Cubature Kalman filter, CKF)算法,解决了高维系统滤波估计效果较差的问题。与无迹卡尔曼滤波类似,容积卡尔曼滤波算法是根据贝叶斯估计理论及球面径向容积准则得出的滤波算法,使用一组确定性采样点——容积点来逼近具有附加高斯噪声的非线性系统的状态均值和误差协方差,降低了非线性函数线性化的误差。

首先把高斯模型下的非线性系统滤波问题转换为"非线性函数×高斯密度"的积分求解形式,即

$$I(f) = \int f(\boldsymbol{x}) \exp(-\boldsymbol{x}\boldsymbol{x}^T) \mathrm{d}\boldsymbol{x} \tag{6.159}$$

式中,$\boldsymbol{x}$ 为积分矢量;$f(\boldsymbol{x})$ 为非线性函数。

一般情况下,式(6.159)所示积分的解析值无法得到,需用近似方法获得其解析值的近似解。使用基于数值积分理论来计算高斯积分可以推导出高斯域各种非线性近似滤波算法。容积卡尔曼滤波是利用数值积分理论的基于球面径向变换的球面径向容积准则来计算式(6.159)的积分。下面将详细介绍容积卡尔曼滤波算法中球面径向容积准则的基础知识。

(1)球面径向容积准则。

对于式(6.159)取 $\boldsymbol{x} = r\boldsymbol{y}(\boldsymbol{y}\boldsymbol{y}^T = 1, r \in [0, \infty))$,因此积分在球面径向坐标系可写成

$$I(f) = \int_0^\infty \int_{U_n} f(r\boldsymbol{y}) r^{n-1} \mathrm{e}^{-r^2} \mathrm{d}\sigma(\boldsymbol{y}) \mathrm{d}r \tag{6.160}$$

式中,U_n 为 n 维单位球面,$U_n = \{\boldsymbol{y} \in \mathbf{R}^n \mid \boldsymbol{y}\boldsymbol{y}^T = 1\}$;$\sigma(\cdot)$ 为 U_n 上的元素。

积分进一步可以分离成球面积分和径向积分,即

$$S(r) = \int_{U_n} f(r\boldsymbol{y}) \mathrm{d}\sigma(\boldsymbol{y}) \tag{6.161}$$

$$R = I(f) = \int_0^\infty S(r) r^{n-1} \mathrm{e}^{-r^2} \mathrm{d}r \tag{6.162}$$

考虑一个符合三阶球面径向容积规则的积分形式,即

$$\int_{U_n} f(\boldsymbol{y}) \mathrm{d}\sigma(\boldsymbol{y}) \approx \omega \sum_{i=1}^{2n} f[u]_i \tag{6.163}$$

式中，$[u]$ 是一个不变量；$[u]_i$ 表示集合 $[u]$ 的第 i 个点。

令 $d_i(i=1,\cdots,n)$ 表示变量 $\boldsymbol{y}$ 的阶次，$\{y_1^{d_1}\ y_2^{d_2}\ \cdots\ y_n^{d_n}\}$ 为 $f(\boldsymbol{y})$ 中的单项式。根据上述公式及积分的对称性，当 d_i 之和为奇数时，上述针对球面上的积分可以精确积分，积分值为 0。为了使所有单项式都能准确近似到三阶，只需要考虑阶数和为 0 和 2 的情况，即 $f(\boldsymbol{y})=1$ 和 $f(\boldsymbol{y})=y_1^2$。

$$\begin{cases} f(\boldsymbol{y})=1, & \int 1\mathrm{d}\sigma(\boldsymbol{y})=2n\omega=A_n \\ f(\boldsymbol{y})=y_1^2, & \int y_1^2\mathrm{d}\sigma(\boldsymbol{y})=2\omega u^2=\dfrac{A_n}{n} \end{cases} \quad (6.164)$$

式中，A_n 是单位球体的表面积，$A_n=2\sqrt{\pi^2}/\Gamma(n/2)$，$\Gamma(n)=\int_0^\infty x^{n-1}\exp(-\boldsymbol{x})\mathrm{d}\boldsymbol{x}$，求解得出 $\omega=\dfrac{A_n}{2n}$，$u^2=1$，因此选择单位球面和坐标轴间的交点作为容积点。

根据高斯求积，对于 m 点的高斯积分可以逼近至 $2m-1$ 阶多项式，则原本的一维数值积分问题可表示为

$$\int f(\boldsymbol{x})\omega(\boldsymbol{x})\mathrm{d}\boldsymbol{x} \approx \sum_{i=1}^{m}\omega_i f(x_i) \quad (6.165)$$

式(6.166)中的 $\omega(\boldsymbol{x})$ 为

$$\omega(\boldsymbol{x})=x^{n-1}\exp(-\boldsymbol{x}^2) \quad (6.166)$$

令 $\boldsymbol{x}^2=\boldsymbol{t}$，经过变换式(6.166)可以转换为

$$\int f(\boldsymbol{x})\boldsymbol{x}^{n-1}\exp(-\boldsymbol{x}^2)\mathrm{d}\boldsymbol{x}=\dfrac{1}{2}\int f(\sqrt{\boldsymbol{t}})t^{n/2-1}\exp(-\boldsymbol{t})\mathrm{d}\boldsymbol{t} \quad (6.167)$$

式(6.167)中右式就是著名的高斯－拉盖尔求积公式。

对于高斯－拉盖尔求积，只有当 $f(\sqrt{\boldsymbol{t}})$ 值取 1 或者 $\boldsymbol{t}$ 时，式(6.167)能够得出准确的积分形式。由于球面具有对称性，所以只考虑一阶情况，其他阶数条件下其值为零。而一阶高斯－拉盖尔积分只需要一个求积点及其对应的一个权值，其一阶权值和积分点为

$$\int f(\boldsymbol{x})\boldsymbol{x}^{n-1}\exp(-\boldsymbol{x}^2)\mathrm{d}\boldsymbol{x} \approx \omega_1 f(x_1) \quad (6.168)$$

最后得出 $\omega_1=\Gamma(n/2)/2$，$x_1=\sqrt{n/2}$。

根据高斯－拉盖尔求积规则，对数值积分进行求解得到

$$\int f(\boldsymbol{x})\boldsymbol{x}^{n-1}\exp(-\boldsymbol{x}^2)\mathrm{d}\boldsymbol{x}=\sum_{i=1}^{m_r}a_i f(x_i) \quad (6.169)$$

求解球面积分可以得到

$$S(r)=\int_{U_n}f(r\boldsymbol{y})\mathrm{d}\sigma(\boldsymbol{y})=\sum_{i=1}^{m_s}b_i f(ry_i) \quad (6.170)$$

再根据球面径向容积准则可以得到

$$I(f)=\int f(\boldsymbol{x})\exp(-\boldsymbol{x}\boldsymbol{x}^\mathrm{T})\mathrm{d}\boldsymbol{x}=\sum_{j=1}^{m_r}\sum_{i=1}^{m_s}a_j b_j f(r_i s_j) \quad (6.171)$$

令权函数满足 $\omega(\boldsymbol{x})=N(\boldsymbol{x};\mu,\Sigma)$，利用三阶球面径向准则，对于一般的高斯分布，可

以得到

$$\int_{R^N} f(\boldsymbol{x}) N(\boldsymbol{x};\mu,\Sigma) \mathrm{d}\boldsymbol{x} = \frac{1}{\sqrt{\pi^n}} \int_{R^N} f(\sqrt{2\Sigma}\,x + \mu) \exp(-\boldsymbol{x}\boldsymbol{x}^{\mathrm{T}}) \mathrm{d}\boldsymbol{x} \quad (6.172)$$

对于标准高斯分布有

$$\begin{aligned} I_N(f) &= \int_{R^N} f(\boldsymbol{x}) N(\boldsymbol{x};0,I) \mathrm{d}\boldsymbol{x} \\ &= \frac{1}{\sqrt{\pi^n}} \int_{R^N} f(\sqrt{2}\,\boldsymbol{x}) \exp(-\boldsymbol{x}\boldsymbol{x}^{\mathrm{T}}) \mathrm{d}\boldsymbol{x} \\ &\approx \sum_{i=1}^{m} \omega_i f(\boldsymbol{\xi}_i) \end{aligned} \quad (6.173)$$

则容积点集 $[\boldsymbol{\xi}_i,\omega_i]$ 的表达为

$$\begin{cases} \boldsymbol{\xi}_i = \sqrt{\dfrac{m}{2}}\,[1]_i \\ \omega_i = \dfrac{1}{m}, \quad i=1,\cdots,m; m=2n \end{cases} \quad (6.174)$$

式中,$[1]$ 表示 n 维容积点集,为 n 维单位球面与坐标轴的交点;m 表示容积点总数,采用三阶容积原则时容积点总数是状态维数的 2 倍,即 $m=2n$;$[1]_i$ 表示容积点集中的第 i 列,$[1]$ 表示为

$$[1] = \left\{ \begin{bmatrix} 1 \\ 0 \\ \vdots \\ 0 \end{bmatrix} \begin{bmatrix} 0 \\ 1 \\ \vdots \\ 0 \end{bmatrix} \cdots \begin{bmatrix} 0 \\ 0 \\ \vdots \\ 1 \end{bmatrix} \begin{bmatrix} -1 \\ 0 \\ \vdots \\ 0 \end{bmatrix} \begin{bmatrix} 0 \\ -1 \\ \vdots \\ 0 \end{bmatrix} \cdots \begin{bmatrix} 0 \\ 0 \\ \vdots \\ -1 \end{bmatrix} \right\} \quad (6.175)$$

进一步扩展得到高斯系统中一般情况的容积积分形式为

$$I_N(f) = \int_{R^N} f(\boldsymbol{x}) N(\boldsymbol{x};\hat{\boldsymbol{x}},\boldsymbol{P}) \mathrm{d}\boldsymbol{x} \approx \sum_{i=1}^{m} \omega_i f(\boldsymbol{S}\boldsymbol{\xi}_i + \hat{\boldsymbol{x}}) \quad (6.176)$$

式中,$\boldsymbol{P} = \boldsymbol{S}\boldsymbol{S}^{\mathrm{T}}$。

通过推导得知,根据球面径向容积准则,共选取 $2n$ 个权值相等的容积点计算高斯权重积分,即可计算形如式(6.159)的积分。

(2)容积卡尔曼滤波算法。

容积卡尔曼滤波算法是在贝叶斯滤波框架下的非线性滤波算法,和卡尔曼滤波算法相同,容积卡尔曼滤波算法也分为预测与更新两个阶段。在预测阶段,容积卡尔曼滤波算法根据三阶球面径向容积规则,利用前一时刻得到的估计值和协方差矩阵计算容积点,对状态方程进行非线性转换,得到状态预测值和协方差矩阵。在更新阶段,利用预测阶段得到的预测值来计算得到容积点集,再根据采样所得的容积点对系统测量方程进行非线性转换,通过计算互协方差矩阵与增益矩阵值,进一步得到当前时刻的目标估计值。将预测与更新步骤迭代,直到符合估计准则。容积卡尔曼滤波算法将非线性滤波转换为非线性函数与高斯概率密度函数乘积的积分求解问题,并利用容积数值积分原则来逼近状态后验分布。它解决了非线性化带来的严重误差及高维系统空间的求解问题。容积卡尔曼滤波算法具有严格的数学证明,它具有比其他几种滤波算法更高的精度,更好的稳定性,在

水下定位等领域有较广泛的应用。

由上述可知,对于标准高斯分布则有

$$\begin{aligned}I_N(f) &= \int_{R^N} f(\boldsymbol{x}) N(\boldsymbol{x};0,I) \mathrm{d}\boldsymbol{x} \\ &= \frac{1}{\sqrt{\pi^n}} \int_{R^N} f(\sqrt{2}\boldsymbol{x}) \exp(-\boldsymbol{x}\boldsymbol{x}^\mathrm{T}) \mathrm{d}\boldsymbol{x} \\ &\approx \sum_{i=1}^m \omega_i f(\boldsymbol{\xi}_i)\end{aligned} \quad (6.177)$$

式中,容积点集 $[\boldsymbol{\xi}_i,\omega_i]$ 为

$$\begin{cases}\boldsymbol{\xi}_i = \sqrt{\dfrac{m}{2}}[1]_i \\ \omega_i = \dfrac{1}{m}, \quad i=1,\cdots,m; m=2n\end{cases} \quad (6.178)$$

基于高斯假设的贝叶斯滤波估计算法其核心在于求解具有"非线性函数×高斯密度"形式被积函数的加权积分,这是高斯域贝叶斯估计算法所具备的基本特性。将球面径向容积准则的求积分思想应用于高斯贝叶斯估计,即可得到容积卡尔曼滤波算法。容积卡尔曼滤波算法的核心流程如下。

① 初始化。

假设初始值已知,令

$$\begin{cases}\hat{\boldsymbol{x}}_0 = E[\boldsymbol{x}_0] \\ \boldsymbol{P}_0 = E[(\boldsymbol{x}_0 - \hat{\boldsymbol{x}}_0)(\boldsymbol{x}_0 - \hat{\boldsymbol{x}}_0)^\mathrm{T}]\end{cases} \quad (6.179)$$

② 预测。

a. 状态预测。

假设 $k-1$ 时刻,后验密度函数已知,分解误差协方差矩阵 $\boldsymbol{P}_{k-1}$ 为

$$\boldsymbol{P}_{k-1} = \boldsymbol{S}_{k-1}\boldsymbol{S}_{k-1}^\mathrm{T} \quad (6.180)$$

计算容积点为

$$\boldsymbol{\chi}_{k-1}^i = \hat{\boldsymbol{X}}_{k-1} + \boldsymbol{S}_{k-1}\boldsymbol{\xi}_i, \quad i=1,2,\cdots,m \quad (6.181)$$

通过系统函数传播容积点为

$$\boldsymbol{\chi}_{k|k-1}^i = f(\boldsymbol{\chi}_{k-1}^i) \quad (6.182)$$

k 时刻的状态预测为

$$\hat{\boldsymbol{X}}_{k|k-1} = \frac{1}{m}\sum_{i=1}^{2n}\boldsymbol{\chi}_{k|k-1}^i \quad (6.183)$$

k 时刻的状态预测协方差矩阵为

$$\boldsymbol{P}_{k|k-1} = \frac{1}{m}\sum_{i=1}^{2n}\boldsymbol{\chi}_{k|k-1}^i(\boldsymbol{\chi}_{k|k-1}^i)^\mathrm{T} - \hat{\boldsymbol{X}}_{k|k-1}(\hat{\boldsymbol{X}}_{k|k-1})^\mathrm{T} + \boldsymbol{Q}_{k-1} \quad (6.184)$$

式中,$\boldsymbol{Q}$ 为状态转移噪声协方差矩阵。

b. 量测预测。

$$Y_{k|k-1}^i = h(\chi_{k|k-1}^i) \tag{6.185}$$

$$\hat{Y}_{k|k-1} = \frac{1}{m}\sum_{i=1}^{2n} Y_{k|k-1}^i \tag{6.186}$$

c. 更新。

对 $P_{k|k-1}$ 进行分解，得

$$P_{k|k-1} = S_{k|k-1} S_{k|k-1}^T \tag{6.187}$$

计算容积点为

$$\chi_{k|k-1}^i = \hat{X}_{k|k-1} + S_{k|k-1}\xi_i \tag{6.188}$$

自相关协方差矩阵为

$$P_{Y,k|k-1} = \frac{1}{m}\sum_{i=1}^{2n}(Y_{k|k-1}^i - \hat{Y}_{k|k-1})(Y_{k|k-1}^i - \hat{Y}_{k|k-1})^T + R_{k-1} \tag{6.189}$$

互相关协方差阵为

$$P_{XY,k|k-1} = \frac{1}{m}\sum_{i=1}^{2n}(\chi_{k|k-1}^i - \hat{X}_{k|k-1})(Y_{k|k-1}^i - \hat{Y}_{k|k-1})^T \tag{6.190}$$

k 时刻卡尔曼增益为

$$K_k = P_{XY,k|k-1}(P_{Y,k|k-1})^{-1} \tag{6.191}$$

k 时刻目标状态更新为

$$\hat{X}_k = \hat{X}_{k|k-1} + K_k(Y_k - \hat{Y}_{k|k-1}) \tag{6.192}$$

k 时刻状态协方差矩阵为

$$P_k = P_{k|k-1} - K_k P_{Y,k|k-1} K_k^T \tag{6.193}$$

根据算法处理流程可以看出，容积卡尔曼滤波算法利用球面径向容积准则来解决高维系统滤波问题，利用容积点来近似计算。容积卡尔曼滤波算法的系统与扩展卡尔曼滤波算法的非线性系统模型类似。区别在于容积卡尔曼滤波算法的容积点在更低一维的子空间中对称出现，且各容积点是确定等权值的，避免了像无迹卡尔曼滤波算法那样提前设置 α、β、κ 等参数，在选择方式上更加简单，适应性更强，数值精度也更高。与扩展卡尔曼滤波算法相比，容积卡尔曼滤波算法依靠确定的容积点来计算后验概率密度函数，无须计算复杂雅可比矩阵，比扩展卡尔曼滤波算法更加容易实现，同时也避免了截断误差。综上，在高维系统情况下，容积卡尔曼滤波算法表现出更高的定位精度、更快的收敛速度和更高的数值稳定性，优于以上提到的其他非线性滤波算法，并且适用于任何形式的非线性系统。

6.4 本章小结

本章主要介绍了水下多源融合定位理论及方法。首先，从估计融合、检测融合和属性融合三个不同的方向阐述了多传感器数据融合的方法，并且比较了不同融合方式的优缺点。然后详细讲解了几种水下多源融合定位算法。本章把水下多源融合定位算法分为基于图论的水下多源融合定位和基于滤波的水下多源融合定位。基于图论的水下多源融合

定位主要利用了图论中的因子图算法,把因子图融合应用于水下定位中;基于滤波的水下融合定位通过观测空间与状态空间之间的不断迭代来实现系统的优化。其中基于滤波的定位算法由最开始的卡尔曼滤波算法,到扩展卡尔曼滤波算法,到后来的无迹卡尔曼滤波算法,再到容积卡尔曼滤波算法,一步步的发展演变使得滤波算法不断在完善。在水下AUV的定位技术研究中,多源融合定位作为一种组合定位技术,利用了不同传感器信息进行融合定位,相比于单一的定位技术,多源融合定位精度较高,且对场景变化、目标移动情况具有较好的鲁棒性,具有重要的意义和应用价值。

本章参考文献

[1] MUTAMBARA A G O. Decentralized estimation and control for multisensor systems[M]. New York:CRC Press,1998.

[2] TONG W G,LI B S,JIN X Z,et al. A study on model of multisensor information fusion and its application[C]. Dalian:2006 International Conference on Machine Learning and Cybernetics,2006:3073-3077.

[3] HALL D L. Mathematical techniques in multisensor data fusion[M]. Norwood, MA:Artech House,1992.

[4] LIGGINS M E I,CHONG C Y,KADAR I,et al. Distributed fusion architectures and algorithms for target tracking[J]. Proceedings of the IEEE,1997,85(1):95-107.

[5] 胡传奇,王橄,侯家槐. 多传感器图像融合技术及其进展[J]. 测绘与空间地理信息,2010,33(2):159-162.

[6] 韩崇昭,朱洪艳,段战胜. 多源信息融合[M]. 北京:清华大学出版社,2006

[7] HALL D L,LLINAS J. An introduction to multisensor data fusion[J]. Proceedings of the IEEE,1997,85(1):6-23.

[8] 刘俊,刘瑜,董凯,等. 杂波环境下基于数据压缩的多传感器容积滤波算法[J]. 海军航空工程学院学报,2015,30(6):531-536.

[9] 党媛芳. 基于多源信息融合的多AUV协同导航方法研究[D]. 哈尔滨:哈尔滨工程大学,2017.

[10] GUO H D,ZHANG X H,XU L Z,et al. Asynchronous multisensor data fusion based on minimum trace of error covariance[C]. Florence:2006 9th International Conference on Information Fusion,2006:1-5.

[11] 唐璐杨. 多源融合定位导航系统关键性算法研究[D].长沙:国防科技大学,2018.

[12] 李弼程,黄洁,高世海,等. 信息融合技术及其应用[M]. 北京:国防工业出版社,2010.

[13] 沈晓静. 多传感器分布式检测和估计融合[J]. 中国科学:数学,2014,44(2):105-116.

[14] 俞卞章,宗凯,李会方. 检测信息融合系统性能研究[J]. 系统工程与电子技术,

2000(7):11-13.

[15] DELL'ACQUA P, BELLOTTI F, BERTA R, et al. Time-aware multivariate nearest neighbor regression methods for traffic flow prediction[J]. IEEE Transactions on Intelligent Transportation Systems, 2015, 16(6):3393-3402.

[16] 李举锋. AUV 多源观测数据融合方法及应用技术研究[D]. 哈尔滨:哈尔滨工程大学, 2011.

[17] 司书斌. 基于因子图的水下全源导航算法研究[D]. 哈尔滨:哈尔滨工程大学, 2019.

[18] WIENER N. Extrapolation, interpolation, and smoothing of stationary time series[M]. Cambridge, MA:MIT press, 1949.

[19] KALMAN R E. A New approach to linear filtering and prediction problems[J]. Journal of Fluids Engineering, 1960, 82(1):35-45.

[20] 马陈飞. AUV 多源组合导航数据融合方法研究[D]. 哈尔滨:哈尔滨工程大学, 2021.

[21] 姜鑫蕾. 基于卡尔曼滤波的 GNSS 系统联合定位技术研究[D]. 大庆:东北石油大学, 2021.

[22] 郑莹. 基于无迹卡尔曼滤波的水下单信标定位[J]. 中国海洋平台, 2020, 35(1):55-57,74.

[23] 张晓娟,梁捷. 基于扩展卡尔曼滤波器的 AUV 导航定位数据融合[J]. 测控技术, 2016, 35(6):33-36,41.

[24] 郝晨,李航. 扩展卡尔曼和无迹卡尔曼滤波应用对比研究[J]. 沈阳师范大学学报(自然科学版), 2015, 33(2):279-283.

[25] JULIER S J, UHLMANN J K. Unscented filtering and nonlinear estimation[J]. Proceedings of the IEEE, 2004, 92(3):401-422.

[26] MADHUKAR P S, PRASAD L B. State estimation using extended kalman filter and unscented kalman filter[A]. Lakshmangarh:2020 International Conference on Emerging Trends in Communication, Control and Computing (ICONC3) 2020:1-4.

[27] 常超勇. 分布式无迹卡尔曼滤波算法设计和应用[D]. 太原:中北大学, 2021.

[28] 洪志强. 无迹卡尔曼滤波的改进算法及其在 GPS/INS 组合导航中的应用研究[D]. 南昌:东华理工大学, 2019.

[29] 王君婷. 水下 AUV 导航的非线性滤波算法研究[D]. 青岛:中国石油大学(华东), 2018.

[30] ARASARATNAM I, HAYKIN S. Cubature Kalman filters[J]. IEEE Transactions on Automatic Control, 2009, 54(6):1254-1269.

[31] 陈燕平. 基于容积卡尔曼滤波的目标跟踪研究[D]. 成都:电子科技大学, 2021.